新东方
XDF.CN

新东

MW01698193

陈向东 / 编著

GMAT®

数学高分快速突破

- b is a multipl of a if b=na
- 有理数平方是整数，则该有理数也为整数
- Units digit 个位数
- 既能被3、又能被5整除，3、5互质，即能被15整除
- decimal notation 十进制计数
- 近似计算 $\frac{22}{7} \approx \pi$
- 对角线公式 $\frac{1}{2}n(n-3)$

北京语言大学出版社
BEIJING LANGUAGE AND CULTURE UNIVERSITY PRESS

图书在版编目(CIP)数据

GMAT数学高分快速突破：汉、英 / 陈向东编著. —
北京：北京语言大学出版社，2015.11（2019.3重印）
ISBN 978-7-5619-4337-3

Ⅰ. ①G… Ⅱ. ①陈… Ⅲ. ①高等数学—研究生—入
学考试—自学参考资料—汉、英 Ⅳ. ①O13

中国版本图书馆CIP数据核字（2015）第249262号

书　　名：GMAT数学高分快速突破
GMAT SHUXUE GAOFEN KUAISU TUPO
编　　著：陈向东
责任编辑：胡学卉
封面设计：大愚设计

出版发行：北京语言大学出版社
社　　址：北京市海淀区学院路15号　邮政编码：100083
网　　站：www.blcup.com
电　　话：发行部　（010）62605588 / 5128
编辑部　（010）62418641
邮购电话　（010）62605127
读者服务信箱　dywh@xdf.cn
印　　刷：三河市龙大印装有限公司
经　　销：全国新华书店

版　　次：2019年3月第1版第5次印刷
开　　本：889毫米 × 1194毫米　1/16　印张：18.75
字　　数：450千
书　　号：ISBN 978-7-5619-4337-3
定　　价：40.00元

前　言

GMAT 是 the Graduate Management Admission Test 的简写，意思是管理研究生录取测试，北美大学管理研究生院用 GMAT 来评估申请者的入学资格，并预测入学后的第一年表现。GMAT 考试是专门为商学院开发，并不断变革以适应商学院招生与教学的要求。在当今信息化的时代，要想取得成功，我们需要分析来自多方面的信息，并且基于这些信息做出规划和决策，所以，商学院学生应该具备从多元渠道汇总数据、解决复杂问题和进行统计分析等能力。

基于这些考虑，GMAC(管理专业研究生入学考试委员会，以下简称 GMAC)对 GMAT 考试进行了改革，推出了新一代的考试。新一代的 GMAT 考试中增加了综合推理部分(Integrated Reasoning)，考试时间为 30 分钟，包括 4 种题型：多源推理、表格分析、图形解读和二段式分析。该部分取代了以前考试中两篇分析写作文章中的一篇论说文(Issue)，考生需要分析不同类型的数据，同时基于所获得的信息得出结论并解决问题。语文和数学部分的内容和分数保持不变，总体分数范围依然是 200 到 800 分，作文部分和新增的综合推理部分单独计分，考试总时间仍保持 3 小时 30 分不变。对中国考生而言，虽然取消了论说文，写作难度有所下降，但因为新增了综合推理，因此新一代的 GMAT 考试对考生的综合能力提出了更高的要求。

对于这次变革，GMAC 总裁及首席执行官 Dave Wilson 表示："从一开始，GMAC 的目标便是帮助管理学院出色地培养全球下一代商业领袖。信息时代要求人才具备一套新的技能，需要综合语文与数学能力，分析来自各种来源的不同类型的数据。GMAT 考试的变革可以评估这些技能，这对于在学校及商业世界中取得成功而言至关重要。"通过 Dave Wilson 的话，不难看出数学能力与语文水平对一个人在商界取得成功起着至关重要的作用。

就数学而言，难度有变大趋势。虽然数学是中国考生的强项，但想拿到高分甚至满分却不容易。基础好的同学不够重视，掉以轻心；基础差的同学很难短时间内把握住 GMAT 数学的精要。本书根据新的考试大纲进行了修订，增加了一些例题，丰富了一些练习，希冀能够帮助大家在数学方面考出更好的水平。

陈向东

第一版前言

准备 GMAT 考试，有没有必要花费有限的宝贵时间把数学题做上若干遍？GMAT 数学所考查的知识点究竟是什么，有没有必要把高中数学甚至大学数学再复习一遍？GMAT 数学机考之后考题有所变化，怎么样才能高效地利用 GMAT 数学笔试的考试试题去准备机考？许多许多的疑问以及许多许多的困惑都可以从本书中找到答案。作为一本全面系统地梳理、归纳、讲解 GMAT 数学考点并对之进行分项、密集强化训练的书，其写作原因主要是基于以下几个事实：

- 由于众所周知的原因，许多考生要么因考点的遗忘，要么因数学术语的生疏，要么因方法不当，做错或根本就不会做某些题目。全面梳理考点，归纳数学术语，指点做题技巧，能使我们事半功倍——在最短的时间内突破 GMAT 数学，从而有更多的时间与精力用在最易提高成绩的 VERBAL 和 WRITING 上。

- GMAT 数学机考之后，数学考试的时间、题量及难度都有所变化，部分笔试中简单无聊的题目已不可能成为考查的对象。而据不完全统计，90%以上的 GMAT 考生还是最终辛辛苦苦地花费了大量的宝贵时间做了若干遍笔试试题——题题必做，以求心里踏实。但大量反复地做一些考查初中甚至小学数学知识点的题目不仅仅会浪费一个人的宝贵时间（不言而喻，时间对于出国族人士而言甚为稀缺），而且还会降低一个人的思维敏捷度与判断对错的能力（一道简单的题目做过 10 遍以上，一个人的水平会降至最初的水平）。搜集、分析历年的 GMAT 考题，筛选并整理中国考生必做且能够真正适应机考的题目，能节省中国考生的宝贵时间，使我们在有限的宝贵时间内，做更多我们最应该做的事，做好更多的事，把事情做得更好！

- 很多朋友与新东方学校的学员都迫切希望能有一本对 GMAT 数学考点进行全面讲解、剖析、归纳并提供针对性训练的书。

本书具有以下几个特点：

☞ **透析出题规律，详尽梳理归纳数学考点，把握最新命题动向：**完全按照 ETS 的数学考试大纲，全面系统地梳理、归纳、讲解 GMAT 数学考点，免去因某考点的生疏而寻读数学教科书之苦。

☞ **采用分项思维密集训练的方法，激发考生的数学潜力：**在熟悉数学术语的基础之上，本书第二篇对各类数学考题进行分项密集强化训练。读者可通过考题进一步熟悉、掌握相关数学术语，并且熟悉相关题目的问法、句型及解题方法和技巧。

☞ **易错题、重点题与难题一览无遗：**本书所选的所有题目全部来自于作者对新东方学员进行统计调查而产生的公认的易错题、重点题与难题，弥补了因新东方的课时限制而对数学讲解较少的缺陷。

☞ **数学术语、解题窍门全面总结：**所有考试中遇到的或有可能遇到的数学术语均在附录中给出，并给出所有题目的详细讲解。

☞ **试题模拟：**本书第三篇给出与GMAT机考难度相当且为机考可能重点考查的模拟试题，考生可在考前30天左右限时进行训练。

☞ **再也不用把过多的精力与时间浪费在简单无聊的数学题上：**考生阅读本书必能起到事半功倍的功效，再也不用把过多的精力、时间浪费在简单无聊的数学题上。

真诚感谢新东方学校俞敏洪校长和包凡一副校长对本书构架的中肯意见以及对写作本书的鼓励与支持；更要感谢成千上万的学生，是他们的支持与上进精神使我能最终完成这本书；最后要感谢本书的责任编辑，他们的辛勤工作使本书更臻完美。

我尽力想奉献给大家一本讲解全面、结构清晰、层次分明、逻辑有序的数学辅导用书，诚挚希望本书能对广大GMAT考生在出国求学奋斗的道路上提供有力的帮助与支持，能够协助与激励大家更快更好更加成功地走向世界，创造人生新的辉煌。但毕竟因水平有限，所以我真心希望读者及各界人士能对本书的不足之处不吝赐教。

祝大家成功！

陈向东

目　录

第一篇　GMAT 数学总论 ………… 1

第一章　GMAT 数学概要 ………… 1

第二章　GMAT 考生在数学考试中的常见错误 ………… 6

第三章　GMAT 数学考试两大题型及其解题策略 ………… 11

第二篇　GMAT 数学分类思维训练 ………… 24

第一章　Arithmetic（算术） ………… 24

第一节　Integers（整数） ………… 24

第二节　Fractions, Decimals and Percent（分数、小数和百分比） ………… 30

第三节　Problem Involving Sets（与集合有关的问题） ………… 33

第四节　Permutation, Combination and Probability（排列，组合及概率） ………… 36

第五节　重点试题精练及解析 ………… 39

第二章　Algebra（代数） ………… 80

第一节　Rules of Exponents（幂的运算） ………… 80

第二节　Progression and Sequence（级数与数列） ………… 83

第三节　Real Number（实数） ………… 85

第四节　Variable and Algebraic Expression（变量和代数表达式） ………… 87

第五节　Factorable Expression（因式分解） ………… 87

第六节　Equations（方程） ………… 89

第七节　Algebraic Inequalities（代数不等式） ………… 94

第八节　Functions（函数） ………… 96

第九节　数学归纳法 ………… 97

第十节　极限 ………… 97

第十一节　重点试题精练及解析 ………… 98

第三章 几何（Geometry）…… 114
第一节 Plane Geometry（平面几何）…… 114
第二节 Solid Geometry（立体几何）…… 122
第三节 Coordinate Geometry（坐标几何）…… 124
第四节 重点试题精练及解析 …… 127
第四章 Data Interpretation（数据解释）…… 151
第一节 数据解释的题型介绍 …… 151
第二节 重点试题精练及解析 …… 158
第五章 Word Problems（文字题）…… 170
第一节 Weighted Average Problems（加权平均问题）…… 170
第二节 Currency (Coin and Bill) Problems（货币问题）…… 170
第三节 Investment Problems（投资问题）…… 171
第四节 Motion Problems（运动问题）…… 172
第五节 流水行船问题 …… 173
第六节 Work Problems（工作问题）…… 173
第七节 “牛吃草”问题 …… 174
第八节 Mixture Problems（混合物问题）…… 175
第九节 鸽巢原理（抽屉原则）…… 176
第十节 Age Problems（年龄问题）…… 176
第十一节 Problems Involving Overlapping Sets（集合问题）…… 177
第十二节 重点试题精练及解析 …… 178

第三篇 GMAT 数学思维训练 270 题 …… 219

第四篇 GMAT 数学机考模拟 305 题 …… 239

附 录
附录一 GMAT 常用数学术语汇编 …… 280
附录二 GMAT 常用数学符号及其英文表达 …… 286
附录三 GMAT 常用数学公式 …… 288
附录四 Measurements …… 289

第 一 篇

GMAT 数学总论

第 一 章

GMAT 数学概要

一、初识 GMAT 数学

由于 GMAT 针对的是 MBA 的申请者，而这些申请者又来自不同的专业和领域，所以参加 GMAT 测试并不需要特定的管理知识，也不需要特定领域的成就。就 GMAT 数学来讲，与很多考生熟悉的“纯数学”考试不同，GMAT 数学部分强调数学在日常生活中的运用。考生需要综合代数、几何、排列和概率等方面的知识，将实际问题转化为数学问题，进而去解决实际问题。GMAT 数学部分有两种题型：Problem Solving（问题求解型）和 Data Sufficiency（数据充分型），这两种类型都采用多项选择法命题，但形式和要求不同。GMAT 计算机考试要求考生在 75 分钟内完成 37 道题，其中 Problem Solving 大约有 21～22 道，Data Sufficiency 大约有 16～17 道。在这 37 道题中又有四分之一，大概 10 道左右的题是“试验型”题目，这一部分题目是为将来的考试设计的，所以在本次考试中不计分。实验题的难度不取决于你对前一问题的回答。你可能做对了某一道题后，紧接着就出现了一道相当容易的“试验题”。所以当你在解答某些中等偏上难度的问题时，突然出现了一道看起来非常容易的问题，有两种可能：一是你可能要掉进陷阱，二是这确实是一道非常简单的“试验题”。显然，在考试中你是没有办法来区分哪些是计分的题目，哪些是“试验型”的题目，所以你必须认真完成每一道考题。

考生在参加考试时，计算机并不是一次性把所有题目全部给出，考试中心公布的出题方针是：Give you questions that are neither too easy nor too hard for you. When you answer questions correctly, the computer tends to give you harder questions. When you answer incorrectly, it tends to give you easier questions. 也就是说，你的得分也不再是简单的答对一题得多少分，而是与你所做题目的难易程度密切相关，你答对的题目越多，下面的题目也就变得越难，而你的得分才可能更高。

考生在考试时遇到的题型与本书中所讲的是完全一致的，但是问题出现的格式和形式不同，主要表现在以下几个方面：

（1）在计算机的屏幕上每次只出现一道题；

（2）多项选择题的选项前面不是字母（如 A、B、C、D 和 E）而是圆圈；

（3）Problem solving（问题求解题）与 Data Sufficiency（数据充分题）随机出现；

（4）你必须使用计算机来选择答案；

（5）选择答案并确认后，你才能继续回答下一个问题；

（6）你不能返回前面修改已经完成的问题；

（7）GMAT 考试以一道中等难度的题目开始。通常，中等难度的题需要 2 步，而难度大的题至少需要 3 步才能解决。当你遇到不会的问题时，没必要放弃。你可以根据已经掌握的信息，猜一个你认为正确的可能性比较大的答案；也可以使用排除法来提升猜对的概率；

（8）一般而言，前十题决定考试难度，第一题为中等难度的题目，后面每一题的难度将依赖于前一题。如果你第一题答对了，计算机就会给你出一道难度大一点的题目；如果你做错了，你的下一道题就会变得简单一点。计算机会根据你的能力水平的高低给你出题。你每答完一道题，计算机就给出你一个分数，每个小题的难度与分值不等；

很明显，由于机考所面临的不确定性增加，许多考生会感觉机考题难度较大。因此，良好的心理素质将是能否成功的关键因素之一。

另一方面，要想取得高分，还要注意做题的节奏。既不要在某些难题上花太多时间，而使题目做不完；也不要盲目地追求速度，而使准确率降低。基于计分程序的算法不同，前 10 道题决定着考题的难易程度，所以在这些题上花的时间可以多一点。平时练习及考试时，要有意识地去培养出做题的节奏，但是看时间的频率也不宜过于频繁，建议每十题对照一次进度。考生可以根据自己做模拟练习时得分情况，结合下面表格分配自己的做题时间。

Question numbers				
Score	01—10	11—20	21—30	31—37
Under 35	30min.	25min.	15min.	5min.
35—42	30min.	20min.	15min.	10min.
Above 42	25min.	20min.	20min.	10min.

二、GMAT 数学的测评要素

GMAT 数学考试，主要测试考生以下能力：

1. Proficiency in arithmetical operations（精通算术运算）

2. Proficiency in solving algebraic equations（精通代数方程的求解）

3. Ability to convert verbal information to mathematical terms（具有把文字信息转变成数学术语的能力）

4. Ability to visualize geometric shapes and numerical relationships（具有构想几何图形以及数字间的相互关系的能力）

5. Ability to devise intuitive and unconventional solutions to conventional mathematics problems（具有用直觉的和非常规的方法去解决一般数学问题的能力）

三、GMAT 数学的考试内容

在 GMAT 数学考试中，Problem Solving 和 Data Sufficiency 两类题目所考查的内容是一样的，主要是算术、初等代数和一些众所周知的基本几何概念，其具体的考查目的和内容如下所述：

1. Arithmetic（算术）

算术部分主要是小学数学的内容，还有一些题涉及集合、概率及描述统计等方面的内容。

（1）Properties of Integers（整数的性质）

（2）Fractions（分数）

（3）Decimals（小数）

（4）Real number（实数）

(5) Ratio and Proportion（比率和比例）
(6) Percents（百分比）
(7) Powers and Roots of Numbers（幂和根）
(8) Descriptive Statistics（描述统计）
(9) Sets（集合）
(10) Counting Methods（计算方法）
(11) Discrete Probability（独立事件的概率）

2. Algebra（代数）

代数部分一般不超出高中一年级数学书中的内容，主要内容如下：

(1) Exponents（指数）
(2) Simplifying Algebraic Expressions（化简代数表达式）
(3) Equations（方程）
(4) Solving Linear Equations with One Unknown（求解一元线性方程）
(5) Solving Two Linear Equations with Two Unknowns（求解两元线性方程）
(6) Solving Equations by Factoring（用因式分解法解方程）
(7) Solving Quadratic Equations（求解二次方程）
(8) Inequalities（不等式）
(9) Absolute Value（绝对值）
(10) Functions（函数）

3. Geometry（几何）

几何部分主要考查考生对几何尺寸的理解，要求考生具有构想几何图形及其与数字间的相互关系的能力。在几何课中出现的大量定理以及对某个命题的证明在 GMAT 数学考试中不做要求。

(1) Lines（直线）
(2) Intersecting Lines and Angles（相交直线和角）
(3) Perpendicular Lines（垂线）
(4) Parallel Lines（平行线）
(5) Polygons (convex)（凸多边形）
(6) Triangles（三角形）
(7) Quadrilaterals（四边形）
(8) Circles（圆）
(9) Rectangular Solids and Cylinders（长方体和圆柱）
(10) Coordinate Geometry（坐标几何）

4. Word Problems（文字题）

以上所提及的数学原理都可用于解文字题，下面列出了 GMAT 数学考试中文字题所考查的主要方面。

(1) Rate Problems（比率问题）
(2) Work Problems（工作问题）
(3) Mixture Problems（混合物问题）
(4) Interest Problems（利息问题）
(5) Discount（折扣）
(6) Profit（利润）
(7) Sets（集合）

(8) Geometry Problems（几何问题）

(9) Measurement Problems（测量方法）

(10) Data Interpretation（数据解释）

四、GMAT 考试的假想与真相

◆ **假想一：**只有掌握了高深的数学知识才能取得 GMAT 数学高分。

真相：GMAT 考试只测试一些非常基本的数学技巧。

GMAT 数学考试只要求考生掌握基本的数量分析技巧。你需要复习在本书中出现的有关代数、几何及基本算术方面的技巧，并且 GMAT 考试对这些技巧的要求也比较低。GMAT 数学问题难在解决这些问题所用的逻辑能力和分析技巧，而不是数学技巧。

◆ **假想二：**得到一个容易的问题意味着我上一个题答错了。

真相：得到一个容易的问题未必就说明你上一个题答错了。

为了保证每一个考生都得到相同的内容，出题者会在每一类型中选择几道特定的题目让考生解答。下一道要解答的问题可能是一道涉及算术运算的相对较难的问题求解题。但是如果解答完这道题之后，没有与算术相关的问题求解型难题时，考生可能就会遇到一个相对容易的问题。

事实上大多数的考生并不擅长于估计问题的难度，所以考试时不要担心这方面的问题，更不要无端地浪费时间去估计每一道题的难度，考生只要尽己所能把每一道题做好就可以了。

◆ **假想三：**前 10 个问题很关键，你应该把大多数的时间花在这些问题上。

真相：每一题都计分，所有的问题都很重要。

在计算机自适应考试中，计算机确实根据前 10 个问题来初步估计你的能力，然而那也仅仅是初步的估计。随着考试的进行，该算法会根据你所答对的题目自动更正对你的评价，然后给出一些与你能力基本相匹配的题目。考生的最后分数是基于所回答对的问题数以及这些题的难度。在前 10 个问题上花费较多的时间不但不会改变计分体制，反而会使你没有足够的时间来完成考试。

◆ **假想四：**把每道题都做对要比把题全部做完更重要。

真相：未答完 GMAT 考题的考生会受到严重的处罚。

如果有一道题你一时想不起来怎么做，这时用本书所讲的技巧猜一下答案，然后接着做下一题。如果你猜错了，计算机程序很可能会给你出一道相对简单一点的题目，并且你也容易答对，计算机很快会根据你的能力出一些难度适中的题目给你做。如果你未能完成考试，你将会被扣掉很多分。比如，一个考生有 5 道 Verbal 题未答，其百分位数（percentile）就会从第 91 降到第 77，所以考试时做题的进度很重要。

◆ **假想五：**如果我的成绩达不到高于 90％人的水平，那么我将无法被我报考的院校录取。

真相：极少数的人得到了非常高的分数。

在每年 200,000 的 GMAT 考生中，获取满分 800 分的人不足 50 个。除非你非常有实力，否则你获得满分的可能性不大。并且，GMAT 考试成绩只是你申请材料的一部分。录取委员会在决定是否录取某个人时，除 GMAT 成绩外，还会综合考虑诸如大学期间的成绩、面试情况、推荐信等其他各方面的信息。

五、GMAT 数学成绩与百分比排名

数学部分的分数在 0 到 60 之间，考生的平均分数是 36.6，大多数考生的分数都分布在 7 到 50 分之间，7 分以下及 50 分以上的考生非常少，如下表所示。

Percentage Ranking	Score	Percentage Ranking	Score
98％	51	27％	31
92％	50	26％	30
85％	49	23％	29
80％	48	21％	28
76％	47	18％	27
73％	46	17％	26
71％	45	14％	25
66％	44	13％	24
64％	43	12％	23
59％	42	10％	22
57％	41	9％	21
55％	40	8％	20
50％	39	7％	19
48％	38	6％	18
46％	37	5％	17
43％	36.6—Mean Score	4％	14～16
42％	36	3％	13
38％	35	2％	10～12
36％	34	1％	7～9
34％	33	0％	6
31％	32	样本数：787,205　标准方差：10.83	

百分位排名（Percentage Ranking）能显示成绩在你之下的考生百分比数，每一年该数据库都会进行更新，将会导致你的百分位排名每年都会变化。你的 GMAT 考试成绩单包括一个成绩百分位排名，该百分位排名系统使用的是最近三年所有参与考试的考生数据，帮助你了解自己的考试成绩在所有考生中的水平。比如你数学成绩是 50 分，那么你和你申请的学校将得知你的 GMAT 数学成绩高于过去三年内 92％的 GMAT 考试考生。

第　二　章

GMAT 考生在数学考试中的常见错误

GMAT 数学考题的内容大体上超不出中国高中所学的内容，因此 GMAT 的数学考试对大多数过五关、斩六将、历经高考磨难的中国大学生构不成太大的挑战，但这并不是说大多数的中国考生都能在考试中取得优异的成绩。因为 GMAT 考试毕竟不能等同于我国的小学和中学数学考试，考题中不但充满了大量的数学专业词汇，而且对知识点的考查更加灵活多变，题目中的陷阱也越来越多。要想在 GMAT 数学方面拿高分甚至满分，就必须克服这些障碍。下面把中国考生在 GMAT 数学考试中易犯的错误总结一下，希望能对考生有所帮助。

1. 英文理解能力较差：对英语句型（尤其是两个事物相比较时）理解不清。由于题目本身是用英文叙述，若阅读能力欠佳，则无法掌握问题的核心所在，即使数学能力很强，也无法创造佳绩。例如在数学题中经常出现的 the ratio of A to B 表示 A：B，但若考生理解成 B：A，那就肯定不能把题解对；There is twice as much A as B 的意思与 A is twice as much as B 的意思完全一样，即都是 A=2B，而不是 B=2A；又如 more (less) than . . . ，as twice as. . . ，或者 decrease to，decrease by 等词语都是比较容易理解错的。对于这些题，一定要分清句子的结构，弄清比较的两个主体或是变化前后的数量。在平时做题时要多留心。对于这种题应认真地多研读几遍。

换句话说，知道每一个词表达的数学含意是正确解答数学问题的关键所在。在 GMAT 的数学考试中有许多不同的单词却表达相同的数学含意（如下表），这些词通常给出了数量与运算之间的关系，所以熟悉这些词所表达的数学含意是至关重要的。在此，笔者强烈建议读者熟记本书附录内容。

Equality	is	
	is equal to	
	is the same as	
	the result is	
	yields	
	gives	
Inequalities	A is greater than B	A>B
	A is greater than or equal to B	A⩾B
	A is less than B	A<B
	A is less than or equal to B	A⩽B
Addition (A+B)	the sum of A and B	
	the total of A and B	
	A added to B	
	A increased by B	
	A more than B	
	A greater than B	

Subtraction (A－B)	A minus B
	A less B
	the difference of A and B
	from A subtract B
	A takes away B
	A decreased by B
	A diminished by B
	B is subtracted from A
	B less than A
Multiplication (A×B)	A multiplied by B
	the product of A and B
Division (A÷B)	A divided by B
	the quotient of A and B
Factors and Divisors (A×B＝C)	A and B are factors of C
	A and B are divisors of C
	C is divisible by A and by B
	C is a multiple of A and of B

2. 对数学术语不熟悉：一些比较生僻的数学术语是考生做题的巨大障碍，例如 progression，binomial，denominator，complementary angle 等。如果这些词汇在题目中充当关键词，而考生恰巧对这些词语的意思把握不到位，将会导致对整个题目的理解出现偏差。对于这种情况，一方面要在平时尽可能地多熟悉数学术语，另一方面要在做题时多回忆以前的数学知识，结合词根来猜出该数学术语的意思。

3. 主观假设：中国考生经常犯的一个错误是主观臆断，除了题目所提供的信息和一些永恒不变的事实，额外做一些假设，如下所示：

例 1：How many minutes long is time period M?

(1) Time period M is 4 hours long.

(2) Time period M starts at 9 a.m. and ends at 1 p.m.

A. Statement (1) ALONE is sufficient, but statement (2) alone is not sufficient to answer the question asked;

B. Statement (2) ALONE is sufficient, but statement (1) alone is not sufficient to answer the question asked;

C. BOTH statement (1) and (2) TOGETHER are sufficient to answer the question asked;

D. EACH statement ALONE is sufficient to answer the question;

E. Statement (1) and (2) TOGETHER

时间段 M 有多少分钟？

(1) 时间段 M 为 4 小时。

(2) 时间段 M 从上午 9 点至下午 1 点。

解：(1)显然可以回答问题；(2)是否可以回答问题呢？不一定，因为不知道开始和结束是否在同一天。所以(A)是正确答案。

错误分析：很多考生主观上假设“开始和结束是在同一天”，因此选择了选项(D)。考生只应该根据题目所提供的信息以及一些永恒不变的事实(如每天 24 小时，每小时有 60 分钟等)进行解答。切勿主观臆断，做一些额外的假设。

are NOT sufficient to answer the question asked, and additional data specific to the problem are needed.

4. 逻辑错误：GMAT 数学考试也很注重测试考生的逻辑思维能力。我国考生具有一个共同的特点，那就是计算能力相对较强，而逻辑思维能力较弱，从而造成我国考生在 Data Sufficiency 题的得分比较低。比如：若一个一次方程组有两个未知数和两个方程，那么这个方程组就一定能够求解吗？很多考生会毫不犹豫地回答"是"。正是这种错误的逻辑导致了我国很多考生在 GMAT 数学中不能获得高分。我们知道，二元一次方程组能否求解，取决于两个方程是否相互独立。如果两个方程不相互独立(成比例或者说是等效)，这个方程组就无法求解。一个方程有两个未知数，如果加上其他限制条件(如未知数必须是整数等)，方程也可能可以求解。

5. 缺乏技巧，反应太慢：要在 75 分钟之内答完 37 道题，每题停留的时间平均也就是两分钟，有些题目虽然不难，但特别繁长，有时甚至要花两分多钟才能把题目看清楚，而且有些题目很耗时间，演算过程也很冗长，所以做题速度必须得快，还要讲究解题技巧，才能在短短的时间内做完。

例 2：The output of a factory was increased by 10% to keep up with rising demand. To handle the holiday rush, this new output was increased by 20%. By approximately what percent would the output now have to be decreased in order to restore the original output?

(A) 20%

(B) 24%

(C) 30%

(D) 32%

(E) 69%

译：为了跟上需求的增长，某工厂把产量提升了 10%。为了应对假日的疯狂采购，新产量又被提升了 20%。现在的产量要降低多少才能恢复到以前的水平？

错误分析：有些同学把产量的增长率简单地叠加，认为先增长 10%，再增长 20%，那一共就增长了 30%，所以应该降低 30%才能恢复到以前的产量。最后错误地选择了(C)选项。这样做显然是没有正确理解题意。

还有些同学虽然正确理解了题意，但是一开始就列方程求解。他们设原产量为 a，假设产量要降低 $x\%$ 才能恢复到以前的水平，根据题意列出以下方程：

$$(1+10\%)(1+20\%)(1-x\%)a=a$$

$$(1-x\%)=\frac{1}{1.1\times1.2}$$

$$x\%=1-\frac{1}{1.1\times1.2}$$

$$x\%\approx1-0.758$$

$$x\%=24.2\%$$

这样虽然可以算出正确答案，但同时也会浪费大量的时间和精力。考生只要具有最基本的增长与降低概念，不必计算，略加思考就能得出正确选项。因为五个选项的数值差距都比较大，考虑到题目本身，降低的量肯定应该在 20%到 30%之间，所以可以直接排除(A)、(C)、(D)和(E)四个选项，把正确的(B)给选出来。

6. 忽略数量换算：注意一些题所给的数量的单位和最后所问的数量的单位不同，一定要注意答题前将其进行转换，有时需要多留心题后给的括号，因为在某些情况下，括号内的内容在选择时会用得上。常见的转换包括时间的转换(如 1 hour=60 minutes=3600 seconds)、距离的转换(如1 kilometer=1 000 meters)以及货币的转换(如$ 1=100 cents)。一般情况下，单位的转换出现在 Problem Solving 中，但有时也出现在 Data Sufficiency 题中。对于 Problem Solving 题，如果题目中出现不同单位，一般会在答案中体现，如对时间的转换(分子或分母会有 60，因为时间的进制是 60)等。不同单位的转换也可以作为排除法的一个依据。例如只有相同单位才可以相互加减，所以 x 小时加上 y 分钟是 $x+\frac{y}{60}$小时，而不是 $x+y$ 小时。

例 3：A machine costs x dollars per day to maintain and y cents for each unit it produces. If the machine is operated 7 days a week and produces n units in a week, which of the following is the total cost, in dollars, of operating the machine for a week?

(A) $7x+100yn$

(B) $7x+yn$

(C) $(700x+yn)/100$

(D) $(7x+100yn)/100$

(E) $700xyn$

译：某台机器每天花费 x 美元来维持运行，并且每生产一件产品需要耗费 y 美分的成本。若该机器一周工作 7 天并且每周生产 n 件产品，那么该机器运行一周总共需要耗资多少美元？

解析：根据题意可知，该机器运行一周所需的费用可由下面算式得出：

$$(700x+yn)/100$$

所以(C)是正确答案。

错误分析：本题涉及美元和美分的单位转换。很多粗心的考生忽略了这一点，不假思索地选择了(B)选项。有的考生注意到了美元与美分的区别，却错误地选择了(A)。

例 4：Working at a constant rate, Sam can finish a job in 3 hours. Mark, also working at a constant rate, can finish the same job in 12 hours. If they work together for 2 hours, how many minutes will it take Mark to finish the job, working alone at his constant rate?

(A) 2

(B) 3

(C) 30

(D) 60

(E) 120

译：以恒定的速度工作，Sam 可以在 3 小时内完成某项任务。同样的工作，Mark 以恒定的速度工作，需要 12 小时才能完成。若他们一起工作两小时后，让 Mark 来单独完成剩下的工作，还需多少分钟才能完成？

解：我们不妨把这项任务的工作量设为 12，则 Sam 每小时可完成 4 个工作量，而 Mark 每小时完成 1 个工作量，共同工作两小时后，完成 $2\times(4+1)=10$ 个工作量，还剩下两个工作量。为时若让 Mark 来完成的话，每小时完成一个，共需 2 小时完成，即 120 分钟。所以选择(E)选项。

错误分析：很多考生得到 2 小时的答案后，就选择了(A)选项，显然答非所问，因为题目中问的是多少分钟。

7. 读题的遗漏： 在匆忙中易把数量的单位或其他重要的信息丢掉，常见的有百分数(percent)与小数，米与厘米等。

8. 计算失误： 常见的计算失误是一些考生把简单问题复杂化，结果既浪费了时间又做错了题。还有一些考生没有计算或者粗略地计算了一下，便草率地做出了决定。通常情况下，这类错误在 Problem Solving 题中比较容易出现，但有时也出现在 Data Sufficiency 题中。许多考生对 Data Sufficiency 类的题有错误的认识，认为这类题不需要解出精确的答案，但有些题确实是只有在精确求解的情况下才能得出正确答案。

9. 考点的遗忘： 由于一些数学知识点学过得早，许多考生尤其是参加工作时间较长的可能已经遗忘。只要考生在考前把本书所列举的考点加以复习，并把所附难题做一遍，考试时就不会再有问题。

数学部分如果想上 700，考生在平时练习时必须把错题数量控制在两个以内(包括马虎)。这就要求考生认真研究命题思路，不断发现自己的学习盲点，总结专属于自己的错误规律，可参考以下方法来突破自己。

(1)结合原题总结错误原因，自己是如何做错的。如果是知识点遗漏，就要加强相关知识点的学习；如果是粗心大意，就要总结自己犯错误的原因是什么，调整哪个做题步骤就可以避免错误。

(2)把错误答案和正确答案作对比，比较错误答案和正确答案之间的区别。

(3)出题者是如何设计错误答案的。

总之，GMAT 数学所考查到的知识点相对比较简单，备考时一定要去思考 GMAT 数学的命题思路是什么，并尽量将自己的思维模式调整到与之一致。在复习备考时，不但要全面梳理考点和考纲，还要对错题进行认真分析和总结。思考问题要全面，多去寻求条件的多种不同可能性，在大量的练习与错误中不断提升自己的应试能力。

第 三 章
GMAT 数学考试两大题型及其解题策略

GMAT 的数学部分有两大题型：Problem Solving（问题求解型）和 Data Sufficiency（数据充分型）。在考试时，这两类题被混合在一起，随机交替出现。这两大题型均采用多项选择的形式，旨在测试考生对数字的运用能力，包括算术、代数、几何的基本法则以及一些应用题。这些题目既可能是文字题，也可能要求直接演算。此外，还可能包括图表题，也即所谓的数据解释题。

一、Problem Solving 题型介绍

Problem Solving 主要测试考生以下四方面的能力：

1）basic mathematical skills（基本数学技巧）

2）understanding of elementary mathematical concepts（理解基本的数学概念）

3）the ability to reason quantitatively and solve quantitative problems（数量推理和解决数量问题的能力）

4）interpret graphic data（解释图表数据）

下面是这类题型的“Directions”：

Solve the problem and indicate the best of the answer choices given.

Numbers：All numbers used are real numbers.

Figures：A figure accompanying a problem solving question is intended to provide information useful in solving the problem. Figures are drawn as accurately as possible. Exceptions will be clearly noted. Lines shown as straight are straight，and lines that appear jagged are also straight. The positions of points，angles，regions，etc.，exist in the order shown，and angle measures are greater than zero. All figures lie in a plane unless otherwise indicated.

上面的 Direction 说明了以下几点：

1）题目所有用到的数都是实数；

2）所有伴随 Problem Solving 问题的图形都是为了给解题提供有用的信息。除非题目中指出该图形不是按比例画出的，否则所有图形都将尽可能地按比例画出；

3）所有显示为直线的线均可当作直线来处理（在机试中，因为电脑显示器的原因，直线可能会看起来呈“锯齿状”）；

4）点、线、角、面等元素的相对位置如下图（例 1）所示，角的度数都大于零；

5）除非题目中专门指出，否则所有图形都可假定在同一个平面内。

例 1：

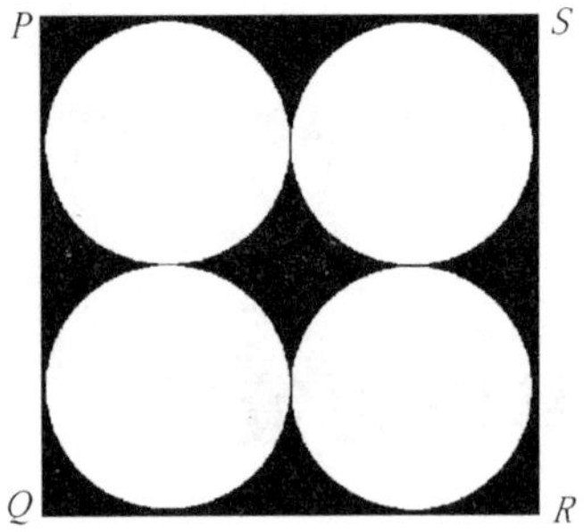

In the figure above, *PQRS* is a square and each of the four circles has a radius of *r*. What fractional part of the area of the square is shaded?

(A) $\frac{\pi-4}{2}$　　(B) $\frac{4-\pi}{4}$　　(C) $\frac{\pi}{4}$

(D) $\frac{4}{\pi}$　　(E) π

解：本题的正确答案为(B)。这是一个非常典型的“阴影面积”问题。阴影部分的面积将等于整个正方形的面积减去四个圆的面积：

$$Shaded\ Area = \square - (4 \times \bigcirc)$$

我们最终要求解的是：

$$(1)\ \frac{Shaded\ Area}{Square}$$

假设每一个圆的半径都等于 r，正方形的边长必为 $4r$，则每个圆的面积为 $4\pi r^2$，正方形的面积等于 $4r \times 4r = 16r^2$，所以阴影部分的面积等于：

$$Shaded\ Area = 16r^2 - 4\pi r^2$$

代入(1)式可得：

$$\frac{Shaded\ Area}{Square} = \frac{16r^2 - 4\pi r^2}{16r^2} = \frac{4-\pi}{4}$$

例 2：A music director has a group of five female vocalists and another group of five male vocalists. From the group of female vocalists she will select three persons to form a trio, and from the group of male vocalists she will select two persons to form a duo. What is the difference between the number of different trios she could choose and the number of different duos she could choose?

(A) 0　　(B) 1　　(C) 6

(D) 10　　(E) 20

译：一乐队导演有 5 个女歌手和 5 个男歌手。她要从女歌手中选出 3 个组成一个三重奏乐队，从男歌手中选出两个组成一个二重奏乐队。问她可以选择的不同三重奏乐队数与不同两重奏乐队数的差值是多少？

解：本题的正确答案为(A)。此题也就是让求 5 中选 3 和 5 中选 2 的不同选法，因此要用到组合(combination)方面的知识。我们知道从 5 人中任取 3 人的不同选法就是 C_5^3，从 5 个人中任取 2 人的不同选法是 C_5^2，因此两者的差值为 $C_5^3 - C_5^2 = \frac{5!}{(5-3)! \times 3!} - \frac{5!}{(5-2)! \times 2!} = 0$

二、Problem Solving 的解题策略

问题求解题的正确答案与错误答案往往极易混淆，出题人通常把错误选项设置成与正确选项非常相似的形式，因此这些错误选项具有很强的干扰性，考生在解这类题时一不小心就会掉入出题人设置的“陷阱”中去，下面是广大考生与笔者多次参加 GMAT 考试的心得体会，希望能对参加 GMAT 考试的同学有所帮助。

1. 先明确题目的要求，再求解

有些考生喜欢一边看题目，一边就开始列方程计算。这是很不明智的，因为有时题目的要求可能与自己做的结果并不一致。正确的方法是先把整个题目略读一遍，在答题之前先浏览一下 5 个选项，这对我们正确选择答题方式有很大的帮助。通常答案会以不同的形式给出，如小数形式，分数形式等，或以不同的单位给出，如分、秒等，演算时要留心以正确的形式给出答案，抓住问题的关键所在之后再做解答，以免

把时间花费在不必要的计算上。

例 3：At a certain diner，Joe ordered 3 doughnuts and a cup of coffee and was charged ＄2.25. Stella ordered 2 doughnuts and a cup of coffee and was charged ＄1.70. What is the price of 2 doughnuts?

(A) ＄0.55 (B) ＄1.00 (C) ＄1.10

(D) ＄1.30 (E) ＄1.80

译：在某一宴会上，Joe 点了 3 个炸面圈和 1 杯咖啡，花了 2.25 美元。Stella 点了 2 个炸面圈和 1 杯咖啡，花了 1.70 美元。请问 2 个炸面圈的价格是多少？

解：有些同学一拿到题立刻开始列方程，设 1 个炸面圈的价格为 x 美元，1 杯咖啡的价格为 y 美元，则得到下面的方程：

(1) $3x+y=2.25$

(2) $2x+y=1.70$

通过解方程组得 $x=0.55$，$y=0.6$，从而得到 2 个炸面圈的价格是 1.10 美元。这种做法显然过于繁琐，做了很多无用功，并且浪费了大量宝贵的时间和精力。

因为题目中只让求 2 个炸面圈的价格，而通过读题我们发现第一个人比第二个人多点了 1 个炸面圈，所以用第一个人花的钱减去第二个人花的钱再乘以 2，就是 2 个炸面圈的价格。这样通过口算就可以快速求出 2 个炸面圈的价格是 1.10 美元，根本没有必要列方程。

2. 冗长的题目不可轻易放过，开始解题时，要先把题目内容变成数学公式或代数式；沉着应对定义运算考题。

有些应用题比较冗长，看起来好像很烦，但事实上这类题多半也仅仅是烦在看题上，并不需要太多的计算。一般只要根据题目中的描述，列出算术表达式，答案就出来了。因此遇到这类题目一定不要无所适从，而要沉着应战。

试题中有时会出现 ETS 自创的定义或符号，考生不要因为自己从未见过就以为自己不会而轻易放过去。对这类题目只要根据题目的定义或公式把数据代入，通常都比较容易得分。

例 4：A sequence of operations $\{A_1, A_2, \ldots, A_n\}$ is defined as follows $A_1(x)=x$，$A_2(x)=2x^2$，$\ldots$，$A_n(x)=nx^n$. If A_2 is performed on x，and then A_4 is performed on the result，what is the final result?

(A) $4x^4$ (B) $8x^4$ (C) $64x^4$

(D) $64x^8$ (E) $4x^8$

解：本题的正确答案为(D)。不能正确解答本题的考生大多数都是不能正确理解“If A_2 is performed on x”这句话。这句话的主要意思是把 A_2 的值当 x 来算，即以 $2x^2$ 来替代 $A_1(x)=x$中的 x，因此有：

$$A_n(x)=nx^n \Rightarrow A_n(A_2(x))=n(A_2(x))^n$$
$$=n(2x^2)^n=2^n n x^{2n}$$
$$A_4(A_2(x))=2^4\times 4\times x^{2\times 4}=64x^8$$

3. 对难度较大，关系复杂的题不要轻易放过，要认真读题，看清条件。

认真看题，从题目所给出的已知条件中，判断出哪些是有用的条件，哪些是干扰条件，哪些是要求的求知量，并找出已知条件与求知量之间的关系。这也就是所谓的著名的“Holme”法则：

(1) What is the question to be answered?
(2) What information have I been given?
(3) How can I bridge the gap between (1) and (2)?
(4) Execute the needed operations.

考生应注意到“Holme”法则并不一开始就进行运算，而是先寻找解决问题的方法，下面就是一个如何运用“Holme”法则的例子：

例 5：If the senior class has 360 students, of whom $\frac{5}{12}$ are women, and the junior class has 350 students, of whom $\frac{4}{7}$ are women, how many more women are there in the junior class than in the senior class?

(A) $(350-360)\left(\frac{4}{7}-\frac{5}{12}\right)$

(B) $\frac{(350-360)\left(\frac{4}{7}-\frac{5}{12}\right)}{2}$

(C) $\left(\frac{4}{7}\times\frac{5}{12}\right)(360-350)$

(D) $\left(\frac{4}{7}\times 350\right)-\left(\frac{5}{12}\times 360\right)$

(E) $\left(\frac{5}{12}\times 360\right)-\left(\frac{4}{7}\times 350\right)$

解：下面是解这道题的步骤：

(1) What is the question to be answered?

大学三年级学生中的女生比大学四年级学生中的女生多多少人？

根据 Holmes 法则，可写出下式：

women juniors－women seniors

(2) What information am I given?

题目中给出的已知条件是：大学三年级和大学四年级学生各自的总人数及女生在各个班中所占的比例；

(3) How can I bridge the gap?

把女生所占总人数的比例与总人数相乘，可把步骤(1)两个班级中女生人数表达出来：women juniors$=\frac{4}{7}\times 350$

women seniors$=\frac{5}{12}\times 360$

(4) Execute. 由以上分析可知，本题的答案为$\left(\frac{4}{7}\times 350\right)-\left(\frac{5}{12}\times 360\right)$。

所以，本题的正确答案是(D)。

4. 注意单位换算，用题目中要求的单位答题，且忌答非所问。

例 6：A certain copy machine produces 13 copies every 10 seconds. If the machine operates without interruption, how many copies would it produce in an hour?

(A) 78
(B) 468
(C) 1,800
(D) 2,808
(E) 4,680

解：本题的正确答案为(E)。设此复印机每小时复印的张数为 x，根据它在单位时间内完成的张数一定可列出下面的比例式：

$$\frac{13}{10}=\frac{x}{3600}\Rightarrow x=4,680$$

若考生按每分钟计算则会得到错误的答案：

$$\frac{13}{10}=\frac{x}{60}\Rightarrow x=78$$

5. 避免繁琐的和不必要的计算，必要时可采用近似算法。

例 7：Jack is standing 30 yards due north of point P. Sue is standing 72 yards due west of point P. What is the shortest distance between Jack and Sue?

(A) 60 yards

(B) 78 yards

(C) 90 yards

(D) 100 yards

(E) 102 yards

解：本题的正确答案为(B)。Jack 与 Sue 分别站在 P 点的正北和正西方，因此 J、S 和 P 构成一直角三角形：

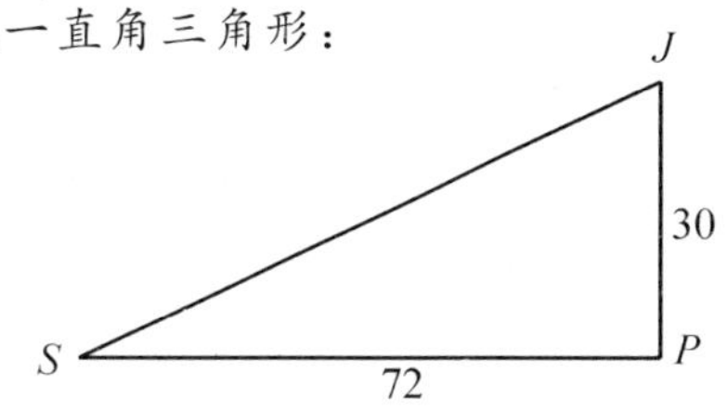

若用常规方法直接用勾股定理可得：

$$JS=\sqrt{JP^2+SP^2}=\sqrt{30^2+72^2}=78$$

若考生对 30 和 72 这两个数稍加分析就会发现 $30=6\times5$，$72=6\times12$，而 5，12 和 13 是一组勾股数，所以可得 $JS=6\times13=78$。

例 8：Of the following which best approximates $\frac{(0.1667)(0.8333)(0.3333)}{(0.2222)(0.6667)(0.1250)}$?

(A) 2.00

(B) 2.40

(C) 2.43

(D) 2.50

(E) 3.43

解：本题的正确答案为(D)。本题主要是考查考生对几个常用的小数与分数之间的关系是否熟悉：

$$0.1667\approx\frac{1}{6},\ 0.8333\approx\frac{5}{6},\ 0.3333\approx\frac{1}{3},$$

$$0.2222\approx\frac{2}{9},\ 0.6667\approx\frac{2}{3},\ 0.1250=\frac{1}{8}$$

把上面几个分数的值代入后，很容易算出上面分式的值是 2.5。

例 9：In the first week of the year, Nancy saved \$1. In each of the next 51 weeks, she saved \$1 more than she had saved in the previous week. What was the total amount that Nancy saved during the 52 weeks?

(A) \$1,326

(B) \$1,352

(C) \$1,378

(D) \$2,652

(E) \$2,756

解：根据题意，52 周内的存款数是：

$$1+2+3+\cdots+52=\frac{52\ (1+52)}{2}=26\times53$$

算到此时，没有必要浪费时间把最后的结果算出来。我们只需要用尾数法处理即可：上述两个数乘积的个位数是 8，所以选(C)选项。

6. 巧妙运用代入法，有时可用排除法。

有些 GMAT 数学题不好直接求解，有些甚至无法直接求解，考生在遇到这类题时，一般可采用代入法。常用的代入法有三种：

(1) 单的数值取代变量，可以省去运算。

(2) 挑选可能的答案代入验算：把选项中的数值或变量代入验算，可以快速求解，避免冗长的计算过程。

(3) 有时使用排除法：有些选项一看就知不正确，做题时可先将这些选项排除掉，再从其他的几个选项中选一个，在时间紧迫的情况下，即使用猜的方法也比较容易猜中。

例 10：A haberdasher(男子服饰经销商) sells neckties for \$7 each and shirts for \$12 each. If he sells \$95 worth of ties and shorts, what is the least amount of ties he could have sold?

(A) 3

(B) 4

(C) 5

(D) 6

(E) 7

解：领带与衬衫的数目必为整数。如果男子服饰经销商(haberdasher)卖了 3 条领带(\$21)，则剩下\$74，无法被 12 整除。如果他卖了 4 条领带(\$28)，则剩下\$67，亦不能被 12 整除。如果他卖了 5 条领带(\$35)，剩下\$60，可被 12 整除。所以(C)为正确选项。

注：当假设一个变数时，要避免用 0 或 1，因为 0 乘任何数都等于 0，1 乘任何数都不会改变其值。假如一个试题中有多于一个的未知量，要为每一个未知量赋一个互不相同的值。

7. 根据题目特点，尽量选用最直接、最简单的方法来解题。有时考生可以根据图形，通过逻辑推理的方法来快速解题。

例 11：

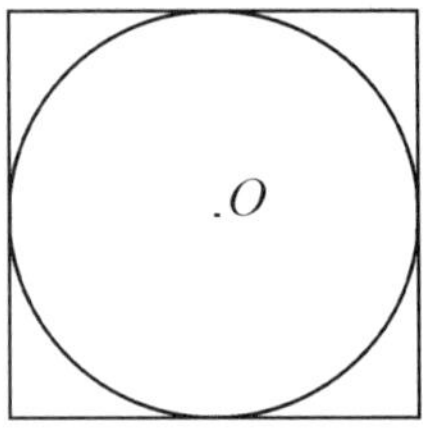

In the figure above, the circle with center O has area 4π. What is the area of square $ABCD$?

(A) 4

(B) 2π

(C) 12

(D) 16

(E) 8π

译：在上面图形中，以 O 为圆心的圆的面积是 4π，正方形 $ABCD$ 的面积是多少？

解：这道题常规的解法是先根据圆的面积公式，把圆的半径求出来，接下来再根据正方形和圆的相互关系把正方形的边长求出来，最后再用正方形的面积公式求出正方形 $ABCD$ 的面积。其实，对于这道题我们不用计算，而是用逻辑推理的方法来快速求解。从图中我们可以看出圆内接于正方形，所以正方形的面积一定大于圆的面积，由此我们可以排除(A)、(B)和(C)三个选项；由于图形是按比例画出的，所以我们也很容易估计出正方形的面积肯定达不到圆的面积的两倍，由此可以排除选项(E)；由此，最后剩下的选项(D)就是本题的正确答案。

8. 不要忘记变量既可以是正数也可以是负数，特别是当题目要求进行大小比较时，更要格外注意。

比如 $x=2y$ 一题中，x 不一定大于 y，因为如果 $y=-1$ 时，$x=-2$，小于-1；又如 $x^2=a$ 的根既可能是正数，也可能是负数。

9. 切勿在难题上浪费时间。

每道题的平均答题时间是两分钟。若考生遇到两三分钟仍不能解出的题，就不要再浪费时间了，但也不能瞎猜，而要注重技巧，增加猜对的概率。试着看一下问题后的选项，其中必然会有一个正确答案，它们可能会给你一个解题的思路。若能排除五个选项中的一个或两个，再在剩余的几个答案中猜选一个，一般猜对的几率相对较高。

二、Data Sufficiency 的题型介绍

数据充分题是一类特殊的数学问题，与要求给出具体答案的问题不同，这一类问题只要求你根据给定的条件判断是否能够得出具体的答案。**数据充分题是 GMAT 测试中唯一一类没有逐个地给出五个选项的题型，而是在解题说明中统一列出了从(A)到(E)五个选项。**这五个选项分别代表五个给定的条件。根据题目提供的信息，判断具体答案。

每一个数据充分题具有相同的形式。首先，你会被问及一个没有给出足够条件以求解的问题。此类问题如"m 的值是多少?"，"吉姆是否比保罗大?"然后给你两个描述，提供关于这个问题的补充条件。你的任务是分析这些条件并判断是否其中一个或者两个条件是你解答该问题所必需的。根据你的判断，从五个选项中挑选一个正确的。

数据充分题(Data Sufficiency)不仅要求考生具备基础的数学知识和熟练的计算技巧，而且更注重检验考生分析定量问题的能力，即根据已给出的数据，辨认哪些数据与问题有关，确定在何种情况下所给数据能满足问题的要求，以此来检验考生的推理和综合分析的能力。

Data Sufficiency 主要考查考生是否具有以下三方面的能力：

- to analyze a quantitative problem (分析一个数量问题)
- to recognize which information is relevant (认识哪一条信息是相关的)
- to determine at what point there is sufficient information to solve the problem (判断是否具有足够的信息来解出问题)

GMAT 考试是对于那些希望上 MBA 的考生而设立的，而 MBA 要求考生具备很强的逻辑思维能力。Data Sufficiency 题型恰好适应了这一要求。考生在做这类题目时，不仅要具备一定的数学知识，还要洞悉这类题目的指令。Data Sufficiency 部分的 Directions 如下所示：

This data sufficiency problem consists of a question and two statements, labeled (1) and (2). You must determine whether the information provided by the numbered statements is sufficient to answer the question asked. In addition to the information provided in the numbered statements, you should rely on your knowledge of mathematics and ordinary facts (such as the number of minutes in an hour or the meaning of counterclockwise), you must indicate whether the data given in the statements are sufficient for answering the questions and then indicate one of the following answer choices:

A. Statement (1) ALONE is sufficient, but statement (2) alone is not sufficient to answer the question asked;

B. Statement (2) ALONE is sufficient, but statement (1) alone is not sufficient to answer the question asked;

C. BOTH statement (1) and (2) TOGETHER are sufficient to answer the question asked, but NEITHER statement ALONE is sufficient;

D. EACH statement ALONE is sufficient to answer the question;

E. Statement (1) and (2) TOGETHER are NOT sufficient to answer the question asked, and additional data are needed.

Numbers: All numbers used are real numbers.

Figures: A figure accompanying a data sufficiency problem will conform to the information given in the question, but will not necessarily conform to the additional information given in the statements (1) and (2).

- Lines shown as straight can be assumed to be straight and lines that appear jagged can also be assumed to be straight.

- You may assume that the positions of points, angles, regions, etc. , exist in the order shown and that angle measures are greater than zero.
- All figures lie in a plane unless otherwise indicated.

Note: In data sufficiency problems that ask for the value of a quantity, the data given in the statements are sufficient only when it is possible to determine exactly one numerical value for the quantity.

数据充分型考题主要考查考生的分析判断能力。与问题求解型的考题一样，这部分要求掌握有关的算术、代数和几何的基础知识。每一道题包括一个问题和两个有关的说明。考生必须根据两个说明性语句中所给出的信息以及自己的数学知识和日常生活常识做出判断：

(A)：条件(1)单独就能充分回答问题，且条件(2)单独不能充分回答问题；

(B)：条件(2)单独能够充分回答问题，且条件(1)单独不能够充分回答问题；

(C)：条件(1)和条件(2)相结合才能充分回答问题；

(D)：条件(1)和条件(2)每一个都能够充分回答问题；

(E)：条件(1)和条件(2)相结合也不能充分回答问题，要回答该问题，还需要附加的额外信息。

有关 Numbers 和 Figures 的内容与 Problem Solving 的内容相仿，在这里不再赘述。考生需要注意的是伴随 Data Sufficiency 问题的图形遵从问题中所给出的信息，但并不一定遵从条件(1)和条件(2)中所给出的附加信息；另外一点考生需要注意的是，在问某一个量的值时，仅当条件中所给出的信息能确定该量的值是唯一时，此条件才是回答该问题的充分条件。

例 12：

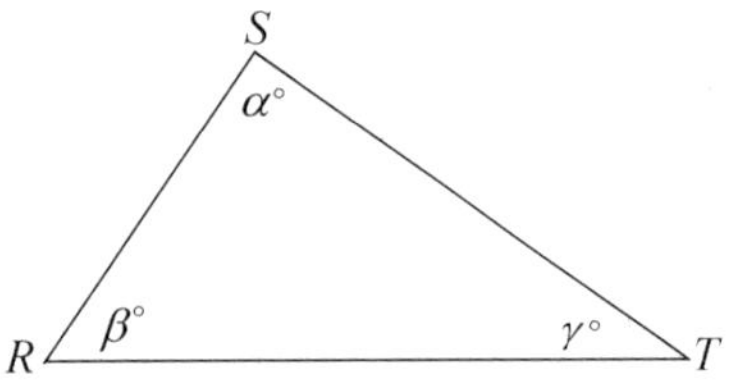

In $\triangle RST$, what is the value of α?

(1) $RS=RT$

(2) $\beta=50°$

解：本题的正确答案为(C)。根据条件(1)，$RS=RT$ 可知$\triangle RST$ 是等腰三角形，且 $\alpha=\gamma$。再根据 $\alpha+\beta+\gamma=180$，可得 $\beta+2\alpha=180$。因为条件(1)并未给出 β 的值，所以无法根据条件(1)求出 α 的值；根据条件(2)可知 $\alpha+\gamma=130$，但因为不知道 γ 的值，所以 α 的值也无法得知，因此(2)单独也是不充分的；同时使用条件(1)和条件(2)可得 $2\alpha=130$，从而可求出$\alpha=65°$。由以上分析可知(1)和(2)中的每一个单独都是不充分的，只有(1)+(2)是充分的。

四、Data Sufficiency 的解题策略

在解数据充分性的题目时，应注意以下几点：

1. 明确题目要求，不做无用功

在解 Data Sufficiency 题时，考生没有必要为问题寻找确切答案，更没必要去求解方程，而应该快速地判定给出的信息是否能充分地回答题目所提出的问题。一旦考生能确定地从条件语句中找出题目问题的答案，问题就解决了。先分别考虑条件(1)和条件(2)，并注意在考虑(2)时先不管(1)中的信息，当条件(1)和条件(2)都不行时，再结合起来考虑。

在数据充分型的试题中，有些题目是列方程求未知数的题目。对于这类题目考生只要能根据已知条件，判断出方程解的个数即可把题做对。因此，对数据充分型考题中的方程题，千万不要像对 Problem Solving 中的方程题一样，花很多时间去列方程、解方程。很多情况下，只要估计一下独立方程的个数是否与未知数的个数一致，如果两者一致，一般是充分的(个别例外)。

例 13： What is Steve's annual salary and Maria's annual salary?

(1) The combined total of the annual salaries of Steve and Maria is \$80,000.

(2) If Steve were to receive a 10 percent increase in annual salary and Maria an 8 percent increase, their combined annual salaries would be \$87,000.

解： 本题的正确答案为(C)。设 Steve 和 Maria 的年薪分别为 S 和 M，则根据(1)只能列出一个方程：$S+M=80,000$（不必写出），一个方程无法解出两个未知数，所以(1)不充分；根据(2)也只能列出一个方程：$1.1S+1.08M=87,000$，所以(2)也不充分；(1)和(2)相结合成二元一次方程组，从而可求出 S 和 M 的值（不必去具体计算）。

注： 当对未知数有一些特殊约束条件，或所求的值不是单个未知数的值，而是求比值等情形，即使方程个数小于未知数个数也能充分回答问题。

例 14： If m and n are positive integers, what is the value of n?

(1) The ratio of m to n is $14:25$.

(2) $25m+26n=1,000$

解： 本题的正确答案为(B)。由(1)可得 $m:n=14:25$，n 的值不唯一，所以(1)不充分；由(2)可得：$m=40-\frac{26n}{25}$，虽然只有一个方程，但因 m 和 n 都是正整数，所以 n 只能取 25，也就是说 n 的值唯一，因此(2)充分。

再看如下这个例子：

例 15： What is the value of $\frac{1}{a}+\frac{1}{b}+\frac{1}{c}$?

(1) $abc=24$

(2) $ab+bc+ca=26$

解： 本题的正确答案为(C)。

$\frac{1}{a}+\frac{1}{b}+\frac{1}{c}=\frac{ab+bc+ca}{abc}$，虽然有 a，b，c 三个未知数，但要求的比值只要知道分子和分母的值就充分，所以(1)和(2)单独都是不充分的，而(1)+(2)却是充分的。

2. 采用系统的分析方法解题，确保准确率

系统的分析方法在解 Data Sufficiency 题时非常有用，通过回答三个问题，考生就可以做出正确的选择。此外，若考生能回答三个问题中的任何一个，便可以否定一个选项，这时再进行猜题，准确率也比较高。

采用系统的分析方法，要回答以下三个问题：

(1) 第一个条件能否单独充分地回答题目中所提出的问题？

(2) 第二个条件能否单独充分地回答题目中所提出的问题？

(3) 两个条件加在一起能否充分地回答题目中所提出的问题？

一般应按着上面所说的(1)、(2)和(3)的顺序进行解题，下面是采用系统分析方法的流程图：

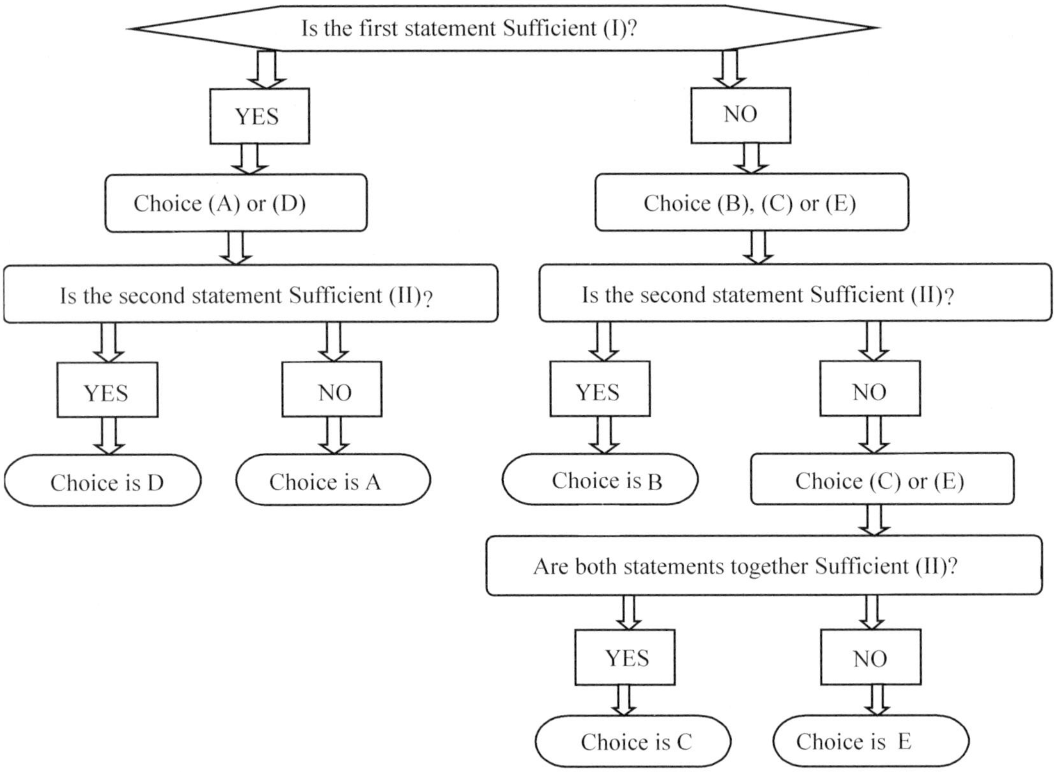

使用系统分析法时应从流程图的顶部开始回答“YES”或“NO”，然后下移，直至得到正确答案。有许多问题不需逐一回答三个问题便能做出正确的选择。例如：如果问题(1)的回答是“YES”，而问题(2)的回答是“NO”，那么正确的选择便是(A)。

3. “NO”也是对题目所提出问题的一种充分的回答

Data Sufficiency 主要考查的是选项是否能够回答问题。有许多考生对“sufficient answer to the question”这个概念理解不清，认为只有当条件对问题的回答是“YES”时，这个条件才有可能是充分的，实际上如果条件中有足够的信息表明问题的答案是“否”，那么该条件也是能够回答该问题的充分条件。请考生认真体会下面这个例子。

例 16：Is m an even integer?

(1) $m=3a$, for some integer a.

(2) $m=2b+1$, for some integer b.

解：本题的正确答案为(B)。(1)不充分，因为当 $a=1$ 时，$m=3$ 为奇数，而当 $a=2$ 时，$m=6$为偶数；(2)是充分的，因为它表明无论 b 取何整数时，m 都是奇数，条件(2)从而充分地说明了 m 不是一个偶数，所以(B)是正确选项。

4. 答案唯一原则：关于“…的值是多少?”问题

在 GMAT 测试中，超过一半的数据充分题提问你是否能确定某个量的数值。GMAT 官方的 Directions 关于值的唯一性是这么描述的：In Data Sufficiency problems that ask for the value of a quantity, the data given in the statements are sufficient only when it is possible to determine exactly one numerical value for the quantity. 也就是说对于这一类问题，仅在可以唯一给出单个数值时，这一个条件(或者条件的组

合)才是充分的。可以确定两个值或者一个取值范围的条件总是不充分的。

例 17：What is the value of x?

(1) $3x=15$

(2) $5x<30$

解：本题的正确答案为(A)。因为条件(1)告诉我们 x 值等于 5，所以条件(1)是充分的；条件(2)告诉我们 x 是小于 6 的任意数，所以条件(2)是不充分的。

例 18：Tom and Jack are in a line to purchase tickets. How many people are in the line?

(1) There are 20 people behind Tom and 20 people in front of Jack.

(2) There are 5 people between Tom and Jack.

译：汤姆和杰克在排队买票，问该队列中有多少人?

(1) 有 20 个人在汤姆的后面且有 20 个人在杰克的前面。

(2) 汤姆和杰克之间有 5 个人。

解：本题的正确答案为(E)。由(1)无法得到该队列的人数，因为不知道汤姆和杰克之间有多少人；由(2)也无法回答上面的问题；(1)+(2)同样无法回答上面的问题，因为不知道汤姆和杰克谁在前面，若汤姆在前面，则该队列有 $20+20-5=35$ 人，若杰克在前面，则该队列有 $20+20+2+5=47$ 人。

例 19：What is the value of x?

(1) $x+y=8$

(2) $x-y=2$

解：本题的正确答案为(C)。由于不知道 y 的值，故无法确定 x 的数值，因此条件(1)是不充分的。基于同样的原因，条件(2)也是不充分的。但是，当我们把条件(1)和条件(2)结合起来考虑时，就会得到一个联立的方程式，可以从中求得 x。

典型的情况是，当每一个条件直接或者间接地给出信息，你可以根据这些信息，列出含有两个未知数的方程式时，答案可能像上面例 19 一样是(C)。但是，需要留神类似下面例子的情况。

例 20：What is the value of x?

(1) $x-y=6$

(2) $5x-5y=30$

解：本题的正确答案为(E)。由于不知道 y 的值，故无法确定 x 的数值，条件(1)是不充分的。同样的原因，条件(2)也是不充分的。由于条件(1)和条件(2)是同一个等式的不同形式，当我们将条件(1)和条件(2)结合起来考虑时，仍然不能确定 x 的值。

例 21：What is the value of $2x-5y$?

(1) $x+y=8$

(2) $8x-20y=8$

解：本题的正确答案为(B)。由于不知道 y 的值，故无法确定 x 的数值，所以条件(1)是不充分的。条件(2)其实是充分的，因为如果等式两边同时除以 4，我们就会得到 $2x-5y=2$。

5. 条件独立性原则：注意在开始时将条件隔离

解 Date Sufficiency 题目的步骤是首先独立考虑两个条件。当分析条件(1)时，确信不要去读条件(2)。同样，当分析条件(2)时，确信忘记条件(1)。如果一个条件已经能够独立回答问题，而另外一个条件不能，就绝对没有必要再把这两个条件联合起来求解。只有判断出两个条件中的任意一个都不充分时，才将它们结合在一起考虑。许多考生在考虑条件(2)时，潜意识中已经将条件(1)当成了题中所给的一个条件，从而错误地选择答案。

例 22：Is x equal to 1?

(1) $x^2=1$

(2) $x^2-x-2=0$

解：题目中问 $x=1$ 吗？

有些同学可能会这么解答：既然(1)中 x 等于 ±1；(2)中 x 等于 2 或 -1，那么可以求得 $x=-1$，既然问 x 是否等于 1，显然不等于，于是选择(C)。表面上看来这么做是正确的，实际上是有问题的。因为解 Data sufficiency 题目的步骤是首先独立考虑两个条件，在考虑一个条件时绝对不能够受另一个条件的影响，如果一个条件已经能够独立回答问题，就绝对没有必要再把这两个条件联合起来求解。实际上，在该例题中单独(2)就可确定 x 不等于 1，已经能够回答问题，所以本题的正确答案应该是(B)。

请你谨记，在将所有的条件结合在一起考虑之前，需要单独地考虑它们，在选择(C)时应该仔细考虑是否可以选择(A)或者(B)。

6. 数据充分题中的猜测

在解答数据充分题时，通常你会发现你不能确定两个条件中的一个是充分的还是不充分的。注意，在很多情况下，你知道一个条件是否充分而不知道另外一个条件是否充分。实际上，你可以进行有根据的推测，这将大大提高你获得正确答案的机会。

(1) 对于下面所述的情况，你可以排除所有错误的选项，只剩下两个可能的正确答案。

- 如果你能确信条件 1 是充分的，但不能确信条件 2 是否充分，那么该题的正确答案可能是(A)或者(D)；
- 如果你能确信条件 2 是充分的，但不能确信条件 1 是否充分，那么该题的正确答案可能是(B)或者(D)；
- 如果你能确信单独每一个条件都是不充分的，但不能确信两个条件联立时是否充分，那么该题的正确答案可能是(C)或者(E)。

(2) 对于下面所述的情况，你可以先排除两个错误选项，然后从剩下的三个选项中猜出一个答案。

- 如果你能确信条件 1 不充分，但不能确信条件 2 是否充分，那么该题的正确答案可能是（B)、(C)或者（E)；
- 如果你能确信条件 2 不充分，但不能确信条件 1 是否充分，那么该题的正确答案可能是（A)、(C）或者（E)。

7. 切忌主观臆断，做一些额外的假设

考生只应根据题目所提供的信息和一些永恒不变的事实(如每星期的天数)进行答题，不要就诸如每年都在上涨的物价做出假设。题目的配图不一定都是按比例画出的，它们通常只表示图中点、线或面的相互位置关系。比如被题目描述为长方形的配图看起来确实像正方形，你也不要假定它就是正方形；再比如，即使图上一个角看起来像是 60°或 90°，也不要认为其就是一个 60°的角或认为两条直线垂直，除非题目中有明确的说明。

例 23：In triangle *ABC*, point *X* is the midpoint of side *AC* and point *Y* is the midpoint of side *BC*. If point *R* is the midpoint of line segment *XC* and if point *S* is the midpoint of line segment *YC*, what is the area of triangular region *RCS*?

(1) The area of triangular region *ABX* is 32.

(2) The length of one of the altitudes of triangle *ABC* is 8.

译：在三角形 *ABC* 中，点 *X* 是 *AC* 边的中点，点 *Y* 是 *BC* 边的中点。若 *R* 是线段 *XC* 的中点，*S* 是线段 *YC* 的中点，三角形 *RCS* 的面积是多少？

(1)三角形 *ABX* 的面积是 32

(2)三角形 *ABC* 的一条高的长是 8

解：根据题意画图如下：

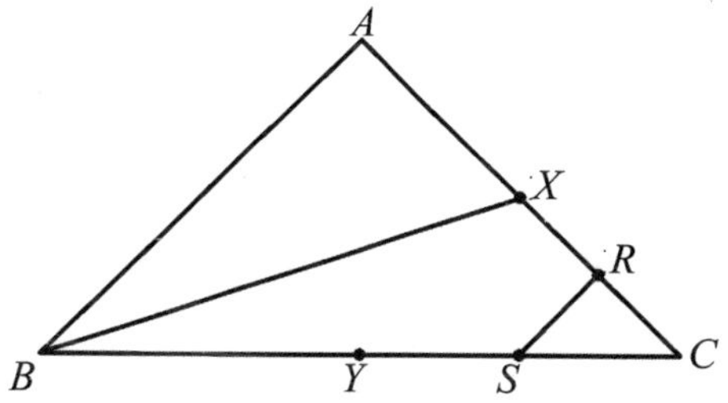

图形画出以后，经过观察可以发现，三角形 *ABC* 的面积是三角形 *ABX* 面积的 2 倍，而三角形 *RCS* 的面积是三角形 *ABC* 面积的 $\frac{1}{16}$，所以根据条件(1)可得三角形 *RCS* 的面积是 4，条件(1)充分；只知道一条高，不足以求三角形的面积，条件(2)显然是不充分的。所以，本题的正确答案是 *A*。

8. 一图值千字

善于使用草稿纸画草图。学会数形结合，特别是在做几何、集合或概率方面的题时，实现数形转化是解决很多问题的关键。

9. 熟悉某些必需的日常生活知识

例如某题提到闰年，我们就应该想到，闰年的二月份有 29 天，而且应将这一数据考虑到原题中，不要因为条件 1 和 2 没有提到它而将其忽略了。

毋庸置疑，Problem Solving 中所讲的许多解题技巧同样也适合用来求解 Data Sufficiency 类的题目，在这里就不做赘述。考生在参加考试时应注意控制时间，既不要为赶时间过于忙乱而造成不必要的错误，也不要在一道难题上花费太多的时间。

总而言之，GMAT 数学部分还是有技巧可言的。但技巧归技巧，扎实的基本功和一定的练习却更是必不可少的。本书接下来的篇章中已把 GMAT 的考试要点以及难题全部列出，并附以参考译文和透彻的讲解，希望能对期望在 GMAT 数学方面取得高分的考生有所帮助。

第　二　篇

GMAT 数学分类思维训练

第　一　章

Arithmetic(算术)

算术部分主要是小学数学的内容，其中包括 Properties of Integers(整数的性质)、Fractions(分数)、Decimals(小数)、Ratio and Proportion(比率和比例)、Percents(百分比)、Powers and Roots of Numbers(幂和根)以及 Sets(集合)和描述统计等方面的内容。

第一节　Integers(整数)

一、The Concept of Integers（整数的概念）

1. Natural Numbers（自然数）：大于零的正整数。如：1，2，3，… 其中 1 为最小的自然数。

2. Odd Numbers（奇数）：不能被 2 所整除的整数。如：1，－1，3，－3…

3. Even Numbers（偶数）：能够被 2 所整除的整数。如：0，2，－2，4，－4…

4. Prime Numbers（质数）：除了 1 和它本身之外，不能被其他正整数所整除的自然数，如：2，3，5，7，11…其中 2 是最小的质数。

5. Composite Numbers（合数）：除了 1 和它本身之外，还有其他因子的自然数，如：4，6，8，9，10…其中 4 是最小的合数。（注：质数和合数都不能为负数，0 和 1 既不是质数也不是合数。）

6. Mutual Prime Numbers（互质数）：如果两个数的最大公约数为 1，那么这两个数叫做互质数。例如：13 和 15，19 和 23 等。

7. Multiple and Divisible（倍数和约数）：当整数 a 能被另一个整数 b 所整除时，a 称为 b 的倍数，b 称为 a 的约数或因数。例如：10 是 5 的倍数，5 是 10 的约数。

8. Common Multiple（公倍数）：如果一个数同时是几个数的倍数，则称这个数为它们的公倍数；公倍数中最小的称为最小公倍数(least 或 lowest common multiple)。例如：12，24，36 等都是 2，4，6，12 的公倍数，其中 12 是它们的最小公倍数。

9. Common Factor or Divisor（公约数或公因数）：如果一个数同时是几个数的约数，则称这个数为它们的公约数或公因数；公约数中最大的被称为最大公约数(公因数)(greatest common factor or divisor)。例如：2，7，14 都是 28，42，70 的公约数，14 是它们的最大公约数。

10. Perfect Square(完全平方数)：若一个整数开平方后还是整数，则这个数被称之为完全平方数。例如：4，9，16，25…完全平方数均为自然数。

11. Perfect Cube（完全立方数）：若一个整数开三次方后还是整数，则这数称之为完全立方数。例如：－27，－8，0，8，27…

12. Quotients and Remainders（商和余数）：当一个正整数除以另一个正整数其商不为整数时就存在商和余数问题。余数和商为大于或等于零的整数，余数总小于除数。例如 15 除以 7 时，其商为 2，余数为 1。

13. Consecutive Integers（连续整数）：按从小到大的顺序相连的几个整数称为“连续整数”。例如：－2，－1，0，1，2 是五个连续的整数。连续正整数的算术平均值也是首项和末项的算术平均值。

二、The Properties of Integers（整数的性质）

1. Odd and Even（奇偶性）

(1) n 是整数，则 $2n$ 为偶数，$2n+1$ 为奇数。

(2) 奇数个奇数相加减其结果必为奇数。

(3) 偶数个奇数相加减其结果必为偶数。

(4) 奇数和偶数相加减，其结果必为奇数。

(5) 任意多个偶数相加减，其结果必为偶数。

(6) 若 n（n 为大于 1 的自然数）个整数连乘其结果为奇数，则这 n 个整数必然都是奇数。

(7) 若 n（n 为大于 1 的自然数）个整数连乘其结果为偶数，则这 n 个整数中至少有一个为偶数。

(8) 若 n（n 为大于 1 的自然数）个连续整数相加等于零，则 n 必为奇数。

(9) 若 n（n 为大于 1 的自然数）个连续奇数相加等于零，则 n 必为偶数。

(10) 若 n（n 为大于 1 的自然数）个连续偶数相加等于零，则 n 必为奇数。

(11) 自然数间相加或相乘必然还是自然数。

(12) 自然数间相减必然为整数(可正可负)。

(13) 奇数个连续整数的算术平均值等于这奇数个数中中间大小的数的值。

(14) 偶数个连续整数的算术平均值等于这偶数个数中中间两个数的算术平均值。

(15) 任何一个大于 2 的偶数都可以表示为两个质数的和。

例 1：下面哪个数不能表达为两个质数的和？

(A) 21

(B) 14

(C) 18

(D) 28

(E) 23

解：这五个选项中，(B)，(C)，(D) 都是大于 2 的偶数，因此由以上定理可知都不是正确答案；而(A)和(E)都是奇数，若两个数相加为奇数，则这两个数必定是一个为奇数，另一个为偶数。在所有的质数中 2 是唯一的一个偶数，因此若(A)和(E)可表达为两个质数的和，则必有一个 2，所以只需将(A)和(E)分别减 2，看所得差是否为质数，即可得出答案。$21-2=19$ 为质数，$23-2=21$ 不为质数，因而正确答案为(E)。

(16) 2 个连续的自然数相乘必然为 2 的倍数，3 个连续的自然数相乘必为 6 的倍数。

(17) 若 3 个连续自然数的算术平均值为奇数，则这三个自然数的乘积必为 8 的倍数(即两个连续的偶数相乘为 8 的倍数)。

例如：$\frac{4+5+6}{3}=5$，则 $4\times5\times6=120$ 可被 8 整除。

2. Factor and Multiple（约数和倍数）

（1）如果整数 a 能被整数 b 整除，则 a 能被 b 的因数(或约数)所整除。

（2）如果 a 为质数，n 为非负整数(non-negative integers or whole numbers)，则 a^n 的因数为 $n+1$ 个(包括 1 和 a^n)。

（3）0 为任何一个非 0 整数的倍数，1 为任何一个整数的约数，任何一个质数有且只有 1 和它本身两个约数。

（4）最小公倍数的求解步骤：

① 将所有的数分别表示为各自的质因数的乘积；

② 如果所有的乘积中有公因数，则将式子中相同的质因子都提出来，且只保留指数较大的一个因子作为公因数，除去其他乘积中指数较小的公因数；

③ 将剩下的乘积中的所有因数乘起来，就得到最小公倍数。

（5）最大公约数的求解步骤：

① 将所有的数表示成自己的质因数乘积的形式；

② 将式子中相同的质因子都提出来，并取幂指数较小的一个作为其相应的公因数；

③ 将取出的公因数相乘，就得到了最大公约数。

例 2：求 84 和 90 的最小公倍数和最大公约数。

解：$\because$ $84=2^2\times3\times7$，$90=2\times3^2\times5$

$\therefore$ 它们的最小公倍数 $=2^2\times3^2\times5\times7$

$=1260$

它们的最大公约数 $=3\times2=6$

（6）最大公约数和最小公倍数的性质：

① 设 (a, b) 表示 a 和 b 的最大公约数，$[a, b]$ 表示 a 和 b 的最小公倍数，则有如下的公式：$\frac{a\times b}{(a, b)}=[a, b]$（注：此式仅适用于两数的情况）；

② 若 m 为自然数，则 ma 和 mb 的最大公约数为 a 和 b 的最大公约数的 m 倍；

③ 若 m 为自然数，则 ma 和 mb 的最小公倍数为 a 和 b 的最小公倍数的 m 倍；

④ 若 a 和 c 的最大公约数为 1，则 $a\times b$ 和 c 的最大公约数等于 b 和 c 的最大公约数；

⑤ 若 a 和 c 的最大公约数为 1，且有 c 是 $a\times b$ 的一个因子，则必有 c 是 b 的一个因子；

⑥ 若 a 和 b 互质，且 c 可被 a 整除，c 也可以被 b 整除，则 c 可被 $a\times b$ 整除(注：必须在互质这一条件的限制下，该结论才成立)；

⑦ 两个自然数分别除以它们的最大公约数，所得的商互质；

⑧ 两个数的最小公倍数与最大公约数的乘积等于这两个数的乘积；

3. The Divisibility of Integers(整数的整除特性)

（1）Here are some shortcuts to determining divisibility by common numbers:

If the integer has this feature	Then it is divisible by
It ends in 0, 2, 4, 6 or 8	2
The sum of the digits is divisible by 3	3
The number formed by the last 2 digits is divisible by 4	4
The number ends in 5 or 0	5

If the integer has this feature	Then it is divisible by
The number meets the tests for divisibility by 2 and 3	6
The number formed by the last 3 digits is divisible by 8	8
The sum of the digits is divisible by 9	9
奇数位的和减去偶数位的和所得的差可被 11 整除	11

（2）当一整数被 3，4，5，8，9 除，不能被除尽时的余数特征

① 整数的各位的和被 3 除余几，则这个整数被 3 除余几；

② 整数的后两位被 4 除余几，则这个整数被 4 除余几；

③ 整数的最后一位被 5 除余几，则这个整数被 5 除余几；

④ 整数的最后 3 位被 8 除余几，则这个整数被 8 除余几；

⑤ 整数各位的和被 9 除余几，则这个整数被 9 除余几。

（3）若 a 可被 b 整除，b 可被 c 整除，则 a 可被 c 整除。

（4）若一个等式 $b+c+\cdots+=m+n+\cdots+s$ 中仅除一项之外其余各项均可被 a 整除，那么此项也可被 a 整除。

例 3： 在等式 $4a^2+8b^3+16c+d=4e+24f+48g$ 中，若除 d 之外的其他各项都能被 4 整除，问 d 能否也被 4 整除。

解： 这个等式共有 7 项，若除 d 以外的 6 项都能被 4 整除，则 d 也能被 4 整除。

（5）若 a 和 b 仅为 2 位自然数，且 a，b 有如下的性质：a 的个位等于 b 的十位，a 的十位等于 b 的个位，也即 a 和 b 仅数位倒置，则这样的数必有：$(a+b)$是 11 的倍数，$(a-b)$为 9 的倍数。且将个位和十位相加为几就是$(a+b)$为 11 的几倍，个位和十位差的绝对值为几就是$(a-b)$为 9 的几倍。

例 4： 19 和 91

解： $(91-19)=72$ 因 $9-1=8$，所以$(91-19)$为 9 的 8 倍。

$(91+19)=110$ 因 $9+1=10$，所以$(91+19)$为 11 的 10 倍。

（6）若 n 为自然数，且 n 不被 3 整除，则 n^2 被 3 除余 1

（7）若 n 为奇数，则 n^2 被 4 除余 1

（8）若自然数 a 被自然数 m 除，余数为自然数 c；若 a 被 n 除其余数也为自然数 c，则 a 被 m，n 的最小公倍数除，余数仍为自然数 c。

（9）一个数要想被另一个数整除，该数需含有对方所具有的所有质数因子。

（10）计算整除常用的方法（字母表达法）

大多数的考生在考试时遇到整除问题都往往采用代入数的方法，但这种方法不一定保险，下面将举例介绍一种较为保险的方法——字母表达法。

例 5： 若自然数 n 被 3 除余 2，被 4 除余 1，问 n 被 12 除余几？

解： 既然 n 被 3 除余 2，则 n 可写为 $n=3A+2$，A 为某一自然数

既然 n 被 4 除余 1，则 n 可写为 $n=4B+1$，B 为某一自然数

$\Rightarrow 3A+2=4B+1 \Rightarrow 3A+2=4(B'+1)+1 \Rightarrow$

$\Rightarrow 3A+2=4B'+5 \Rightarrow 3A-3=4B'$，其中 B' 为一自然数

由最后一个式子可知，$3A-3$ 为 3 的倍数，根据上面讲述的性质可知 $4B'$ 也为 3 的倍数，而 4 和 3 互质，依最大公约数、最小公倍数中讲述的性质可知 $4B'$ 必为 12 的倍数，而原数 n 就是 $4B'+5$，所以 n 被 12 除余 5。

4. The Concept and Properties of Common Mode(同余的概念和性质)

(1) 同余定义：若两个整数 a，b 被自然数 m 除有相同的余数，那么称 a，b 对于模 m 同余，用式子可表示为：

$a \equiv b \pmod{m}$，此式可读为 a 同余 b，模为 m

(2)同余的性质

① 反身性：$a \equiv a \pmod{m}$

② 对称性：若 $a \equiv b \pmod{m}$，那么 $b \equiv a \pmod{m}$

③ 传递性：若 $a \equiv b \pmod{m}$，$b \equiv c \pmod{m}$，那么 $a \equiv c \pmod{m}$

④ 加减性：若 $a \equiv b \pmod{m}$，$c \equiv d \pmod{m}$，那么 $a \pm b \equiv c \pm d \pmod{m}$

⑤ 可乘性：若 $a \equiv b \pmod{m}$，$c \equiv d \pmod{m}$，那么 $a \times c \equiv b \times d \pmod{m}$

⑥ 若 $a \equiv b \pmod{m}$，那么 $a^n \equiv b^n \pmod{m}$，其中 n 为自然数

⑦ 若 $a \times c \equiv b \times c \pmod{m}$，$c$ 和 m 的最大公约数为 1，则 $a \equiv b \pmod{m}$

例 6：2001 年的元旦是星期六，问 2002 年的元旦是星期几？

解：2001 年有 365 天，根据同余的概念及性质，我们可以得出下式：

$$365=52\times 7+1 \equiv 8 \pmod{7}$$

由上式可知 2002 年元旦是星期日。

5. The Properties of Consecutive Integers (连续整数的性质)

(1) 任何两个连续整数中，一定是一奇一偶；

(2) 任何三个连续整数中，恰有一个数是 3 的倍数，而且这三个连续整数之积能被 6 整除；

(3) 任何两个连续整数之间除了 1 之外，没有别的公因数，即任何两个连续整数是互质的；

(4) $k+1$ 个连续整数 n，$n+1$，$n+2$，…，$n+k$ 的和是 $\left(n+\frac{k}{2}\right)\times(k+1)$。

三、The Basic Properties of Square(平方数的基本性质)

1. 平方数的个位是 0，1，4，5，6，9 之一；
2. 偶平方数能被 4 整除；
3. 奇平方数能被 8 整除余一，即它可写为 $8k+1$，k 为整数；
4. 在相邻的两个自然数的平方之间不存在其他的完全平方数；
5. 任何两个相邻自然数之积不是完全平方数；
6. 两个奇数的平方之和不是完全平方数。

四、自然数 n 次幂的尾数特征

1. 尾数为 2 的数的幂的个位数一定以 2，4，8，6 循环
2. 尾数为 3 的数的幂的个位数一定以 3，9，7，1 循环
3. 尾数为 4 的数的幂的个位数一定以 4，6 循环
4. 尾数为 6 的数的幂的个位数一定以 6 循环
5. 尾数为 7 的数的幂的个位数一定以 7，9，3，1 循环
6. 尾数为 8 的数的幂的个位数一定以 8，4，2，6 循环
7. 尾数为 9 的数的幂的个位数一定以 9，1 循环

例 7：3^{321} 和 7^{123} 的个位哪个大？

解：由以上整数的 n 次幂的特征可知，3 和 7 的 n 次幂的个位数都是每 4 次就循环一次，又由 321÷4 余 1，123÷4 余 3 可知 3^{321} 的个位数为 3，7^{123} 的个位数 7^3 的个位数是一样的，即 7^{123} 的个位数为 3，因而 3^{321} 和 7^{123} 的个位相同。

五、The Properties of Factors（与因子有关的特性）

1. 因子数的求法：将数 n 分解为质因子相乘的形式，然后将每个质因子的幂指数分别加 1 之后连乘所得的结果就是 n 的因子的个数，即：

$$n=a^x\cdot b^y\cdot c^z\ (a,\ b,\ c\ \text{为质数})$$
$$\text{因子数}=(x+1)(y+1)(z+1)$$

例 8：求 252 的因子个数？

解：$252=2^2\cdot 7\cdot 3^2$

所以因子数为 $(2+1)(1+1)(2+1)=18$

2. 若自然数 n 不是完全平方数，则 n 的因子中小于 $\sqrt{n}$ 的占一半，大于 $\sqrt{n}$ 的也占一半。

3. 若自然数 n 是完全平方数，则 $\sqrt{n}$ 也为 n 的一个因子，在 n 的所有因子中除去 $\sqrt{n}$ 之外，小于 $\sqrt{n}$ 的因子占一半，大于 $\sqrt{n}$ 的因子也占一半。

例 9：若 k 和 s 都是自然数，且满足 $k>s$，$k\times s=42$，问 k 有多少个可能的值？

(A) 4
(B) 6
(C) 7
(D) 8
(E) 10

解：因为 $k\times s=42$，又 $k>s$，所以可以推得必然有 $k>\sqrt{42}$ 成立，否则将会使 $k<s$，又因为 $k\times s=42$，即 k 为 42 的一个因子，因而原题转化为问：42 有多少个大于 $\sqrt{42}$ 的因子。由上述性质知有如下计算：

$42=2\times 3\times 7$，则 42 有 $(1+1)(1+1)(1+1)=8$ 个因子，即 42 有 $\frac{8}{2}=4$ 个大于 $\sqrt{42}$ 的因子，因而 k 有 4 个可能的值，答案为(A)。

4. 推论：任何一个自然数若有奇数个因子，则此自然数必为完全平方数，若它有偶数个因子，则此数必不为完全平方数。

5. 若自然数 n 有 m 个因子，且 m 为大于 2 的质数，则 n 必为某一质数的 $m-1$ 次方。

例 10：（GRE 考题）若某一自然数除了 1 之外只有 2 个因子，则这个自然数必为：

(A) 奇数 (B) 偶数 (C) 4 的倍数

(D) 某一质数的平方 (E) 质数

解：既然这个数除了 1 之外只有 2 个因子，则这个数应有 3 个因子(因把 1 加上)；因为 3 是一个大于 2 的质数，所以它必然是某一质数的(3－1)次方，答案为(D)。

6. 只有 1 个因子的自然数只有 1 个，它是 1。

7. 只有 2 个因子的自然数都是质数。

8. 有两个以上(不包括两个)因子的数都是合数。

第二节 Fractions, Decimals and Percent (分数、小数和百分比)

一、Fractions and Decimals(分数和小数)

1. The Concept of Fractions(分数的概念)

In a fraction $\frac{a}{b}(b\neq0)$, a is the **numerator(分子)** and b is the **denominator(分母)**. The denominator of a fraction can never be 0, because division by 0 is not defined.

(1) Proper Fractions(真分数)

值小于 1 的分数，例如：$\frac{2}{3}$，$\frac{3}{4}$。

(2) Improper Fractions(假分数)

值大于或等于 1 的分数，例如：$\frac{4}{3}$，$\frac{9}{4}$。

(3) Simple Fraction (既约分数)

亦称为“最简分数”。当一分数的分子和分母没有大于 1 的公约数时，称为“既约分数。例如：$\frac{3}{4}$。

(4) Mixed Number(带分数)

带分数是指一个数由一个整数和一个分数构成，例如 $2\frac{3}{5}$。

2. The Properties of Fractions(分数的性质)

(1) Addition and Subtraction of Fractions(分数的加法和减法)：

两个不同分母的分数相加减时，首先把它们变成相同分母的分数(Equivalent Fractions)，然后分母不变把分子相加减，在两个分数通分时，取两分数分母的最小公倍数(least common multiple)。

(2) Multiplication and Division of Fractions(分数的乘法和除法)：

两个分数相乘时，把分子分母分别相乘，然后再约分，也可先约分再把分子分母相乘；

两个分数相除时，把除数的分子分母交换位置，然后再与被除数相乘。

Time Saver: Just as in multiplication, when you divide fractions, always combine factor terms within each fraction, where possible, before you actually do the division.

3. The Properties of Decimals(小数的性质)

In the decimal system, the position of the period or decimal point determines the place value of the digits. For example, the digits in the number **8,796.435** have the following place values:

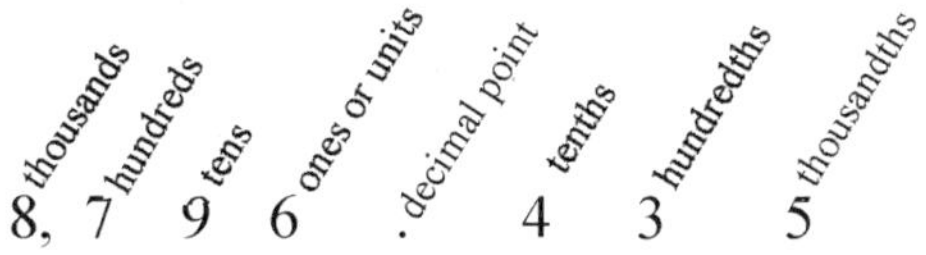

注意：digit 是“数字”即 0，1，2，3，4，5，6，7，8，9 这十个阿拉伯数字；number 是“数”，如 898 是一个数，由 3 个 digit 组成。

Scientific Notation(科学计数法): Decimals are expressed as the product of a number with only one digit to the left of the decimal point and a power of 10.

例如：0.0000486 可用科学计数法表示为：4.86×10^{-5}

8,245,000 可用科学计数法表示为：8.245×10^{6}

GMAT problems involving decimal numbers sometimes require you to combine these numbers by either multiplying or dividing.

(1) Multiplying decimal numbers(小数相乘). The number of decimal place (digits to the right of the decimal point) in a product should be the same as the total number of decimal places in the numbers you multiply. So to multiply decimal numbers quickly:

Multiply, but ignore the decimal points

Count the total number of decimal places among the numbers you multiplied

Include that number of decimal places in you product

例 11： $0.01\times0.02\times0.03$	6 decimal places altogether
$1\times2\times3=6$	Decimals temporarily ignored
$0.01\times0.02\times0.03=0.000006$	Decimal point inserted

(2) Dividing decimal numbers(小数相除). When you divide (or compute a fraction), you can move the decimal point in both numbers by the same number of places either to the left or right without altering the quotient (value of the fraction). Here is a related example: $228\div0.03\left(\text{or }\frac{228}{0.03}\right)=\frac{22800}{3}=7600$

二、Percent, Fraction, and Decimal Conversions(百分数，分数及小数的转换)

Many GMAT questions will require you to convert percents, fractions, and decimals back and forth from one form to another. Percents are usually less than 100, but they can be 100 or greater as well. Percents greater than one hundred convert to numbers greater than 1.

例 12： How many fifths are in 280%?

(A) 1.4

(B) 2.8

(C) 14

解： Convert 280% to a fraction, then reduce to lowest terms(化为最简分式)

$$280\%=\frac{280}{100}=\frac{28}{10}=\frac{14}{5}$$

(D) 28

(E) 56

So, the correct answer is (C).

例 13: A clerk's salary is \$320.00 after a 25% raise. Before the clerk's raise, the supervisor's salary was 50% greater than the clerk's salary. If the supervisor also receives a raise in the same amount as the clerk's raise, what is the supervisor's salary after the raise?

(A) \$370　(B) \$424　(C) \$448

(D) \$480　(E) \$576

解: \$320是办事员以前工资的125%，所以我们可用代数法列方程求解：设以前的工资为 x，则由题意可得出：$1.25x=\$320 \Rightarrow x=\$256$

所以管理员的工资 $=\$256\times150\%+(\$320-\$256)=\$448$

三、Ratio and Proportion（比率和比例）

GMAT ratio problems sometimes involve a whole divided into two or more parts, where your task is to determine either (1) the size of one of the parts (2) the size of the whole. You can solve these problems by setting up algebraic equations.

一个**比率(ratio)**可以表示成许多方式，例如：the ratio of 3 to 4 可被表达为 3 to 4，3∶4 或$\frac{3}{4}$。注意比率中项的顺序是重要的，即 3 to 4 和 4 to 3 不同。

A proportion is simply a statement that two ratios are equal. Since you can express ratios as fractions, you can express a proportion as an equation—for example, $\frac{18}{27}=\frac{2}{3}$. If one of the four terms is missing from the proportion, you can solve for the missing term using algebra.

例 14: Among registered voters in a certain district, the ratio of men to women is 3∶5. Of the district currently includes 24,000 registered voters, how many additional men must register to make the ratio 4∶5?

(A) 2,000

(B) 3,000

(C) 4,000

(D) 5,000

(E) 6,000

解: 本题的正确答案为(B)，求解可分为3步：

(1) Set up a proportion to determine the current number of registered male voters and female voters:

$$\frac{3}{8}=\frac{x}{24,000} \Rightarrow 8x=72,000 \Rightarrow x=9,000$$

Of the 24,000 voters, 9000 are men, and 15,000 are women.

(2) Determine the number of male voters needed altogether for a 4∶5 men/women ratio, given that the number of female voters remains unchanged (15,000):

$$\frac{4}{5}=\frac{x}{15,000} \Rightarrow 5x=60,000 \Rightarrow x=12,000$$

(3) Since the district currently includes 9,000 male voters, 3,000 more are needed to make the ratio 4∶5. So, the correct answer is (B).

第三节 Problem Involving Sets(与集合有关的问题)

在 GMAT 的数学考试中，有相当比例的考题都涉及集合问题：如中数、概率、数列、级数以及排列组合等。这些问题虽然并不十分困难，但因我国考生在这方面所受到的训练普遍较少，所以许多考生在遇到这类题时，一不小心就会丢分。鉴于此，本书将此作为一个比较重要的部分来进行讲解。

一、集合的定义及分类：

A **set** is simply a group of two or more numbers or other terms.

具有某种属性的事物的全体称为集合，它一般由一组数或其他符号构成。组成集合的每个事物称为该集合的元素(element)。如果 S 是一个有限数量的集合，那么 $|S|$ 被定义为元素的数目。例如：$S=\{2, 7, 17, 25\}$，则 $|S|=4$。

Relationship between Sets(集合之间的关系)：

1. Union(并集)： the union of set A and set B 是指两个或多个集合中的所有元素，对两个集合 A，B 可表示为：$A\cup B$。

2. Intersection(交集)： the intersection of set A and set B 是指两个或多个集合中的所有共同元素，对两个集合 A，B 可表示为：$A\cap B$。

3. Disjoint or Mutually Exclusive： 指两个集合中没有共同元素。

4. 全集： 将各个子集中所有元素非重复地都加起来就是全集，用 I 表示。

5. 非集： 非某集合元素组成的集合，称为这集合的非，对单集合 A 可记为 $\overline{A}$。

二、集合的一般公式：

1. $\overline{A\cap B}=\overline{A}\cup\overline{B}$，即 A 交 B 的非等于 A 非并上 B 非
2. $\overline{A\cup B}=\overline{A}\cap\overline{B}$，即 A 并 B 的非等于 A 非交上 B 非
3. $|A\cup B|=|A|+|B|-|A\cap B|$（对于两个集合而言）
4. $|A\cup B\cup C|=|A|+|B|+|C|-|A\cap B|-|A\cap C|-|B\cap C|+|A\cap B\cap C|$（对于三个集合而言）

例 15： 某班上学生选修三门课：数学、语文和英语。选修数学的有 35 人，选修语文的有 30 人，选修英语的有 32 人，既选修数学又选修语文的有 20 人，既选修语文又选修英语的有 15 人，既选修数学又选修英语的有 22 人，而三门课都选修的有 8 人，且知道所有的人至少选修一门课，问这个班上共有多少人？

解： 我们可以设选修数学的人数为 A，选修语文的人数为 B，选修英语的人数为 C，则由题意可知：

$$|A\cap B|=20 \quad |A\cap C|=22$$
$$|B\cap C|=15 \quad |A\cap B\cap C|=8$$

求这个班共有多少人，就是求 A, B, C 的全集，依据上述三个集合的公式，$|A\cup B\cup C|=|A|+|B|+|C|-|A\cap B|-|A\cap C|-|B\cap C|+|A\cap B\cap C|$，则有全班共应有 $I=35+30+32-20-22-15+8=48$ 人。

GMAT problems involving sets come in four different varieties:

Ⅰ. **Descriptive statistics** (mean, median, mode, range, standard deviation, frequency distribution)

Ⅱ. **Progressions** (recognizing a pattern among a series of terms)

Ⅲ. **Comparisons** (finding sums of and differences between different sets of numbers)

Ⅳ. **Sequence** (arithmetic sequence, geometric sequence)

Ⅴ. **Probability** (determining possible combinations of terms within sets as well as between sets)

三、Problems Involving Descriptive Statistics(描述统计问题)

1. Arithmetic mean or Average(算术平均数): in a set of n measurements, the sum of the measurements divided by n.

2. Geometric Average(几何平均数): 几何平均数为 n 个数的乘积开 n 次方。

例如:a,b,c,d,f 五个数的几何平均数为 $\sqrt[5]{abcdf}$

注:算术平均数总是大于或等于几何平均数,对于两个数的情况则有如下式子成立:

$\frac{a+b}{2} \geqslant \sqrt{ab}$,当 $a=b$ 时此式的等号成立。

3. Median(中数): the middle measurement after the measurements are ordered by size (or the average of the two middle measurements if the number of measurements is even).

注:要得到 n 个数的中数,首先将这 n 个数按从大到小的顺序排列,如果 n 是奇数,中数被定义为中间的那个数;如果 n 是偶数,中数被定义为中间两个数的平均值。当 n 较大时,中数被定义为 50% 的线所通过的有序排列中的位置的那个数。也就是说,如果 n 的具体数值不确定而为百分数,那么第 50% 的对象所对准的那一个数就是中数。

4. Mode(众数): the measurement that appears most frequently in a set.

注:一组数中的众数是指出现频率最高的数。

5. Range (值域): the difference between the greatest measurement and the smallest measurement.

注:Range 是表明数的分布的量,其被定义为最大值与最小值的差。

6. Standard deviation(标准方差): a measure of dispersion among members of a set.

注:标准方差是用来表明数据的离散性的量,标准方差的求解步骤如下:

Ⅰ. find the arithmetic mean(求算术平均值)

Ⅱ. find the differences between the mean and each of the numbers(求每个数与算术平均值的差)

Ⅲ. square each of the differences(把所得的差值分别平方)

Ⅳ. find the average of the squared differences(求这些差值平方数的算术平均值)

Ⅴ. take the nonnegative square root of this average(取这个算术平均值的非负平方根)

具体地说,有 n 个数分别为 x_1,x_2,…,x_n,这 n 个数的算术平均值为 $\overline{x}$,那么这 n 个数的标准方差可用下式表示:Standard deviation $= \sqrt{\frac{\sum_{i=1}^{n}(x_i-\overline{x})^2}{n}}$。

注意:当 n 的数值为确定的几个数时,上式中标准方差的分母一定是 n;但当题目告诉你这些数值为随机选择的样本时,那么计算随机选择的这几个数的 Standard deviation 时,上式的分母应为 $n-1$。在 GMAT 考试中,95%的情况下分母为 n。

7. Frequency distribution(频率分布): 频率分布用于展示不同数据出现的频率。

在某些集合中,如果用频率分布来描述集合中的数据会显得更方便一些。下面这些数据表示居住在某个街区的 25 个家庭中每一个家庭所抚养的孩子数：

1，2，0，4，1，3，3，1，2，0，4，5，2，3，2，3，2，4，1，2，3，0，2，3，1

我们可以根据每个数据(x)出现的频率(f)把这些数据进行分类如下：

Data Value	Frequency
x	f
0	3
1	5
2	7
3	6
4	3
5	1
Total	25

从表中我们可以看出，用频率分布的方法对一个集合中的数据进行表示，不但快速概括了数据，而且大大简化了某些运算过程。比如我们要计算平均每一个家庭抚养的孩子数时，我们只要把每一个 x 值与其对应的频率 f 值相乘，然后再除以频率 f 值的和，即总的家庭数就可以了：

$$\frac{0\times3+1\times5+2\times7+3\times6+4\times3+5\times1}{25}=2.16$$

因为一共有 25 个家庭，所以这些数据的中数(median)是从小到大数的第十三个数。从上面表格中的 f 值我们可以看出第 13 个数一定是 2。该组数据的值域(range)是 5－0，即 5。标准方差(standard deviation)也可以根据频率分布很容易地算出来。

例 16：根据下面的频率分布图，分别计算 mean，median，mode，range 和 standard deviation.

－2	－4	0	－1
－3	－1	－2	0
0	0	0	0
－4	－1	－1	－5
0	－1	－5	－2

Data Value x	Frequency f
0	7
－1	5
－2	3
－3	1
－4	2
－5	2
Total	20

Mean＝

$$\frac{(0)(7)+(-1)(5)+(-2)(3)+(-3)(1)+(-4)(2)+(-5)(2)}{20}$$

＝－1.6

$$\text{Median}=\frac{(-1)+(-1)}{2}$$

＝－1（第 10 个和第 11 个数的算术平均值）

Mode＝0（0 出现的频率最高）

Range＝0－(－5)＝5

Standard deviation＝

$$\sqrt{\frac{(-5+1.6)^2(2)+(-4+1.6)^2(2)+\cdots+(0+1.6)^2(7)}{20}}$$

≈1.7

第四节 Permutation，Combination and Probability（排列，组合及概率）

一、有关概念

1. Factorial Notation(阶乘)： n 个自然数 1,2,3,⋯,n 的乘积称为 n 的"阶乘",记作 $n!$。例如：$4!=4\times3\times2\times1$。零的阶乘规定为 1,即 $0!=1!=1$。

2. Permutation (排列)： 排列分为两种，非重复的排列问题和可重复的排列问题。前者简称排列问题。这个问题的一般提法是：从 n 个不同的元素 a_1，a_2，a_3，⋯，a_n 中，无放回地任取 m ($1\leqslant m\leqslant n$)个按照一定的顺序排成一列，问这样的排列共有多少种？这样的排列总数记为 P_n^m。

3. 可重复的排列： 这个问题的一般提法是：从 n 个不相同的元素 a_1，a_2，a_3，⋯，a_n 中，有放回地任取 m 次，每次取一个，所得到不同的序列共有多少种？这种排列共有 n^m 种。

4. Combination(组合)： 从 n 个不同元素中，任取 m 个元素并成一组，叫做从 n 个不同的元素中取出 m 个元素的一个组合，用符号 C_n^m 表示。

5. Probability(概率)： 亦称"或然率"、"几率"，某一类事件在相同的条件下可能发生也可能不发生，这类事件称为"随机事件"（random occurrence）。概率就是用来表示随机事件发生的可能性大小的一个量。很自然地把必然发生的事件的概率定为 1，并把不可能发生的事件的概率定为 0，而一般随机事件的概率是介于 0 和 1 之间的一个数。

(1) 等可能性事件的概率： 如果一次试验中共有 n 种等可能出现的结果，其中事件 A 包含的结果有 m 种，那么事件 A 的概率 $P(A)=\frac{m}{n}$。

例 17： 有 7 个奇数，5 个偶数，从这 12 个数中任取一个是奇数的概率？

解： 这 12 个数任取 1 个有 12 种可能结果，取奇数的结果为 7 种，因此其概率为 $\frac{7}{12}$。

(2) 互斥事件发生的概率： 如果事件 A_1，A_2，⋯，A_n 彼此互斥，那么事件 A_1，A_2，⋯，A_n 中有一个发生的概率为这 n 个事件分别发生的概率的和，即 $P(A_1+A_2+\cdots+A_n)=P(A_1)+P(A_2)+\cdots+P(A_n)$，也即用"or，或"表达。(注：所谓互斥是指任两个之间都不可能同时发生)

例 18： 在 12 个球中，8 个是一等品，3 个是二等品，1 个是三等品，求任取一个球是一等品或是二等品的概率？

解： 这 12 个球中，取一等品的概率为 $\frac{8}{12}$，取二等品的概率为 $\frac{3}{12}$，这两个事件是互斥的，因若取了一等品就不会是二等品，取了二等品就不会是一等品，因此根据上边公式可知本题的答案为 $\frac{8}{12}+\frac{3}{12}=\frac{11}{12}$。

(3) 相互独立事件同时发生的概率： 如果事件相互独立，那么 n 个事件同时发生的概率等于每个事件发生的概率的积，即 $P(A_1,A_2,\cdots,A_n)=P(A_1)P(A_2)\cdots,P(A_n)$，也即用"且"或"and"来表达。

例 19： A 坛中有 7 个白球，有 3 个黑球，

解： 从 A 坛中摸出一个白球的概率为

B坛中有4个白球，5个黑球，问从这两个坛中分别摸出一个都是白球的概率？

$\frac{7}{7+3}$，从B坛中摸出一个白球的概率为$\frac{4}{4+5}$，这两个事件是相互独立的，互不影响，则根据上面所述其概率应为$\frac{7}{10}\times\frac{4}{9}=\frac{14}{45}$。

(4) 独立重复试验发生的概率：如果在一次试验中某事件发生的概率是P，那么在n次独立重复试验中这个事件恰好发生k次的概率为$P_n(k)=C_n^k\cdot P^k(1-P)^{n-k}$。

例20：某气象站天气预报准确率为80%，求5次预报中有4次准确的概率？

解：设P为预报一次，结果准确的概率，预报5次，相当于5次独立重复试验，根据上式则有：$P_5(4)=C_5^4\times0.8^4\times(1-0.8)^{5-4}=5\times0.8^4\times0.2=0.4096$。

6. 事件的包含与相等：设有两个随机事件A和B，如果A发生，那么B必发生，则称B包含A，记作$A\subset B$或$B\supset A$，如果事件A包含B，同时事件B也包含事件A，则称事件A与B相等或等价，记作$A=B$。

7. 事件的和与积：事件“A或B”称为事件A与事件B的和，记作$A+B$或$A\cup B$；事件A且B称为事件A与B的积，记作$A\cdot B$或AB或$A\cap B$。事件的和与积可推广到多于两个事件的情形。

8. 对立事件与事件的差：称事件“非A”为A的对立事件，记作$\overline{A}$。事件A同B的差表示A发生而B不发生的事件，记作$A-B$或$A\overline{B}$。

9. 事件的互不相等(Mutually exclusive events)：在一次试验中，如果事件A与事件B不能同时发生，即$AB=V$(不可能事件)，那么称A和B是互不相容的事件。

10. 条件概率：若A，B是两个随机事件，$P(A)\neq0$，则称在A发生的前提下B发生的概率为条件概率，记作$P(B/A)$。

11. 事件的独立性(Independent events)：如果一个事件的发生并不影响另一个事件发生的概率，则称这两个事件是相互独立的。

二、有关性质

1. 排列与组合：

① $P_n^m=\frac{n!}{(n-m)!}(1\leqslant m\leqslant n)$

② $C_n^m=\frac{n!}{m!(n-m)!}(1\leqslant m\leqslant n)$

③ $C_n^m=C_n^{n-m}(1\leqslant m\leqslant n)$

④ $C_{n+1}^m=C_n^m+C_n^{m-1}$

⑤ $0!=1,C_n^0=P_n^0=1,C_n^1=P_n^1=n(n\geqslant1)$

2. 任何随机事件A在相同的条件下发生的概率介于0和1之间，即$0\leqslant P(A)\leqslant1$；必然事件$U$和不可能事件$V$发生的概率分别为1和0，即$P(U)=1$，$P(V)=0$。

3. 加法原则和乘法原则：

加法原则：做一件事，完成它可以有n类办法，在第一类办法中有m_1种不同的方法，在第二类办法中有m_2种不同的方法……，在第n类办法中有m_n种不同的方法，那么完成这件事共有$N=m_1+m_2+\cdots+m_n$种不同的方法(在表达中用“或、or”时即为加法原则)。

例 21：某天从 A 地到 B 地，可乘汽车，也可乘火车，还可乘飞机，一天中，汽车有 5 班，火车有 4 班，飞机有 2 班，问一天中 A 地到 B 地共有多少种走法？

解：根据加法原则可知共有 $5+4+2=11$ 种走法。

乘法原则：做一件事，完成它需分为 n 个步骤，做第一步有 m_1 种不同的方法，做第二步有 m_2 种不同的方法……，做第 n 步有 m_n 种不同的方法，则完成这件事共有 $N=m_1\times m_2\times\cdots\times m_n$ 种不同的方法。

例 22：由 A 到 B 有 3 条路，由 B 到 C 有 4 条路，问由 A 经 B 到 C 有多少种不同的走法？

解：根据乘法原则可知共有 $3\times4=12$ 种不同的走法。

4. 概率的加法公式：

(1) $P(A)=1-P(\overline{A})$

(2) 若事件 A，B 互不相容，则 $P(A+B)=P(A)+P(B)$

(3) 对任意两事件 A，B，则 $P(A+B)=P(A)+P(B)-P(AB)$

5. 概率的乘法公式：

(1) $P(B/A)=P(AB)/\ P(A)$，$(P(A)\neq0)$

(2) 若事件 A 和 B 是相互独立的，当 $P(A)\neq0$ 时，$P(AB)=P(A)P(B)$

三、事件的运算规律

(1) $A+B=B+A$（加法交换律）

(2) $A+(B+C)=(A+B)+C$（加法结合律）

(3) $A+A=A$

(4) $A+\overline{A}=U$（“U”表示全集）

(5) $A+U=U$

(6) $A+V=A$（“V”表示空集）

(7) $A\cdot B=B\cdot A$（乘法交换律）

(8) $(AB)C=A(BC)$（乘法结合律）

(9) $A\cdot A=A$

(10) $A\cdot\overline{A}=V$

(11) $A\cdot U=A$

(12) $A\cdot V=V$

(13) $A(B+C)=AB+AC$（分配率）

(14) $AB+BC=B(A+C)$（分配率）

(15) $\overline{A+B}=\overline{A}\cdot\overline{B}$

(16) $\overline{A\cdot B}=\overline{A}+\overline{B}$

第五节　重点试题精练及解析

1. There are between 100 and 110 cards in a collection of cards. If they are counted out 3 at a time, there are 2 left over, but if they are counted out 4 at a time, there is 1 left over. How many cards are in the collection?

(A) 101
(B) 103
(C) 106
(D) 107
(E) 109

1. 在某一卡片集中，有 100 到 110 张卡片。若每次点 3 张，将有 2 张剩下，但是若每次点 4 张，则有 1 张剩下。问此卡片集中有多少张卡片？

解： 本题的正确答案为(A)。该题也即让考生求从 100 到 110 之间的数中，被 3 除余 2，被 4 除余 1 的数是哪一个。很明显 100 到 110 之间被 3 除余 2 的数有 101，104，107 和 110，而被 4 除余 1 的数有 101，105，109，求这两个集合的交集可得此卡片集中应有 101 张卡片。

2. What is the least possible product of 4 different integers, each of which has a value between −5 and 10, inclusive?

(A) −5,040
(B) −3,600
(C) −720
(D) −600
(E) −120

2. 在−5 到 10 之间(包括−5 和 10)的四个不同整数的乘积的最小值是多少？

解： 本题的正确答案为(B)。四个整数的积有可能为负值，负值的绝对值越大，则其值越小。要使在−5 到 10 之间的四个整数的乘积最小，则在保证有一个最小的负数情况下，其余三个数都尽可能取最大值，也即这四个数应为−5,10,9,8,它们的乘积为−3,600。

3.

LEAGUE RESULTS

Team	Number of Games Won
A	4
B	7
C	9
D	2
E	2
X	

According to the incomplete table above, if each of the 6 teams in the league played each of the other teams exactly twice and there were no ties, how many games did team X win? (Only 2 teams play in a game.)

(A) 4　(B) 5　(C) 6　(D) 8　(E) 10

3. 根据左面不完整的表格，如果该联盟中的 6 支队伍中的每一支都与其他的任一支队伍仅比赛两次，且没有平局，那么 X 赢了多少场比赛(每一场比赛中仅有两支队伍比赛)？

解： 本题的正确答案为(C)。该题也即让考生求该联盟所进行比赛的总次数，6 支队伍中任两支比赛两次，则共进行了 $2C_6^2=30$ 场比赛，也即总的获胜次数为 30，因此 X 获胜的次数为：

$$30-(4+7+9+2+2)=6$$

4. In a certain game, a large container is filled with red, yellow, green and blue beads worth, respectively, 7, 5, 3, and 2 points each. A number of beads are then removed from the container. If the product of the point values of the removed beads is 147,000, how many red beads were removed?

(A) 5

(B) 4

(C) 3

(D) 2

(E) 0

4. 在某一游戏中，一个大容器中装有红色、黄色、绿色和蓝色珠子，它们分别值 7，5，3 和 2 点。一些珠子从容器中取出，如果移出的珠子的点值的乘积等于 147,000，那么有多少红色的珠子被取出？

解： 本题的正确答案为(D)。做对该题的关键在对题意的正确理解。根据题意可知，只要 147,000 能被红色珠子的点值 7 除尽，则移出的珠子中一定有红色珠子，且 147,000能被 7 整除多少次，移出的珠子中就有多少个红色的珠子。因此考生只需把 147,000 分解成 7，5，3 和 2 相乘的形式就可以了：

$$147000=7^2\cdot 5^3\cdot 3^1\cdot 2^3$$

因此移出的珠子中红色、黄色、绿色和蓝色珠子分别为 2，3，1 和 3 个。

5. When the integer n is divided by 6, the remainder is 3. Which of the following is NOT a multiple of 6?

(A) $n-3$　　(B) $n+3$

(C) $2n$　　(D) $3n$

(E) $4n$

5. 当整数 n 被 6 除时，其余数(**remainder**)为 3。下列哪一项不是 6 的倍数？

解： 本题的正确答案为(D)。根据题意可设$n=6k+3$，其中 k 为整数，则五个选项的值可分别表示为：$6k$，$6(k+1)$，$6(2k+1)$，$6(3k+1)+3$，$6(4k+2)$。由以上数据可知 $3n$ 不是 6 的倍数。

6. Xavier, Yvonne, and Zelda each try independently to solve a problem. If their individual probabilities for success are $\frac{1}{4}$, $\frac{1}{2}$, and $\frac{5}{8}$, respectively, what is the probability that Xavier and Yvonne, but not Zelda, will solve the problem?

(A) $\frac{11}{8}$　　(B) $\frac{7}{8}$

(C) $\frac{9}{64}$　　(D) $\frac{5}{64}$

(E) $\frac{3}{64}$

6. X，Y 和 Z 三人试图各自独立地解答一个问题。若他们每个人成功的概率(**probability**)分别为 $\frac{1}{4}$，$\frac{1}{2}$ 和 $\frac{5}{8}$，那么 X 和 Y 将解出该问题，而 Z 解不出该问题的概率是多少？

解： 本题的正确答案为(E)。根据题意可知 X 解出此问题的概率为$\frac{1}{4}$，Y 解出此问题的概率为 $\frac{1}{2}$，而 Z 解不出题目的概率为 $1-\frac{5}{8}=\frac{3}{8}$，因此 X 和 Y 解出此题而 Z 解不出此题的概率为：$\frac{1}{4}\cdot\frac{1}{2}\cdot\frac{3}{8}=\frac{3}{64}$

7. How many positive integers k are there such that $100k$ is a factor of $(2^2)(3)(5^3)$?

(A) None

(B) One

(C) Two

(D) Three

(E) Four

7. 有多少个*正整数*(**positive integer**)k 可以满足 $100k$ 是 $(2^2)(3)(5^3)$ 的一个因子?

解: 本题的正确答案为(E)。$(2)^2(3)(5^3)=(2\times5)^2(3)(5)=100\times3\times5$,要使 $100k$ 是 $(2)^2(3)(5^3)$的一个因子,则 k 应为3×5的一个因子。因为 3×5 共有 1,3,5,15 四个正整数因子,所以共有四个这样的 k 值。

8. If the sum of the first n positive integers is S, what is the sum of the first n positive even integers, in terms of S?

(A) $\frac{S}{2}$

(B) S

(C) $2S$

(D) $2S+2$

(E) $4S$

8. 若前 n 个*正整数*(**positive integers**)的和为 S,那么前 n 个*正偶数*(**even integers**)的和是多少(用 S 表达)?

解: 本题的正确答案为(C)。前 n 个正整数的和为:

$$S=1+2+3+\cdots+n$$

前 n 个正偶数的和为:

$$2+4+6+\cdots+2n=2(1+2+3+\cdots+n)=2S$$

9. When 10 is divided by the positive integer n, the remainder is $n-4$. Which of the following could be the value of n?

(A) 3　　(B) 4

(C) 7　　(D) 8

(E) 12

9. 当 10 被正整数 n 除时,其余数为 $n-4$。下面哪一个可以是n 的值?

解: 本题的正确答案为(C)。根据题意可得 $mn+(n-4)=10$,其中 m 为正整数。把五个选项代入发现,只有当 $n=7$ 时,m 取整数 1,其余几个值得出的 m 值均不为整数。

10. If n is an integer, which of the following CANNOT be a factor of $3n+4$?

(A) 4

(B) 5

(C) 6

(D) 7

(E) 8

10. 若 n 是一个整数,则下列哪一个不可能是 $3n+4$ 的*因子*(**factor**)?

解: 本题的正确答案为(C)。一般采用排除法来解此类数字规律题。(A)当 $n=0$ 时,4 是 $3n+4$ 的因子;(B)当 $n=7$ 时,5 是 $3n+4$ 的因子;(C)无论 n 取何值,$3n+4$ 都不可能有 6 这个因子;而(D)中当 n 取 1 时 $3n+4$ 可以被 7 整除;(E)中当 n 取 4 时 $3n+4$ 可被 8 整除。

11. If n is a positive integer, then $n(n+1)(n+2)$ is

(A) even only when n is even

(B) even only when n is odd

(C) odd whenever n is odd

(D) divisible by 3 only when n is odd

11. 若 n 是一个正整数,则 $n(n+1)(n+2)$是:

解: 本题的正确答案为(E)。$n(n+1)(n+2)$是三个连续正整数的乘积,而根据连续整数的性质可知,无论 n 取何数,他们三个数中一定有一个偶数,且一定有一个数是 3 的倍数,所以 $n(n+1)(n+2)$ 一定是偶

(E) divisible by 4 whenever n is even

数，且能被 3 整除；若 n 是偶数时，则 $n+2$ 也一定是偶数，所以此时 $n(n+1)(n+2)$ 也一定能被 4 整除。

12. How many integers between 324,700 and 458,600 have tens digit 1 and units digit 3?

(A) 10,300

(B) 10,030

(C) 1,353

(D) 1,352

(E) 1,339

12. 在 324700 和 458600 之间有多少个十位数为 1 且个位数字为 3 的整数？

解： 本题的正确答案为(E)。在十位数（**tens digit**）和个位数（**units digit**）一定的情况下，就要看百位，千位，万位及十万位上有多少个不同的数。考虑到存在数 324713，而没有数 458613，因此在这两数之间共出现十位数为 1 且个位数为 3 的整数的个数为：$4586-3247=1339$ 个。

13. If each of the following fractions were written as a repeating decimal, which would have the longest sequence of different digits?

(A) $\frac{2}{11}$ (B) $\frac{1}{3}$

(C) $\frac{41}{99}$ (D) $\frac{2}{3}$

(E) $\frac{23}{37}$

13. 若下面的每一个分数都用*循环小数*（**repeating decimal**）来表达，则哪一个分数具有最长的不同数字序列？

解： 本题的正确答案为(E)。五个选项中的数都是无限循环小数，很明显 $\frac{1}{3}$ 和 $\frac{2}{3}$ 的循环节只有一位；而 $\frac{2}{11}$ 和 $\frac{41}{99}$ 的循环节有两位，他们分别以 0.18 和 0.41 循环；$\frac{23}{37}$ 的循环节有三位，以 0.621 循环。

14. If Carmen had 12 more tapes, she would have twice as many tapes as Rafael. Does Carmen have fewer tapes than Rafael?

(1) Rafael has more than 5 tapes.

(2) Carmen has fewer than 12 tapes.

14. 若 Carmen 再多 12 盘磁带，她的磁带数量将是 Rafael 的两倍。Carmen 的磁带比 Rafael 的少吗？

(1) Rafael 的磁带超过 5 盘

(2) Carmen 的磁带不到 12 盘

解： 本题的正确答案为(B)。用 C 代表 Carmen 所拥有的磁带数量，用 R 代表 Rafael 所拥有的磁带数量，则根据题意可得 Carmen 与 Rafael 的磁带关系式为：$C+12=2R$

根据此式可知(1)不充分，因为 $C=2$，$R=7$ 时满足上面的等式，而 $C=14$，$R=13$ 时也满足上面等式；(2)充分，因为 $R=\frac{C+12}{2}$，也即 R 是 C 和 12 的算术平均值，且 $C<12$，所以有 $C<R<12$。

15. Which of the following procedures is always equivalent to adding 5 given numbers and then dividing the sum by 5?

Ⅰ Multiplying the 5 numbers and then finding the 5th root of the product.

Ⅱ Adding the 5 numbers, doubling the sum, and then moving the decimal point one place to the left.

Ⅲ Ordering the 5 numbers numerically and then selecting the middle number.

(A) None

(B) Ⅰ only

(C) Ⅱ only

(D) Ⅲ only

(E) Ⅰ and Ⅲ

15. 下面哪一做法始终等同于把 5 个给定的数相加然后把其和除以 5?

Ⅰ 把 5 个数相乘，然后求其*乘积*(**product**)的五次方根。

Ⅱ 把 5 个数相加，然后把和加倍，且把小数点向左移动一位。

Ⅲ 把 5 个数字排序然后选择中间的数。

解: 本题的正确答案为(C)。此题也就是问哪一做法等同于把五个数求算术平均值。Ⅰ很明显是对五个数求几何平均值的程序，而几何平均值与算术平均值在大多数的情况下是不相等的，所以Ⅰ不正确；而Ⅲ是求五个数的中数，中数与算术平均数同样在大多数情况下是不同的，所以Ⅲ也不正确；Ⅱ相当于把五个数的和乘以 2 再除以 10，所以相当于把五个数求算术平均值。

16. If a 3-digit integer is selected at random from the integers 100 through 199, inclusive, what is the probability that the first digit and the last digit of the integer are each equal to one more than the middle digit?

(A) $\frac{2}{225}$　　(B) $\frac{1}{111}$

(C) $\frac{1}{110}$　　(D) $\frac{1}{100}$

(E) $\frac{1}{50}$

16. 若从 100 到 199(包括首尾数字)中随机选出一个*3 位整数*(**3-digit integer**)，该整数的第一位和最后一位都等于中间一位加 1 的概率是多少?

解: 本题的正确答案为(D)。从 100 到 199，包括首尾数字共有 100 个数字，第一位和最后一位数字比中间那一位的数字大 1 的数只有 101 这一个数字，所以概率为$\frac{1}{100}$。

17. Coins are to be put into 7 pockets so that each pocket contains at least one coin. At most 3 of the pockets are to contain the same number of coins, and no two of the remaining pockets are to contain an equal number of coins. What is the least possible number of coins needed for the pockets?

(A) 7

(B) 13

(C) 17

(D) 22

(E) 28

17. 把一些硬币放入 7 个口袋中，每个口袋至少放一个。最多只有 3 个口袋中的硬币数相同，且其余的口袋中没有任何两个口袋中的硬币数相同。问最少需要多少个硬币来放入这些口袋中?

解: 本题的正确答案为(C)。要使放入口袋中的硬币数目最少，就要使只放一个硬币的口袋的数目尽可能的多。根据题意可知，这样的口袋最多只有三个，而其余的四个口袋，则取尽可能小的且互不相同的正整数，分别为 2，3，4，5。因此这些口袋中所需的最少硬币个数为 $3\times1+2+3+4+5=17$。

18. If n is a positive integer and $k=5.1\times10^n$, what is the value of n?

(1) $6,000<k<500,000$

(2) $k^2=2.601\times10^9$

19. The positive integer n is divisible by 25. If $\sqrt{n}$ is greater than 25, which of the following could be the value of $\frac{n}{25}$?

(A) 22　(B) 23　(C) 24

(D) 25　(E) 26

20. If X and Y are sets of integers, $X\triangle Y$ denotes the set of integers that belong to set X or set Y, but not both. If X consists of 10 integers, Y consists of 18 integers, and 6 of the integers are in both X and Y, then $X\triangle Y$ consists of how many integers?

(A) 6　(B) 16　(C) 22

(D) 30　(E) 174

21. If a and b are positive integers, what is the value of $a+b$?

(1) $\frac{a}{b}=\frac{5}{8}$

(2) The greatest common divisor of a and b is 1.

18. 若 n 是一个正整数（**positive integer**），且 $k=5.1\times10^n$，那么 n 的值是多少？

(1) $6,000<k<500,000$

(2) $k^2=2.601\times10^9$

解： 本题的正确答案为(D)。(1)充分，因为根据(1)可得 $6.0\times10^3<5.1\times10^n<5\times10^5$ 也即 $3<n<5$，又因为 n 是整数，所以 $n=4$；(2)充分，因为根据 $k^2=(5.1)^2\cdot10^8$，也可推出 $n=4$。

19. 正整数 n 可以被 25 整除（**divisible**）。若 $\sqrt{n}$ 大于 25，则下面哪一项是 $\frac{n}{25}$ 的值？

解： 本题的正确答案为(E)。因为 n 是正整数，所以由 $\sqrt{n}$ 大于 25 可推知 $n>25^2$，因此 $\frac{n}{25}$ 一定大于 25，在五个选项中只有(E)选项的 26 满足此条件。

20. 若 X 和 Y 是整数的集合，$X\triangle Y$ 表示属于集合 X 或集合 Y，但不同属于这两个集合的整数的集合。若 X 中包括 10 个整数，Y 中包括 18 个整数，且有 6 个整数同时属于 X 和 Y，那么 $X\triangle Y$ 中有多少个整数？

解： 本题的正确答案为(B)。根据题意可知 $X\triangle Y$ 中的整数数目为：

$$(10-6)+(18-6)=16。$$

21. 若 a 和 b 是正整数（**positive integer**），$a+b$ 的值是多少？

(1) $\frac{a}{b}=\frac{5}{8}$

(2) a 和 b 的最大公约数是 1。

解： 本题正确答案为(C)。(1)不充分，根据 $\frac{a}{b}=\frac{5}{8}$，可设 $a=5m$，$b=8m$，其中 m 为整数，则 $a+b=8m$，因为 m 的值有无穷多个，所以 $a+b$ 的值有无穷多个；(2)不充分，因为最大公约数是 1 的两个数也有无穷多个；(1)+(2)充分，根据(1)有 $a=5m$，$b=8m$，而根据(2)可知 a 和 b 的最大公约数为 1，也即 $m=1$，所以 $a=5$，$b=8$，$a+b=13$。

22. Is n an integer?

(1) n^2 is an integer.

(2) $\sqrt{n}$ is an integer.

22. n 是一个整数吗？

(1) n^2 是一个整数

(2) $\sqrt{n}$ 是一个整数

解： 本题的正确答案为(B)。(1)不充分，因为 n 可以取 $\sqrt{2}$ 和 2 都满足 n^2 是一个整数的条件，所以无法确定 n 是否为整数；(2)充分，因为整数的平方仍为整数，所以若 $\sqrt{n}$ 是整数，则 n 一定也是一个整数。

23. Of 30 applicants for a job, 14 had at least 4 years experience, 18 had degrees, and 3 had less than 4 years experience and did not have a degree. How many of the applicants had at least 4 years experience and a degree?

(A) 14

(B) 13

(C) 9

(D) 7

(E) 5

23. 30 个人申请一项工作，其中 14 个有至少 4 年的工作经验，18 个人拥有学位，3 个人的工作经验不到 4 年且没有学位。问有多少申请者至少有 4 年的工作经验且拥有学位？

解： 本题的正确答案为(E)。此题可以通过画文氏图来解，如下图所示：

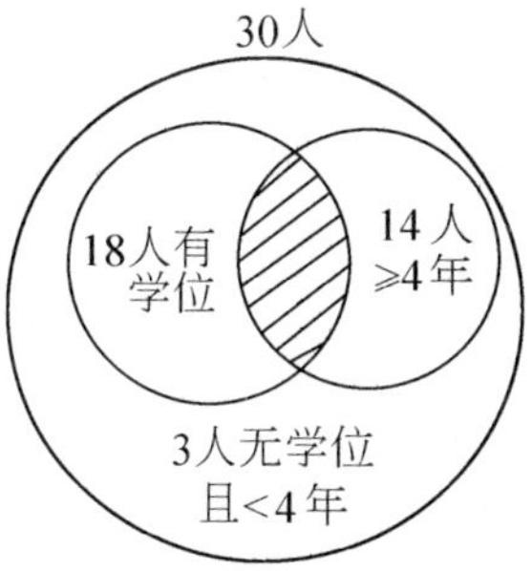

从图中可以看出，有学位且有 4 年以上工作经验的申请者就是图中的阴影部分，设有 x 人，则根据题意可得：$3+18+14-x=30 \Rightarrow x=5$ 人。

24.

From \ To	A	B	C	D	E	F
A		3	3	2	7	3
B	3		3	4	5	5
C	3	3		1	2	4
D	2	4	1		5	5
E	7	5	2	5		6
F	3	5	4	5	6	

The table above shows the cost, in

24. 左面的表格表示从 A，B，C，D，E 和 F 中的任一城市出发到其他任一城市的旅行费用(以美元计)。一销售代表想离开 A，旅行到 C，E 和 F，然后再回到 A。若该销售代表要到达的第一个城市一定是 E，则整个旅途的最低费用是多少？

解： 本题的正确答案为(C)。若第一站为从 A 到 E，则该销售代表有两种可选择的道路：

(1) A→E→C→F→A

dollars, of traveling to and from cities A, B, C, D, E, and F. A sales representative wants to leave from A, travel to C, E, and F, and return to A. If the first city that the sales representative travels to must be E, what is the minimum possible cost for the entire trip?

(A) \$13　　(B) \$14

(C) \$16　　(D) \$18

(E) \$20

(2) A→E→F→C→A

根据题目表格中的数据可知两条道路的费用分别为：(1)＝7＋2＋4＋3＝16 美元

(2)＝7＋6＋4＋3＝20 美元

由上分析可知在道路 1 的花费最低为 16 美元。

25. If an integer n is divisible by both 6 and 8, then it must also be divisible by which of the following?

(A) 10

(B) 12

(C) 14

(D) 16

(E) 18

25. 若一整数 n 既能被 6 *整除*(**divisible**)又能被 8 整除，则它还可以被下列哪一项整除?

解: 本题的正确答案为(B)。能被 6 整除，则该数一定能被 2 和 3 整除；能被 8 整除，则该数一定能被 2 和 4 整除；去掉相同的因子，则 n 一定能被 3 和 4 整除，而 3 和 4 是互质数，所以 n 一定能被 $3\times4=12$ 整除。

26. If n is a prime number greater than 3, what is the remainder when n^2 is divided by 12?

(A) 0

(B) 1

(C) 2

(D) 3

(E) 5

26. 若 n 是一个大于 3 的*质数*(**prime number**)，那么 n^2 被 12 除时的余数(**remainder**)等于多少?

解: 本题的正确答案为(B)。考生在做该题时可以用尝试法：任取一个大于 3 的质数去除以 12，发现任一大于 3 的质数平方后被 12 整除时，余数总为 1，例如 $7^2=49$，49÷12得到商为 4，余数为 1。

27. Of the following sums, which is the greatest?

(A) $\frac{1}{\sqrt{2}}+\frac{1}{\sqrt{3}}+\frac{1}{\sqrt{4}}+\frac{1}{\sqrt{5}}$

(B) $\frac{1}{2^2}+\frac{1}{3^2}+\frac{1}{4^2}+\frac{1}{5^2}$

(C) $\frac{1}{2^2}+\frac{1}{2^3}+\frac{1}{2^4}+\frac{1}{2^5}$

(D) $1-\frac{1}{2}+\frac{1}{3}-\frac{1}{4}$

(E) $\frac{1}{2}+\frac{1}{3}+\frac{1}{4}+\frac{1}{5}$

27. 在下列和式中，哪一个的值最大?

解: 本题的正确答案为(A)。(D)选项的值明显小于(E)选项的值；在(A)，(B)，(C)和(E)这四个选项中分母的值大小排序为：(C)＞(B)＞(E)＞(A)。在分子大小都一样的情况下，分母小的分式的值大，所以(A)选项$\frac{1}{\sqrt{2}}+\frac{1}{\sqrt{3}}+\frac{1}{\sqrt{4}}+\frac{1}{\sqrt{5}}$的值最大。

28.

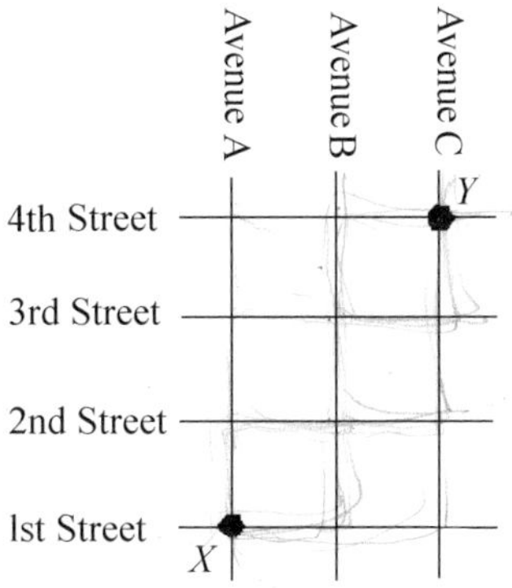

Pat will walk from intersection X to intersection Y along a route that is confined to the square grid of four streets and three avenues shown in the map above. How many routes from X to Y can Pat take that have the minimum possible length?

(A) Six

(B) Eight

(C) Ten

(D) Fourteen

(E) Sixteen

28. Pat 将沿着如左图所示的由 4 条横向街道和 3 条纵向街道所构成的正方形路线网从十字路口 X 步行到十字路口 Y。Pat 从 X 到 Y 可走的最短路线数目是多少?

解: 本题的正确答案为(C)。由图可知，X 到 Y 的最短长度为 5 个正方形的边长，要想使路线最短，经过第 2，第 3 和第 4 街的顺序一定是固定的，且经过 B 大街和 C 大街的顺序也肯定是固定的，否则不可能是最短路线，最后从 X 点到 Y 点必然经过 2，3，4，B，C 这 5 条直线。因此本题转化为在满足顺序 2，3，4 和 B，C 的情况下，求 2，3，4，B，C 这 5 个元素的排列:

(1) 在 5 个位置中任选出两个位置给 B，C 且满足 B 在 C 前，则共有 C_5^2 种选法，剩下的 3 个位置必须按 2，3，4 的顺序排列，所以总共有 $C_5^2=10$ 条路可走;

(2) 5 个位置中任选出 3 个位置给 2，3 和 4 且必须满足从小到大的顺序，则为 C_5^3，剩下两个位置也必须按 B 在 C 的前面这一顺序排列，所以共有 $C_5^3=10$ 条路可走。

29. Committee X and committee Y, which have no common members, will combine to form Committee Z. Does Committee X have more members than Committee Y?

(1) The average (arithmetic mean) age of the members of Committee X is 25.7 years and the average age of the members of Committee Y is 29.3 years.

(2) The average (arithmetic mean) age of the members of Committee Z will be 26.6 years.

29. 没有共同成员的委员会 X 和委员会 Y 将组合成委员会 Z。委员会 X 的成员比委员会 Y 的成员多吗?

(1) X 委员会的成员的平均年龄为 25.7 岁，Y 委员会的成员平均年龄为 29.3 岁。

(2) Z 委员会成员的平均年龄将为 26.6 岁。

解: 本题的正确答案为(C)。(1)不充分，因为(1)只是给出了两个委员会成员的各自平均年龄，而没有给出年龄与成员数目之间的关系，所以无法判断两个委员会的成员的多少;(2)同理不能说明哪一个委员会的成员多;(1)+(2)充分，设 X 委员会的人数为 m，Y 委员会的人数为 n，则 Z 委员会的人数为 $m+n$，根据题意可得:

$$\frac{25.7m+29.3n}{m+n}=26.6\Rightarrow$$

$$\frac{26.6(m+n)-0.9m+2.7n}{m+n}=26.6$$

$$\Rightarrow 0.9m=2.7n$$

$$\Rightarrow m=3n$$

委员会 X 的人数等于委员会 Y 的人数 3 倍。

30. If n is a positive integer and $k+2=3^n$, which of the following could NOT be a value of k?

(A) 1

(B) 4

(C) 7

(D) 25

(E) 79

30. 若 n 是一个*正整数*(**positive integer**)且 $k+2=3^n$，下列哪一个不可能是 k 的值？

解： 本题的正确答案为(B)。由 $k+2=3^n$，可得 $k=3^n-2$，3 的幂的个位数以 3，9，7，1 循环，所以 k 的个位数一定为 1，7，5，9。因此 k 不可能取(B)中 4。

31. In an office, 40 percent of the workers have at least 5 years of service, and a total of 16 workers have at least 10 years of service. If 90 percent of the workers have fewer than 10 years of service, how many of the workers have at least 5 but fewer than 10 years of service?

(A) 48

(B) 64

(C) 80

(D) 144

(E) 160

31. 在一个公司中，40%的工人至少干了 5 年，且共有 16 个工人至少干了 10 年。若有 90%的工人工作的时间不到 10 年，则工作时间至少在 5 年，但不到 10 年的工人有多少个？

解： 本题的正确答案为(A)。这类题最好借助用文氏图来解，根据题意可画出如下的文氏图：

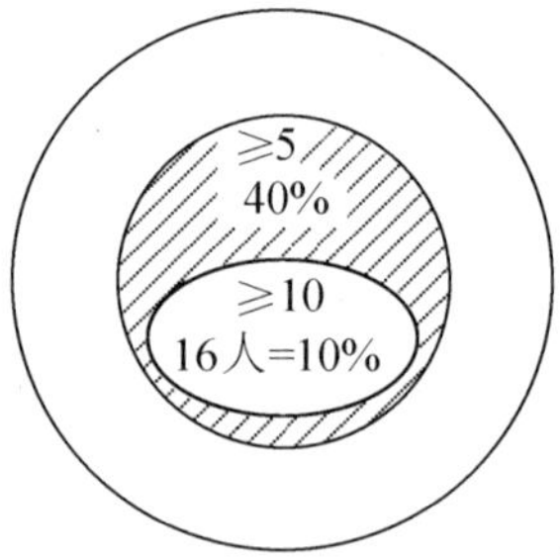

从图中可以看出该题也即让考生求图中的阴影部分所代表的人数，该公司的总工人数为 16÷10%=160 人；所以工作 5 年以上的工人数为：160×40%=64 人，从而可以得到工作时间在 5 年以上 10 年以下的工人数为：64−16=48 人。

32. What is the units digit of $(13)^4(17)^2(29)^3$?

(A) 9

(B) 7

(C) 5

(D) 3

(E) 1

32. $(13)^4(17)^2(29)^3$ 的个位数字(**units digit**)是多少？

解： 本题的正确答案为(E)。根据本章中所讲述的整数 n 次幂的个位数的数字特征，可知：

$(13)^4$ 的个位数字为 1，

$(17)^2$ 的个位数字为 9，

$(29)^3$ 的个位数字为 9，

所以 $(13)^4(17)^2(29)^3$ 的个位数字为 1。

33. If n is an integer between 2 and 100 and if n is also the square of an integer, what is the value of n?

(1) n is the cube of an integer.

(2) n is even.

33. 若 n 是 2 到 100 间的一个整数，且 n 又是一个整数的平方(**square**)，那么 n 的值是多少？

(1) n 是一个整数的立方(**cube**)；

(2) n 是一个偶数。

解： 本题的正确答案为(A)。(1)充分，因为 2 到 100 之间的整数中，既是一个整数的平方又是一个整数的立方的数只有 64，它既是 8 的平方，又是 4 的立方；(2)不充分，因为在 2 到 100 之间的整数中，是偶数又是一个整数的平方的数有多个：$4=2^2$，$16=4^2$，$36=6^2$，$64=8^2$。

34. What fractional part of the total surface area of cube C is red?

(1) Each of 3 faces of C is exactly $\frac{1}{2}$ red.

(2) Each of 3 faces of C is entirely white.

34. 立方体(**cube**)C 的红色部分占了该立方体表面积的比例是多少？

(1) C 的 3 个面中的每个面都有一半是红色；

(2) C 中有 3 个面是全白色。

解： 本题的正确答案为(C)。(1)不充分，因为无法判断另 3 个面的具体情况；(2)同理也不充分；(1)+(2)充分，根据此条件可以求出红色所占的比例为：

$$\frac{3\times\frac{1}{2}}{6}=\frac{1}{4}=25\%$$

35. If n and p are different positive prime numbers, which of the integers n^4, p^3, and np has (have) exactly 4 positive divisors?

(A) n^4 only

(B) p^3 only

35. 若 n 和 p 是互不相同的*正质数*(**positive prime number**)，则在 n^4，p^3 和 np 这几个数哪一个数恰好有四个*正因子*(**positive divisor**)？

解： 本题的正确答案为(E)。因为 n 和 p 是互不相同的质数，所以根据质因子求解公式

(C) np only

(D) n^4 and np

(E) p^3 and np

可得 n^4 和 p^3 的因子数分别为 $4+1=5$ 个和 $3+1=4$ 个；而 np 的因子则为 1，n，p 和 np 共四个，所以 p^3 和 np 恰好都有四个因子。

36.

CREATE YOUR OWN SUNDAE
12 Ice Cream Flavors
10 Kinds of Candies
8 Liquid Toppings
5 Kinds of Nuts
With or Without Whipped Cream

If a customer makes exactly one selection from each of the five categories shown in the table above, what is the greatest possible number of different ice cream sundaes that a customer can create?

(A) 9,600　　(B) 4,800

(C) 2,400　　(D) 800

(E) 400

36. 若一顾客从上面表格所示的五类的每一类中仅选出一种，那么该顾客最多可以创造出多少种不同的冰淇淋圣代？

解： 本题的正确答案为(A)。由表格可知，该顾客在第一类中有 $C_{12}^1=12$ 种选法，在第二类中有 $C_{10}^1=10$ 种选法，在第三类中有 $C_8^1=8$ 种选法，在第四类中有 $C_5^1=5$ 种选法，在第五类中有 $C_2^1=2$ 种选法，所以一共的选法为这五类不同选法的组合数：$C_{12}^1\times C_{10}^1\times C_8^1\times C_5^1\times C_2^1=12\times10\times8\times5\times2=9,600$。

37. In how many different ways can 3 people be assigned to fill 3 different positions so that each person is assigned to exactly one position?

(A) Twelve　　(B) Nine

(C) Six　　(D) Three

(E) One

37. 把 3 个人分配给 3 个不同的职位，每个人仅分配给一个职位，问有多少种不同的分配方法？

解： 本题的正确答案为(C)。把这三个职位固定为 1，2，3，然后求这三个人有多少种不同的排列来占取这三个位置，其排列数为 $P_3^3=3\times2\times1=6$，所以共有 6 种不同的分配方法。

38. S is a set of integers such that

i) if a is in S, then $-a$ is in S, and

ii) if each of a and b is in S, then ab is in S.

Is -4 in S?

(1) 1 is in S.

(2) 2 is in S.

38. S 是一个具有如下特征的整数集合：

i) 若 a 在 S 中，则 $-a$ 也在 S 中。

ii) 若 a 和 b 中的每一个都在 S 中，则 ab 也在 S 中。

问 -4 在集合 S 中吗？

解： 本题的正确答案为(B)。(1)不充分，因为根据 1 在 S 中，只能推出 -1 也在 S 中，而得不到有关 -4 的任何信息；(2)充分，根据 2 在 S 中，由 i)可推知 -2 也在 S 中，再根据 ii)可知 2 与 -2 的乘积 -4 也在 S 中。

39. In each production lot for a certain toy, 25 percent of the toys are red and 75 percent of the toys are blue. Half the toys are size A and half are size B. If 10 out of a lot of 100 toys are red and size A, how many of the toys are blue and size B?

(A) 15　　(B) 25

(C) 30　　(D) 35

(E) 40

39. 某一玩具每一批产品中都有25%的玩具是红色，75%的玩具是蓝色；一半的玩具是A号的，一半的玩具是B号的。若一批100个的玩具中有10个是红色A型，则有多少玩具是蓝色B型？

解： 本题的正确答案为(D)。由题意可知，在这100个玩具中红色的玩具有25个，蓝色的玩具有75个，根据100个玩具中10个是红色A型，可推知红色B型玩具是15个，而B型共50个，所以蓝色B型有35个。

40. When the integer k is divided by 12, the remainder is 3. Which of the following, when divided by 12, will have a remainder of 6?

Ⅰ　$2k$

Ⅱ　$6k$

Ⅲ　$4k+6$

(A) Ⅰ only　　(B) Ⅱ only

(C) Ⅲ only　　(D) Ⅰ and Ⅱ only

(E) Ⅰ, Ⅱ, and Ⅲ

40. 当整数k被12除时，其余数为3。下列哪一项被12除时，其余数等于6？

解： 本题的正确答案为(E)。根据题意可设$k=12m+3$，其中m是整数，则：

$2k=2(12m+3)=12\times 2m+6$

$6k=6(12m+3)=12\times(6m+1)+6$

$4k+6=4(12m+3)+6=12\times(4m+1)+6$

所以$2k$，$6k$和$4k+6$被12除时，余数都是6。

41. For the positive numbers, n, $n+1$, $n+2$, $n+4$ and $n+8$, the mean is how much greater than the median?

(A) 0

(B) 1

(C) $n+1$

(D) $n+2$

(E) $n+3$

41. 正数n，$n+1$，$n+2$，$n+4$和$n+8$的平均数(**mean**)比其中数(**median**)大多少？

解： 本题的正确答案为(B)。正数n，$n+1$，$n+2$，$n+4$和$n+8$的算术平均数为：

$$\frac{n+(n+1)+(n+2)+(n+4)+(n+8)}{5}=n+3$$

因为n，$n+1$，$n+2$，$n+4$和$n+8$都是正数，所以$n<n+1<n+2<n+4<n+8$，因此其中数为$n+2$。由上分析可得正数n，$n+1$，$n+2$，$n+4$和$n+8$的平均数比其中数大1。

42.

$$\begin{array}{r} 7\ 3\ 4 \\ 5\ \square\ 8 \\ +\ \ 9\ \square\ 2 \\ \hline 2,\ 2\ \square\ 4 \end{array}$$

42. 在左面的加法题中，数□一定是：

解： 本题的正确答案为(B)。由上面的加法算式可知，个位向十位进了一位，十位向百位进了一位，所以根据加法原则，可得到如下的式子：

In the addition problem above, the number □ must be

(A) 5 (B) 6

(C) 7 (D) 8

(E) 9

3+□+□+1=10+□

⇒ □=6

43. There are 4 card-processing machines in an office. The fastest of these machines processes x cards in 7 hours and the slowest processes x cards in 8 hours. Which of the following could NOT be the average time per machine for each of the 4 machines to process x cards?

(A) 7.2

(B) 7.3

(C) 7.5

(D) 7.6

(E) 7.7

43. 一个办公室中有 4 个卡片处理机器，其中最快的可在 7 个小时内处理 x 张卡片，最慢的可在 8 个小时内处理 x 张卡片。下列哪一个不可能是 4 台机器每台都处理 x 张卡片的平均时间？

解： 本题的正确答案为(A)。根据题意可知，其余两台机器处理 x 张卡片所用的时间 t 一定为：$7\leqslant t\leqslant 8$。由此可知四台机器每台都处理 x 张卡片的平均时间的最小值和最大值分别为：$\frac{7+7+7+8}{4}=7.25$ 小时和 $\frac{7+8+8+8}{4}=7.75$ 小时

因此 7.2 落在了平均值之外，不可能是这四台机器每台都处理 x 张卡片所用的平均时间。

44. If a, b, and c are integers, is the number $3(a+b)-c$ divisible by 3?

(1) $a+b$ is divisible by 3.

(2) c is divisible by 3.

44. 若 a，b 和 c 是整数，问 $3(a+b)-c$ 能被 3 整除吗？

解： 本题的正确答案为(B)。因为 $3(a+b)-c$ 能否被 3 整除，只与 c 能否被 3 整除有关，所以(1)不充分，而(2)充分。

45. If x and y are integers, is $xy+1$ divisible by 3?

(1) When x is divided by 3, the remainder is 1.

(2) When y is divided by 9, the remainder is 8.

45. 若 x 和 y 是整数，那么 $xy+1$ 能被 3 整除吗？

(1) 当 x 被 3 除时，其余数为 1；

(2) 当 y 被 9 除时，其余数为 8。

解： 本题的正确答案为(C)。因为 $xy+1$ 能否被 3 整除，不但取决于 x 的值，而且还取决于 y 的值，所以(1)和(2)单独都很明显不充分；根据(1)+(2)可得：

$x=3m+1$，$y=9n+8$，其中 m，n 是整数。

把这两个式子代入 $xy+1$ 可得：

$$xy+1=(3m+1)(9n+8)+1$$
$$=27mn+24m+9n+8+1$$

$=3(9mn+8m+3n+3)$

因此 $xy+1$ 能被 3 整除，所以(1)+(2)充分。

46. How many three-digit numerals begin with a digit that represents a prime number and end with a digit that represents a prime number?

(A) 16 (B) 80

(C) 160 (D) 180

(E) 240

46. 以一个质数(**prime number**)开头且以一个质数结尾的 3 位数有多少个？

解： 本题的正确答案为(C)。只有一位的正质数有 2，3，5，7 四个，而要求的 3 位数的首位和末位都是质数，且中间的十位数可为 0 至 9 中 10 个数中的任一个，因此具有这种特征的 3 位数共有：

$$C_4^1 \cdot C_{10}^1 \cdot C_4^1=160$$

47. How many integers n greater than 10 and less than 100 are there such that, if the digits of n are reversed, the resulting integer is $n+9$?

(A) 5

(B) 6

(C) 7

(D) 8

(E) 9

47. 在大于 10 且小于 100 的整数中有多少个 n，若将 n 的位数颠倒，所得的数字为 $n+9$？

解： 本题的正确答案为(D)。设 n 的个位数字为 a，十位数字为 b，则

$$n=10b+a$$

根据题意得：$10b+a+9=10a+b$

$$a-b=1$$

即个位数字比十位数字大 1。满足此特征的数字有 12，23，34，45，56，67，78，89 共 8 个数字。

48. Is the positive integer n equal to the square of an integer?

(1) For every prime number p, if p is a divisor of n, then so is p^2.

(2) $\sqrt{n}$ is an integer.

48. 正整数 n 等于一个整数的平方(**square**)吗？

(1) 对于每一个质数 p 来说，若 p 是 n 的一个因子，则 p^2 也是 n 的一个因子；

(2) $\sqrt{n}$ 是一个整数。

解： 本题的正确答案为(B)。(1)不充分，举例说明：若 $p=3$，$p^2=9$，则 $n=27$ 和 $n=81$ 均可。81 是一个整数的平方，但 27 不是，所以不充分；(2)充分，因为 $\sqrt{n}$ 是整数，则 n 就是整数 $\sqrt{n}$ 的平方。

49. If x and y are positive integers and x is a multiple of y, is $y=2$?

(1) $y \neq 1$

(2) $x+2$ is a multiple of y.

49. 若 x 和 y 都是正整数，且 x 是 y 的倍数，y 等于 2 吗？

解： 本题的正确答案为(C)。(1)不充分，因为满足 y 不等于 1，且 x 是 y 的倍数的 y 有无穷多个，此时 y 既可以等于 2，也可以不等于 2；根据(2)可设 $x+2=ny$，由 x 是 y 的倍数可设 $x=my$，其中 m 和 n 都

是正整数，把这两个式子相减可得$(n-m)y=2$，因为$n-m$和y都是正整数，所以当$n-m$取1时，y取2，当$n-m$取2时，y取1，因此(2)也不充分；根据以上分析可知(1)+(2)时，$y=2$，所以(1)+(2)充分。

50. 3.2□△6

If □ and △ each represent single digits in the decimal above, what digit does □ represent?

(1) When the decimal is rounded to the nearest tenth, 3.2 is the result.

(2) When the decimal is rounded to the nearest hundredth, 3.24 is the result.

50. 若□和△每一个都表示上面小数字中的一位数字，那么□代表多少？

(1) 当该小数近似到十分位时，其结果是3.2；

(2) 当该小数近似到百分位时，其结果是3.24。

解： 本题的正确答案为(E)。根据(1)只能得到□是一个比5小的数，所以(1)不充分；因为根据(2)并不知道△是否大于5，所以也无法判断□究竟代表3，还是代表4，因而(2)也不充分。

51. Three stacks containing equal numbers of chips are to be made from 9 red chips, 7 blue chips, and 5 green chips. If all of these chips are used and each stack contains at least 1 chip of each color, what is the maximum number of red chips in any one stack?

(A) 7　(B) 6　(C) 5

(D) 4　(E) 3

51. 3堆相同数目的筹码由9个红色筹码、7个蓝色筹码和5个绿色筹码组成。若所有这些筹码都被使用，且每堆中至少含有每种颜色中的一个筹码，任一堆中红色筹码的最大数目是多少？

解： 本题的正确答案为(C)。因为筹码的总数为$9+7+5=21$，所以每堆中有7个筹码；又因为每堆中至少有每种颜色的一个筹码，所以在任一堆中红色筹码最多为5个，蓝色筹码最多为5个，绿色筹码最多为3个。

52. A computer is programmed to generate a list of multiples of prime numbers 2, 3 and 5, as shown below:

Program 1 — List multiples of 2
Program 2 — List multiples of 3
Program 3 — List multiples of 5

How many positive integers less than 100 will appear on all of the lists of programs produced above?

(A) None　(B) 1

52. 一个计算机被编程用以产生一组质数2，3，5的倍数(multiple)。如下所示：

程序1列出2的倍数，

程序2列出3的倍数，

程序3列出5的倍数。

问有多少小于100的整数将出现在上面所有程序所产生的数列中？

解： 本题的正确答案为(C)。此题目也即问在小于100的正整数中有多少数同时是2，3，5的倍数。因为2，3，5互质，所以小于100的2，3，5的公倍数为30，60，90。

(C) 3　　(D) 5

(E) An infinite number of integers

53. All trainees in a certain aviator training program must take both a written test and a flight test, If 70 percent of the trainees passed the written test, and 80 percent of the trainees passed the flight test, what percent of the trainees passed both tests?

(1) 10 percent of the trainees did not pass either test.

(2) 20 percent of the trainees passed only the flight test.

53. 参加某一飞行员培训计划的所有受训练者都必须参加一个书面考试和一个飞行测验。若70%的受训练者通过了书面考试，且有 80% 的受训练者通过了飞行测试，问有百分之多少的人通过了两项测试?

(1) 10%的受训练者未通过任一测试；

(2) 20%的受训练者仅通过了飞行测试。

解： 本题的正确答案为(D)。该题可通过文氏图来解：

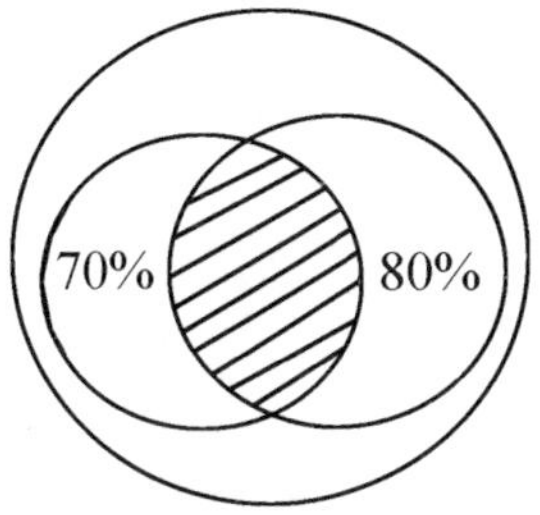

从图中可知，当有 10% 的人未通过任一测试时，将有 90% 的人至少通过了两项测试中的某一项，所以两项都通过的人所占的比例为(70%+ 80%− 90%) = 60%，所以(1)充分；通过飞行测试的人由两部分组成，其一是仅通过飞行测试的人，其二是通过两项测试的人，因此当仅通过飞行测试的人占 20% 时，两项测试都通过的人所占的比例为 80%− 20% = 60%，所以(2)也是充分的。

54. If n is an integer, is $\frac{n}{15}$ an integer?

(1) $\frac{3n}{15}$ is an integer.

(2) $\frac{8n}{15}$ is an integer.

54. 若 n 是一个整数，$\frac{n}{15}$是一个整数吗?

(1) $\frac{3n}{15}$是一个整数；

(2) $\frac{8n}{15}$是一个整数。

解： 本题的正确答案为(B)。(1)不充分，因为很明显由 $\frac{n}{5}$是一个整数无法推出 $\frac{n}{15}$是一个整数；因为 15 和 8 互质，所以若 n 不能被 15 整除，则 $8n$ 也不能被 15 整除，反过来由 $8n$ 能被 15 整除可推出 n 中一定含有 15 这个因子，也即 n 能被 15 整除，$\frac{n}{15}$是一个整数，所以(2)是充分的。

55. A jar contains only x black balls and y white balls. One ball is drawn randomly from the jar and is not replaced. A second ball is then drawn randomly from the jar. What is the probability that the first ball drawn is black and the second ball drawn is white?

(A) $\left(\frac{x}{x+y}\right)\left(\frac{y}{x+y}\right)$

(B) $\left(\frac{x}{x+y}\right)\left(\frac{x-1}{x+y-1}\right)$

(C) $\frac{xy}{x+y}$

(D) $\left(\frac{x-1}{x+y}\right)\left(\frac{y-1}{x+y}\right)$

(E) $\left(\frac{x}{x+y}\right)\left(\frac{y}{x+y-1}\right)$

55. 一罐子中仅含有 x 个黑球和 y 个白球。从该罐子中随机地取出一个球且不放回，然后再从罐子中随机取出第二个球。问取出的第一个球为黑色且第二个球为白色的概率是多少？

解： 本题的正确答案为(E)。第一次为黑球的概率是 $\frac{x}{x+y}$，第二次为白球的概率是 $\frac{y}{(x+y-1)}$，因此第一次为黑球而第二次为白球的概率为：

$$\left(\frac{x}{x+y}\right)\left(\frac{y}{(x+y-1)}\right)$$

56. Ben and Ann are among 7 contestants from which 4 semifinalists are to be selected. Of the different possible selections, how many contain neither Ben nor Ann?

(A) 5　　(B) 6

(C) 7　　(D) 14

(E) 21

56. 从包括 Ben 和 Ann 在内的 7 名参赛者中选出 4 名半决赛选手。问不包括 Ben 和 Ann 的选择一共有多少种？

解： 本题的正确答案为(A)。7 人中若不包括 B 和 A 则剩下 5 人，因此本题也即为求从 5 人中选出 4 人的可能性有多少种，根据组合的基本概念可知共有 $C_5^4=5$ 种可能的选择。

57. On a recent trip, Cindy drove her car 290 miles, rounded to the nearest 10 miles, and used 12 gallons of gasoline, rounded to the nearest gallon. The actual number of miles per gallon that Cindy's car got on this trip must have been between

(A) $\frac{290}{12.5}$ and $\frac{290}{11.5}$

(B) $\frac{295}{12}$ and $\frac{285}{11.5}$

(C) $\frac{285}{12}$ and $\frac{295}{12}$

57. Cindy 在一次最近的旅行中开车行驶 290 英里，*四舍五入到 10 英里*(**rounded to the nearest 10 miles**)，消耗汽油 12 加仑(四舍五入到加仑数)。

Cindy 在此旅途中每加仑汽油所行驶的英里数一定在下列哪一项的范围之内？

解： 本题的正确答案为(D)。to the nearest 指四舍五入，根据四舍五入的定义，可知 C 开车的实际英里数应在 285 至 295 英里之间，而使用的汽油加仑数应在 11.5 至 12.5加仑之间，所以 Cindy 每加仑汽油所行驶的英里数的范围应在最小英里数除以

(D) $\frac{285}{12.5}$ and $\frac{295}{11.5}$

(E) $\frac{295}{12.5}$ and $\frac{285}{11.5}$

最大加仑数与最大英里数除以最小加仑数之间，即：

$$\frac{285}{12.5} \text{和} \frac{295}{11.5}$$

58. In a certain group of people, the average (arithmetic mean) weight of the males is 180 pounds and of the females, 120 pounds. What is the average weight of the people in the group?

(1) The group contains twice as many females as males.

(2) The group contains 10 more females than males.

58. 在某一群人中，男性的平均体重(算术平均)是 180 磅，女性的平均体重是 120 磅。问这群人的平均体重是多少？

(1) 该群人中女性人数是男性人数的两倍；

(2) 该群人中的女性比男性多 10 人。

解： 本题的正确答案为(A)。设该群人中的男性人数为 x，则根据(1)可得女性人数为 $2x$，从而可求得这群人的平均体重为：$\frac{180x+120\times 2x}{x+2x}=140$ 磅，所以(1)充分；根据(2)可得女性人数为 $x+10$，则这群人的平均体重可表示为：$\frac{180x+120(x+10)}{x+(x+10)}$，因为这个式子的值随 x 值的变化而变化，所以(2)不充分。

59. How many integers n are there such that $r<n<s$?

(1) $s-r=5$

(2) r and s are not integers.

59. 满足 $r<n<s$ 的整数 n 有多少？

(1) $s-r=5$；

(2) r 和 s 不是整数。

解： 本题的正确答案为(C)。(1)不充分，因为若 s，r 为整数时，则根据 $s-r=5$ 可推知有 4 个整数 n 满足 $r<n<s$ ，若 s，r 为小数时，则有 5 个整数 n 满足 $r<n<s$；仅仅知道 r 和 s 不是整数也不能充分地回答上述问题；(1)+(2)充分，因为根据此条件可以得到有且仅有 5 个整数满足 $r<n<s$。

60. Bowls X and Y each contained exactly 2 jelly beans, each of which was either red or black, One of the jelly beans in bowl X was exchanged with one of the jelly beans in bowl Y. After the exchange, were both of the jelly beans in bowl X black?

(1) Before the exchange, bowl X contained 2 black jelly beans.

(2) After the exchange, bowl Y contained 1 jelly bean of each color.

60. 碗 X 和 Y 中每个都装有两个果冻豆，这些果冻豆要么为红色要么为黑色。碗 X 中的一个果冻豆与碗 Y 中的一个果冻豆相交换。交换之后，碗 X 中的两个果冻豆都是黑色吗？

(1) 交换之前，碗 X 中有两个黑色果冻豆；

(2) 交换之后，碗 Y 中含每种颜色的果冻豆各一个。

解：本题的正确答案为(E)。(1)不充分，因为Y碗中的果冻豆的颜色未知；(2)同理也推不出交换之后碗X中含有的果冻豆的颜色；(1)+(2)同样无法回答上面的问题，因为交换前Y碗中的果冻豆的颜色未知。

61. If k and n are integers, is n divisible by 7?
(1) $n-3=2k$
(2) $2k-4$ is divisible by 7.

61. 若k和n是整数，问n能被7整除吗？

解：本题的正确答案为(C)。由(1)可得$n=2k+3$，根据此式无法判断n是否能被7整除，所以(1)不充分；(2)中的$2k-4$与n无关，所以很明显(2)也不充分；(1)+(2)充分，因为$2k-4$能被7整除，所以$(2k-4)+7$也能被7整除，即$2k+3$能被7整除，再根据(1)中的$n=2k+3$可得n能被7整除。

62. If $1<d<2$, is the tenths' digit of the decimal representation of d equal to 9?
(1) $d+0.01<2$
(2) $d+0.05>2$

62. 若$1<d<2$，那么d所代表的小数的十分位(tenths' digit)上的数等于9吗？

解：本题的正确答案为(B)。由(1)可得$1<d<1.99$，根据这个不等式无法判断d所代表的小数的十分位上的数是否等于9，所以(1)不充分；根据(2)可得d的取值范围为$1.95<d<2$，由此不等式可知，d所代表的小数的十分位上的数一定是9。

63. If 10 persons meet at a reunion and each person shakes hands exactly once with each of the others, what is the total number of handshakes?
(A) $10 \cdot 9 \cdot 8 \cdot 7 \cdot 6 \cdot 5 \cdot 4 \cdot 3 \cdot 2 \cdot 1$
(B) $10 \cdot 10$
(C) $10 \cdot 9$
(D) 45
(E) 36

63. 若10个人在一次聚会中相遇，每人与其他的每一个恰好握一次手，则握手的总数是多少？

解：本题的正确答案为(D)。此题即为求从10个人中任取两人的所有不同取法，根据组合方法的知识，可知他们握手的次数为$C_{10}^{2}=45$。

64. Any decimal that has only a finite number of nonzero digits is a terminating decimal. For example, 24, 0.82, and 5.096 are three terminating decimals. If r and s are positive integers and the ratio $\frac{r}{s}$ is expressed as a decimal, is $\frac{r}{s}$ a terminating

64. 仅有有限个非零数字的任何小数都是*有限小数*(**terminating decimal**)。例如：24，0.82和5.096是3个有限小数。若r和s是正整数且以小数的形式来表示比率$\frac{r}{s}$，问$\frac{r}{s}$是有限小数吗？

解：本题的正确答案为(B)。"terminating deci-

decimal?

(1) $90<r<100$

(2) $s=4$

mal"是"有限小数"。(1)不充分，因为在不知道 s 值的情况下根据 $90<r<100$ 无法说明 $\frac{r}{s}$ 是否为有限小数；(2)充分，因为 $s=4$，已知 r 是正整数，而任何整数都可以被 4 除尽。

65. Is the integer n a multiple of 140?

(1) n is a multiple of 10.

(2) n is a multiple of 14.

65. 整数 n 是 140 的倍数吗?

(1) n 是 10 的倍数；

(2) n 是 14 的倍数。

解： 本题的正确答案为(E)。(1)和(2)单独都明显不充分，有些考生会认为(1)+(2)充分，他们认为 n 能被 10 整除，能被 14 整除，那么 n 就能被 10 与 14 的乘积整除。其实不然，只有在 10 和 14 这两个数互质的情况下，才能断定 n 能被 10 与 14 的乘积整除。而 10 和 14 明显不互质，他们有公约数 2，所以不能断定 n 是否能被 140 整除。但根据(1)+(2)可以断定，n 可以被 $2\times5\times7=70$ 整除。

66. What is the greatest common divisor of positive integers m and n?

(1) m is a prime number.

(2) m and n are consecutive integers.

66. 正整数 m 和 n 的*最大公约数*(**the greatest common divisor**)是多少?

(1) m 是一个*质数*(**prime number**)；

(2) m 和 n 是*连续整数*(**consecutive integers**)。

解： 本题的正确答案为(B)。根据(1)无法判定 m、n 的最大公约数，因为 n 既有可能是 m 的倍数，此时最大公约数为 m；也有可能与 m 是互质数，此时最大公约数为 1；(2)m、n 为连续正整数则必然互质，可以得到他们的最大公约数为 1。

67. If n is a positive integer, is the value of $b-a$ at least twice the value of 3^n-2^n?

(1) $a=2^{n+1}$ and $b=3^{n+1}$

(2) $n=3$

67. 若 n 是一个*正整数*(**positive integer**)，则 $b-a$ 的值至少是 3^n-2^n 的 2 倍吗?

解： 本题的正确答案为(A)。(1)充分，根据(1)可得：

$$\begin{aligned} b-a &= 3^{n+1}-2^{n+1}=3\times3^n-2\times2^n \\ &= 3^n+2(3^n-2^n) \end{aligned}$$

所以

$$\frac{b-a}{3^n-2^n}=\frac{3^n+2(3^n-2^n)}{3^n-2^n}=\frac{3^n}{3^n-2^n}+2>2$$

（2）不充分，虽然根据 $n=3$ 可以得到 $3^n-2^n=19$，但因 a 和 b 的值是不确定的，所以 $b-a$ 的值与 3^n-2^n 之间的关系不能确定。

68. If x is an integer, is $(x+p)(x+q)$ an even integer?

(1) q is an even integer.

(2) p is an even integer.

68. 若 x 是一个整数，那么 $(x+p)(x+q)$ 是一个偶数吗？

（1）q 是一个偶数；

（2）p 是一个偶数。

解： 本题的正确答案为(E)。因为不管 q 是偶数还是 p 是偶数，都无法得到 x 是否为偶数，从而 $(x+p)$ 或 $(x+q)$ 是否为偶数也无从得知，因此(1)，(2)以及(1)+(2)都无法确定 $(x+p)$，$(x+q)$ 中是否至少有一个是偶数。

69. How many people are directors of both Company K and Company R?

(1) There were 17 directors present at a joint meeting of the directors of Company K and Company R, and no directors were absent.

(2) Company K has 12 directors and Company R has 8 directors.

69. 有多少人既是 K 公司的理事又是 R 公司的理事？

（1）有 17 个理事参加公司 K 和公司 R 的联合理事会，并且没有理事缺席；

（2）公司 K 有 12 个理事，公司 R 有 8 个理事。

解： 本题的正确答案为(C)。根据(1)知道两公司理事的和为 17 人，而无法判断公司 R 和公司 K 理事的交集；根据(2)只知道两个公司各有多少个理事，所以也无法判断两公司理事的交集；(1)+(2)可以得到既是 K 公司又是 R 公司的理事的人有 $12+8-17=3$ 人。

70. Can the positive integer p be expressed as the product of two integers, each of which is greater than 1?

(1) $31<p<37$

(2) p is odd.

70. 正整数 p 能表示成两个大于 1 的整数的乘积吗？

解： 本题的正确答案为(A)。由(1)可得 p 的取值可以为 32，33，34，35，36，这五个整数都可表示成两个大于 1 的整数的乘积的形式，所以(1)充分；因为奇数既可能是质数也可能是合数，所以(2)不充分。

71. If a sequence of 8 consecutive odd integers with increasing values has 9 as its 7th term, what is the sum of the terms of the sequence?

71. 若一个*递增*(**increasing values**)的连续奇数*数列*(**sequence**)中有 8 个元素，且其第 7 项是 9，那么下列哪一个是该数列各项的和？

(A) 22　　(B) 32　　(C) 36
(D) 40　　(E) 44

解：本题的正确答案为(B)。根据第7项为9可以得到该数列的最大项为11，最小项为−3，所以此数列的和为：

$$-3+(-1)+1+3+\cdots+11=32$$

72. If S is the sum of the first n positive integers, what is the value of n?

(1) $S<20$

(2) $S^2>220$

72. 若S是前n个正整数的和，那么n的值是多少？

解：本题的正确答案为(C)。当$S<20$时，S的取值范围较大，因此n的取值是不确定的，有好几个，所以(1)不充分；根据(2)同样无法得到确定的n值；根据(1)+(2)可得S的取值范围为$\sqrt{220}<S<20$，虽然S的值是不确定的，但只有当$n=5$时才满足上面的不等式，也即n的值唯一，所以(1)+(2)能充分地回答上面的问题。

73. What is the probability that events A and B both occur?

(1) The probability that event A occurs is 0.8.

(2) The probability that event B occurs is 0.6.

73. 事件A和事件B都出现的*概率*(**probability**)是多少？

(1) 事件A发生的概率是0.8；

(2) 事件B发生的概率是0.6。

解：本题的正确答案为(E)。(1)和(2)单独都明显不充分；但由于不知道事件A与事件B是相互独立事件，还是相关事件或是排斥事件，因此无法计算A和B都发生的概率，所以(1)+(2)也不充分。

74. If p and q are positive integers, what is the value of q?

(1) $q^{p-1}=1$

(2) $p=1$

74. 若p和q是*正整数*(**positive integers**)，问q的值是多少？

解：本题的正确答案为(E)。由(1)可得，当$p\neq1$时，q只能等于1，而当$p=1$时，q可以取任意值，所以(1)不充分；同理(2)以及(1)+(2)也都不充分。

75. Are there exactly 3 distinct symbols used to create the code words in language Q?

(1) The set of all code words in language Q is the set of all possible distinct horizonal arrangements of one or more symbols, with no repetition.

(2) There are exactly 15 code words in language Q.

75. 用于创造出语言Q中的密码的不同符号恰好有3个吗？

(1) 语言Q中的所有密码单词的集合是一个或多个符号的所有可能的水平排列，且没有重复。

(2) 语言Q中恰好有15个密码单词。

解：本题的正确答案为(C)。根据(1)无法判断出语言Q是否仅有3个不同的符号；(2)只是说明了语言Q中有15个密码单词，但不知道这些密码单词是如何排列的，因此(2)不充分；(1)+(2)充分，因为 3 个不同的符号恰好可构成 15 个水平排列的密码单词，一个符号的有 3 个，两个符号的有 $P_3^2=6$ 个，3 个符号的有 $P_3^3=6$ 个，所以共有 15 个。

76. If M and N are positive integers that have remainders of 1 and 3, respectively, when divided by 6, which of the following could NOT be a possible value of $M+N$?

(A) 86　(B) 52　(C) 34

(D) 28　(E) 10

76. 若 M 和 N 是正整数且被 6 除时余数(**remainders**)分别为 1 和 3，那么下列哪一个不可能是 $M+N$ 的值?

解：本题的正确答案为(A)。根据题意 M 和 N 可分别表示为：

$$M=6m+1,\ N=6n+3$$

$$\Rightarrow M+N=6(m+n)+4$$

5 个选项中只有 86 被 6 除时，余数为 2。

77. An even number x divided by 7 give some quotient plus a remainder of 6. Which of the following, when added to x, gives a sum which must be divisible by 14?

(A) 1　(B) 3　(C) 7

(D) 8　(E) 13

77. 一个偶数 x 被 7 除时的结果为某个*商*(**quotient**)值再加上*余数*(**remainder**)6。问下面哪一个数加上 x 后所得的和一定能被 14 整除?

解：本题的正确答案为(D)。设 x 被 7 除时的商值为 m，其中 m 为整数，则根据题意有：$x=7m+6$。又因为 x 是偶数，所以 m 也一定是一个偶数，设 $m=2n$，其中 n 为整数，则 x 还可表示为：$x=14n+6$，由此式可知，当 x 与 8 相加时，其结果为 $x=14(n+1)$一定能被 14 整除。

78. If the two-digit integers M and N are positive and have the same digits, but in reverse order, which of the following CANNOT be the sum of M and N?

(A) 181　(B) 165　(C) 121

(D) 99　(E) 44

78. 若 M 和 N 是*两位正整数*(**two-digit integers**)，且具有相同的数字，但是顺序相反。下列哪一个不可能是 M 与 N 的和?

解：本题的正确答案为(A)。设 M 的个位为 a，十位为 b，则 $M=10b+a$，同理 $N=10a+b$，则 $M+N=11(a+b)$。因此不是 11 的倍数的数都不可能等于 M 与 N 的和，在 5 个选项中很显然(A)中 181 不是 11 的倍数。

79. If $n=\frac{p}{q}$, where p and q are nonzero integers, is n an integer?

(1) n^2 is an integer.

79. 若$n=\frac{p}{q}$，其中 p 和 q 是*非零整数*(**nonzero integers**)，那么 n 是一个整数吗?

(1) n^2 是一个整数；

(2) $\frac{2n+4}{2}$ is an integer.

(2) $\frac{2n+4}{2}$是一个整数。

解： 本题的正确答案为(D)。由 $n=\frac{p}{q}$ 可知，n 是一个有理数。若有理数的平方是一个整数，则该有理数也一定是一个整数，因此由 n^2 是一个整数可推知 n 一定是一个整数，所以(1)充分；由 $\frac{2n+4}{2}=n+2$ 是一个整数可推知 n 必然也是一个整数(两个整数相加减，其结果必为整数)。所以(2)也能充分地说明 n 是一个整数。

80. If x is the product of three consecutive positive integers, which of the following must be true?

Ⅰ. x is an integer multiple of 3.

Ⅱ. x is an integer multiple of 4.

Ⅲ. x is an integer multiple of 6.

(A) Ⅰ only

(B) Ⅱ only

(C) Ⅰ and Ⅱ only

(D) Ⅰ and Ⅲ only

(E) Ⅰ, Ⅱ, and Ⅲ

80. 若 x 是三个*连续正整数*(**consecutive positive integers**)的乘积，则下面哪一项一定正确？

Ⅰ. x 是一个三的*整倍数*(**integer multiple**)；

Ⅱ. x 是一个四的整倍数；

Ⅲ. x 是一个六的整倍数。

解： 本题的正确答案为(D)。设这三个连续正整数为 $n-1$，n，$n+1$，若 $n-1$ 能被 3 整除时，则这三个连续整数的乘积也一定能被 3 整除，当 $n-1$ 不能被 3 整除时，其余数有两种情况，等于 1 或等于 2，当其余数为 1 时，则比 $n-1$ 大 2 的 $n+1$ 一定能被 3 整除，当其余数为 2 时，则 n 一定能被 3 整除，总之这三个连续整数中一定有一个数是 3 的倍数，所以他们的乘积也一定能被 3 整除；连续整数都奇偶相间，这三个连续整数要么呈偶奇偶排列，要么呈奇偶奇排列，在第一种情况下他们的乘积一定能被 4 整除，在第二种情况下，他们的乘积一定能被 2 整除，总之这三个连续整除的乘积一定能被 2 整除，但不一定能被 4 整除。综上所述，三个连续整数的乘积一定是 2 和 3 的倍数，但因为 2 与 3 是互质数，所以三个连续整数的乘积也一定是 6 的倍数。

81. How many of the integers between 25 and 45 are even?

(A) 21

81. 25 和 45 之间有多少个偶数？

解： 本题的正确答案为(D)。25 与 45 之间的偶数形成一个首项为 26，末项为 44，公

(B) 20
(C) 11
(D) 10
(E) 9

差为 2 的等差数列，所以可以按等差数列的公式 $a_n=a_1+(n-1)d$，来求其偶数的个数：

$$n=\frac{a_n-a_1}{d}+1=\frac{44-26}{2}+1=10$$

注：考生遇到这类题都可以用这种方法进行快速准确地解答。

82. A necklace is made by stringing N individual beads together in the repeating pattern red bead, green bead, white bead, blue bead, and yellow bead. If the necklace design begins with a red bead and ends with a white bead, then N could equal
(A) 16
(B) 32
(C) 41
(D) 54
(E) 68

82. 一个项链由 N 个不同的珠子串起来而制成，珠子按红色、绿色、白色、蓝色和黄色的模式重复排列。若项链的设计以红色珠子开始且以白色珠子结束，则 N 可以等于多少？

解： 本题的正确答案为(E)。因为白色珠子位于第三个位置，所以 N 的值应满足：

$$N=5n+3$$

也即在只有被 5 除余数为 3 的数才可能等于 N。在 5 个选项中，只有 $68=5\times13+3$ 满足条件。

83. If x and y are integers and $xy=5$, then $(x+y)^2=$
(A) 13
(B) 16
(C) 25
(D) 26
(E) 36

83. 若 x 和 y 是整数，且 $xy=5$，那么 $(x+y)^2=$

解： 本题的正确答案为(E)。因为 x 和 y 是整数，所以由 $xy=5$ 可得，x 和 y 可同时取正整数，也可同时取负整数。当他们同时取正整数时，一个取 1，则另一个取 5；当他们同时取负整数时，一个若取 -1，则另一个取 -5。但不管他们同时取正，还是同时取负，$(x+y)^2$ 的值都是 36。

84. The average (arithmetic mean) of 3 different positive integers is 100 and the largest of these 3 integers is 120, what is the least possible value of the smallest of these 3 integers?
(A) 1
(B) 10
(C) 61
(D) 71
(E) 80

84. 三个不同正整数的算术平均值是 100，且三个数中最大的一个整数是 120，问这三个数中最小数的*最小值*(**the least possible value**)是多少？

解： 本题的正确答案为(C)。除最大数外，其余两个数的和为 $3\times100-120=180$，要使最小数尽可能地小，就应使另一个数尽可能地大，但因为三个数中的最大数是 120，所以第二大的数最大只能取 119，因此最小数的最小可能值为 $180-119=61$。

85. If S is an infinite set of real numbers, is there a number in S that is less than every other number in S?

(1) Every number in S is an integer.

(2) Every number in S is positive.

85. 若 S 是一个实数的*无限集合*(**infinite set**)，那么 S 中有数字小于 S 中的其他每个数字吗?

(1) S 中的每个数字都是整数

(2) S 中的每个数字都是正数

解: 本题的正确答案为(C)。该题也即让考生求集合 S 中存在最小元素的充分条件。(1)不充分，因为 S 中的数可以为正整数，也可以为负整数，所以集合 S 中不存在最小值；(2)也不充分，因为最小的正数也是不存在的；(1)+(2)充分，因为此时集合 S 是一个所有正整数的集合，而最小的正整数为 1。

86. If x, y, and z are single-digit integers and $100(x)+1,000(y)+10(z)=N$, what is the units' digit of the number N?

(A) 0

(B) 1

(C) x

(D) y

(E) z

86. 若 x，y 和 z 是一位整数，且 $100(x)+1,000(y)+10(z)=N$，问 N 的个位数是多少?

解: 本题的正确答案为(A)。根据数的构成法则以及题设条件很容易写出 N 这个数为 $yxz0$，所以 N 的个位数上的数很明显就是 0。

87. How many two-digit whole numbers yield a remainder of 1 when divided by 10 and also yield a remainder of 1 when divided by 6?

(A) None

(B) One

(C) Two

(D) Three

(E) Four

87. 被 10 除时余数为 1，被 6 除时余数也为 1 的*两位整数*(**two-digit whole number**)有多少个?

解: 本题的正确答案为(D)。被 10 除时余 1，被 6 除时也余 1 的两位数就是被 10 和 6 的最小公倍数除也余 1 的数，10 和 6 的最小公倍数是 30，而被 30 除余 1 的两位数有 3 个，即为 31，61 和 91，所以被 10 除时余数为 1，被 6 除时余数也为 1 的两位整数也是 3 个。

88. If P is a set of integers and 3 is in P, is every positive multiple of 3 in P?

(1) If x is in P, then $x+3$ is in P.

(2) If x is in P, then $x-3$ is in P.

88. 若 P 是一个整数集合，且包含 3，那么 3 的每个*正倍数*(**positive multiple**)都在 P 中吗?

(1) 若 x 在 P 中，则 $x+3$ 也在 P 中

(2) 若 x 在 P 中，则 $x-3$ 也在 P 中

解: 本题的正确答案为(A)。由(1)中 x 在 P 中则 $x+3$ 也在 P 中，可推知若 3 在 P 中则每个 3 的正倍数都在 P 中，所以(1)能

充分地回答题目中的问题；由(2)x 在 P 中，则 $x-3$ 也在 P 中，只能推出若 3 在 P 中，则 0 在 P 中，而无法判断 3 的正整数倍数是否在 P 中。

89. If w, x, y, and z are non-negative integers, each less than 3, and $w(3^3)+x(3^2)+y(3)+z=34$, then $w+z=$

(A) 0

(B) 1

(C) 2

(D) 3

(E) 4

89. 若 w，x，y 和 z 均为小于 3 的*非负*(**non-negative**)整数，且 $w(3^3)+x(3^3)+y(3)+z=34$，那么 $w+z=$

解： 本题的正确答案为(C)。根据 w，x，y 和 z 都是小于 3 的非负整数可知它们的取值范围为 0，1，2。仔细观察发现 w 前的系数等于 27，对等式左边值的大小影响较大，若 $w=0$ 时，x，y 和 z 都取最大值 2 也不能使题目所给出的式子成立；若 $w=2$ 时，即使 x，y 和 z 都取最小值 0 也不能满足等式。因此 w 只能取 1。此时题目中的等式可化为：

$$9x+3y+z=7$$

则 $x=0$，$y=2$，$z=1$ 时上面等式成立，因此 $w+z=2$。

90. What is the remainder when the positive integer x is divided by 2?

(1) x is an even integer.

(2) x is a multiple of 3.

90. 当正整数 x 被 2 除时，其余数是多少？

(1) x 是一个偶数；

(2) x 是一个 3 的倍数。

解： 本题的正确答案为(A)。因为偶数都是 2 的倍数，所以当 x 是偶数被 2 除时，其余数为 0，所以(1)充分；(2)不充分，因为 3 的倍数即有可能被 2 整除(如 6)，也有可能不能被 2 整除(如 9)。

91. If the sum of a set of ten different positive prime numbers is an even number, which of the following prime numbers CANNOT be in the set?

(A) 2

(B) 3

(C) 5

(D) 7

(E) 11

91. 若一集合中 10 个不同的*正质数*(**prime numbers**)的和是一个偶数，则下列哪一个质数不是该集合(**set**)中的数？

解： 本题的正确答案为(A)。根据本章前一部分的综述，可知偶数个奇数和是偶数。在五个选项中唯一是偶数的质数是 2，若 2 在此集合中必有 9 个奇数在该集合中，其和必是一个奇数。

Questions 92—93 refer to the following definition.

92. For any positive integer n, $n>1$, the "length" of n is the number of positive primes (not necessarily distinct) whose product is n. For example, the length of 50 is 3 since $50=(2)(5)(5)$

Which of the following integers has length 3?

(A) 3

(B) 15

(C) 60

(D) 64

(E) 105

问题 92—93 参照下列定义。

92. 对于任何大于 1 的*正整数*(**positive integer**)n，其 "length" 是乘积等于 n 的质数的数目(并不一定要相互不同)。例如：50 的 "length" 是 3，因为 $50=(2)(5)(5)$。下列哪个整数的 "length" 是 3?

解： 本题的正确答案为(E)。根据题目中的定义可知：

(A)的 length 等于 1；

(B)的 length 等于 2，因为 $15=3\times5$；

(C)的 length 等于 4，因为 $60=2\times2\times3\times5$；

(D)的 length 等于 6，因为 $64=2\times2\times2\times2\times2\times2$；

(E)的 length 等于 3，因为 $105=3\times5\times7$。

93. What is the greatest possible length of a positive integer less than 1,000?

(A) 10

(B) 9

(C) 8

(D) 7

(E) 6

93. 一个小于 1,000 的正整数的最大 length 是多少?

解： 本题的正确答案为(B)。根据题目中的定义可知，要使一个数的 "length" 最大，就必须使乘积等于它的质数的值最小，而最小的质数为 2，又因为 $2^9=512$，所以小于1,000 的正整数的最大"length"为 9。

94. A company that ships boxes to a total of 12 distribution centers uses color coding to identify each center. If either a single color or a pair of two different colors is chosen to represent each center and if each center is uniquely represented by that choice of one or two colors, what is the minimum number of colors needed for the coding? (Assume that the order of the colors in a pair does not matter.)

(A) 4

(B) 5

(C) 6

(D) 12

(E) 24

94. 运送盒子到 12 个分配中心的公司使用颜色码来辨认每个中心。若用一个颜色或者一对不同的颜色来代表一个中心，且每个中心所用的一个或一对颜色是独特的，则最少需要多少种颜色来标记这些分配中心?(假设每一对颜色所标记的中心与颜色的顺序无关)

解： 本题的正确答案为(B)。设最少需要用 n 种颜色，则 n 种颜色可表示的分配中心的数目为 $n+C_n^2$，根据题意可得：

$$n+C_n^2\geqslant12\Rightarrow n+\frac{n(n-1)}{2}\geqslant12$$

$$\Rightarrow n^2+n-24\geqslant0$$

考虑到 n 只能取正整数，可解得 n 的最小值为 5。

95. If the average (arithmetic mean) of 5 positive temperatures is x degrees Fahrenheit, then the sum of the 3 greatest of these temperatures, in degrees Fahrenheit, could be

(A) $6x$　　(B) $4x$

(C) $\frac{5x}{3}$　　(D) $\frac{3x}{2}$

(E) $\frac{3x}{5}$

95. 若 5 个正温度的算术平均值为 x 华氏度，那么这些温度中 3 个最高的温度的和(以华氏温度计)可以是多少？

解： 本题的正确答案为(B)。很明显 3 个最高温度的和一定小于这 5 个正温度的和 $5x$，且大于这 5 个正温度的算术平均值的 3 倍，即 3 个最大的温度的和一定处于 $3x$ 和 $5x$ 之间。

96. Exactly how many bonds does Bob have ?

(1) Of Bob's bonds, exactly 21 are worth at least \$5,000 each.

(2) Of Bob's bonds, exactly 65 per cent are worth less than \$5,000 each.

96. Bob 确切地有多少张债券？

(1) 在 Bob 的债券中，恰好有 21 张每张都至少值 5,000 美元；

(2) 在 Bob 的债券中，恰好有 65%的债券每张的价值都在 5,000 美元以下。

解： 本题的正确答案为(C)。很明显，(1)和(2)单独都不充分；根据(1)+(2)可得 21 张价值在 5,000 美元以上的债券占总债券的比例为 $1-65\%=35\%$，因此可求出 Bob 的总债券数为 $21\div35\%=60$ 张，所以(1)+(2)充分。

97. The pages of a report are numbered consecutively from 1 to 10. If the sum of the page numbers up to and including page number x of the report is equal to one more than the sum of the page numbers following page number x, then $x=$

(A) 4

(B) 5

(C) 6

(D) 7

(E) 8

97. 一报告的页码从 1 至 10 连续计数。若该报告的前 x 页包括第 x 页的页码数之和比 x 页以后的页码数的和大 1，那么 $x=$

解： 本题的正确答案为(D)。设前 x 页的和为 m，则 x 页之后的几页的和等于 $m-1$，根据题意可得：

$$2m-1=1+2+3+\cdots+10=55$$
$$\Rightarrow m=28 \Rightarrow 1+2+3+\cdots+x=28$$

由此考生可推出 $x=7$。

考生也可用等差数列前 n 项的求和公式 $\left(S_n=na_1+\frac{n(n-1)}{2}d\right)$ 算出 $x=7$。

98. If $n=p+r$, where n, p, and r are positive integers and n is odd, does p equal 2?

(1) p and r are prime numbers.

(2) $r\neq2$

98. 若 $n=p+r$，其中 n，p，r 均为正整数，且 n 是奇数，问 $p=2$ 吗？

(1) p 和 r 都是质数；

(2) $r\neq2$。

解： 本题的正确答案为(C)。(1)不充分，因为根据 p 和 r 是质数，根本无法得到 p 是否等于 2；(2)也不充分，因为由 $r\neq 2$，也无法说明 p 是否等于 2；(1)+(2)充分，因为根据 $n=p+r$ 且 n 为奇数可知 p 和 r 必为一奇一偶，而 p，r 又都为质数，则其中一个数必为 2，但是 $r\neq 2$，所以 $p=2$。

99. In Township K, $\frac{1}{5}$ of the housing units are equipped with cable television. If $\frac{1}{10}$ of the housing units, including $\frac{1}{3}$ of those that are equipped with cable television, are equipped with videocassette recorders, what fraction of the housing units have neither cable television nor videocassette recorders?

(A) $\frac{23}{30}$ (B) $\frac{11}{15}$ (C) $\frac{7}{10}$

(D) $\frac{1}{6}$ (E) $\frac{2}{15}$

99. 在 K 镇有 $\frac{1}{5}$ 住房配有有线电视。若 $\frac{1}{10}$ 的住房，包括 $\frac{1}{3}$ 配有有线电视的住房，有录像机，那么既没有有线电视，又没有录像机的比率是多少？

解： 本题的正确答案为(A)。配有有线电视的住房的 $\frac{1}{3}$ 配有录像机说明，有 $\frac{1}{15}$ 的住房既有有线电视又有录像机，因此既没有有线电视，又没有录像机的比率为：

$$1-\frac{1}{5}-\frac{1}{10}+\frac{1}{15}=\frac{23}{30}$$

100. Each of the integers from 0 to 9, inclusive, is written on a separate slip of blank paper and the ten slips are dropped into a hat. If the slips are then drawn one at a time without replacement, how many must be drawn to ensure that the numbers on two of the slips drawn will have a sum of 10?

(A) Three

(B) Four

(C) Five

(D) Six

(E) Seven

100. 从 0 到 9 的整数(包括首尾数字)中的每一个都被分别写在不同的空白纸条上，然后这 10 张纸条都被放入一个帽子中。若每次从帽中抽出一张且不放回，则必须抽多少次才能确保抽出的纸条中有两张纸条上的数字的和为 10？

解： 本题的正确答案为(E)。0 到 9 的整数中，两个数相加其和为 10 的可能性有 4 种，即 1+9，2+8，3+7，4+6，剩下 0 到 5 不可能与另一张纸条相加为 10，要想确保抽出的纸条中有 2 张纸条上的数字相加为 10，则必须抽 7 次。

101. How many two-element subsets of {1, 2, 3, 4} are there that do not contain the pair of elements 2 and 4?

(A) One (B) Two (C) Four

(D) Five (E) Six

101. 集合{1，2，3，4}中有多少个两元素子集(**subsets**)不包括 2 和 4 这一对元素？

解： 本题的正确答案为(D)。集合{1，2，3，4}的两元子集有 C_4^2 个，其中包括一个{2，4}子集，所以不包括 2 和 4 这一对元素的两元素子集数为 $C_4^2-1=5$。

102. In how many arrangements can a teacher seat 3 girls and 3 boys in a row of 6 seats if the boys are to have the first, third, and fifth seats?

(A) 6　　(B) 9

(C) 12　　(D) 36

(E) 720

102. 若男孩坐在一排 6 个座位的 1，3，5 位置上时，某教师能有多少种方式安排 3 个男孩，3 个女孩坐在这 6 个座位上？

解： 本题的正确答案为(D)。若 3 男孩在 1，3，5 时，则 3 个女孩应在 2，4，6，所以总的安排方式为：

$$P_3^3 \times P_3^3 = 36$$

103. If the product of the integers w, x, y, and z is 770, and if $1 < w < x < y < z$, what is the value of $w + z$?

(A) 10

(B) 13

(C) 16

(D) 18

(E) 21

103. 若整数 w，x，y 和 z 的积(**product**)等于 770，且有 $1 < w < x < y < z$，那么 $w + z$ 的值是多少？

解： 本题的正确答案为(B)。由题可知，770 可分解成四个不同的因子相乘的形式：

$$770 = 2 \times 5 \times 7 \times 11$$

再根据 $1 < w < x < y < z$ 可推知 $w = 2$，$x = 5$，$y = 7$，$z = 11$，所以 $w + z$ 的值为 $2 + 11 = 13$。

104. Set S consists of n distinct positive integers, none of which is greater than 12. What is the greatest possible value of n if no two integers in S have a common factor greater than 1?

(A) 4

(B) 5

(C) 6

(D) 7

(E) 11

104. 集合 S 由 n 个不同的正整数组成，且没有一个大于 12。若在 S 中任两个整数的公约数(**common factor**)都不大于 1，那么 n 的最大可能取值是多少？

解： 本题的正确答案为(C)。集合 S 中任两个整数的公约数都不大于 1 说明该集合中的数字都为互质数，小于 12 的质数共有 2，3，5，7，11；同时 1 虽然不是质数，但它也满足题设条件，所以 n 的最大可能值为 $5 + 1 = 6$。

105. If x and y are prime numbers, which of the following CANNOT be the sum of x and y?

(A) 5　　(B) 9　　(C) 13

(D) 16　　(E) 23

105. 若 x 和 y 是质数，那么下列哪一个不能是 x 与 y 的和？

解： 本题的正确答案为(E)。此题应该采用排除法：$5 = 2 + 3$，$9 = 7 + 2$；$13 = 11 + 2$；$16 = 3 + 13$ 最后发现只有 23 不能分解成两个质数的和。

106. For any integer n greater than 1, $\lfloor n$ denotes the product of all the integers from 1 to n, inclusive. How many prime numbers are there between $\lfloor\underline{6} + 2$ and $\lfloor\underline{6} + 6$, inclusive?

106. 对于任何大于 1 的整数 n，$\lfloor n$ 表示从 1 至 n，且包括 1 和 n 的所有整数的乘积。在 $\lfloor\underline{6} + 2$ 和 $\lfloor\underline{6} + 6$ 之间且包括首尾项，共有多少个质数(**prime numbers**)？

解： 本题的正确答案为(A)。由题意可得：

(A) None
(B) One
(C) Two
(D) Three
(E) Four

$\lfloor 6 = 1\times2\times3\times4\times5\times6 = 720$

所以该题即为求 722 和 726 之间的质数的个数，很明显 722，723，724，725，726 均为合数。

107.

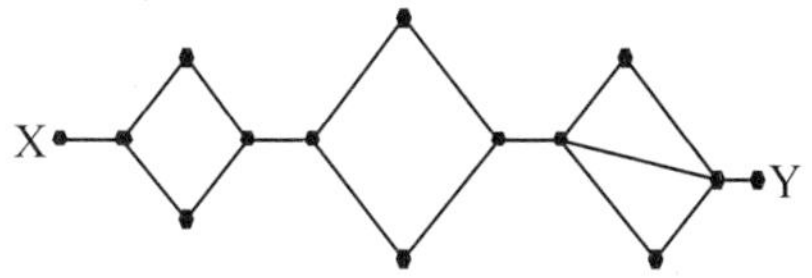

The diagram above shows the various paths along which a mouse can travel from point X, where it is released, to point Y, where it is rewarded with a food pellet. How many different paths from X to Y can the mouse take if it goes directly from X to Y without retracing any point along a path?

(A) 6 (B) 7 (C) 12
(D) 14 (E) 17

107. 左面的图形表示一个老鼠从 X 点被释放到 Y 点受赏（食物小球）的所有不同路线，若此老鼠不重复走路上任何一点，则它从 X 直接到 Y 可走的不同小路有多少？

解： 本题的正确答案为(C)。由图可知，第一个分支有两条路，第二个分支也有两条路，第三个分支有三条路，则根据乘法原则可知不同小路的数目为：

$$2\times2\times3=12$$

108. Is the positive integer x an even number?
(1) If x is divided by 3, the remainder is 2.
(2) If x is divided by 5, the remainder is 2.

108. 正整数 x 是偶数吗？
(1) 若 x 被 3 除时，其余数为 2；
(2) 若 x 被 5 除时，其余数为 2。

解： 本题的正确答案为(E)。由(1)可得 $x=3m+2$，其中 m 为整数，当 m 为偶数时，x 就为偶数，当 m 为奇数时，x 就为奇数，所以(1)不充分；由(2)可得 $x=5n+2$，其中 n 为整数，同理当 n 为偶数时，x 就为偶数，当 n 为奇数时，x 就为奇数，所以(2)也不充分；由(1)+(2)可得 $x-2$ 既能被 3 整除又能被 5 整除，而 3 和 5 又是互质数，所以 $x-2$ 一定能被 15 整除，也即 $x=15a+2$，其中 a 为整数，此时 x 的奇偶性仍随 a 的奇偶性的变化而变化，所以(1)+(2)也不充分。

109. What is the tens digit of positive integer x?
(1) x divided by 100 has a remainder of 30.
(2) x divided by 110 has a remainder of 30.

109. 正整数 x 的十位数(**tens digit**)是多少？
(1) x 被 100 除时余数为 30；
(2) x 被 110 除时余数为 30。

解： 本题的正确答案为(A)。根据(1)可得

$x=100m+30$，其中 m 为整数，因此不管 m 取何值 x 的十位数都是 3，所以(1)能够充分地回答问题；由(2)可得 $x=110n+30$，其中 n 为整数，因此 x 的十位数受 n 的取值的影响而不能确定，所以(2)单独不能充分地回答问题。

110. What is the least positive integer that is divisible by each of the integers 1 through 7, inclusive?

(A) 420　(B) 840

(C) 1,260　(D) 2,520

(E) 5,040

110. 能够被从 1 至 7 包括 1 和 7 在内的每个整数整除(**divisible**)的最小正整数是多少?

解： 本题的正确答案为(A)。该题也即让考生求 1，2，3，4，5，6 和 7 这 7 个数的最小公倍数。根据最小公倍的求解公式可得其最小公倍数 $=2^2\times3\times5\times7=21\times20=420$。

111.

$$\begin{array}{r} 1{,}234 \\ 1{,}243 \\ 1{,}324 \\ \cdots\cdots \\ \cdots\cdots \\ +4{,}321 \\ \hline \end{array}$$

The addition problem above shows four of the 24 different integers that can be formed by using each of the digits 1, 2, 3 and 4 exactly once in each integer. What is the sum of these 24 integers?

(A) 24,000　(B) 26,664

(C) 40,440　(D) 60,000

(E) 66,660

111. 上面的加法题表示出了每个数字中使用 1，2，3 和 4 各 1 次所组成的 24 个不同整数中的 4 个，问这 24 个整数的和是多少?

解： 本题的正确答案为(E)。根据题意可知 1，2，3 和 4 共可构成 $P_4^4=24$ 个四位整数，四个数字在每个四位整数中仅出现一次。在这 24 个四位整数中，1，2，3 和 4 在个位，十位，百位和千位上出现的概率相同，均 6 次。因此个位，十位，百位和千位相加的和均为 $(1+2+3+4)\times6=60$，所以这 24 个四位整数的和为：

$$60(1000+100+10+1)=66660$$

112. In a certain class consisting of 36 students, some boys and some girls, exactly $\frac{1}{3}$ of the boys and exactly $\frac{1}{4}$ of the girls walk to school. What is the greatest possible number of students in this class who walk to school?

(A) 9

(B) 10

(C) 11

(D) 12

(E) 13

112. 某一班级由 36 名男女学生组成，其中恰好有 1/3 的男生和 1/4 的女生步行上学。问该班最多可能有多少名学生步行到校?

解： 本题的正确答案为(C)。根据恰好有 1/3 的男生和 1/4 的女生步行上学可知该班男生人数一定是 3 的倍数，女生人数一定为 4 的倍数。要使步行上学的学生人数最多，就得使男生人数在满足上述条件的情况下尽可能地多。仔细观察发现，男生人数最多只能为 24 人，女生人数最少得为 12 人，因此步行上学的学生的最大数目为：

$$24\times\frac{1}{3}+12\times\frac{1}{4}=11$$

113. A certain packing crate contains between 50 and 60 books. How many books are there in the packing crate?

(1) If the books are counted out by three, there will be one book left over.

(2) If the books are counted out by six, there will be one book left over.

113. 某一包装箱中有 50 到 60 本书。问该包装箱中有多少本书？

(1) 若每次数三本，将有一本书剩下；

(2) 若每次数六本，将有一本书剩下。

解： 本题的正确答案为(B)。在 50 和 60 之间被 3 除余 1 的数有 52，55，58 三个，所以(1)不充分；在 50 与 60 之间被 6 除余 1 的数只有 55，所以(2)充分。

114. If a is a positive integer, and if the units' digit of a^2 is 9 and the units' digit of $(a+1)^2$ is 4, what is the units' digit of $(a+2)^2$?

(A) 1

(B) 3

(C) 5

(D) 7

(E) 9

114. 若 a 是一个*正整数*(**positive integer**)，且 a^2 的*个位数*(**unit's digit**)是 9，$(a+1)^2$ 的个位数是 4，那么$(a+2)^2$ 的个位数字是多少？

解： 本题的正确答案为(A)。根据 a^2 的个位数是 9 可推知 a 的个位数可能为 3 或 7，又根据$(a+1)^2$ 的个位数是 4，可推知 a 的个位数只能是 7。由以上分析可知$(a+2)^2$ 的个位数应为 1。

115. If 75 percent of a class answered the first question on a certain test correctly, 55 percent answered the second question on the test correctly, and 20 percent answered neither of the questions correctly, what percent answered both correctly?

(A) 10%　(B) 20%　(C) 30%

(D) 50%　(E) 65%

115. 若在某一考试中一班级有 75%的学生答对了第一个问题，55%的学生答对了第二个问题，20%的学生两道题都没有答对，问两道题都答对的学生的百分比是多少？

解： 本题的正确答案为(D)。因为 20%的学生连一道题也没答对，所以至少答对两道题中的任一道题的比率为 80%，所以答对两道题的学生所占的百分比为：

$$55\%+75\%-80\%=50\%$$

116. If y is an odd integer, which of the following must be an even integer?

(A) $y+2$

(B) $y+6$

(C) $2y-1$

(D) $3y$

(E) $3y+1$

116. 若 y 是一个奇数，下列哪一个一定是一个偶数？

解： 本题的正确答案为(E)。根据奇数＋偶数＝奇数可知 $y+2$ 和 $y+6$ 都一定是奇数；$2y$ 是一个偶数，所以 $2y-1$ 是一个奇数；因为 3 不能被 2 整除，y 也不能被 2 整除，所以 $3y$ 也不能被 2 整除，也即 $3y$ 是一个奇数；因为奇数与偶数相间分布，所以 $3y+1$ 一定是一个偶数。

117. If k is an integer greater than 44 and less than 51, then which of the following could be the product of 11 and k?

(A) 565

(B) 550

(C) 500

(D) 484

(E) 440

117. 若 k 是一个比 44 大，比 51 小的整数，那么下列哪一项可能是 11 与 k 的乘积？

解： 本题的正确答案为(B)。11 与 k 的乘积应该在 484 与 561 之间，所以(A)，(D)和(C)都显然不对；又因为 500 不能被 11 整除，所以(C)也肯定不对，而 550 正好是 50 与 11 的乘积。

118.

	City A	City B	City C	City D	City E	City F
City A						
City B						
City C						
City D						
City E						
City F						

In the table above, what is the least number of table entries that are needed to show the mileage between each city and each of the other five cities?

(A) 15

(B) 21

(C) 25

(D) 30

(E) 36

118. 在上面的图表中，最少需要在多少个空格中填入数字才能表明每个城市与其他 5 个城市中的每一个之间的*里程*(**mileage**)？

解： 本题的正确答案为(A)。该题也即让考生求 6 个城市中任意两个之间的距离所构成的集合中的元素的个数。也即求 6 个不同元素中随机选出两个的组合：$C_6^2=15$。考生也可用较麻烦但较易理解的方法：A 行中填入 5 个数值表示其与 B，C，D，E，F 的距离，在 B 行中填入 4 个数值分别表示其与 C，D，E 和 F 之间的距离；同理在 C 行中需填入 3 个数值，D 行中需填入 2 个数值，E 行中只需填入一个数值，所以其总数为：

$$5+4+3+2+1=15$$

119. If when a certain integer x is divided by 5 the remainder is 2, then each of the following could also be an integer EXCEPT

(A) $\frac{x}{17}$

(B) $\frac{x}{11}$

(C) $\frac{x}{10}$

(D) $\frac{x}{6}$

(E) $\frac{x}{3}$

119. 若当某一个整数 x 被 5 除时，其余数为 2，则下面除了哪一项之外也都可能是整数？

解： 本题的正确答案为(C)。此题可以用代入法，根据题意可设 $x=5m+2$，其中 m 为整数。则当 $m=3$ 时，$\frac{x}{17}$是整数；当 $m=4$ 时，$\frac{x}{11}$是整数；当 $m=2$ 时，$\frac{x}{6}$和$\frac{x}{3}$都是整数；但是无论 m 取何值，都无

法得出$\frac{x}{10}$是整数，因为被 10 整除的数的个位必须为 0，而$x=5m+2$ 的个位数不是 2 就是 7，所以$\frac{x}{10}$不可能是整数。

120. What is the least number of digits (including repetitions) needed to express 10^{100} in decimal notation?

(A) 4

(B) 100

(C) 101

(D) 1,000

(E) 1,001

120. 用十进制计数(**decimal notation**)来表示10^{100}，问最少需要多少个数字(包括重复)?

解： 本题的正确答案为(C)。该题中的 decimal notation 指十进制计数，它是与科学计数法以及指数计数法等相对应的一种计数方法。10^{100}是指数形式的数，本题实际上就是让考生求10^{100}是多少位的数。$10^1=10$ 需要 2 个数字，$10^2=100$ 需要 3 个数字，$10^3=1000$ 需要 4 个数字，由此可推知10^{100}需要 101 个数字。

121. All of the following have the same number of distinct prime factors EXCEPT

(A) 20

(B) 21

(C) 24

(D) 30

(E) 45

121. 下面除了哪一个数之外，所有的数所具有的不同质因子数都相同?

解： 本题的正确答案为(D)。在做此题时考生一定要注意题目要求的不同质因子的个数，所以可用质因子数求解公式来解此题：

$20=2^2\cdot5$，所以 20 的不同因子数为两个(2 和 5)

$21=3\cdot7$，所以 21 的不同因子数为两个(3 和 7)

$24=2^3\cdot3$，所以 24 的不同质因子数为两个(2 和 3)

$30=2\cdot3\cdot5$，所以 30 的不同质因子数为三个(2，3 和 5)

$45=3^2\cdot5$，所以 45 的不同质因子数为两个(3 和 5)

122. How many integers between 100 and 150, inclusive, can be evenly divided by neither 3 nor 5?

(A) 33

(B) 28

(C) 27

(D) 25

(E) 24

122. 在 100 和 150 之间，包括 100 和 150，有多少个数既不能被 3 整除也不能被 5 整除?

解： 本题的正确答案为(C)。用 100 到 150 之间的所有数减去能被 3 整除的数，再减去能被 5 整除的数，最后再加上既能被 3 整除又能被 5 整除的数即为所求：100 和

150之间包括100和150共有51个数，能被3整除的数的个数为$\frac{150-102}{3}+1=$ 17个；能被5整除的数的个数为$\frac{150-100}{5}+1=11$个；既能被3整除又能被5整除的数的个数为$\frac{150-105}{15}+1=$ 4，所以100到150之间既不能被3整除又不能被5整除的数的个数为：

$$51-17-11+4=27\text{ 个}$$

123. A certain alloy contains only lead, copper, and tin. How many pounds of tin are contained in 56 pounds of the alloy?

(1) By weight the alloy is $\frac{3}{7}$ lead and $\frac{5}{14}$ copper.

(2) By weight the alloy contains 6 parts lead and 5 parts copper.

123. 某种合金仅含有铅、铜和锡。问56磅的该种合金中含有多少磅的锡？

解： 本题的正确答案为(A)。由(1)中的铅在该合金中所占的比例等于$\frac{3}{7}$，铜的比例等于$\frac{5}{14}$可推知锡所占的比例等于$\frac{3}{14}$，用锡的总量56乘以所占的比例$\frac{3}{14}$可以得到锡的量，所以(1)单独能充分回答上面的问题；因根据条件(2)无法判断共有多少parts，所以其单独无法充分回答上面的问题。

124.

	s	
u	t	8
	4	

A computer generates non-zero numbers for the figure above so that the product of the numbers along any vertical column is equal to the product of the numbers in any horizontal row. What number does s represent?

(1) u equals 6. (2) t equals 2.

124. 如左图所示一计算机生成一些非零数字，任一垂直列上的数字的乘积都与任一水平行上的数字的乘积相等。问s代表哪个数字？

解： 本题的正确答案为(A)。根据题意可得：$4st=8tu$，也即$s=2u$，s的值与t无关，而由u的大小决定，所以(1)充分，而(2)不充分。

125. What is the value of the two-digit number x?

(1) The sum of the two digits is 4.

(2) The difference between the two digits is 2.

125. 两位数x的值是多少？

(1) 这两个数字的和等于4

(2) 这两个数字的差等于2

解： 本题的正确答案为(E)。很明显单独由(1)或(2)均无法求出x的值；由(1)+

(2)可以得到两个方程，设 x 的十位数和个位数分别为 m 和 n，则由题意可得：

$$m+n=4 \qquad m-n=2$$

由该方程组可求出 $m=3$，$n=1$，但因这两个数即能组成 13 又能组成 31，所以(1)和(2)相结合也无法充分地回答上面的问题。

126. If $77,777=70,707+(7.07\times n)$, then $n=$

(A) 1,000

(B) 100

(C) 10

(D) $\frac{1}{100}$

(E) $\frac{1}{1,000}$

126. 若 $77,777=70,707+(7.07\times n)$，那么 n 等于多少？

解： 本题的正确答案为(A)。由 $77,777=70,707+(7.07\times n)$

可得 $7.07\times n=77,777-70,707=7,070$

$\Rightarrow n=\frac{7,070}{7.07}=1,000$。

127. If $r=2^3\cdot 5^2\cdot 7$ and $s=2^2\cdot 3^2\cdot 5$, which of the following is equal to the greatest common divisor of r and s?

(A) $2\cdot 5$

(B) $2^2\cdot 5$

(C) $2^3\cdot 5^2$

(D) $2\cdot 3\cdot 5\cdot 7$

(E) $2^3\cdot 3^2\cdot 5^2\cdot 7$

127. 若 $r=2^3\cdot 5^2\cdot 7$，$s=2^2\cdot 3^2\cdot 5$，则下列哪一项等于 r 与 s 的最大公约数？

解： 本题的正确答案为(B)。用分解因式的方法，提取 r 和 s 的最大公因子即可：$r+s=2^2\cdot 5(2\cdot 5\cdot 7+3^2)$，所以 r 和 s 的最大公约数为 $2^2\cdot 5$。

128. If x and y are different prime numbers, each greater than 2, which of the following must be true?

Ⅰ $x+y\neq 91$

Ⅱ $x-y$ is an even integer.

Ⅲ $\frac{x}{y}$ is not an integer.

(A) Ⅱ only

(B) Ⅰ and Ⅱ only

(C) Ⅰ and Ⅲ only

(D) Ⅱ and Ⅲ only

(E) Ⅰ, Ⅱ, and Ⅲ

128. 若 x 和 y 是大于 2 的不同的质数(**prime number**)，则下面哪一个一定正确？

解： 本题的正确答案为(E)。对于这样的题，考生需要根据整数的性质逐条进行判断：

Ⅰ. $x+y\neq 91$ 必然成立，因为 91 必须由一个偶数与一个奇数相加才能得到，而 x，y 都不可能为偶数；

Ⅱ. $x-y$ 的值是偶数必然成立，因为 x 与 y 都一定是奇数，而奇数与奇数的差是偶数；

Ⅲ. $\frac{x}{y}$ 不是整数也必然成立，因为 x 和 y 是不相等的互质数。

129. Is $a+b+c+d$ equal to 4?

(1) a, b, c, and d are each positive.

(2) The product $abcd$ equals 1.

129. $a+b+c+d$ 等于 4 吗？

(1) a，b，c 和 d 都是正数；

(2) $abcd$ 的乘积等于 1。

解： 本题的正确答案为(E)。(1)显然不充分；因为题目中并未说明 a，b，c 和 d 都是整数，同理(2)也不充分。考生可通过举例加以验证，如当 a，b，c 和 d 都等于 1 时，这四个数的乘积等于 1，其和等于 4；而当 $a=2$，$b=\frac{1}{2}$，$c=3$，$d=\frac{1}{3}$ 时，这四个数的积等于 1，而其和则显然不等于 4；(1)+(2)也同样不充分。

130. How many positive prime numbers are less than the integer n?

(1) $14<n<20$

(2) $13<n<17$

130. 比整数 n 小的正质数有多少个？

解： 本题的正确答案为(B)。因为在 14 与 20 之间有质数 17，所以当 n 取 15，16，17 时，比 n 小的质数有 2，3，5，7，11，13，共 6 个；而当 n 取 18，19 时，比 n 小的质数有 2，3，5，7，11，13，17，共有 7 个，所以(1)不充分；因为 13 与 17 之间没有质数，所以当 n 的取值在 13 与 17 之间时，小于它的质数的个数是一定的，因此(2)充分。

131. Raffle tickets numbered consecutively from 101 through 350 are placed in a box. What is the probability that a ticket selected at random will have a number with a hundreds digit of 2?

(A) $\frac{2}{5}$ (B) $\frac{2}{7}$

(C) $\frac{33}{83}$ (D) $\frac{99}{250}$

(E) $\frac{100}{249}$

131. 编号连续(从 101 至 350)的彩票放置在一盒子中。若从盒子中随机抽取一张彩票，则该彩票的百位数字是 2 的概率等于多少？

解： 本题的正确答案为(A)。从 101 至 350，百位数字是 2 的数是 200 至 299 之间的数，包括 200 和 299，一共有 100 个；从 101 至 350 中共有 250 个数字，因此彩票百位数字是 2 的概率为：

$$P=\frac{100}{250}=\frac{2}{5}$$

132. How many factors of 60 are greater than $\sqrt{60}$?

(A) Twelve

(B) Nine

(C) Eight

(D) Seven

(E) Six

132. 60 有多少个因子比 $\sqrt{60}$ 大？

解： 本题的正确答案为(E)。$60=2^2\cdot 3\cdot 5$，所以 60 共有 $(2+1)(1+1)(1+1)=12$ 个因子。根据本书中所讲的因子数的性质(当某一个正整数 n 有偶数个因子时，n 必不是完全平方数，且大于 $\sqrt{n}$ 的因子数与小于 $\sqrt{n}$ 的因子数相同)可知 60 有 6 个比 $\sqrt{60}$ 大的因子。

133. If all of the telephone extensions in a certain company must be even numbers, and if each of the extensions uses all four of the digits 1, 2, 3, and 6, what is the greatest number of four-digit extensions that the company can have?

(A) 4

(B) 6

(C) 12

(D) 16

(E) 24

134. Which of the following CANNOT be zero?

Ⅰ. The sum of 7 consecutive integers.

Ⅱ. The sum of 10 consecutive even integers.

Ⅲ. The product of 13 consecutive integers.

(A) Ⅱ only

(B) Ⅰ and Ⅱ only

(C) Ⅰ and Ⅲ only

(D) Ⅱ and Ⅲ only

(E) Ⅰ, Ⅱ, and Ⅲ

133. 若某公司所有的*电话分机*(**telephone extensions**)号码都是偶数，且每个分机号都使用 1，2，3 和 6 这 4 个数字，问该公司最多可能有多少个 4 位数字的分机？

解： 本题的正确答案为(C)。因为分机的号码都是偶数，所以每个分机号码的个位只能是 2 与 6 这两个数字中的 1 个，即 C_2^1；而剩下的三个位置则是其余三个数字的全排列 P_3^3，因此分机的最大可能数为：$C_2^1 \times P_3^3=12$。

134. 下列哪一项不可能为 0？

Ⅰ. 7 个连续整数的和；

Ⅱ. 10 个连续偶数的和；

Ⅲ. 13 个连续整数的乘积。

解： 本题的正确答案为(A)。当 7 个连续整数的中数为 0 时，其和一定为 0；因为 10 个连续偶数中正负数的个数不可能完全相等，所以相加时不可能刚好正负相消，最后结果也就不可能为 0；13 个连续整数中只要有一个整数是 0，其积就等于 0。所以这三项中只有Ⅱ正确。

第 二 章

Algebra（代数）

代数是对数学语言的概括。对于不能仅仅使用数学方法解决的问题，或者需要经过很长的复杂计算才能使用数学方法解决的问题，代数提供了一种相对简便的解决方法。通过将很长的文字表述简化成简单的公式、表达式或等式，代数提供了一种快速表达的方法。简化了文字表述之后，代数结果的表达非常简单，如下所示：

Verbal Expression	Algebraic Expression
fourteen more than x	$x+14$
three less than twice x	$2x-3$
the square of the sum of x and 6	$(x+6)^2$
the sum of the square of x and the square of 6	x^2+6^2
the distance traveled by a car going 50 miles an hour for x hours	$50x$
the average of 80，85，90 and x	$\frac{80+85+90+x}{4}$

GMAT 考试中出现的代数题一般都不超过高中一年级数学书中的内容。

1. Rules of Exponents（幂的运算）
2. Real Number（实数）
3. Variables and Algebraic Expressions（变量和代数表达式）
4. Manipulating Algebraic Expressions（代数式的运算）
5. Equations（方程）
6. Solving Linear Equations with One Unknown（求解一元线性方程）
7. Solving Two Linear Equations with Two Unknowns（求解两元线性方程）
8. Solving Equations by Factoring（用因式分解法解方程）
9. Solving Quadratic Equations（求解二次方程）
10. Inequalities（不等式）
11. Absolute Value（绝对值）
12. Functions（函数）

第一节 Rules of Exponents（幂的运算）

一、基本概念

1. Powers of Numbers（乘方）：这种求 n 个相同因数的积的运算，叫做乘方，乘方的结果叫做幂。在 a^n 中，a 叫做底数，n 叫做指数，a^n 读作 a 的 n 次方。a^n 看作是 a 的 n 次方的结果时，也可读作 a 的 n 次幂。二次方也叫平方，三次方也叫立方。

正数的任何次幂都是正数；负数的奇次幂是负数，负数的偶次幂是正数。

2. Roots of Numbers(开方)：一般地，如果一个数的平方等于 a，这个数就叫做 a 的平方根(也叫做二次方根)，换句话说，如果 $x^2=a$，则 x 就叫做 a 的平方根。

一般来说，一个正数有两个平方根，这两个平方根互为相反数，零的平方根为零。在式子 $\pm\sqrt[2]{a}$ 中，a 叫做被开方数，2 叫做根指数。

正数 a 的正的平方根，也叫做 a 的算术平方根；零的平方根也叫做零的算术平方根，因此零的算术平方根仍旧为零。

二、Properties of Exponents(幂的基本性质)

(1) $a^m \cdot a^n = a^{m+n}$

(2) $a^m \div a^n = a^{m-n}$

(3) $(a^m)^n = a^{mn}$

(4) $a^{-m} = \dfrac{1}{a^m}$ $(m>0, a\neq 0)$

(5) $a^{\frac{m}{n}} = \sqrt[n]{a^m}$($\dfrac{m}{n}$为最简分数，当 n 为正偶数时，a^m 必为非负数)

(6) $(a \cdot b)^m = a^m \cdot b^m$

(7) $\dfrac{a^x}{b^x} = \left(\dfrac{a}{b}\right)^x$

(8) $a^0 = 1, (a\neq 0)$

(9) Powers and Corresponding Value (指数及其相应的幂)

For the GMAT, memorize the exponential values in the following table, you'll be glad at what you did, since these are the ones that you're most likely to see on the exam.

Base	Power and Corresponding Value						
	2	3	4	5	6	7	8
2	4	8	16	32	64	128	256
3	9	27	81	243			
4	16	64	256				
5	25	125	625				
6	36	216					
7	49	343					

三、Exponents, Roots and Real Number Line (幂，方根与实数轴)

1. Exponents and the Real Number Line (幂和实数轴)

Raising numbers to powers can have surprising effects on the size and/or sign (negative vs. positive) of the base number. This is one of the test-makers' favorite areas! The impact of raising a number to an exponent (power) depends on the region on the number line where the number and exponent fall. Here are the four regions you need to consider:

(1) Less than -1 (to the left of -1 on the number line)

(2) Between -1 and 0

(3) Between 0 and 1

(4) Greater than 1 (to the right of 1 on the number line)

例 1: If $-1<x<0$, which of the following expressions is smallest in value?

(A) x^2

(B) x^3

(C) x^0

(D) $-x$

(E) $\frac{1}{x^3}$

解: 本题的正确答案为(E)。五个选项从小到大的顺序依次是:(E),(B),(A),(D),(C)。其分析如下所示:

(C) equals 1 (any non-zero term raised to the power of zero equals 1)

(D) is a positive number between 0 and 1

(A) is a positive number between 0 and $|x|$, which is the value of (D)

(B) is a negative non-integer between 0 and x

(E) is a negative number less than (to the left of) -1

2. Roots and the Real Number Line (根及实数轴)

As with exponents, the root of a number can bear a surprising relationship to the size and/or sign (negative vs. positive) of the number (another favorite area of the test-makers). Here are our observations you should remember.

(1) If $n>1$, then $1<\sqrt[3]{n}<\sqrt{n}<n$ (the higher the roots, the lower the value). However, if n lies between 0 and 1, then $n<\sqrt{n}<\sqrt[3]{n}<1$ (the higher the root, the higher the value).

(2) The square root of any negative number is an imaginary number(虚数), not a real number. Remember: you won't encounter imaginary numbers on the GMAT.

(3) Every positive number has two square roots: a negative number and a positive number (with the same absolute value). The same holds true for all other even-numbered roots of positive numbers.

(4) Every negative number has exactly one cube root, and that root is a negative number. The same holds true for all other odd-numbered roots of negative numbers.

(5) Every positive number has only one cube root, and that root is always a positive number. The same holds true for all other odd-numbered roots of positive numbers.

四、The Operation Rule of Radicals(根式的运算法则)

1. Combining Radicals (根式的合并)

(1) Addition and Subtraction(加法与减法): If a term under a radical is being added to or subtracted from a term under a different radical, you cannot combine the two terms under the same radical. (注:根式相加减时,不能把不同根式下的数直接相加减。)

如: $\sqrt{x}+\sqrt{y}\neq\sqrt{x+y}$

$\sqrt{x}-\sqrt{y}\neq\sqrt{x-y}$

$\sqrt{x}+\sqrt{x}=2\sqrt{x}$ ($x\neq\sqrt{2x}$)

(2) Multiplication and Division: Terms under different radicals can be combined under a common radical if one term is multiplied or divided by the other, but only if the root is the same. (注:仅当两根式的幂指数相同时,才能把它们的根式的下面的数相乘除。)

如：$\sqrt{x}\times\sqrt{x}=x$　　　　$\sqrt{42.8}\times\sqrt{42.8}=42.8$

$\sqrt{x}\sqrt{y}=\sqrt{xy}$　　　　$\sqrt{10}\sqrt{5}=\sqrt{50}=5\sqrt{2}$

$\frac{\sqrt{x}}{\sqrt{y}}=\sqrt{\frac{x}{y}}$　　　　$\frac{\sqrt[3]{125}}{\sqrt[3]{8}}=\sqrt[3]{\frac{125}{8}}=\frac{5}{2}$

2. Simplifying Radicals（化简根式）

On the GMAT, always look for the possibility of simplifying radicals by moving part of what's inside the radical to the outside. Check inside your square-root radicals for factors that are squares of nice tidy numbers (especially integers).

注：在 GMAT 考试中，如根式下面有可提取到根式外面去的因子，一定要把该因子提到根式的外面去，若分母上有根式时，一般要先把分母上的根式约去，这样可以使运算的步骤大为简化。

下面表中的平方根和立方根都是 GMAT 考试中经常用到的，若考生能熟记下表中的内容，将会使考试时做题的速度大为提高。

Common square roots	Common cube roots
$\sqrt{121}=11$	$\sqrt[3]{8}$
$\sqrt{144}=12$	$\sqrt[3]{27}=3$
$\sqrt{169}=13$	$\sqrt[3]{64}=4$
$\sqrt{196}=14$	$\sqrt[3]{125}=5$
$\sqrt{225}=15$	$\sqrt[3]{216}=6$
$\sqrt{625}=25$	$\sqrt[3]{343}=7$
	$\sqrt[3]{512}=8$
	$\sqrt[3]{729}=9$
	$\sqrt[3]{1000}=10$

第二节　Progression and Sequence（级数与数列）

一、Progression（级数）

设 a_1，a_2，a_3，…，a_n，…是一个数列，则称 $a_1+a_2+a_3+\cdots+a_n+\cdots$ 为"级数"或"无穷级数"。

You might encounter a GMAT question involving a series of numbers (or other terms) in which the terms progress according to some pattern. Your task is to recognize the pattern and to identify unknown terms based on it.

1. Arithmetic Progression 或 Series（等差级数）

亦称算术级数。级数 $a+(a+d)+(a+2d)+\cdots+[a+(n-1)d]+\cdots$ 称为等差级数。

2. Geometric Progression 或 Series（等比级数）

亦称"几何级数"。级数 $a+ar+ar^2+ar^3+\cdots+ar^n+\cdots$ 称为"等比级数"。

例 2：In the series $\{N_1, N_2, N_3\cdots\}$, where $N_x=x^2-2x$, what is the value of $(N_{50}-N_{49})-(N_{48}-N_{47})$?

解：本题的正确答案是 (B)，解答如下：

由 $N_x=x^2-2x$ 可得，

$N_{50}=50^2-2\times50$，$N_{49}=49^2-2\times49$

(A) -16

(B) 4

(C) 9

(D) 22

(E) 49

$N_{48}=48^2-2\times48$，$N_{47}=47^2-2\times47$

$\Rightarrow(N_{50}-N_{49})-(N_{48}-N_{47})$

$=(50^2-49^2-2\times50+2\times49)-(48^2-47^2-2\times48+2\times47)$

$=[(50+49)(50-49)-2(50-49)]-[(48+47)(48-47)-2(48-47)$

$=(99-2)-(95-2)=4$

注：在解答本题时一定不要急于去计算，要细心观察级数的特点，并综合利用多种解题技巧，如解答本题时利用两数平方差的计算公式"$a^2-b^2=(a+b)(a-b)$"就使解题过程大为简化。

二、Comparison of Progression（级数的比较）

The test-makers might also ask you to compare two sets of numbers. Always look for a pattern among the numbers which provides a shortcut to determining their sum.

例 3：What is the difference between the sum of all positive even integers less than 102 and the sum of all positive odd integers less than 102?

(A) 0

(B) 1

(C) 50

(D) 51

(E) 101

解：本题的正确答案是(D)，解答本题的技巧是先比较两个序列数的前几项：

even integers：{2，4，6，8，…100}

odd integers：{1，3，5，7，…99，101}

通过对两个数列的对比，我们不难发现除1之外，偶数数列的每一项都比奇数数列小1，两数列中这样的对应数一共有50个，再加上奇数数列多出的一项1，可知小于102的正偶数的和比小于102的正奇数的和小51。

三、Sequence（数列）

1. Arithmetic Sequence（等差数列）

如果数列从第二项开始，每一项与前一项的差为常数 d，则称该数列为"等差数列"，d 称为"公差"(common difference)。等差数列可写成 a，$a+d$，$a+2d$，…$a+(n-1)d$，…的形式。等差数列具有以下性质：

如果 a_1，a_2，a_3，…，a_n，…是一个以 a_1 为第一项，d 为公差和 a_n 为第 n 项的等差数列，则下式成立：

Ⅰ $a_n=a_1+(n-1)d$

Ⅱ S_n（前 n 项之和）$=\dfrac{n(a_1+a_n)}{2}=na_1+\dfrac{n(n-1)\ d}{2}$

Ⅲ M（中项或中数）

- 当 n 为偶数时，M 为中间两项的算术平均 $M=\dfrac{a_{\frac{n}{2}}+a_{\frac{n}{2}+1}}{2}$
- 当 n 为奇数时，M 为中间项 $M=a_{\frac{n+1}{2}}$

2. Geometric Sequence（等比数列）

如果数列从第二项开始，每一项与前一项的比为常数 q（$q\neq 0$），则称该数列为"等比数列"，q 称为"公比"（common ratio）。等比数列可以写成 a，aq，aq^2，…，aq^n，…的形式。等比数列具有如下性质：

如果 a_1，a_2，a_3，…，a_n，…是一个以 a_1 为第一项，q 为公比和 a_n 为第 n 项的等比数列，则下式成立：

Ⅰ $a_n=a_1q^{n-1}$

Ⅱ S_n(前 n 项的和)$=\dfrac{a_1(1-q^n)}{1-q}$ $(q\neq 1)$ 或 $S_n=\dfrac{a_1-a_nq}{1-q}$ $(q\neq 1)$，$S_n=na_1$ $(q=1)$

Ⅲ M(中项或中数)

- 当 n 为偶数时，M 为中间两项的几何平均数：$M=\sqrt{a_{\frac{n}{2}}\times a_{\frac{n}{2}+1}}$
- 当 n 为奇数时，M 为中间项：$M=a_{\frac{n+1}{2}}$

例 4：有 10 个人参加一个联欢会，每个人都与其他各人仅握了一次手，问这次联欢会共有多少次握手？

解法一：将这 10 个人编为 1 至 10 号，则 1 号与 2 到 10 号这 9 人握 9 次手，2 号在前述计算中已计算了他与 1 号的握手，因而算 2 号时为计算 2 号与 3 到 10 号这 8 人握了 8 次手……由此可见这次联欢会总共握手的次数是 1 到 9 这一等差数列的和，其结果为 $\dfrac{(1+9)\times 9}{2}=45$；

解法二：由题意可知，本题其实就是求 10 个人中取 2 个人有多少种取法，也即 $C_{10}^2=45$；

解法三：共 10 个人，每人应握 9 次手，若 $9\times 10=90$ 次，由于握手是由两个人参与的，也即重复了一倍，因而其结果为 $\dfrac{90}{2}=45$。

第三节　Real Number（实数）

一、基本概念

1. Number Line(数轴)

规定了原点、方向和单位长度的直线。数轴上的点和实数一一对应。从原点出发朝正方向的射线上的点对应正数，相反方向的射线上的点对应负数，原点对应数为零。

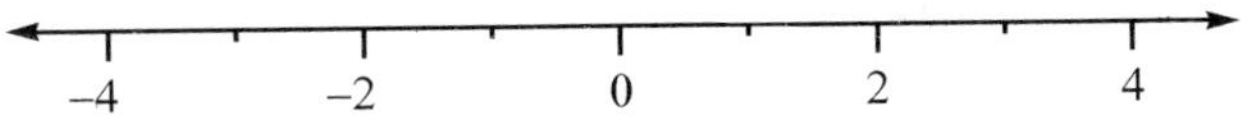

2. Absolute Value（绝对值）

某数在数轴上与零点之间的距离称为该数的绝对值，例如：$|-3|=3$。

3. Rational Numbers（有理数）

正整数、负整数、正分数、负分数以及零统称为有理数。有理数可以写成 $\dfrac{m}{n}$ 的形式，其中 m 和 n 都是整数，且 n 不等于零。

4. Irrational Numbers(无理数)

不循环的无限小数。例如用正方形的一边去度量它的对角线时，所得的比值$\sqrt{2}$就是一个无理数，写成小数1.414…时是无限不循环的。又如，圆周率$\pi=3.141592653\cdots$，也是一个无理数。

5. Positive and Negative Numbers(正数和负数)

All real numbers except zero are either positive or negative.

注：零既不是正数也不是负数。

6. Real Number(实数)

有理数和无理数统称为实数。与实数相对的为虚数(imaginary numbers)。虚数的内容在GMAT考试中不作要求。

All real numbers correspond to points on the number line(数轴) and all points on the number line correspond to real number.

二、Classification of Real Numbers(实数的分类)

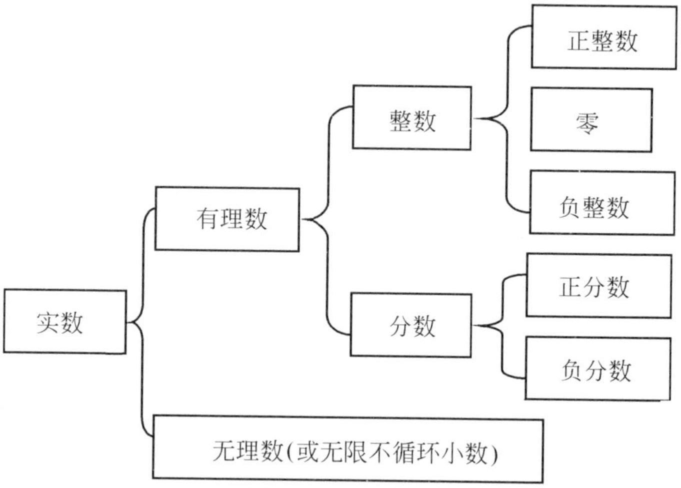

三、Properties of Real Numbers(实数的性质)

1. 有理数集对四则运算是封闭的(零不能作除数)，而两个无理数的和、差、积和商却不一定是无理数。

2. 有理数和无理数之间的运算有以下的规律：

有理数±无理数=无理数

非零有理数×无理数=无理数

$\frac{\text{非零有理数}}{\text{无理数}}=$无理数

$\frac{\text{无理数}}{\text{非零有理数}}=$无理数

3. 有理数与无理数集无公共元素，即有理数≠无理数。

4. 有理数与无理数集都具有稠密性(即实数集和数轴上所有点组成的集合是一一对应的)和有序性(即可以比较大小)。

5. 如果x，y和z都是实数，则关于x，y和z有下列性质成立：

(1) $x+y=y+x$，$xy=yx$

(2) $(x+y)+z=x+(y+z)$，$(xy)z=x(yz)$

(3) $x(y+z)=xy+yz$

(4) 如果 x 和 y 都是正数，那么 $x+y$ 和 xy 都是正数

(5) 如果 x 和 y 都是负数，那么 $x+y$ 是负数，xy 是正数

(6) 如果 x 是正数，y 是负数，那么 xy 是负数

(7) 如果 $xy=0$，那么 $x=0$ 或 $y=0$

(8) $|x+y|\leqslant|x|+|y|$

(9) 在实数中互为相反数的两个数的和为零；反之，若两数的和为零，那么这两个数必互为相反数。

第四节　Variable and Algebraic Expression (变量和代数表达式)

Algebra is based on the operations of arithmetic and on the concept of an unknown quantity, or variable. Letters such as x or y are used to represent unknown quantities. For example, suppose Tom has 6 more books than Jack has. If G represents the number of books that Jack has, then the number of books that Tom has is $G+6$. As another example, if Robby's present salary S is increased by 10%, his new salary is 1.1S. A combination of letters and arithmetic operations, such as

$$G+5,\ 7x^2-5x+3 \text{ and } \frac{4x}{3x^2-6}$$

is called an algebraic expression.

The expression $7x^2-5x+3$ consists of the terms $7x^2$, $-5x$, and 3, where 7 is the coefficient of x^2, -5 is the coefficient of x^1, and 3 is a constant term (or coefficient of $x^0=1$). Such an expression is called a second degree (or quadratic) polynomial in x since the highest power of x is 2. The expression $G+6$ is a first degree (or linear) polynomial in G since the highest power of G is 1. The expression $\frac{4x}{3x^2-6}$ is not a polynomial because it is not a sum of terms that are each powers of x multiplied by coefficients.

第五节　Factorable Expression (因式分解)

因式分解在解方程、不等式以及在代数式的运算中具有举足轻重的地位，灵活运用因式分解的技巧是准确快速解答许多数学题的关键。常见的因式分解方法主要有以下四种。

一、提取公因式法

如果一个多项式的各项含有公因式，可以把公因式作为多项式的一个因式提出来，用这个因式去除这个多项式，把所得的商作为另一个因式，这种因式分解的方法叫做提取公因式法。此法是分解因式最常用的方法，也是在因式分解时，首先考虑的方法。

提取公因式的基本思维方式是“求同”，为了“求同”，常要对给定的多项式进行适当的恒等变形，创造提取公因式的条件。

二、运用公式法

在因式分解中，有时需要运用乘法公式(甚至反复应用公式)，因式分解常用的公式有：

1. $a^2-b^2=(a+b)(a-b)$
2. $a^3-b^3=(a-b)(a^2+ab+b^2)$
3. $a^3+b^3=(a+b)(a^2-ab+b^2)$
4. $a^2+2ab+b^2=(a+b)^2$
5. $a^2-2ab+b^2=(a-b)^2$
6. $a^3+3a^2b+3ab^2+b^3=(a+b)^3$
7. $a^3-3a^2b+3ab^2-b^3=(a-b)^3$
8. $a^2+b^2+c^2+2ab+2bc+2ca=(a+b+c)^2$

三、分组分解法

把多项式的项通过适当分组来分解因式的方法，叫做分组分解法。

运用分组分解法分解因式时，对多项式恰当分组的要求是：分组后各组能分解因式，并且在各组分解因式的基础上，能完成对整个多项式的因式分解，分组是为进行因式分解创造条件，是搭桥，所以在考虑如何适当分组时，通常要进行尝试和估算，分组的基本方向是“求同”，也即把各项联系起来。

四、十字相乘法

由多项式乘法得到：

$$(a_1x+c_1)(a_2x+c_2)=a_1a_2x^2+(a_1c_2+a_2c_1)x+c_1c_2$$

反过来可以得到：

$$a_1a_2x^2+(a_1c_2+a_2c_1)x+c_1c_2=(a_1x+c_1)(a_2x+c_2)$$

利用这个公式，我们可以用下面的写法，尝试把某个二次三项式如 ax^2+bx+c 分解因式，先把 a 分解成 $a=a_1a_2$，把 c 分解成 $c=c_1c_2$，并把 a_1，a_2，c_1，c_2 排列如右：

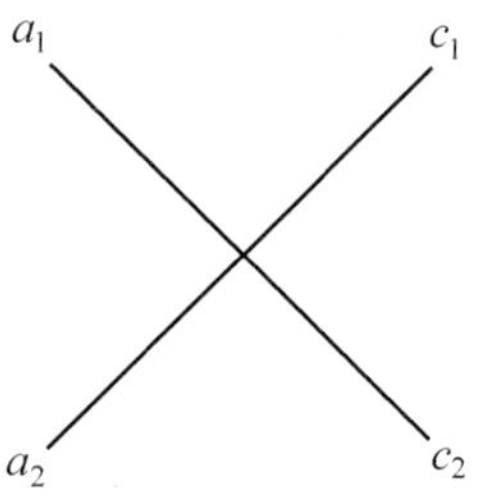

这里斜线交叉相乘之积的和是 $a_1c_2+a_2c_1$，如果它等于二次三项式中一次项系数 b，那么 ax^2+bx+c 就可以分解为$(a_1x+c_1)(a_2x+c_2)$。

这种经过画十字交叉线的帮助把二次三项式分解因式的方法叫做十字相乘法。

对于二次项系数为 1 的二次三项式 x^2+px+q，通过观察可以发现，如果能找到 a，b，使得$1\times b+1\times a=a+b=p$，$a\times b=q$，那么就有 $x^2+px+q=(x+a)(x+b)$。

以上四种方法是因式分解的常用方法，一般而言，把一个多项式分解因式，可按下列步骤进行：

1. 多项式各项有公因式时，应先提取公因式；
2. 各项没有公因式时，看能否用公式法分解；
3. 对于二次三项式可考虑用完全平方公式或十字相乘法分解；
4. 如果运用上述方法不能分解时，再看能否用分组分解法分解。

例 5： 分解因式 $27x^2(3x-y)^2-9x(y-3x)$。

解： 原式 $=27x^2(3x-y)^2-9x(y-3x)$

$=9x(3x-y)[3x(3x-y)+1]$

$=9x(3x-y)(9x^2-3xy+1)$

例 6：分解因式 $x^2-21xy+98y^2+x-7y$。

分析：如果把 $98y^2$ 看作常数项，那么原式的前三项是关于 x 的二次三项式，用十字相乘法分解得到的一个因式，恰好是 $x-7y$，用提取公因式法可再行分解。

解：原式 $=(x-7y)(x-14y)+x-7y$

$=(x-7y)(x-14y+1)$。

第六节 Equations（方程）

一、Linear Equations with One Variable（一元线性方程）

Algebraic expressions are usually used to form equations, which set two expressions equal to each other. Most equations you'll see on the GMAT are linear equations, in which the variables don't come with exponents. To solve any linear equation containing one variable, your goal is always the same: isolate the unknown (variable) on one side of the equation. To accomplish this, you may need to perform one or more of the following operations on both sides, depending on the equation:

1. 在方程的两边同加上或同减去某个数或某个代数表达式；
2. 在方程的两边同乘上或同除以某个不为零的数或代数表达式；
3. 通过交叉相乘法约去两边的分母；
4. 把方程的两边同时平方或 n 次方去掉方程中的根号。

Performing any of these operations on both sides does not change the equality; it merely restates the equation in a different form.

1. Add or subtract the same term from both sides of the equation.

在求解 x 的过程中，需要在方程的两边同时加上或减去同一个数或表达式。

例 7：假设 $2x-8=x-10$，求 x 的值。

解：首先在方程的两边同减去 x，接着合并同类项：

$$2x-8-x=x-10-x$$

$$x-8=-10$$

$$x=-2$$

2. Multiply or divide both sides of the equation by the same non-zero term.

在求解 x 时，需要在方程的两边同乘以或同除以一个不为零的数。

例 8：假设 $\frac{11}{x}-\frac{3}{x}=12$，求 x 的值。

解：首先合并含有 x 的项，$\frac{11-3}{x}=12$

接下来在方程的两边同乘以 x，以消去方程左边分母中的 x：$12x=8$

最后在方程的两边同除以 12，可得 $x=\frac{2}{3}$。

3. If each side of the equation is a fraction, your best bet is to cross-multiply.

当原方程的两边是两个分式时，用交叉相乘法消去分式，即用方程左边的分子乘以方程右边的分母，用方程右边的分子乘以方程左边的分母，并用这两个乘积组成新的方程。因为新方程和原方程很明显是等价方程，所以求解原方程的解的问题就转化为求新方程的解的问题。

例 9：假设$\frac{9}{6x+2}=\frac{8}{3-x}$，求 x 的值。

解：首先按上述方法将方程两边交叉相乘得到 $9(3-x)=8(6x+2)$

然后把方程展开，合并同类项可得 $57x=11$

最后把方程的两边同除以 57 可得 $x=\frac{11}{57}$。

4. Square both sides of the equation to eliminate radical signs.

当方程中的未知数在根号的下面时，首先要通过把方程的两边平方的方法消去根号，然后求解方程的解（在求解开立方的或更高次方的根号下的未知数时也用与此类似的方法）。

例 10：假设 $2\sqrt{3x-5}=3$，求 x 的值。

解：把方程的两边平方可得 $4(3x-5)=9$

把括号展开，并合并同类项可得 $12x=29$

两边同除以 12 可得 $x=\frac{29}{12}$。

二、Linear Equations with Two Variables（二元线性方程）

对于如同 $x+2=y+3$ 形式的方程，我们称之为二元线性方程。在解这类方程时，我们无法得到这个方程的数值解，因为未知数 x 的数值由未知数 y 所决定，而未知数 y 的值反过来又被 x 所决定。但是我们可以用 y 来表达 x，或用 x 来表达 y，即

$$x=y+1, \quad y=x-1$$

要确定二元线性方程的数值解，需要两个独立的具有相同未知数的线性方程，这两个方程联立构成二元线性方程组。在求解这类方程组通常有两种方法，即：

1. The substitution method（代入法）
2. the addition-subtraction method（加减消元法）

下面将分别讲解这两类方法。

1. The Substitution Method（代入法）

用代入法求解二元线性方程组的解时，可按下列步骤进行：

Ⅰ In either equation isolate one variable (x) on one side（在任一个方程中，分离出一个变量，例如 x）.

Ⅱ Substitute the expression that equals x in place of x in the other equation（用等于 x 的那个表达式代替另一个方程中的 x）.

Ⅲ Solve that equation for y（解关于 y 的方程）.

Ⅳ Now that you know the value of y, plug it into either equation to find the value of x（得到 y 的值后，把 y 代入任一个方程求出 x 的值）.

例 11：假如 $\frac{3}{5}p+q=3q-1$，且 $5q=$

解：把已知的两式联立成方程组可得：

$10-p$，求$\frac{p}{q}$的值。

$$\begin{cases}\frac{3}{5}p+q=3q-1 & ①\\ 5q=10-p & ②\end{cases}$$

由②式可得 $q=2-\frac{1}{5}p$ ③

把③式代入①式可得 $\frac{3}{5}p+2-\frac{1}{5}p=3\left(2-\frac{1}{5}p\right)-1$

合并同类项并化简可得 $p=3$

把 $p=3$ 代入③式可得 $q=\frac{7}{5}$

所以 $\frac{p}{q}=3\div\frac{7}{5}=3\times\frac{5}{7}=\frac{15}{7}$

2. The Addition-Subtraction Method(加减消元法)

用加减消元法解二元线性方程组时，可按下列步骤进行：

Ⅰ. Make the coefficient of either variable the same in both equations (you can disregard the sign)(使两个方程中任一个变量的系数相同，可以先不考虑系数的符号)。

Ⅱ. Make sure the equations list the same variables in the same order(确保两个方程具有相同的变量且排列顺序相同)。

Ⅲ. Place one equation above the other(把一个方程放在另一个方程的上面)。

Ⅳ. Add the two equations (work down to a sum for each term), or subtract one equation from the other, to eliminate one variable(把两个方程相加，或用一个方程减去另一个方程，合并同类项，消去一个变量)。

Ⅴ. Repeat steps Ⅲ～Ⅴ to solve for the other variable (重复步骤Ⅲ～Ⅴ，求出另一个变量)。

例 12：假设 $5x+3y=-7$，且 $2x-5y=4$，求 x 的值。

解：本题是只要求 x 的值，因此用加减消元法除去 y 即可：

$$\begin{cases}5x+3y=-7 & ①\\ 2x-5y=4 & ②\end{cases}$$

把①式两边同乘以 5，把②式两边同乘以 3 可得：

$$\begin{cases}25x+15y=-35 & ③\\ 6x-15y=12 & ④\end{cases}$$

把③式和④式相加可得 $31x=-23$，即

$$x=-\frac{23}{31}$$

综上所述，二元线性方程组一般具有如下的形式：

$$\begin{cases}a_1x+b_1y=c_1 & ①\\ a_2x+b_2y=c_2 & ②\end{cases}$$

在解这类方程时一般用代入法或加减消元法，但是在用这两种方法解题时应注意以下几点：

Ⅰ. 若$\frac{a_1}{a_2}=\frac{b_1}{b_2}=\frac{c_1}{c_2}$，则此时方程为等价方程，方程组有无数个解；

Ⅱ. 若$\frac{a_1}{a_2}=\frac{b_1}{b_2}\neq\frac{c_1}{c_2}$，则此时方程为矛盾方程，方程组没有解；

Ⅲ. 若$\frac{a_1}{a_2}\neq\frac{b_1}{b_2}$，则方程组有唯一解。

三、Quadratic Equation with One Variables(一元二次方程)

An equation is quadratic if you can express it in this general form:

$$ax^2+bx+c=0$$

In this general form, x is the variable, a, b and c are constants (numbers), $a\neq 0$, b and c can equal 0. Every quadratic equation has exactly two solutions. (These two solutions are called roots.) All quadratic equations on the GMAT can be solved by factoring.

1. Factorable Quadratic Equations(可分解因式的一元二次方程)

To solve any factorable quadratic equation, follow these three steps:

(1) Put the equation into the standard form: $ax^2+bx+c=0$.

(2) Factor the terms on the left side of the equation into two linear expression (with no exponents).

(3) Set each linear expression (root) equal to zero and solve for the variable in each one.

因式分解时用得最多的，且最有用的是十字相乘法，其具体操作步骤如下所示：

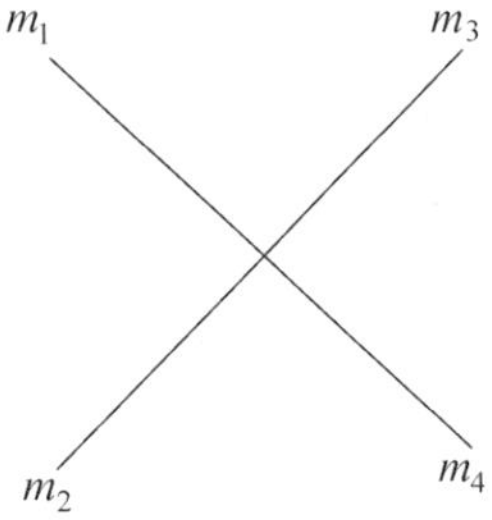

把 m_1，m_2，m_3 和 m_4 排成如右图所示的方式：

若 m_1，m_2，m_3 和 m_4 满足 $m_1\times m_2=a$，$m_3\times m_4=c$ 和 $m_1\times m_4+m_2\times m_3=b$，则一元二次方程恒等于$(m_1x+m_3)(m_2x+m_4)=0$。因此，方程的根

$$x_1=-\frac{m_3}{m_1}，\quad x_2=-\frac{m_4}{m_2}。$$

通常情况下，将方程变为 $x^2+\frac{b}{a}x+\frac{c}{a}=0$，这时 $m_1=m_2=1$，$m_3\times m_4=\frac{c}{a}$，$m_3+m_4=-\frac{b}{a}$，方程恒等于$(x+m_3)(x+m_4)=0$。因此，方程的根 $x_1=-m_3$，$x_2=-m_4$。

例 13: 解方程 $2x^2-7x-15=0$.

解: 注意到 x^2 的系数是 2，而 2 是个质数，因此只能分解成 1×2，所以本方程可写成如下的形式：

$$(2x\qquad)(x\qquad)=0$$

接下来比较关键的一步就是找括号中缺少的常数，也即把-15 分解，-15 的所有因子的可能组合有以下四种：

$(1,-15)$，$(-1,15)$，$(3,-5)$，$(-3,5)$

把这四组数分别代入上面括号中的 $2x$ 和 x 的后面，发现 $(3,-5)$ 是唯一的一组合适的数据，也即原方程可写成：

$$(2x+3)(x-5)=0$$

即 $2x+3=0$ 或 $x-5=0$，也即 $x=-\frac{3}{2}$，

或 $x=5$

2. Quadratic Equations that Can't be Factored(不能分解因式的二次方程)

并不是所有的二次方程都可用分解因式的方法给予求解，当二次方程不能用分解因式法解时就要运用二次方程的求根公式来解。对于 $ax^2+bx+c=0$ 形式的一元二次方程，其解可用求根公式表示如下：

$$x_1=\frac{-b+\sqrt{b^2-4ac}}{2a},\quad x_2=\frac{-b-\sqrt{b^2-4ac}}{2a}$$

当 $b^2-4ac=0$ 时，方程有两个相等的根；当 $b^2-4ac>0$ 时方程有两个不相等的根；当$b^2-4ac<0$时，方程在实数的范围内没有根。

二次方程的两个根具有两个非常重要的性质，即：

① $x_1+x_2=-\frac{b}{a}$，② $x_1\cdot x_2=\frac{c}{a}$

例 14：求 $x^2-8x+9=0$ 的根。

解：把 $a=1$，$b=-8$，$c=9$ 代入求根公式可得：

$$x=\frac{-(-8)\pm\sqrt{(-8)^2-4\times1\times9}}{2\times1}=\frac{8\pm2\sqrt{7}}{2}=4\pm\sqrt{7}$$

四、Non-Linear Equations with Two Variables(二元非线性方程)

在数学中，求二元非线性方程的解是非常复杂的，但在 GMAT 考试中所遇到的有关二元非线性方程的题都相当简单，一般说来他们都遵循一定的原则。要正确解答这一方面的题目，你只要记住以下三条普遍原则即可：

Sum of two variables，squared：$(x+y)^2=x^2+2xy+y^2$

Difference of two variables，squared：$(x-y)^2=x^2-2xy+y^2$

Difference of two squares：$x^2-y^2=(x+y)(x-y)$

例 15：若 $x^2-y^2=100$，且 $x+y=2$，那么 $x-y$ 的值是多少？

解：由已知可得：$x^2-y^2=(x+y)(x-y)=100$
把 $x+y=2$ 代入可得 $x-y=50$。

五、Equations that Can't be Solved(不可求解的方程)

不是所有的一元方程都是可求解的，同理不是所有的二元线性方程组都是可求解的。在 GMAT 考试中通常涉及三种不可求解的方程：

1. Identities(等同方程)
2. Quadratic Equations in Disguise(伪装的二次方程)
3. Equivalent Equations(同等方程)

1. Identities(等同方程)

在考试中一定要当心那些可化简为 $0=0$ 形式的方程，要知道这样的方程是不可解的。例如方程 $3x-3-5x=x-7-3x+4$，把方程的两边化简后，我们可以得到下式：

$$-2x-3=-2x-3$$

$$0=0$$

所以 x 可以是任意的实数。

2. Quadratic Equations in Disguise(伪装的二次方程)

有一些方程看起来像是线性方程(不包含指数项的未知数)，实际上是二次方程。用求解线性方程的方法是不能求得此类方程的解的，这类方程的解只能化为二次方程后用解二次方程的方法来解决。对 GMAT 考试来说有两种情况需要注意：

① The same variable inside a radical also appears outside：

$$\sqrt{x}=5x \Rightarrow (\sqrt{x})^2=(5x)^2 \Rightarrow x=25x^2$$
$$\Rightarrow 25x^2-x=0$$

② The same variable that appears in the denominator of a fraction also appears elsewhere in the equation(在一个分式的分母中出现的那个变量在方程其他的地方也出现了)。

3. Equivalent Equations(同等方程)

在某些情况下两个方程看起来像是一个二元一次线性方程组，而实际上它们只是同一个方程的不同表达方式。

例如：

$$a+b=30$$
$$2b=60-2a$$

第二个方程经过化简后变为 $a+b=30$。由此可知，两个方程实际上是同一个方程。

TIME SAVER：When you encounter any Quantitative Comparison question that calls for solving one or more equations，stop in your tracks before taking pencil to paper. Size up the equation to see whether it's one of the three unsolvable animals you learned about here.

第七节　Algebraic Inequalities（代数不等式）

不等式是表示两个量或两个表达式不等关系的式子。关系式 $A\neq B$，$A<B$，$A>B$，$A\geqslant B$ 和 $A\leqslant B$ 分别表示 A 不等于 B、A 小于 B、A 大于 B、A 大于或等于 B(或 A 不小于 B)和 A 小于或等于 B（或 A 不大于 B)。不等式可以分为条件不等式(conditional inequalities)和绝对不等式(absolute inequalities)。例如 $x^2+2\leqslant 3x$ 是条件不等式(因为它只当 $1\leqslant x\leqslant 2$ 时才成立)；又如 $x^2+1>0$ 是绝对不等式(因为它对任何实数都成立)。单独一个不等式不可能确定变量值，只能定出变量范围，但一个不等式组或绝对值不等式很有可能使变量值固定。

一、不等式的性质：

1. 若 $a>b$，$b>c$，则 $a>c$；
2. 若 $a>b$，则 $a+c>b+c$；
3. 若 $a>b$，$c>d$，则 $a+c>b+d$(即两个或几个同向不等式两边分别相加，所得不等式与原不等式同向)；
4. 若 $a>b$，$c>0$，则 $ac>bc$；
5. 若 $a>b$，$c<0$，则 $ac<bc$；
6. 若 $a>b>0$，$c>d>0$，则 $ac>bd$(即两个或几个两边都是正数的同向不等式两边分别相乘，所得的不等式与原不等式同向)；

7. 若 $a>b>0$，且 n 为大于 1 的整数，则 $a^n>b^n$；

8. 若 $a>b>0$，且 n 为大于 1 的整数，则 $\sqrt[n]{a}>\sqrt[n]{b}$；

9. 若 $a>b>0$，且 m 为大于零的数，则 $\frac{a}{b}>\frac{a+m}{b+m}$；

10. 若有 $\frac{a_1+a_2}{b_1+b_2}=\frac{a_1}{b_1}\Rightarrow\frac{a_2}{b_2}=\frac{a_1}{b_1}$。

二、绝对值不等式的基本性质

1. $|ab|=|a||b|$
2. $\left|\frac{a}{b}\right|=\frac{|a|}{|b|}$
3. $|x|\leqslant a \Leftrightarrow -a\leqslant x\leqslant a$，$a>0$
4. $|x|\geqslant a \Leftrightarrow x\geqslant a$ 或 $x\leqslant -a$，$a>0$
5. $a\leqslant |x|\leqslant b \Leftrightarrow a\leqslant x\leqslant b$ 或 $-b\leqslant x\leqslant -a$，其中 $b>a>0$
6. $||a|-|b||\leqslant|a+b|\leqslant|a|+|b|$
7. $||a|-|b||\leqslant|a-b|\leqslant |a|+|b|$

三、不等式的解法

You can solve algebraic inequalities in the same manner as equations. Isolate the variable on one side of the equation, factoring and canceling wherever possible. As in solving an equation, the same number can be added to or subtracted from both sides of the inequality, or both sides of an inequality can be multiplied or divided by a positive number without changing the truth of the inequality. However, multiplying or dividing an inequality by a negative number reverses the order of the inequality.

像解方程一样，一元一次不等式总可以通过去括号，去分母，移项，合并同类型，化为 $ax>b$ 形式的不等式，其解的情况是：

当 $a>0$ 时，$x>\frac{b}{a}$；当 $a<0$ 时 $x<\frac{b}{a}$。

当 $a=0$ 时，若 $b<0$，则解为一切实数；若 $b\geqslant 0$ 时不等式无解。

例 15：求解不等式 $\frac{4x-2}{-5}>2$。

解：$\frac{4x-2}{-5}>2\Rightarrow 4x-2<-10$

$\Rightarrow 4x<-8\Rightarrow x<-2$

四、不等式求解时的注意事项

1. 若不等式两边同乘以负号，不等号要改变方向；
2. 对于绝对值不等式，当把绝对值符号展开时，要写清不等式的范围；

例 16：求解不等式：$|x-4|<3$；$|x-4|>3$。

解：$|x-4|<3\Rightarrow -3<x-4<3$

$\Rightarrow 1<x<7$

$|x-4|>3\Rightarrow x-4>3$ 或 $x-4<-3$

$\Rightarrow x>7$ 或 $x<1$

3. 对于一元一次不等式组(其实绝对值不等式可看为一元一次不等式组)可在数轴上标出区间范围。

第八节　Functions（函数）

一、定义

设在某变化过程中的两个变量(**variable**)x 和 y，y 随 x 而变化，而且依赖于 x。如果变量 x 取某个特定的值，y 依确定的关系取相应的值，则称 y 是 x 的函数。记作 $y=f(x)$，其中 x 称为*自变量*(**independent variable**)，y 称为*因变量*(**dependent variable**)。x 的变化范围称为函数的“定义域”，与 x 对应的 y 的取值称为“函数值”，其全体称为函数的“值域”。GMAT 数学考试中会出现诸如括号、圆圈和方框等各种形式的函数表达式。

An algebraic expression in one variable can be defined a function of that variable. A function is denoted by a letter such as f or g along with the variable in the expression. For example, the expression x^3+3x^2-4 defines a function f that can be denoted by

$$f(x)=x^3+3x^2-4$$

The expression $\frac{\sqrt[3]{5z-2}}{3z+8}$ defines a function g that can be denoted by

$$g(z)=\frac{\sqrt[3]{5z-2}}{3z+8}$$

Once a function $f(x)$ is defined, it is useful to think of the variable x as an input and $f(x)$ as the output. A given expression defines a function if there is no more than one output for a given input. However, more than one input can give the same output; For example, if $f(x)=|2x-4|$, then $f(3)=f(1)=2$.

二、Function Notation(函数的表示方法)

The symbols “$f(x)$” or “$g(x)$” do not represent products; each is merely the symbol for an expression, and is read “f of x” or “g of z”. Function notation provides a short way of writing the result of substituting a value for a variable. If $x=1$ is substituted in $f(x)=x^3+3x^2-4$, the result can be written $f(1)=0$, and $f(1)$ is read the “value of f at $x=1$”. Similarly, if $z=0$ is substituted in the second expression, the value of g at $z=0$ is $g(0)=-\frac{\sqrt[3]{2}}{8}$.

“$f(x)$”和“$g(x)$”仅是函数表达的符号，函数还可以有其他的方式来表达。在 GMAT 数学考试中会出现诸如括号、圆圈和方框等各种形式的函数表达式。考题中经常给出一些特殊符号来定义各种函数，例如：$x\square y=x^2-y^2$，那么□表达了 x 与 y 之间的运算关系，$3\square 2=3^2-2^2=9-4=5$；再如 $x^*=\frac{1}{x}$，则 $\left(\left(\left(\frac{1}{2}\right)^*\right)^*\right)^*=2$。

三、Domain of a Function(函数的定义域)

函数的定义域是指函数中自变量所允许的取值范围。例如函数 $f(x)=x^3+3x^2-4$ 的定义域是全体实数；函数 $g(z)=\frac{\sqrt[3]{5z-2}}{3z+8}$ 的定义域是 $z\neq-\frac{8}{3}$；函数 $f(x)=\sqrt{1-x^2}$ 的定义域是 $-1\leqslant x\leqslant 1$，也可表示为 $[-1,1]$。另外我们还可设定函数的定义域，例如我们可以设定函数 $f(x)=x^3+3x^2-4$ 的定义域是 $-2\leqslant x\leqslant 3$。

第九节　数学归纳法

用数学归纳法证明一个与自然数有关的命题的步骤是：

(1) 证明当 n 取第一个值 n_0 时结论正确；

(2) 假设当 $n=k$ ($k \geqslant n_0$)时结论正确，证明当 $n=k+1$ 时结论也正确。

以上是用数学归纳法的步骤，在考试中虽然并不要求用数学归纳法去解题，但是却会考到对数学归纳法的概念的理解。

例 17： 若一个集合中含有自然数 3，则以下哪个选项可以帮助判断是否所有是 3 的倍数的自然数都在这一集合中

(Ⅰ) 如果自然数 n 在这个集合中，则 $n+3$ 也在这个集合中

(Ⅱ) 如果自然数 n 在这个集合中，则 $n-3$ 也在这个集合中

(A) Ⅰ only　　(B) Ⅱ only

(C) Ⅰ and Ⅱ　　(D) none

解： 因 3 已在这一集合中了，而 3 是 3 的 1 倍，实际上完成了上述数学归纳法中的第(1)步，这时Ⅰ中指出当 n 在集合中，$n+3$ 也在集合中，由此完成了上述数学归纳法的第(2)步，因从 3→6 在，从 6→9 在……，所有是 3 的倍数的自然数就都在集合中了，而Ⅱ中与数学归纳法中第(2)步指出的正好相反了，应往大走($k \geqslant n_0$)而不应往小，因而答案为(A)。

第十节　极　　限

在 GMAT 考试中，一般说来是不会涉及求极限方面的问题，但笔者认为极限这一概念考生还是应该了解的，下面将通过举例来讲解一下极限问题。

例 18： $a_n=1+\cfrac{1}{1+\cfrac{1}{1+\cfrac{1}{1+\cdots}}}$，问当 $n=1,000$ 时，a_{1000} 的值约等于多少？

解： 很多考生在做这道题时想通过尝试几个值而猜一个答案，这是不对的。实际上原题问 $n=1,000$ 时，a_n 的值，这时 n 的值非常大，因此可以认为：

$a_{1000}=a_{999}$，而 $a_{1000}=$

$$1+\cfrac{1}{1+\cfrac{1}{1+\cdots}}\text{(1000 个)} \qquad ①$$

$$a_{999}=1+\cfrac{1}{1+\cfrac{1}{1+\cdots}}\text{(1000−1 个)} \qquad ②$$

从上面的两个式子中，可以看出①式中的分式的分母部分就是 a_{999}，因而有 $a_{1000}=1+\dfrac{1}{a_{999}}$，前已述及 $a_{1000}=a_{999}$，从而有 $a_{1000}=1+\dfrac{1}{a_{1000}}$，转化为解一个类似于 $x=1+\dfrac{1}{x}$ 的方程。

因而答案为 $a_{1000}=x=\dfrac{1+\sqrt{5}}{2}$。

第十一节　重点试题精练及解析

1.
$$\begin{cases} x-y=3 \\ 2x=2y+6 \end{cases}$$

The system of equations above has how many solutions?

(A) None

(B) Exactly one

(C) Exactly two

(D) Exactly three

(E) Infinitely many

1. 上面的*方程组*(**system of equations**)有多少个解？

解：本题的正确答案为(E)。大多数考生会认为该二元一次线性方程级只有一组解，从而会误选（B）。但仔细分析后就会发现，题目中所给出的两个方程，实际上是一个方程，第二个方程与第一个方程是完全等价的，第二个方程经移项后将变为 $x-y=3$，因此将有无穷多组 x 和 y 满足此方程。

2. If $\frac{x}{y}=2$, then $\frac{x-y}{x}=$

(A) -1　　(B) $-\frac{1}{2}$

(C) $\frac{1}{2}$　　(D) 1

(E) 2

2. **解：**本题的正确答案为(C)。

$$\frac{x}{y}=2 \Rightarrow \frac{y}{x}=\frac{1}{2},$$

所以 $\frac{x-y}{x}=1-\frac{y}{x}=1-\frac{1}{2}=\frac{1}{2}$

3. If x, y, and z are positive integers and $3x=4y=7z$, then the least possible value of $x+y+z$ is

(A) 33

(B) 40

(C) 49

(D) 61

(E) 84

3. 若 x，y 和 z 都是*正整数*(**positive integer**)，且 $3x=4y=7z$，那么 $x+y+z$ 的最小值是多少？

解：本题的正确答案为(D)。若要使 x，y 和 z 都是整数且满足 $3x=4y=7z$，则 x 应能被 4 和 7 整除，y 应能被 3 和 7 整除，同理 z 要能被 3 和 4 整除，又因为 3，4，7 为互质数，所以 x，y 和 z 的最小值分别为 $4\times7=28$，$3\times7=21$ 和 $3\times4=12$。由此可知 $x+y+z$ 的最小值为：$28+21+12=61$

4. The cost C of manufacturing a certain product can be estimated by the formula $C=0.03rst^2$, where r and s are the amounts, in pounds, of the two major ingredients and t is the production time in hours. If r is increased by 50 percent, s is increased by 20 percent, and t is decreased by 30 percent, by approximately what percent will the es-

4. 生产某件产品的成本 C 可以通过公式 $C=0.03rst^2$ 来估计，其中 r 和 s 是该产品的两种主要成分的磅数，t 是生产该产品所用的小时数。若 r 增加 50%，s 增加 20%，且 t 减少 30%，则生产该产品的估计成本将改变大约百分之多少？

解：本题的正确答案为(D)。变化后的 r，s 和 t 分别为 $1.5r$，$1.2s$，$0.7t$，根据题意可得

timated cost of manufacturing the product change?

(A) 40% increase　　(B) 12% increase

(C) 4% increase　　(D) 12% decrease

(E) 24% decrease

5. An infinite sequence of positive integers is called an "alpha sequence" if the number of even integers in the sequence is finite. If S is an infinite sequence of positive integers, is S an alpha sequence?

(1) The first ten integers in S are even.

(2) An infinite number of integers in S are odd.

6. For a group of n people, k of whom are of the same sex, the expression $\frac{n-k}{n}$ yields an index for a certain phenomenon in group dynamics for members of that sex. For a group that consists of 20 people, 4 of whom are females, by how much does the index for the females exceed the index for the males in the group?

(A) 0.05

(B) 0.0625

(C) 0.2

(D) 0.25

(E) 0.6

7.

$$\begin{array}{r} \square \\ + \ \triangle \\ \hline \bigstar \end{array}$$

In the addition problem above, each of the symbols □, △, and ★ represents a posi-

该产品的估计成本变化的百分比为：

$$\frac{0.03rst^2\ (1-1.5\times1.2\times0.7^2)}{0.03rst^2}\times100\%=$$

11.8%，又因为 $1.5\times1.2\times0.7^2<1$，所以成本将减少大约 12%。

5. 若一个无穷(**infinite**)正整数列中的偶数的数目是有限的，则该数列被称为 α 数列。若 S 是一个无穷正整数的数列，问 S 是一个 α 数列吗？

(1) S 中的前 10 个整数是偶数；

(2) S 中的奇数的数目是无限的。

解： 本题的正确答案为(E)。(1)不充分，因为从(1)无法判断该数列中偶数的数目是否有限；(2)不充分，因为(2)只知道该数列中奇数的数目是无限的，偶数的数目是否有限，并无法得知；(1)+(2)也同理不能充分地回答题目中的问题。

6. 在一群由 n 个人组成的人群中，有 k 个人是同一性别的，表达式$\frac{n-k}{n}$所生成的指数表示该性别成员的群体动态的某一现象。一个由 20 个人组成的人群中，有 4 个是女性，问该群体的女性指数超出该群体的男性指数多少？

解： 本题的正确答案为(E)。这 20 个人中，女性有 4 人，则男性有 16 人，所以根据题意可得该群体的女性和男性指数分别为：

女性指数$=\frac{n-k}{n}=\frac{20-4}{20}=\frac{16}{20}=0.8$；

男性指数$=\frac{n-k}{n}=\frac{20-16}{20}=\frac{4}{20}=0.2$；

所以其差为 $0.8-0.2=0.6$。

7. 在左面的加法问题中，每一个符号□，△，★都代表一个正的数字。若□<△，那么△的值是多少？

解： 本题的正确答案为 (A)。根据题意可知，上面的加法问题表示两个一位正整数的和等于一个一位的正整数，即□＋△＝★，□，△，★都是小于 10 而大于 0 的整数。

tive digit. If □<△, what is the value of △?

(1) ★=4

(2) □=1

(1)充分，因为根据★=4，且□<△，可推知只有在△=3，□=1时，才能使上面符号所代表的加法问题成立；(2)不充分，因为当□=1时，△可取多个值。

8. A certain used-book dealer sells paperback books at 3 times dealer's cost and hardback books at 4 times dealer's cost. Last week the dealer sold a total of 120 books, each of which had cost the dealer \$ 1. If the gross profit (sales revenue minus dealer's cost) on the sale of all of these books was \$ 300, how many of the books sold were paperbacks?

(A) 40

(B) 60

(C) 75

(D) 90

(E) 100

8. 某一个旧书商人以他的成本价的3倍卖平装本的书，以他的成本价的4倍卖精装本的书。这个书商上星期共卖了120本书，每本书都是该书商花1美元进的。若销售这些书的毛利(销售收入减去书商的成本)是300美元，则该书商卖了多少本平装本的书？

解： 本题的正确答案为(B)。设该书商卖了 x 本平装本的书，卖了 y 本精装本的书，则根据题意可得下面的方程组：

$$\begin{cases} x+y=120 \\ 3x+4y=300+120 \end{cases}$$

解这个两元一次方程组可得 $x=60$ 本，$y=60$本。

9. $$\frac{\left(\frac{a}{b}\right)}{c}$$

In the expression above, a, b, and c are different numbers and each is one of the numbers 2, 3, or 5. What is the least possible value of the expression?

(A) $\frac{1}{30}$ (B) $\frac{2}{15}$ (C) $\frac{1}{6}$

(D) $\frac{3}{10}$ (E) $\frac{5}{6}$

9. 在左面的表达式中，a，b 和 c 是不同的数，且每一个都是数字2，3和5中的一个，问这个表达式的最小值是多少？

解： 本题的正确答案为(B)。先把繁分化简：

$$\frac{\left(\frac{a}{b}\right)}{c}=\frac{a}{bc}$$

要使该表达式值最小，则 bc 取最大值15，a 取最小值2。

10. A certain fraction is equivalent to $\frac{2}{5}$. If the numerator of the fraction is increased by 4 and the denominator is doubled, the new fraction is equivalent to $\frac{1}{3}$. What is the sum of the numerator and denominator of the original fraction?

(A) 49

(B) 35

(C) 28

10. 某一分数(**fraction**)的值等于$\frac{2}{5}$。若该分数的分子(**numerator**)增加4，且分母(**denominator**)增加1倍，则新分数的值等于$\frac{1}{3}$。问原分数的分子与分母的和是多少？

解： 本题的正确答案为(E)。设原分数的分子为 x 分母为 y，则根据题意可得：

(1) $\frac{x}{y}=\frac{2}{5}$ (2) $\frac{x+4}{2y}=\frac{1}{3}$

由方程(1)可得 $2y=5x$，把它代入方程

(D) 26

(E) 21

(2)可得$\frac{x+4}{5x}=\frac{1}{3}\Rightarrow x=6$，$y=15$，所以原分数的分子与分母的和为$x+y=21$。

11. Are all of the numbers in a certain list of 15 numbers equal?

(1) The sum of all of the numbers in the list is 60.

(2) The sum of any 3 numbers in the list is 12.

11. 某一数列中的15个数字都相等吗？

(1) 该数列中所有数字的和是60；

(2) 该数列中任3个数字的和是12。

解： 本题的正确答案为(B)。(1)不充分，因为根据所有数字的和为60无法判断该数列中的15个数字是否都相等；(2)充分，由任何3个数的和都为12，可以推知，只有在每一个数都等于4时，才能满足这一条件。

12. $\frac{1}{2^{10}}+\frac{1}{2^{11}}+\frac{1}{2^{12}}+\frac{1}{2^{12}}=$

(A) $\frac{1}{2^7}$　(B) $\frac{1}{2^8}$　(C) $\frac{1}{2^9}$

(D) $\frac{1}{2^{13}}$　(E) $\frac{1}{2^{45}}$

12. 解： 本题的正确答案为(C)。

$$\frac{1}{2^{10}}+\frac{1}{2^{11}}+\frac{1}{2^{12}}+\frac{1}{2^{12}}=$$

$$\frac{1}{2^9}\left(\frac{1}{2}+\frac{1}{4}+\frac{1}{8}+\frac{1}{8}\right)=\frac{1}{2^9}$$

13. For a light that has an intensity of 60 candles at its source, the intensity in candles, S, of the light at a point d feet from the source is given by the formula $S=\frac{60k}{d^2}$, where k is a constant. If the intensity of the light is 30 candles at a distance of 2 feet from the source, what is the intensity of the light at a distance of 20 feet from the source?

(A) $\frac{3}{10}$ candle　(B) $\frac{1}{2}$ candle

(C) $1\frac{1}{3}$ candles　(D) 2 candles

(E) 2 candles

13. 一束光在光源处的强度为60烛光，以烛光为单位，距该光源d英尺处的光的强度可由公式$S=\frac{60k}{d^2}$来表示，其中k是一个常数。若距该光源2英尺远地方的光的强度是30烛光。则距该光源20英尺远的地方的光的强度是多少？

解： 本题的正确答案为(A)。解答此题的关键是对题意的正确理解。2英尺远处的光强为30烛光，代入光强的表达式求出k：

$$30=\frac{60k}{2^2}\Rightarrow k=2$$

则距光源20英尺的地方的光强为：

$$S=\frac{60\times 2}{20^2}=\frac{3}{10}$$

14. If $s_1, s_2, s_3\cdots$ is the sequence such that $s_n=\frac{n}{n+1}$ for all positive integers n, then the product of the first 10 terms of this sequence is

(A) $\frac{1}{(10)(11)}$　(B) $\frac{1}{11}$

14. 若$s_1, s_2, s_3\cdots$是一个通项为$s_n=\frac{n}{n+1}$的数列(**sequence**)，其中n为任意正整数，那么该数列前10项的乘积是多少？

解： 本题的正确答案为(B)。由通项公式可知此数列的首项为$\frac{1}{2}$，第十项为$\frac{10}{11}$，该数列

(C) $\frac{1}{10}$　　　(D) $\frac{9}{10}$

(E) $\frac{10}{11}$

的每一项的分子都等于前一项的分母，因此在相乘时都可约去，最后乘积的结果是首项的分子除以最后一项的分母，所以该数列前十项的乘积是$\frac{1}{11}$。

15. If $r\odot s=rs+r+s$, then for what value of s is $r\odot s$ equal to r for all values of r?

(A) -1

(B) 0

(C) 1

(D) $\frac{1}{r+1}$

(E) r

15. 若 $r\odot s=rs+r+s$，那么 s 取何值时才能使对于所有的 r 都有 $r\odot s$ 等于 r？

解： 本题的正确答案为(B)。由题意可得：

$$r\odot s=rs+r+s=r$$
$$\Rightarrow s(r+1)=0$$

因此当 $s=0$ 时能使对于所有的 r 都有 $r\odot s$ 等于 r。

16. Mr. Kramer, the losing candidate in a two-candidate election, received 942,568 votes, which was exactly 40 percent of all the votes cast. Approximately what percent of the remaining votes would he need to have received in order to have won at least 50 percent of all the votes cast?

(A) 10%　(B) 12%　(C) 15%

(D) 17%　(E) 20%

16. Kramer 先生是两个候选人中的落选者，获得了 942,568 张选票，恰好占总投票数的 40%。为了能至少获得总选票的 50%，他还需要从其余的选票中得到大约百分之多少的选票？

解： 本题的正确答案为(D)。该题中的942,568是无用的干扰信息。设他还需要从其余的选票中得到大约百分之 x 的选票，根据题意可得：

$$40\%+(1-40\%)x\geqslant 50\%\Rightarrow x\geqslant 16.7\%$$

17. When an object is dropped, the number of feet N that it falls is given by the formula $N=\frac{1}{2}gt^2$, where t is the time in seconds since it was dropped and g is 32.2, if it takes 5 seconds for the object to reach the ground, how many feet does it fall during the last 2 seconds?

(A) 64.4

(B) 96.6

(C) 161.0

(D) 257.6

(E) 402.5

17. 当一个物体下落时，下落的英尺数 N 由公式 $N=\frac{1}{2}gt^2$ 来表示，其中 t 是该物体的下落时间，单位为秒，g 为 32.2，若该物体下落 5 秒钟后到达地面，问它在最后的两秒下落的距离是多少英尺？

解： 本题的正确答案为(D)。根据题意可知，前 3 秒钟该物体下落的距离为：

$$N=\frac{1}{2}g\cdot t^2=\frac{1}{2}\times 32.2\times 9=144.9 \text{ 英尺}$$

同理 5 秒钟该物体下落的距离为：

$$N=\frac{1}{2}g\cdot t^2=\frac{1}{2}\times 32.2\times 25=402.5 \text{ 英尺}$$

最后 2 秒下落的距离等于 5 秒钟下落的距离减去前 3 秒下落的距离：

$$402.5-144.9=257.6 \text{ 英尺。}$$

18. For all real numbers v, the operation v^* is defined by the equation $v^* = v - \frac{v}{3}$. If $(v^*)^* = 8$, then $v =$

(A) 15　　(B) 18

(C) 21　　(D) 24

(E) 27

19. If C is the temperature in degrees Celsius and F is the temperature in degrees Fahrenheit, then the relationship between temperatures on the two scales is expressed by the equation $9C = 5(F - 32)$. On a day when the temperature extremes recorded at a certain weather station differed by 45 degrees on the Fahrenheit scale, by how many degrees did the temperature extremes differ on the Celsius scale?

(A) $\frac{65}{9}$　　(B) 13

(C) 25　　(D) 45

(E) 81

20. If $\odot$ denotes a mathematical operation, does $x \odot y = y \odot x$ for all x and y?

(1) For all x and y, $x \odot y = 2(x^2 + y^2)$

(2) For all y, $0 \odot y = 2y^2$

21. If $y \neq 3$ and $\frac{3x}{y}$ is a prime integer greater than 2, which of the following must be true?

Ⅰ. $x = y$

Ⅱ. $y = 1$

Ⅲ. x and y are prime integers.

(A) None

(B) Ⅰ only

18. 对于所有的实数(**real numbers**)v，运算v^*由等式$v^* = v - \frac{v}{3}$来定义。若$(v^*)^* = 8$，则$v =$

解：本题的正确答案为(B)。根据定义可得：

$$(v^*)^* = v^* - \frac{v^*}{3} = 8 \Rightarrow v^* = 12$$

再运用定义可得：$v^* = v - \frac{v}{3} = 12 \Rightarrow v = 18$

19. 若C是摄氏温度，而F是华氏温度，则这两种温度制之间的关系为$9C = 5(F - 32)$。某一天某一气象站记录下来的华氏温度的最大值和最小值相差为45度，那么摄氏温度的最大和最小温度差是多少？

解：本题的正确答案为(C)。根据$C = \frac{5}{9}(F - 32)$

可得$\Delta C = \frac{5}{9}\Delta F$

把ΔF代入上式可得：$\Delta C = \frac{5}{9} \times 45 = 25$

20. 若$\odot$表示一数学运算，对于所有的x和y，$x \odot y = y \odot x$吗？

解：本题的正确答案为(A)。(1)充分，根据$x \odot y = 2(x^2 + y^2)$可得$y \odot x = 2(y^2 + x^2) = 2(x^2 + y^2) = x \odot y$。(2)不充分，因为根据$0 \odot y = 2y^2$得不出有关$x \odot y$或$y \odot x$的信息。

21. 若$y \neq 3$，且$\frac{3x}{y}$是一个大于2的质数(**prime integer**)，下列哪一个一定正确？

Ⅰ. $x = y$

Ⅱ. $y = 1$

Ⅲ. x和y都是质数

解：本题的正确答案为(A)。在回答用must be提问的题时，最好用排除法。题目中的三个条件都可以通过此方法给予否定。

(C) Ⅱ only
(D) Ⅲ only
(E) Ⅰ and Ⅲ

当 $x=10$，$y=6$ 时，$\frac{3x}{y}=5$ 满足题目中的条件，由此便可得知，题干中给出的三个条件没有一个是一定正确的。

22. The only contents of a parcel are 25 photographs and 30 negatives. What is the total weight, in ounces, of the parcel's contents?

(1) The weight of each photograph is 3 times the weight of each negative.

(2) The total weight of 1 of the photographs and 2 of the negatives is $\frac{1}{3}$ ounce.

22. 一包裹中仅含有 25 张照片和 30 张底片。问包裹中东西的总重量是多少盎司？

(1) 每张照片的重量是每张底片重量的 3 倍；

(2) 1 张照片与 2 张底片的总重量是 $\frac{1}{3}$ 盎司。

解： 本题的正确答案为(C)。设照片的重量为 x 盎司，底片的重量为 y 盎司，则由(1)可得：$\frac{x}{y}=3$，由(2)可得 $x+2y=\frac{1}{3}$。很明显单独根据(1)或单独根据(2)都不能解出 x 和 y 的值来，所以(1)和(2)单独都不充分；把(1)和(2)相结合可得一个两元一次方程组，从而可求出 $x=\frac{1}{5}$，$y=\frac{1}{15}$，包裹中的东西总重量为：$25\times\frac{1}{5}+30\times\frac{1}{15}=7$ 盎司，所以(1)+(2)充分。

23.

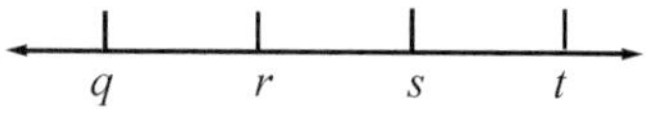

Of the four numbers represented on the number line above is r closest to zero?

(1) $q=-s$

(2) $-t<q$

23. 如左面*数轴*(**number line**)中所示的 4 个数中，r 的值近似于 0 吗？

解： 本题的正确答案为（A）。在 GMAT 的数学考试中的数轴都是有双向箭头的，且其数值是从左至右逐渐增大，并且在 GMAT 的 Data sufficiency 中的图形在没有指明的情况下，一定是 drawn to scale，由上图可以看出 q，r，s 和 t 之间的间距基本相同。(1)充分，根据 $q=-s$ 可知，q 和 s 互为相反数，而 r 处在 q 和 s 的中点位置，所以 r 的值一定接近于 0；(2)不充分，因为根据 $-t<q$ 得不出 r 的情况。

24. If • represents one of the operations +, −, and ×, is $k\cdot(l+m)=(k\cdot l)+(k\cdot m)$ for all numbers k, l and m?

(1) $k\cdot 1$ is not equal to $1\cdot k$ for some numbers k.

(2) • represents subtraction.

24. 若 • 代表 +，− 和 × 中的一种*运算*(**operation**)，问对于所有的 k，l 和 m，$k\cdot(l+m)=(k\cdot l)+(k\cdot m)$ 吗？

(1) 当 k 取某些数时，$k\cdot 1$ 与 $1\cdot k$ 不相等

(2) • 代表加法

解： 本题的正确答案为(D)。在加法，减法和乘

法这三个运算中只有减法不符合交换法则，所以根据(1)可知·一定代表减法，所以 $k\cdot(l+m)=k-(l+m)=(k-l)-m\neq(k\cdot l)+(k\cdot m)$ 因此(1)充分地回答了 $k\cdot(l+m)$ 与 $(k\cdot l)+(k\cdot m)$ 不相等；同理(2)也可充分地回答 $k\cdot(l+m)$ 与 $(k\cdot l)+(k\cdot m)$ 不相等。

25. In a certain sequence, the first term is 1, and each successive term is 1 more than the reciprocal of the term that immediately precedes it. What is the fifth term of the sequence?

(A) $\frac{3}{5}$　　(B) $\frac{5}{8}$

(C) $\frac{8}{5}$　　(D) $\frac{5}{3}$

(E) $\frac{9}{2}$

25. 某一数列的首项是 1，且其下一项是前一项的倒数加 1，问该数列的第五项是多少？

解：本题的正确答案为(C)。由题意可得：

$a_1=1$，　　$a_2=1+1=2$

$a_3=\frac{1}{2}+1=\frac{3}{2}$　　$a_4=\frac{2}{3}+1=\frac{5}{3}$

$a_5=\frac{3}{5}+1=\frac{8}{5}$

26. If $x+y+z>0$, is $z>1$?

(1) $z>x+y+1$

(2) $x+y+1<0$

26. 如果 $x+y+z>0$，问 z 是否大于 1？

解：本题的正确答案为(B)。(1)不充分，因为无法判断 $x+y$ 是否大于 0；由 $x+y+z>0$ 可得 $x+y>-z$，由(2)可得 $x+y<-1$，综合以上两个不等式可得 $-z<x+y<-1$，即 $-z<-1$，两边同乘以 -1 可得 $z>1$，所以(2)是充分的。

27. If $x=0.rstu$, where r, s, t, and u each represent a nonzero digit of x, what is the value of x?

(1) $r=3s=2t=6u$

(2) The product of r and u is equal to the product of s and t.

27. 若 $x=0.rstu$，其中 r，s，t 和 u 每个都表示 x 的一个非零数字，问 x 的值是多少？

解：本题的正确答案为 (A)。因为 r，s，t 和 u 都是大于 0 且小于 10 的整数，所以根据(1) $r=3s=2t=6u$ 可得 $r=6$，$s=2$，$t=3$，$u=1$，从而可以得到 $x=0.6231$，所以(1)充分；由(2)可得 $ru=st$，在 0 到 9 之间满足这个等式的 r，s，t 和 u 值很多，所以(2)不充分。

28.

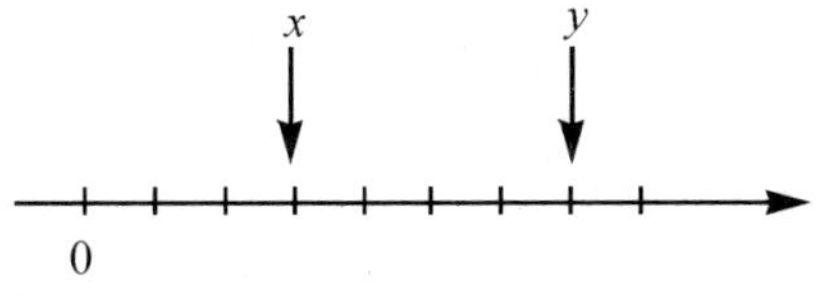

28. 若左面数轴(**number line**)中连续的标记点之间的距离相同，且 x 和 y 表示图中所示的间隔的两个端点(**end point**)，问 y 的值是多少？

解：本题的正确答案为(D)。从图中可以看出 x

If the successive tick marks shown on the number line above are equally spaced and if x and y are the numbers designating the end points of intervals as shown, what is the value of y?

(1) $x=\frac{1}{2}$　　(2) $y-x=\frac{2}{3}$

处于 0 与 y 之间，且 $y=\frac{7}{3}x$，所以当 $x=\frac{1}{2}$时，可推知 $y=\frac{7}{6}$，因此(1)是充分的；由 $y-x=\frac{2}{3}$可得 x 点的坐标为$\frac{1}{2}$，所以 y 点的坐标为$\frac{7}{6}$，因此(2)也是充分的。

29. A man drove his automobile d_1 kilometers at the rate of r_1 kilometers per hour and an additional d_2 kilometers at the rate of r_2 kilometers per hour. In terms of d_1, d_2, r_1, r_2, what was his average speed, in kilometers per hour, for the entire trip?

(A) $\dfrac{d_1+d_2}{\frac{d_1}{r_1}+\frac{d_2}{r_2}}$　(B) $\dfrac{d_1+d_2}{r_1+r_2}$

(C) $\dfrac{\frac{d_1+d_2}{r_1+r_2}}{d_1+d_2}$　(D) $\dfrac{\frac{d_1+d_2}{r_1+r_2}}{d_1+d_2}$

(E) It cannot be determined from the information given.

29. 一个人以每小时 r_1 公里的速度开车行驶了 d_1 公里，接着又以每小时 r_2 公里的速度行驶了 d_2 公里。问他整个旅程的平均速度是每小时多少公里(以 d_1，d_2，r_1，r_2 来表示)？

解： 本题的正确答案为(A)。总的平均速度等于总路程除以总时间，这个人开车所行驶的总路程为 d_1+d_2，开车所用的总时间为$\frac{d_1}{r_1}+\frac{d_2}{r_2}$，所以其总的平均速度为：$\dfrac{d_1+d_2}{\frac{d_1}{r_1}+\frac{d_2}{r_2}}$

30. A plane traveled k miles in the first 96 minutes of flight time. If it completed the remaining 300 miles of the trip in t minutes, what was its average speed, in miles per hour, for the entire trip?

(A) $\dfrac{60(k+300)}{96+t}$　(B) $\dfrac{kt+96(300)}{96t}$

(C) $\dfrac{k+300}{60(96+t)}$　(D) $\dfrac{5k}{8}+\dfrac{60(300)}{t}$

(E) $\dfrac{5k}{8}+5t$

30. 一架飞机在飞行的前 96 分钟内飞行了 k 英里。若它在 t 分钟内飞完了剩下的 300 英里，那么它的整个旅程的平均速度(以英里/小时来表示)是多少？

解： 本题的正确答案为 (A)。考生在做此题时，一定要注意单位的一致，先算出以英里/分钟为单位的平均速度，再把此速度乘以 60。该飞机飞行的总距离为 $k+300$ 英里，总时间为$(96+t)$分钟，所以根据题意可得其整个旅程的平均速度为$\dfrac{60(k+300)}{96+t}$。

31. What is the 1st term in sequence S?

(1) The 3 rd term in S is 2.

(2) The 2 nd term in S is twice the 1 st, and the 3 rd term is three times the 2 nd.

31. 数列 S 的首项(**the first term**)是多少？

(1) S 的第三项是 2；

(2) S 的第二项是第一项的 2 倍，第三项是第二项的 3 倍。

解： 本题的正确答案为(C)。(1)不充分，因为不知道第三项与第一项之间有何种关系；(2)

不充分，因为(2)中虽然给出了数列 S 的前三项之间的关系，但没给出具体值，所以也无法求出数列 S 的首项是多少；根据(1)＋(2)可得，数列 S 的首项为第三项的$\frac{1}{6}$，即数列 S 的首项为$\frac{1}{3}$，所以(1)＋(2)充分。

32. If $x=y^2$, what is the value of $y-x$?

(1) $x=4$

(2) $x+y=2$

32. 若 $x=y^2$，问 $y-x$ 的值是多少？

解： 本题的正确答案为(C)。根据(1)可求出 $y=\pm 2$，所以 $x+y$ 的值不确定，因此(1)不充分；根据(2)可求出 $y=1$ 或 $y=-2$，所以(2)也不充分；根据(1)＋(2)可得$y=-2$，$x=4$，从而可求出 $y-x$ 的值是-6，所以(1)＋(2)充分。

33.

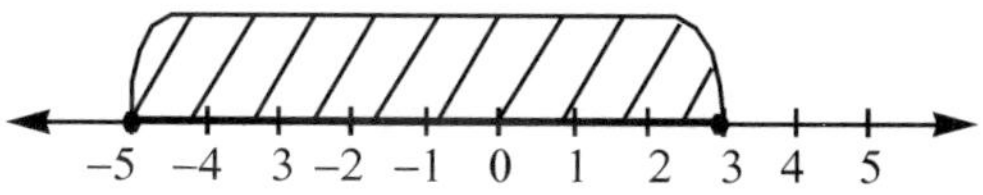

Which of the following inequalities is an algebraic expression for the shaded part of the number line above?

(A) $|x|\leqslant 3$ (B) $|x|\leqslant 5$

(C) $|x-2|\leqslant 3$ (D) $|x-1|\leqslant 4$

(E) $|x+1|\leqslant 4$

33. 下列哪一个不等式(**inequalities**)是左面数轴中阴影部分的代数表达式？

解： 本题的正确答案为(E)。上面数轴中的阴影部分可用不等式表达为：

$$-5\leqslant x\leqslant 3$$
$$\Rightarrow -5+1\leqslant x+1\leqslant 3+1$$
$$\Rightarrow -4\leqslant x+1\leqslant 4$$
$$\Rightarrow |x+1|\leqslant 4$$

34. What percent of the employees of Company X are technicians?

(1) Exactly 40 percent of the men and 55 percent of the women employed by Company X are technicians.

(2) At Company X, the ratio of the number of technicians to the number of non-technicians is 9 to 11.

34. 公司 X 中技术人员所占的百分比是多少？

(1) 公司 X 的雇员中，恰好有 40％的男雇员和 55％的女雇员是技术人员；

(2) 在公司 X，技术人员与非技术人员的比例为 9∶11。

解： 本题的正确答案为(B)。因为公司 X 的男女雇员的比例不知道，所以根据(1)求不出公司 X 中技术人员所占的百分比，也即(1)不充分；根据(2)可求出技术人员所占的百分比为：$\frac{9}{11+9}\times 100\%=45\%$，所以(2)充分。

35. On a scale that measures the intensity of a certain phenomenon, a reading of $n+1$

35. 在一种度量(**measure**)某一现象的强度的标度(**scale**)中，$n+1$ 所对应的强度是 n

corresponds to an intensity that is 10 times the intensity corresponding to a reading of n. On that scale, the intensity corresponding to a reading of 8 is how many times as great as the intensity corresponding to a reading of 3?

(A) 5 (B) 50 (C) 10^5

(D) 5^{10} (E) $8^{10}-3^{10}$

所对应的强度的10倍。在该标度中，8所对应于的强度是3所对应于的强度的多少倍？

解：本题的正确答案为(C)。由 $n+1$ 所对应的强度是 n 的10倍可推知8所对应的强度是3所对应的强度的 10^5 倍。

36. What is the value of x^2-y^2?

(1) $x+y=2x$

(2) $x+y=0$

36. x^2-y^2 的值是多少？

解：本题的正确答案为(D)。由(1)可得 $x-y=0$，从而可以得出 $x^2-y^2=(x-y)(x+y)=0$，所以(1)充分；由(2)也可得出 $x^2-y^2=(x-y)(x+y)=0$，所以(2)也是充分的。

37. If x and y are positive integers, is $x>y$?

(1) $x^2<y$

(2) $\sqrt{x}<y$

37. 若 x 和 y 是正整数，问 $x>y$?

解：本题的正确答案为(A)。因为 x 和 y 都是整数，所以由 $x^2<y$ 可以推出一定有 $x<y$，从而充分地回答了 x 不大于 y，所以(1)充分(注：对题目中的问题否定的回答也是充分的回答)；通过举例可以验证(2)不充分，如对于满足 $\sqrt{x}<y$ 的 $x=1$，$y=2$ 有 $x<y$，而对于满足 $\sqrt{x}<y$ 的 $x=4$，$y=3$，则有 $x>y$。

38. A rectangular circuit board is designed to have width w inches, perimeter p inches, and area k square inches. Which of the following equations must be true?

(A) $w^2+pw+k=0$

(B) $w^2-pw+2k=0$

(C) $2w^2+pw+2k=0$

(D) $2w^2-pw-2k=0$

(E) $2w^2-pw+2k=0$

38. 若一个长方形的电路板(**circuit**)的设计尺寸为：宽 w 英寸，周长为 p 英寸，其面积等于 k 平方英寸，则下列哪一个方程一定正确？

解：本题的正确答案为(E)。根据宽、周长和面积之间的相互关系可以列出下面的等式：

$$w\left(\frac{p}{2}-w\right)=k \Rightarrow 2w^2-pw+2k=0$$

39. If x, y and z are non-zero numbers such that $1\geqslant y>x$ and $xy=z$, which of the following cannot be true?

(A) $y>z$

(B) $y=z$

(C) $z=x$

39. 若 x，y 和 z 都是非零数字(**non-zero number**)，且 $1\geqslant y>x$，$xy=z$，问下面哪一项不可能正确？

解：本题的正确答案为(B)。因为当 $y=z$ 时，将有 $x=1$ 成立，而根据 $1\geqslant y>x$ 可知，$x=1$ 是不可能的，所以 $y=z$ 不能成立；

(D) $x>z$

(E) $z>0$

又因为 y 可以等于 1，所以 $x=z$ 可以成立；$y>z$ 显然可以成立；(D)和(E)都可以通过举例给予验证，如当 $x=0.2$，$y=0.5$时，有 $x>z$ 和 $z>0$ 成立。

40. On the day of the performance of a certain play, each ticket that regularly sells for less than \$10.00 is sold for half price plus \$0.50, and each ticket that regularly sells for \$10.00 or more is sold for half price plus \$1.00. On the day of the performance, a person purchases a total of y tickets, of which x regularly sell for \$9.00 each and the rest regularly sell for \$12.00 each. What is the amount paid, in dollars, for the y tickets?

(A) $7y-2x$ (B) $12x-7y$

(C) $\frac{9x+12y}{2}$ (D) $7y+4x$

(E) $7y+5x$

40. 在某一戏剧上演的某一天，每张通常售价不到 10 美元的票被以通常票价的一半加上 0.5 美元的价格出售，且每张通常售价在 10 美元或超过 10 美元的票被 以其通常票价的一半加上 1 美元的价格出售。某人共购买了 y 张票，其中 x 张票通常售价为 9 美元，其余票的通常售价为 12 美元，问这个人为这些票一共付了多少钱？

解： 本题的正确答案为(A)。根据题意可知 x 张通常售价为 9 美元的票得付 $x(\frac{9}{2}+0.5)$美元；$y-x$ 张通常票价为 12 美元的票得付的钱为$(y-x)(\frac{12}{2}+1)$。所以此人总共为票付了 $5x+7(y-x)=7y-2x$。

41. The function $*$ is defined by the equation $a*b=\frac{ab}{b-a}$, where $a\neq b$. Which of the following has a value of 3?

(A) $1*3$ (B) $3*0$ (C) $2*6$

(D) $6*2$ (E) $4*-1$

41. 运算符号“$*$”被定义为等式 $a*b=\frac{ab}{b-a}$，其中 $a\neq b$。问下列哪一个的值等于 3？

解： 本题的正确答案为(C)。把五个选项中的数分别代入运算符号所代表的式子可发现：$2*6=\frac{2\times6}{6-2}=3$

42. If $x<y<z$ and $y-x>5$, where x is an even integer and y and z are odd integers, what is the least possible value of $z-x$?

(A) 6

(B) 7

(C) 8

(D) 9

(E) 10

42. 若 $x<y<z$ 且 $y-x>5$，其中 x 是一个偶数，y 和 z 是奇数，问 $z-x$ 的最小值是多少？

解： 本题的正确答案为(D)。该题也即让考生求在 x 值一定时，z 的最小值是多少，此时 y 也应取最小值。设 $x=m$，其中 m 是任一偶数，则根据 $y-x>5$ 可得 $y>m+5$，再根据 y 是奇数可得 y 的最小值可表示为 $y=m+7$，同理 z 的最小值可表示为 $z=m+9$。由以上分析可知 $z-x$ 的最小值等于 9。

43. What is the maximum capacity in cups of a pail that contains only sand and is filled

43. 一个仅含有沙子，且沙子含量占其容量$\frac{3}{4}$

to three fourths of its capacity?

(1) If one cup of sand were added to the pail, it would be filled to seven-eighths of its capacity.

(2) If two cups were removed from the pail, it would be filled to one-half of its capacity.

的桶中的沙子最多有多少杯?

(1) 若向桶中加入 1 杯沙子，则桶中的沙子将占其容量的$\frac{7}{8}$

(2) 若从桶中取出 2 杯沙子，则桶中的沙子将占其容量的$\frac{1}{2}$

解: 本题的正确答案为(D)。设这个桶的容量为 a 杯，则桶中的沙子为$\frac{3}{4}a$，根据(1)可得：$\frac{3}{4}a+1=\frac{7}{8}a \Rightarrow a=8$，从而可以求出桶中的沙子是 6 杯，所以(1)充分；根据(2)可得$\frac{3}{4}a-2=\frac{1}{2}a \Rightarrow a=8$，从而可以求出桶中的沙子是 6 杯，所以(2)也充分。

44. A certain theater has 100 balcony seats. For every \$2 increase in the price of a balcony seat above \$10, 5 fewer seats will be sold. If all the balcony seats are sold when the price of each seat is \$10, which of the following could be the price of a balcony seat if the revenue from the sale of balcony seats is \$1,360?

(A) \$12　　(B) \$14

(C) \$16　　(D) \$17

(E) \$18

44. 某剧院有 100 个包厢座位。每一个包厢座位的价格在超过 10 美元时每增加 2 美元，剧院将少卖 5 个座位。若包厢座位的单价是 10 美元时，所有的包厢座位将被售出，那么当包厢座位的总收入为 1360 美元时，其单价可以是下面哪一项?

解: 本题的正确答案为(C)。设票价增加 x 美元，则此时少卖了$\frac{5}{2}x$ 个座位，根据题意可列出下列方程：$(10+x)\left(100-\frac{5}{2}x\right)=1360$

$$\Rightarrow x_1=6,\ x_2=24$$

所以包厢座位的票价有两个值，分别为 16 美元或 34 美元。

45. Vanda's Butcher Shop sells packages of ground turkey and ground beef. Is the price for a pound of ground turkey less than that for a pound of ground beef?

(1) The price for a package of ground turkey is 30 percent greater than the price for a package of ground beef.

(2) A package of ground turkey weighs 25 percent more than a package of ground beef.

45. Vanda 肉店卖袋装的火鸡和牛肉。问一磅火鸡的价钱比一磅牛肉的价钱少吗?

(1) 一袋火鸡的价格比一袋牛肉的价格高 30%

(2) 一袋火鸡比一袋牛肉重 25%。

解: 本题的正确答案为(C)。(1)中因不知道一袋火鸡和一袋牛肉各自的重量是多少，所以求不出是一磅火鸡贵还是一磅牛肉贵，因此(1)不充分；(2)因不知道一袋火鸡和一袋牛肉的价格，所以(2)也不充分；设一袋牛肉的价格为 a，重量为 b，则一磅牛肉的价格为$\frac{a}{b}$，根据(1)＋(2)可得一磅火鸡的价格为$\frac{(1+30\%)a}{(1+25\%)b}>\frac{a}{b}$，所以(1)＋(2)充分。

46. In a certain formula, p is directly proportional to s and inversely proportional to r. If $p=1$ when $r=0.5$ and $s=2$, what is the value of p in terms of r and s?

(A) $\frac{s}{r}$ (B) $\frac{r}{4s}$

(C) $\frac{s}{4r}$ (D) $\frac{r}{s}$

(E) $\frac{4r}{s}$

46. 在某一公式中，p 和 s 成正比（**directly proportional**），且与 r 成反比（**inversely proportional**）。若当 $r=0.5$ 且 $s=2$ 时，$p=1$，则下列哪一项是以 r 和 s 所表达的 p 值？

解： 本题的正确答案为(C)。根据题意 p 可表示为：$p=a\frac{s}{r}$

再把 $r=0.5$，$s=2$ 和 $p=1$ 代入上式可得

$$1=\frac{2a}{0.5}\Rightarrow a=\frac{1}{4}\Rightarrow p=\frac{s}{4r}$$

47. If $xy=-6$, what is the value of $xy(x+y)$?

(1) $x-y=5$

(2) $xy^2=18$

47. 若 $xy=-6$，那么 $xy(x+y)$的值是多少？

解： 本题的正确答案为(B)。(1)中的方程 $x-y=5$ 与方程 $xy=-6$ 联立成二次方程组可解出 x，y 的值，但是因为 $xy=-6$ 是一个二次方程，解得的 x 和 y 的值各有两个，所以最终得到的 $xy(x+y)$的值也不唯一，因此(1)不充分；虽然(2)中的 $xy^2=18$ 与 $xy=-6$ 所联立成的方程组也是二次的，但解方程仅可得到一个 y 值，即 $y=-3$，由此 x 也只有一个值为 2，所以可以求得 $xy(x+y)$的唯一值，所以(2)充分。

48. The operation $*$ is defined as follows:

$a*b=\frac{a+b}{a-b}$ for $a\neq b$.

What is the value of $(6)*(4)$?

(A) -5 (B) -1 (C) $\frac{1}{5}$

(D) 1 (E) 5

48. 运算符号“$*$”被定义如下，对于所有的 $a\neq b$，有 $a*b=\frac{a+b}{a-b}$。问$(6)*(4)$的值是多少？

解： 本题的正确答案为(E)。根据定义把$(6)*(4)$直接代入 $a*b=\frac{a+b}{a-b}$可得：

$$(6)*(4)=\frac{6+4}{6-4}=5$$

49.

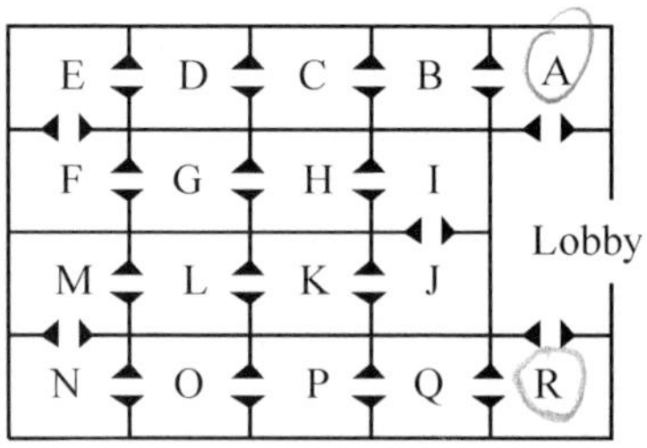

The figure above represents the floor plan of an art gallery that has a lobby and 18 rooms. If Lisa goes from the lobby into room A at the same time that Paul goes from the lobby into room R and each goes through all of the rooms in succession, entering by one door and exiting by the other, which room will they be in at the same time?

(1) Lisa spends $2x$ minutes in each room and Paul spends $3x$ minutes in each room.

(2) Lisa spends 10 minutes less time in each room than Paul does.

49. 左面的图形是一个艺术馆的地面布局方案，该艺术馆由 1 个大厅和 18 个房间组成。若 L 从大厅进入房间 A 的同时 P 从大厅进入房间 R，且每人都连续经过所有的房间，从一个门进入而从另一个门出去，问他们将同时处于哪一个房间？

(1) L 在每个房间中花 $2x$ 分钟，P 在每个房间中花 $3x$ 分钟；

(2) L 比 P 在每个房间中少花 10 分钟。

解： 本题的正确答案为 (A)。由图可知，L 和 P 两个人经过房间的次序是一定的，设他们两人在 L 到达第 n 个房间时相遇，则由(1)可得方程：

$$2xn=3x(18-n)$$

而由(2)可得到方程：

$$x\cdot n=(18-n)(x+10)$$

在第一个方程中，两边可同时消掉 x 解出 n，所以(1)单独能够充分地回答问题；而第二个方程却存在两个未知数，所以无法定出 n 的值。

50. If Pat bought a tennis shirt with matching shorts, what was the cost of the shirt?

(1) The total cost of the shirt and shorts was \$20.

(2) The ratio of the cost of the shirt to the cost of the shorts was 2 : 3.

50. 若 Pat 买了一件网球衬衫和一个与之相配的短裤，问衬衫的价格是多少？

(1) 衬衫与短裤的总花费是 20 美元

(2) 衬衫的价格与短裤的价格比是 2 : 3

解： 本题的正确答案为(C)。设衬衫的价格为 x 美元，短裤的价格为 y 美元，由(1)可得：$x+y=20$；由(2)可得 $3x=2y$；因此很明显(1)和(2)单独都求不出 x 的值，(1)+(2)可得到一个二元一次方程组，从而可求出 $y=8$ 美元，所以(1)+(2)充分。

51. The concentration of a certain chemical in a full water tank depends on the depth of the water. At a depth that is x feet below the top of the tank, the concentration is $3+\frac{4}{\sqrt{5-x}}$ parts per million, where $0<x<4$. To the nearest 0.1 foot, at what depth is the concentration equal to 6 parts

51. 一水箱中的某种化学物质的浓度与水的深度有关：在低于水箱顶部 $x(0<x<4)$ 英尺的深度，其浓度为百万分之 $3+\frac{4}{\sqrt{5-x}}$。问在多深的位置该化学物质的浓度等于百万分之 6(近似到 0.1 英尺)？

解： 本题的正确答案为(E)。**"to the nearest"** 是中文中用**四舍五入**的方法取近似值的意思。

per million?

(A) 2.4ft　　(B) 2.5ft

(C) 2.8ft　　(D) 3.0ft

(E) 3.2ft

52. On a certain 10-question test, each question after the first question is worth 2 points more than the previous question. If the greatest number of points that can be scored on the test is 100, how many points is the eighth question worth?

(A) 9　　(B) 14　　(C) 15

(D) 19　　(E) 33

53.

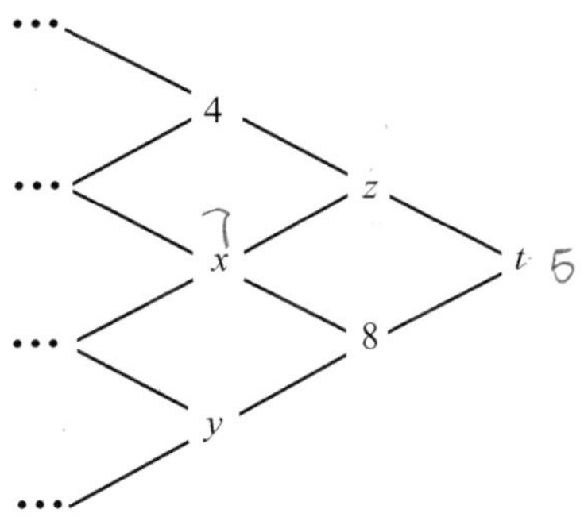

Each number in the arrangement above is obtained from the two nearest numbers in the column immediately to the left by subtracting the upper number from the lower number. What is the value of z?

(1) $x=7$　　(2) $t=5$

54. Is x^3 equal to 125?

(1) $x>4$

(2) $x<6$

由题意可得：

$$3+\frac{4}{\sqrt{5-x}}=6\Rightarrow x=3.2$$

52. 在某一个由 10 个问题组成的测试中，从第一个问题开始，每一个问题都比它前面的问题多 2 分。若该测试最高只能得 100 分，问第八个问题是多少分？

解： 本题的正确答案为(C)。根据题意可知，这 10 个问题的分数构成了一个等差数列，设其首项为 a_1，公差 $d=2$，共有 10 项，其和 $S_n=100$，由等差数列的求和公式可得：

$$S_n=10a_1+\frac{10(10-1)}{2}\times 2=100\Rightarrow a_1=1$$

所以 $a_8=1+7\times 2=15$

53. 左图所排列的每一个数字都是由紧靠左边一栏中两个最近的数字相减(用位置较低的数字减去位置较高的数字)而得到的。问 z 的值是多少？

解： 本题的正确答案为(D)。根据题目中所述及的运算法则可得：

$$x-4=z,\quad 8-z=t$$

因此不管是已知 x 的值，还是已知 t 的值都可求出一个 z 值，所以(1)和(2)中的每一个都是求出 z 值的充分条件。

54. x^3 等于 125 吗？

解： 本题的正确答案为(E)。很明显(1)和(2)单独都不充分；有些考生会根据(1)+(2)得出 $4<x<6$，从而得出 $x=5$，最后断定 x^3 等于 125。显然这类考生都把 x 当作整数来处理，但是题目中并未说明 x 是整数，所以(1)+(2)也是不充分的。

第 三 章

几何(Geometry)

几何部分主要考察考生对几何尺寸的理解，要求考生具有构想几何图形以及其与数字间的相互关系的能力。

(1) Lines and Angles(直线和角)

(2) Polygons (convex)(凸多边形)

(3) Triangles(三角形)

(4) Quadrilaterals(四边形)

(5) Circles(圆)

(6) Rectangular Solids and Cylinders(长方体和圆柱)

(7) Coordinate Geometry(坐标几何)

第一节 Plane Geometry(平面几何)

一、Lines and Angles(直线和角)

1. Line(直线): In geometry, "line" refers to straight line that extends without end in both directions.

2. Angle(角): 由一点发出的两条射线所夹的平面部分称为角。

3. Vertical Angles(对顶角): 两条直线相交(intersect)所形成的角称为对顶角，且对顶角相等。180°的角被称为平角(**straight angle**)，小于90°的角被称为锐角(**acute angle**)，大于90°而小于180°的角被称为钝角(**obtuse angle**)，等于90°的角被称为直角(**right angle**)。

4. Supplementary Angles(补角): 如果两个角的和是一个平角，这两个角互补(supplementary)，其中一个角是另一个角的补角。

5. Complementary Angles(余角): 如果两角之和是一个直角，则称这两个角互为余角。两条相交直线具有以下四个性质：

Opposite angles are equal in degree measure, or congruent (≌).

If adjacent angles combine to form a straight line, their degree measures total 180°.

If two lines are perpendicular[⊥]to each other, they intersect at right (90°) angles.

The sum of all angles formed by intersecting lines is 360°.

6. Parallel(平行): 同一平面上的两条直线若在任何处都不相交，则两直线平行。

7. Transversal(两直线的截线): 如果一条直线与另外两直线分别相交，则该直线称为二直线的"截线"。二直线被截后形成八个角，二直线内部的四个角称为"内角"(interior angles)，二直线外部的四个角称为"外角"(exterior angles)。内、外角依在截线的同侧或异侧而分别有内错角(alternative interior angles)、外错角(alternate exterior angles)、同旁内角(interior angles on the same side of the transversal)和同旁外角(exterior angles on the same side of the transversal)之分。另外还有同位角(corresponding angles)，即两直线相对于截线同位置的角。

如右图 1 所示：$L_1 /\!/ L_2$，L_3 与 L_1 和 L_2 都相交，形成了∠1，∠2，∠3，∠4，∠5，∠6，∠7，∠8 八个角。

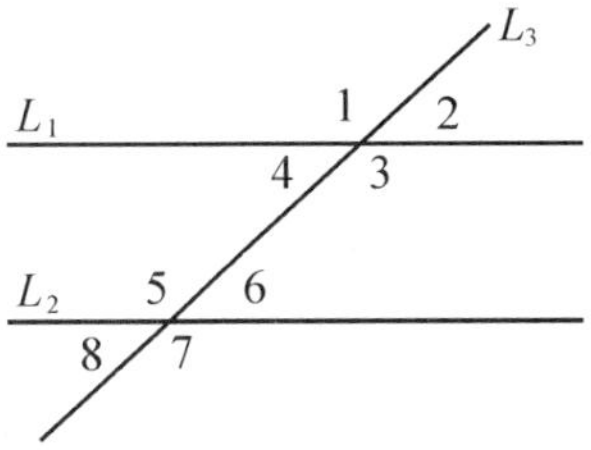

图 1

其中∠2 和∠6，∠3 和∠7，∠1 和∠5，∠4 和∠8 互为同位角，且相等；∠3 和∠6，∠4 和∠5 互为同旁内角，它们每两个的和为 180°，且互为补角；∠3 和∠5，∠4 和∠6 互为内错角，且相等；∠1 和∠7，∠2 和∠8 分别互为外错角，且相等；∠2 和∠7，∠1 和∠8 分别互为同旁外角，且互补。

总之：All the odd-numbered angles are congruent (equal in size) to one another. All the even-numbered angles are congruent (equal in size) to one another.

由上图的分析可知，两条直线在一个平面内的位置关系有两种：相交和平行。两条直线互相垂直只是相交的特例，当两条直线 L_1 和 L_2 互相垂直时，记作 $L_1 \perp L_2$。当一条直线和两条平行线相交时，有如下性质：

① 同位角相等；

② 内错角，外错角相等；

③ 同旁内角，同旁外角互补。

推论：

Ⅰ. 同位角相等，两直线平行；

Ⅱ. 内错角，外错角相等，两直线平行；

Ⅲ. 同旁内角，同旁外角互补，两直线平行；

Ⅳ. 若一条直线垂直于两条平行直线中的一条，那么它也垂直于两条平行线中的另一条；

Ⅴ. 若一条直线平行于两条平行直线中的一条，那么它也平行于两条平行线中的另一条。

二、Angles and Sides of Triangles(三角形的角和边)

1. 三角形的基本性质

① **Length of sides**：In any triangle，each side is shorter than the sum of the lengths of the other two sides(在三角形中，任一边的长度小于其他两边长度的和).

推论：三角形中两边之差小于第三边。

② **Angle measures**：In any triangle，the sum of the three interior angles is **180°**.

③ **Angles and opposite sides**：In any triangle，the relative angle sizes correspond to the relative lengths of the sides opposite those angles. In other words，the smaller the angle，the smaller the side opposite the angle (and vice-versa). Accordingly，if two angles are equal in size，the sides opposite those angles are of equal length (and vice-versa).

推论：

Ⅰ. 三角形中若最小的两条边的平方和**小于**第三条边的平方和，则此三角形必为**钝角三角形**。

Ⅱ. 三角形中若最小的两条边的平方和**大于**第三条边的平方和，则此三角形必为**锐角三角形**。

④ **Area of a triangle**：The area of any triangle is equal to $\frac{1}{2}$ the product of its base and its height (height is also called the altitude)：

$$\text{Area}=\frac{1}{2}\cdot base\cdot altitude(height)=\frac{1}{2}bh$$

在知道三角形的三边之长的情况下，可以用一特殊公式来求解三角形的面积。设三角形的三边边长分别为 a，b，c，$s=\frac{a+b+c}{2}$，则三角形面积为：

$$S_{\triangle}=\sqrt{s(s-a)(s-b)(s-c)}$$

⑤ 若两个三角形相似，则这两个三角形的面积比等于相似比的平方。

⑥ 三角形的一个外角等于其不相邻的两个内角之和。

⑦ **Cautions**:

Ⅰ. Do not equate altitude (height) with the length of any particular side. Instead, imagine the base on flat ground, and drop a plumb line straight down from the top peak of the triangle to define height of altitude. The only types of triangles in which the altitude equals the length of one side are right triangles.

Ⅱ. The ratio among angle sizes does not necessarily correspond precisely to the ratios among the lengths of the sides opposite those angles. For example, if a certain triangle has angle measures of 30°, 60°, and 90°, the ratio of the angles is 1 : 2 : 3. However, this does not mean that the ratio of the lengths of opposite sides is also 1 : 2 : 3.

2. Right Triangles(直角三角形)

The only case where a triangle's altitude (height) equals the length of any of its sides is with a right triangle, in which one angle measures 90° and, of course, each of the other two angles measures less than 90°. The two sides forming the 90° angle are commonly referred to as the triangle's legs (勾或股，右边图中的 a 和 b), whereas the third (and longest side) is referred to as the hypotenuse (弦，右边图中的 c).

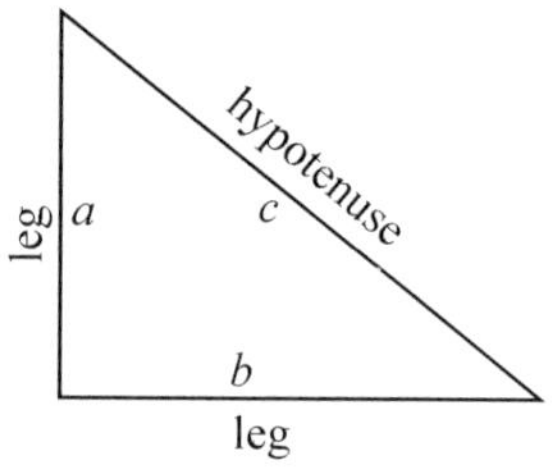

图 2

The Pythagorean Theorem expresses the relationship among the sides of any right triangles (a and b are the two legs, and c is the hypotenuse): $a^2+b^2=c^2$
With any right triangle, if you know the length of two sides, you can determine the length of the third side with the Theorem.

3. Pythagorean Triplets(毕达哥拉斯三角形)

凡是三边的比例关系满足毕达哥拉斯定律的三角形都被称为毕达哥拉斯三角形。在下表的三角形中，前两个数代表两个直角边(legs)的相对长度，而第三个最大的数则代表斜边(hypotenuse)的相对长度。建议考生熟记下面表格中的毕达哥拉斯三角形的边的相对长度，为在考试中熟练地解决直角三角形方面的问题打下坚实的基础。

Ratio	Theorem
$1:1:\sqrt{2}$	$1^2+1^2=(\sqrt{2})^2$
$1:\sqrt{3}:2$	$1^2+(\sqrt{3})^2=(2)^2$
$3:4:5$	$3^2+4^2=(5)^2$
$5:12:13$	$5^2+12^2=(13)^2$
$8:15:17$	$8^2+15^2=(17)^2$
$7:24:25$	$7^2+24^2=(25)^2$

以上几个特殊值其实很好记，如 3，4，5，只要将 3 平方即 $3^2=9$，分为两个相邻的自然数的和 $9=5+4$，则较小的一个为直角边，较大的一个即为斜边，再如 5，12，13，$5^2=12+13$。这里必须是奇数的平方，再有上述所列数都乘以相同因子后所得数也满足勾股定理。如 3，4，5 分别乘以 2 后为 6，8，10。

4. Special Right Triangles(特殊的直角三角形)

In two (and only two) of the unique triangles we've identified as Pythagorean triplets, all degree measures are integers:

① The corresponding angles opposite the sides of a $1:1:\sqrt{2}$ triangle are 45°, 45°, and 90°.

② The corresponding angles opposite the sides of a $1:\sqrt{3}:2$ triangle are 30°, 60°, and 90°.

注： Two 45°-45°-90° triangles pieced together form a square, and two 30°-60°-90° triangles together form an equilateral triangle.

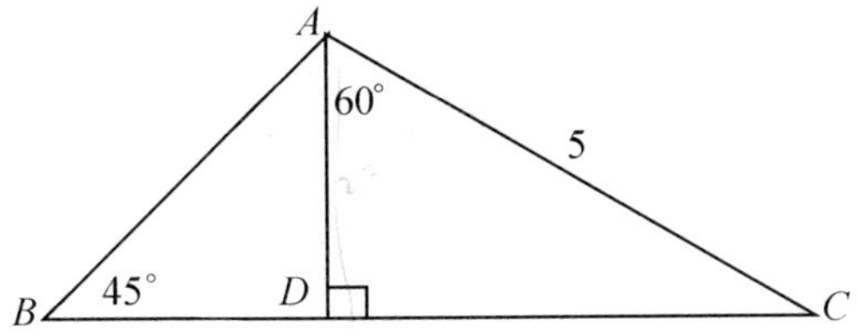

图 3

例 1： In the figure above, what is the length of AB?

(A) $\frac{3\sqrt{3}}{2}$ (B) $\frac{7}{3}$ (C) $\frac{5\sqrt{2}}{2}$

(D) $2\sqrt{2}$ (E) $\frac{7}{2}$

解： The correct answer is (C). To find length of AB, you need to find AD and BD. The angles of $\triangle ADC$ are 30°, 60°, and 90°. So you know that the ratio among its sides is $1:\sqrt{3}:2$. Given that $AC=5$, $AD=\frac{5}{2}$. Next, you should recognize $\triangle ABD$ as a 45°-45°-90° triangle. The ratio among its sides is $1:1:\sqrt{2}$. You know that $AD=\frac{5}{2}$. Accordingly, $AB=\frac{5\sqrt{2}}{2}$.

5. Isosceles Triangles(等腰三角形)

等腰三角形具有以下性质：

① Two of the sides are congruent (equal in length).

② The two angles opposite the two congruent sides are congruent (equal in size, or degree measure).

③ A line that bisects the angle formed by the equal sides bisects the opposite side.

6. Equilateral Triangles(等边三角形)

等边三角形具有以下性质：

① All three sides are congruent (equal in length)

② All three angles are 60°

③ The area $=\frac{s^2\sqrt{3}}{4}$ ($s=$ the length of one side)

④ Any line bisecting one of the 60° angles divides an equilateral triangle into two right triangles with angle measures of 30°, 60°, and 90°; in other words, into two $1:\sqrt{3}:2$ triangles.

三、Quadrilaterals(四边形)

A quadrilateral is a four-sided figure. Here are the specific types of quadrilaterals you should know for the GMAT: (1) square(正方形); (2) rectangle(长方形); (3) parallelogram(平行四边形); (4) rhombus (菱形); (5) trapezoid(梯形). Each of these five figures has its own properties (characteristics) that should be second nature to by the time you take the GMAT. The two most important properties are:

Ⅰ Area (the surface covered by the figure on a plane)

Ⅱ Perimeter (the total length of all sides)

All quadrilaterals share one important property: The sum of the four interior angles of any quadrilateral is 360°.

1. Square(正方形)

所有的正方形都具有以下特点:

① 四条边的边长相等;

② 四个角都是 90°,四个内角的和是 360°;

③ 周长等于边长的 4 倍(Perimeter$=4a$);

④ 面积等于边长的平方(Area$=a^2$)。

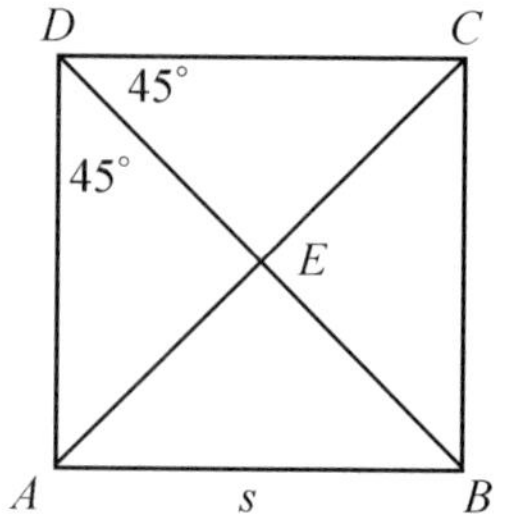

图 4

当把正方形的对角连接起来时,正方形又具有以下性质:

① 对角线互相垂直,且长度相等;

② 对角线平分正方形的每一个内角,即把每个内角都分成了两个 45° 的角;

③ 每条对角线长度的平方的一半等于正方形的面积:Area of square$=\frac{(AC)^2}{2}=\frac{(BD)^2}{2}$;

④ 对角线生成的四个三角形,即$\triangle ABD$,$\triangle ACD$,$\triangle ABC$和$\triangle BCD$全等,每个三角形的面积都是正方形 $ABCD$ 的面积的一半。这四个三角形三条边长的比例关系是 $1:1:\sqrt{2}$,三角形的三个角分别是 45°,45°和 90°;

⑤ 对角线还生成另外四个全等的三角形:即$\triangle ABE$,$\triangle BCE$,$\triangle CDE$和$\triangle ADE$。每个三角形的面积都是正方形 $ABCD$ 的面积的四分之一。这四个三角形三条边长的比例关系是 $1:1:\sqrt{2}$,三角形的三个角分别是 45°,45°和 90°。

2. Rectangles(矩形,又称长方形)

所有的矩形都有以下的性质:

① 对边相等,四个内角都等于 90°;

② 四个内角的和等于 360°;

③ 周长等于长与宽的和的两倍[Perimeter$=2(l+w)$];

④ 面积等于长乘以宽(Area$=l\times w$);

⑤ 周长一定时,正方形的面积最大;

⑥ 面积一定时,正方形的周长最小。

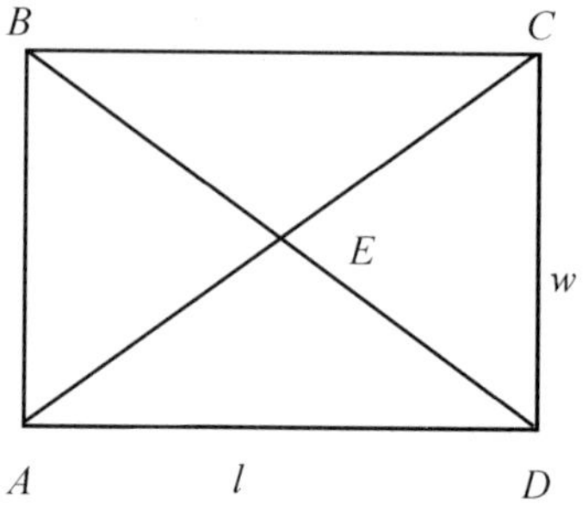

图 5

矩形的对角线具有以下性质:

① 对角线相等且互相平分($AC=BD$,$AE=BE=CE=DE$);

② 对角线把矩形分成了四个全等的三角形(即$\triangle ABD$,$\triangle ACD$,$\triangle ABC$和$\triangle BCD$全等),且每个三角形的面积是矩形面积的一半;

③ $\triangle ABE$和$\triangle CDE$全等,$\triangle BCE$和$\triangle ADE$全等,且它们都是等腰三角形,它们的面积是矩形面积的四分之一。

3. Parallelograms(平行四边形)

所有平行四边形都具有以下性质:

① 对边互相平行且相等;

② 对角相等,四个内角的和等于 360°;

③ 若平行四边形的一个内角等于 90°,那么它的所有内角都等于 90°;

④ 平行四边形的周长等于两相邻边长的和的 2 倍（Perimeter＝$2l+2b$）；

⑤ 平行四边形的面积等于底乘高［Area＝*base*(b)×*altitude*(a)］；

平行四边形的对角线具有以下性质：

① 对角线相互平分（$BE=ED$，$CE=AE$）；

② 对角线把平行四边形分成四对全等的三角形：$\triangle ABD\cong\triangle CDB$，$\triangle ACD\cong\triangle CAB$，它们的面积都等于平行四边形面积的二分之一；$\triangle ABE\cong\triangle CDE$，$\triangle BCE\cong\triangle DAE$，它们的面积都等于平行四边形的面积的四分之一。

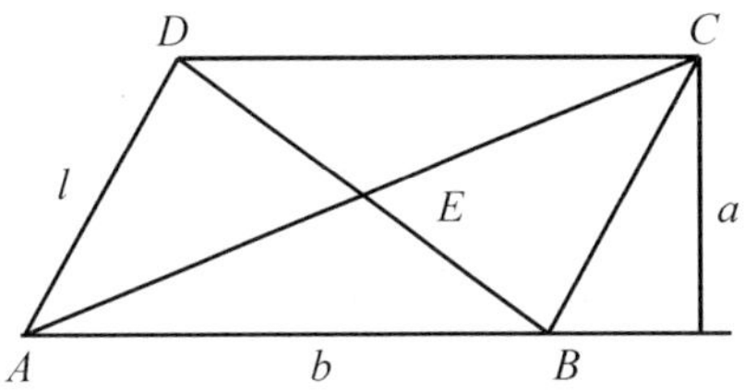

图 6

4. Rhombus(菱形)

所有的菱形都具有以下性质：

① 所有的边都相等，且对边相互平行；

② 对角相等，四个内角的和等于 360°；

③ 周长等于边长的 4 倍（Perimeter＝$4s$）；

④ 面积等于底乘高［Area＝*base*(s)×*altitude*(a)］。

菱形对角线的性质：

① 菱形的面积等于两条对角线乘积的一半（Area of the rhombus $=\dfrac{AC\times BD}{2}$）；

② 对角线互相垂直且平分（$AC\perp BD$，$AE=CE$，$BE=DE$）；

③ 对角线平分菱形的四个内角；

④ 对角线把菱形分为两对全等的等腰三角形（即$\triangle ABD\cong\triangle CDB$，$\triangle ACD\cong\triangle CAB$），且每个等腰三角形的面积都等于菱形的面积的一半；

⑤ 对角线把菱形分为四个全等的直角三角形（即$\triangle ABE\cong\triangle CDE\cong\triangle BCE\cong\triangle ADE$），它们的面积等于菱形面积的四分之一。

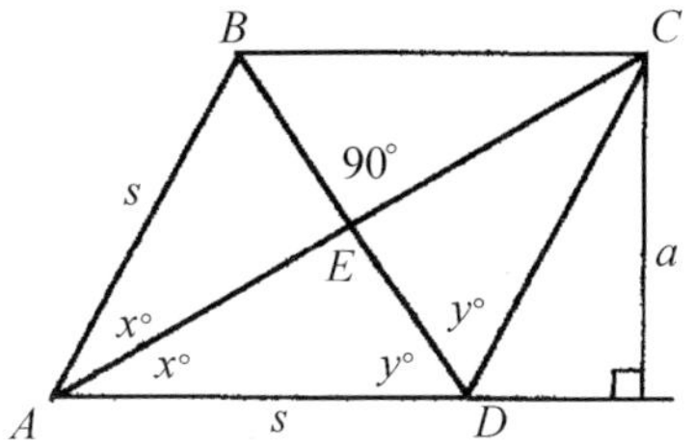

图 7

5. Trapezoids(梯形)

所有的梯形都具有以下性质：

① Only one pair of opposite sides are parallel ($BC/\!/AD$)；

② The sum of all four interior angles is 360°；

③ Perimeter＝$AB+BC+CD+AD$；

④ Area＝$\dfrac{BC+AD}{2}\times$*altitude*(a)，即梯形的面积等于上底加下底的和乘以高再除以 2。

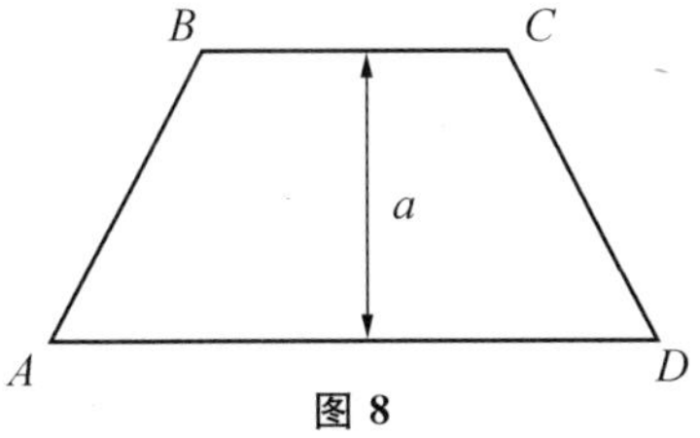

图 8

四、Polygons(多边形)

多边形的性质：

① 多边形的内角和：Sum of interior angles＝$(n-2)\times180°$；

② If all angles of a polygon are congruent (the same size), then all sides are congruent (equal in length)；

③ If all sides of a polygon are congruent (the same length), then all angles are congruent (equal in size).

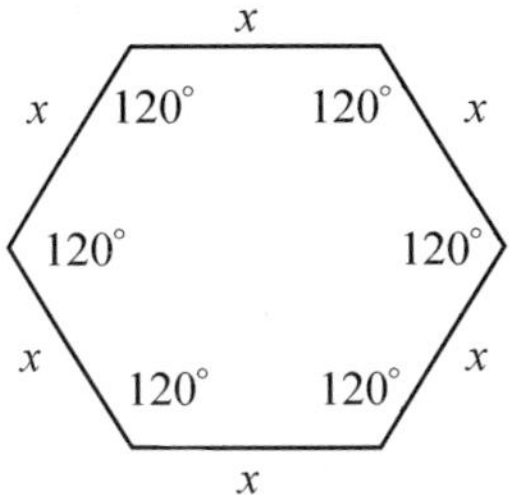

图 9

五、Circles(圆)

1. 有关圆的基本概念:

① **Radius(半径):** the distance from a circle's center to any point on the circle

② **Diameter(直径):** the greatest distance from one point to another on the circle

③ **Chord(弦):** a line segment connecting two points on the circle

④ **Circumference(周长):** the distance around the circle (its "perimeter")

⑤ **Arc(弧):** a segment of a circle's circumference (an arc can be defined either as a length or as a degree measure)

⑥ **Tangent to a Circle (圆的切线):** 一条直线与圆只有一个交点称该直线与圆相切，交点叫做切点(point of tangency);

⑦ **Secant to a Circle(圆的割线):** 与圆有两个交点的直线称为圆的割线;

⑧ **Central Angle(圆心角):** 顶点在圆心上并且两条边是圆的弦的角称为"圆心角";

⑨ **Inscribed Angle(圆周角):** 顶点位于圆周上并且两条边是圆的弦的角称为"圆周角";

⑩ **Sector(扇形):** 圆弧和它对应的圆心角所围成的一部分平面区域称为"扇形"。

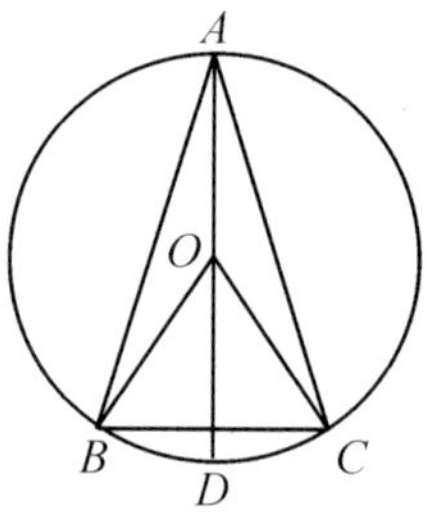

图 10

2. 圆的基本性质:

① Every point on a circle's circumference is equidistant from the circle's center;

② The total number of degrees of all angles formed from the circle's center is 360°;

③ Diameter is twice the radius;

④ Circumference$=2\pi r$, or πd;

⑤ Area$=\pi r^2$, or $\frac{\pi d^2}{4}$

⑥ The longest possible chord of a circle passes through its center and is the circle's diameter(如图 10 中的 AD, $AD>AB$, $AD>AC$);

⑦ 圆中同一段弧所对的圆心角是圆周角的两倍(如图 10 中$\angle BOC=2\angle BAC$);

⑧ 垂直于弦的直径平分这条弦，也平分这条弦所对的圆心角和圆周角。如图 10 中 $AD\perp BC$，则直径 AD 平分$\angle BOC$ 和$\angle BAC$);

⑨ 连接圆心与切点的半径垂直于经过该切点的切线(如图 11 中的 $OC\perp AC$ 于 C, $OB\perp AB$ 于 B; 在圆中:

$$\frac{\text{弧长}}{\text{圆周长}}=\frac{\text{弧所对应的角度}}{360^\circ}$$

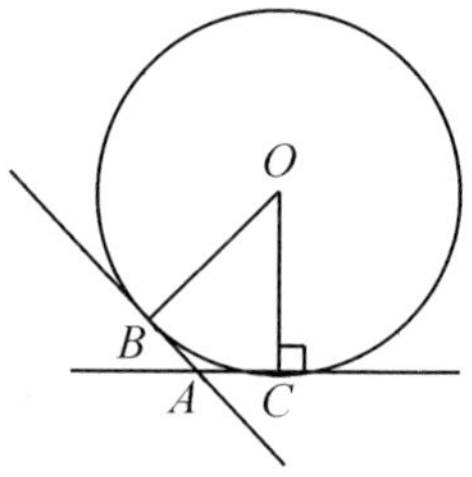

图 11

例 2: 某圆的半径为 3 米，求 40°角所对的弧的长度。

解: 由上面的公式有:

$$\frac{\text{弧长}}{2\pi\times 3}=\frac{40^\circ}{360^\circ}\Rightarrow \text{弧长}=\frac{2}{3}\pi$$

3. Circles and Triangles(圆与三角形)

One common type of GMAT circle problem is a "hybrid" involving a circle and a triangle. Generally speaking, there are three varieties on the GMAT test:

① 直角三角形的一个顶点在圆心，且这个顶点所对应的角是直角，则这个三角形一定是等腰直角三角形，这个三角形的三条边长之比为 $1:1:\sqrt{2}$，其面积为圆的半径的平方的一半。如图 12 中所示：在 $\triangle AOB$ 中，$\angle AOB=90°$，$\angle OAB=\angle OBA=45°$，$OB=OA=r$，$AB=\sqrt{2}r$，$\triangle AOB$ 的面积等于$\frac{r^2}{2}$。

② 三角形的一个顶点在圆心，另两个顶点在圆周上，如图 12 中的$\triangle COD$ 所示。对于这种情况，只要知道$\angle DOC=60°$，或知道 $DC=r$，那么就很容易推出$\triangle COD$ 是等边三角形，即 $OC=OD=DC=r$，$\angle ODC=\angle OCD=\angle DOC=60°$。

③ 三角形内接于圆，即三个顶点都在圆周上时，若这个三角形的一条边长等于圆的直径，那么这个三角形一定是直角三角形；这个结论反过来也成立，即若这个三角形的一个角等于 90°，那么这个角所对的边一定等于圆的直径，如图 13 中的$\triangle FGH$ 所示。

推论：在图 13 的$\triangle FGH$ 中，若 $FH=2r$，则当 G 点在圆周上时，$\angle FGH=90°$；当 G 点在圆周外时，$\angle FGH$ 必为锐角；当 G 点在圆周内时，$\angle FGH$ 必为钝角。

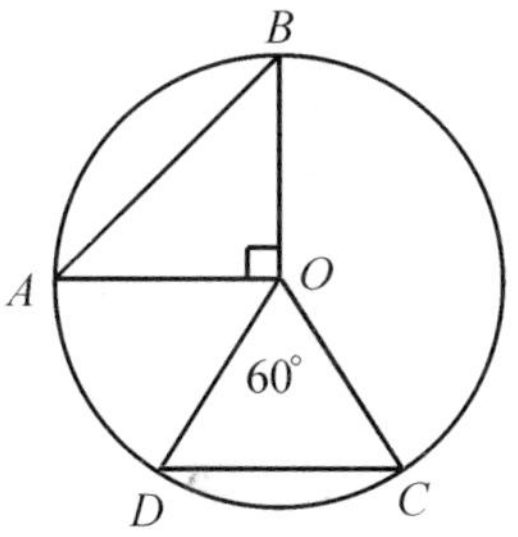

图 12

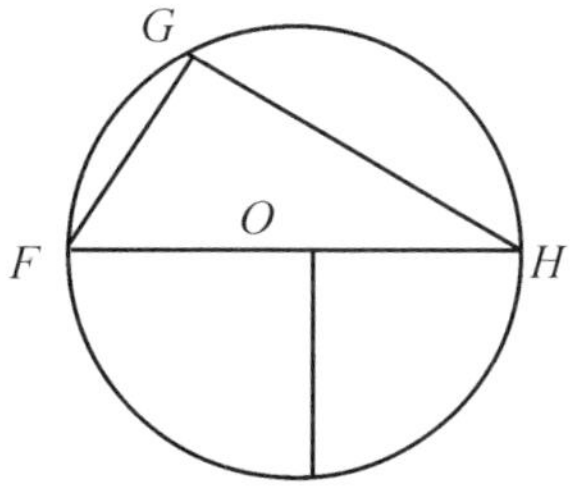

图 13

4. Circles and Squares (圆与多边形)

Inscribed Polygon in a Circle(圆的内接多边形)：如果一个多边形的所有顶点都在一个圆周上，那么该多边形称为圆的内接多边形；

Inscribed Circle in a Polygon(圆的外切多边形)：如果一个多边形的每条边都与圆相切，那么称该多边形为圆的外切多边形，称该圆为这个多边形的内切圆(the polygon is circumscribed about the circle and the circle is inscribed in the polygon)。

Another common type of GMAT circle problem is a hybrid involving a circle and a square:

① A circle with an inscribed square (圆的内接正方形，图 14)

② A circle with a circumscribed square (圆的外切正方形，图 15)

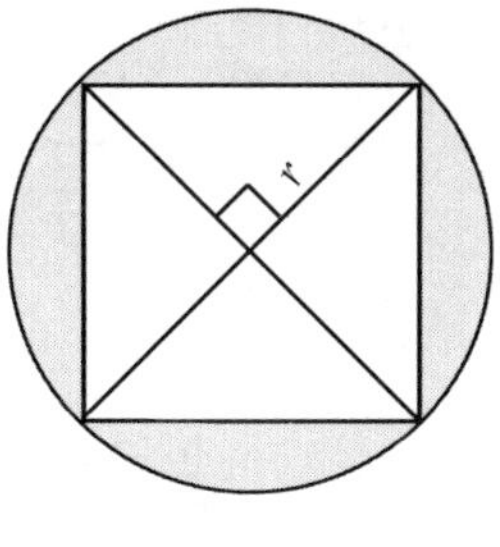

图 14

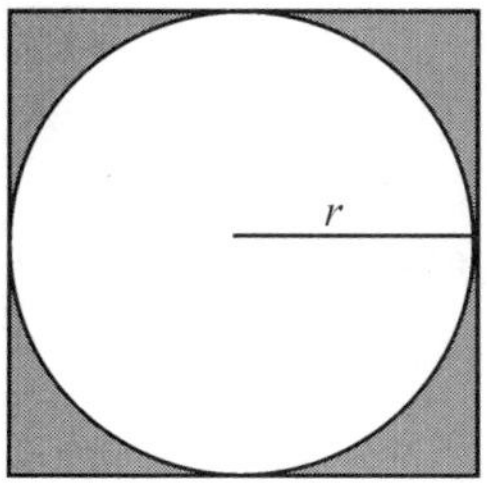

图 15

设圆的半径为 r，则圆的内接正方形的边长为$\sqrt{2}r$，圆的外接正方形的边长为 $2r$，它们三者的比例为 $1:\sqrt{2}:2$，它们三者的面积之比 $\pi:2:4$；图 14 中的阴影部分的面积是$(\pi-2)r^2$，图 15 中的阴影部分的面积是$(4-\pi)r^2$，它们两者之比为$\frac{\pi-2}{4-\pi}$；在两个图中每一小块分离阴影部分的面积都等于整个阴影部分的面积的四分之一，即在图 14 中，每一块月牙的面积$=\frac{1}{4}(\pi-2)r^2$，在图 15 中每一小块分离的阴影面积$=\frac{1}{4}(4-\pi)r^2$，它们两者之比也是$\frac{\pi-2}{4-\pi}$。因为 $\pi-2>4-\pi$，所以图 14 中的阴影部分的面积大于图 15 中的阴影部分的面积。

例 3：If a circle whose radius is x has an area of 3, what is the area of a circle whose radius is $5x$?

解：考生在做本题时一定要注意技巧。如若考生一上来就用圆的面积公式(Area$=\pi r^2$)去求 x，则显得极不明智，因为本题并没有问 x 的值是多少，而只是要你求半径为 $5x$ 的圆的面积。

根据圆的面积公式($Area=\pi r^2$)，略加分析你便可得出如下结论：

两个圆面积的比等于这两个圆半径比的平方

由此很容易得到半径为 $5x$ 的圆的面积等于半径为 x 的圆的面积的 25 倍，即半径为 $5x$ 的圆的面积$=25\times3=75$。

第二节　Solid Geometry(立体几何)

在 GMAT 考试中，有关立体几何方面的问题主要是求长方体(Rectangular Solids or Boxes)，立方体(Cube)，圆柱(Cylinders or Tubes)，圆锥(Cone)及球(Ball)的表面积和体积，其中前三种三维物体考到的可能性最大，下面将对这几种三维物体分别给以简单的介绍。

一、Rectangular Solids(长方体)

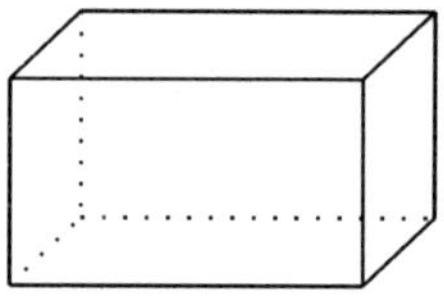

图 16

A rectangular solid is a three-dimensional(三维) figure formed by six rectangular surfaces, as shown on the right side. Each rectangular surface is a **face**(面). Each solid or dotted line segment is an **edge**(边), and each point at which the edges meet is a **vertex**(顶点). A rectangular solid has six faces, twelve edges, and eight vertices. Opposite faces are parallel rectangles that have the same dimensions.

The volume (V) of any rectangular solid is the product of its three dimensions: length, width, and height.

Volume$=$length(长)$\times$width(宽)$\times$height(高)$=l\times w\times h$

Surface Area$=2lh+2lw+2hw=2(lh+lw+hw)$

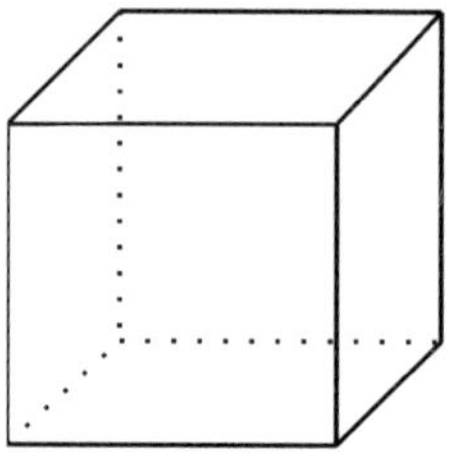

图 17

二、Cubes(立方体)

A cube is a special type of rectangular solid in which all six faces, or surfaces, are square. Because all six faces of a cube are identical in dimension and area, given a length "a" of one of a cube's sides—or edges—its surface area is six times the square of "a", and its volume is the cube of "a":

$$\textbf{Surface Area}=6a^2$$

$$\textbf{Volume}=a^3$$

立方体的体积和每一个表面的面积之间有如下关系：

$$\text{Volume}=(\sqrt{Area})^3$$

$$\text{Area}=(\sqrt[3]{Volume})^2$$

三、Cylinders(圆柱体)

右图是一个正圆柱体(right-circular cylinder, the tube is sliced at 90° angles)。在 GMAT 考试中斜圆柱体(上下表面与圆柱体的轴线不垂直的圆柱体)是不做要求的。从右图中可以看出正圆柱体的表面积由三部分组成：

(1) the circular base(下底面)

(2) the circular top(上底面)

(3) the rectangular surface around the cylinder's vertical face (侧面, visualize a rectangular label wrapped around a soup can). The area of the vertical face is the product of the circular base's circumference (i. e., the rectangle's width) and the cylinder's height. Thus, given a radius "r" and height "h" of a cylinder:

$$\textbf{Surface Area}=2\pi r^2+2\pi rh$$

圆柱体的体积等于底面积乘高

$$\mathbf{V}=\pi r^2 h$$

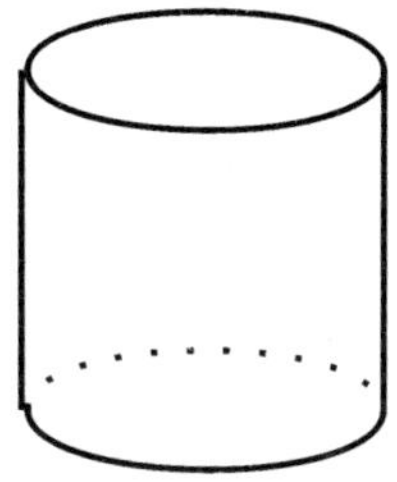

图 18

四、Cones(圆锥)

如果圆锥的底面半径是 r，周长是 c，侧面母线长是 l，那么它的侧面积是

$$S_{侧面积}=\frac{1}{2}cl=\pi rl$$

它的总表面积是：

$$S_{总}=S_{侧面积}+S_{底面积}=\pi rl+\pi r^2=\pi r(l+r)$$

如果一个圆锥的底面半径为 r，高为 h，那么它的体积是：

$$V_{圆锥}=\frac{1}{3}\pi r^2 h$$

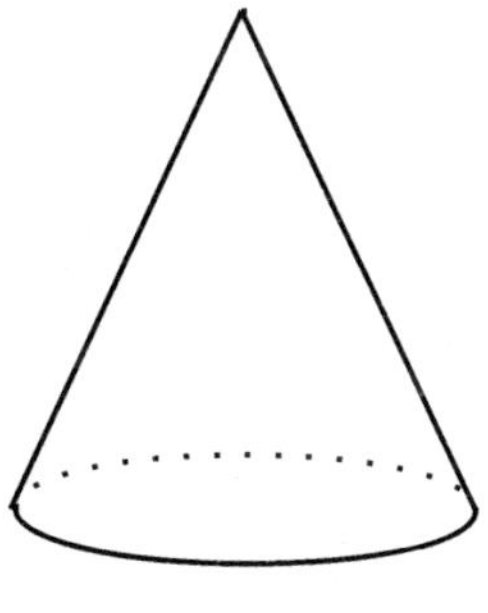

图 19

五、Balls(球)

球的表面面积等于它的大圆的面积的 4 倍：

$$S_{球}=4\pi r^2$$

如果球的半径是 r，那么它的体积是：

$$V_{球}=\frac{4}{3}\pi r^3$$

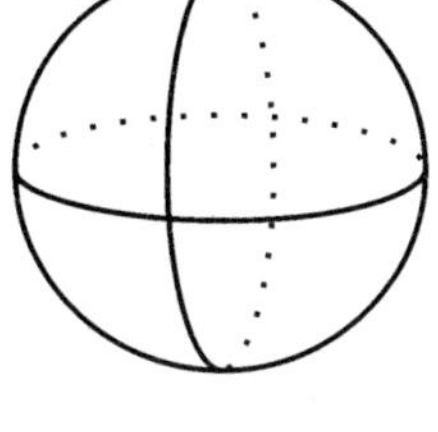

图 20

例 4: A certain cylindrical pail(桶) has a diameter of 14 inches and a height of 10 inches. If there are 231 cubic inches in a

解: 本题的正确答案是(C)。因为桶是圆柱形的，所以根据圆柱体的体积公式可得，桶的体积为：

gallon, which of the following most closely approximates the number of gallons the pail will hold?

(A) 4.8 (B) 5.1 (C) 6.7

(D) 14.6 (E) 44

$$V=\pi r^2 h=\frac{22}{7}\times\left(\frac{14}{2}\right)^2\times 10=1540\text{(cubic inches)}$$

The gallon capacity of the pail$=\frac{1540}{231}\approx 6.7$

注：在近似计算中，一般都以$\frac{22}{7}$代替π。

第三节 Coordinate Geometry（坐标几何）

On the GMAT test, there are always one or two coordinate geometry questions, which involve the rectangular coordinate plane (or xy-plane)（平面直角坐标系）defined by two axes—a horizontal x-axis and a vertical y-axis. A point's x-coordinate is its horizontal position on the plane, and its y-coordinate is its vertical position on the plane. You can denote the coordinates of a point with (x, y), where x is the point's x-coordinate and y is the point's y-coordinate.

一、The Rectangular Coordinate System（平面直角坐标系）

平面直角坐标系表示用有次序的实数对(order pair)确定平面各个点的位置。实数对称为“坐标”。这种坐标系由横轴或称 x 轴(x-axis)和纵轴或称 y 轴(y-axis)构成，两轴相互垂直，交点称为原点(origin)，一般用 O 表示。一个点 A 在坐标平面内的坐标记作 $A(x, y)$，其中 x 表示点 A 的 x-坐标，y 表示点 A 的 y-坐标。

二、Coordinate Signs and the Four Quadrants（坐标平面和四个象限）

坐标平面的中心，即 x 轴和 y 轴的交点叫做原点，原点的坐标是(0, 0)；任何一个在 x 轴上的点的 y 坐标都是 0，记作$(x, 0)$；任何一个在 y 轴上的点的 x 坐标都是 0，记作$(0, y)$；x 和 y 两坐标轴把坐标平面分成四个象限(quadrants)，四个象限的相对位置如图 21 所示。一个点的坐标若既不在 x 轴上和 y 轴上，也不是在原点上，那么它一定要落在四个象限中的某一个象限中，四个象限中，x 坐标和 y 坐标的符号如下所示：

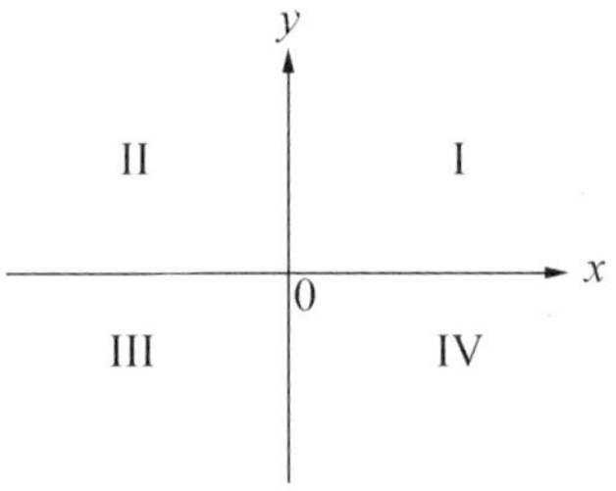

图 21

Quadrant Ⅰ(+, +)

Quadrant Ⅱ(−, +)

Quadrant Ⅲ(−, −)

Quadrant Ⅳ(+, −)

三、坐标平面内的点的对称性

坐标系中若某一点的坐标为(a, b)，则此点：

关于直线 $\boldsymbol{y=x}$ 对称的点的坐标为$(\boldsymbol{b}, \boldsymbol{a})$；

关于直线 $\boldsymbol{y=-x}$ 对称的点的坐标为$(-\boldsymbol{b}, -\boldsymbol{a})$；

关于 $\boldsymbol{x}$ 轴对称的点的坐标为$(\boldsymbol{a}, -\boldsymbol{b})$；

关于 $\boldsymbol{y}$ 轴对称的点的坐标为$(-\boldsymbol{a}, \boldsymbol{b})$；

注：若两点关于某条直线对称，则这两点的连线被这条直线垂直平分。

例 5　若某一点 A 的坐标为 (a, b)，另一点 B 与 A 的连线被 $y=x$ 这条直线垂直平分，C 点与 B 点的连线被 x 轴垂直平分，问 C 点的坐标？

解：由 A，B 两点的连线被 $y=x$ 垂直平分可知 A 和 B 两点一定关于 $y=x$ 这条直线对称，因此 B 点的坐标为 (b, a)，而 C 点与 B 点的连线又被 x 轴垂直平分，也即 C 点与 B 点关于 x 轴对称，所以 C 点的坐标为 $(b, -a)$。

四、Distance Formula（两点间的距离公式）

设 $A(x_1, y_1)$ 和 $B(x_2, y_2)$ 为平面直角坐标系中的两点，则 A 和 B 两点间的距离为：

$$|AB|=\sqrt{(x_1-x_2)^2+(y_1-y_2)^2}$$

五、中点坐标公式

设 $A(x_1, y_1)$，$B(x_2, y_2)$ 和 $C(x, y)$ 为坐标系中的三点，并且 $C(x, y)$ 为线段 AB 的中点，则 $x=\frac{x_1+x_2}{2}$，$y=\frac{y_1+y_2}{2}$。

六、Slope and Intercepts of a Line（直线的斜率和截距）

1. Slope（斜率）：表示一条直线对横坐标轴的倾斜程度。通常用直线和横坐标轴的交角的正切表示。

2. Intercept（截距）：直线与 y 轴交点的纵坐标的绝对值。

七、直线方程（$y=ax+b$）

函数 $y=ax+b$ 在坐标系中表现为直线方程，a 称为直线的斜率，$|b|$ 为直线在 y 轴上的截距。当 $a=0$ 时，$y=b$，这时，直线平行于 x 轴（当 b 也等于零时，直线就为 x 轴）；当 $a>0$ 时，y 随 x 的增大而增大，函数为增函数；当 $a<0$ 时，y 随 x 的增大而减小，函数为减函数。还要注意一个特殊的直线方程，那就是 $x=c$（c 为常数），它平行于 y 轴，在 x 轴上的截距为 $|c|$。

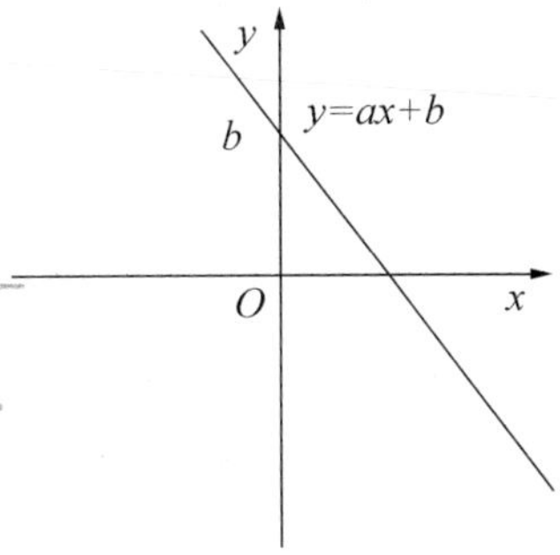

图 22

1. 由已知两点求直线方程（两点式）

如果直线上的两点坐标已知，分别为 $P_1(x_1, y_1)$ 和 $P_2(x_2, y_2)$，则直线的方程为：

$$\frac{y-y_1}{y_2-y_1}=\frac{x-x_1}{x_2-x_1}$$

直线的斜率 $a=\frac{y_2-y_1}{x_2-x_1}$，直线的截距为 $b=\frac{x_2y_1-x_1y_2}{x_2-x_1}$，由此直线方程还可表示为：

$$y=\frac{y_2-y_1}{x_2-x_1}x+\frac{x_2y_1-x_1y_2}{x_2-x_1};$$

如果已知直线与横坐标正方向的夹角为 β，那么 $\tan\beta$ 就是直线的斜率；如果直线通过原点 $O(0, 0)$，即直线在 y 轴上的截距为零，可由直线上除原点以外的任意一点的坐标和直线的增减特点求得直线的斜率；平行于 x 轴的直线或 x 轴的斜率为零；平行于 y 轴的直线或 y 轴的斜率为无穷大。

2. 由直线的斜率和直线上某一点的坐标求直线方程（点斜式）

已知直线的斜率为 k，直线上点 P 的坐标为 (x_1, y_1)，则该直线的方程为：

$$y-y_1=k(x-x_1)$$

例 6：Which of the following points lies on L_1 on the xy-plane pictured below?

(A) $\left(\frac{3}{8}, -\frac{3}{2}\right)$　　(B) $\left(-1, -\frac{2}{3}\right)$

(C) (2，3)　　(D) $\left(-\frac{3}{2}, -2\right)$

(E) $\left(-\frac{8}{3}, 2\right)$

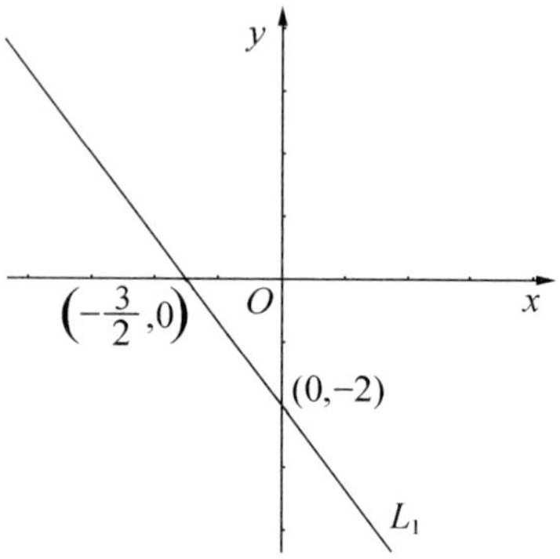

图 23

解：本题的正确答案为(B)。在解答这类题目时，一般要根据已知的两点的坐标，求出直线的斜率，然后用点斜式求出直线的方程，最后把选项中各点的坐标逐一代入验证，从而找出题目的正确答案。

直线的斜率

$$a=\frac{y_2-y_1}{x_2-x_1}=\frac{-2-0}{0-\left(-\frac{3}{2}\right)}=-\frac{4}{3}$$

直线的方程为

$$y-(-2)=-\frac{4}{3}(x-0)\Rightarrow y=-\frac{4}{3}x-2$$

经代入验证后发现(B)是正确答案。

八、抛物线方程($y=ax^2+bx+c$，$a\neq0$)*

函数 $y=ax^2+bx+c$ 在坐标系中表现为抛物线(parabola)方程，顶点坐标为 $\left(-\frac{b}{2a}, \frac{4ac-b^2}{4a}\right)$。当 $a>0$ 时，抛物线开口向上，并且 $x\geqslant-\frac{b}{2a}$ 时，函数为增函数，当 $x\leqslant-\frac{b}{2a}$ 时，函数为减函数；当 $x=-\frac{b}{2a}$ 时，y 取最小值 $\frac{4ac-b^2}{4a}$。当 $a<0$ 时，抛物线开口向下，并且 $x\geqslant-\frac{b}{2a}$ 时，函数为减函数，当 $x\leqslant-\frac{b}{2a}$ 时，函数为增函数；$x=-\frac{b}{2a}$ 时，y 取最大值 $\frac{4ac-b^2}{4a}$。$|c|$ 为抛物线在 y 轴上的截距，当 $c=0$ 时，抛物线经过原点；当 b 和 c 都为零时，抛物线以原点为顶点。

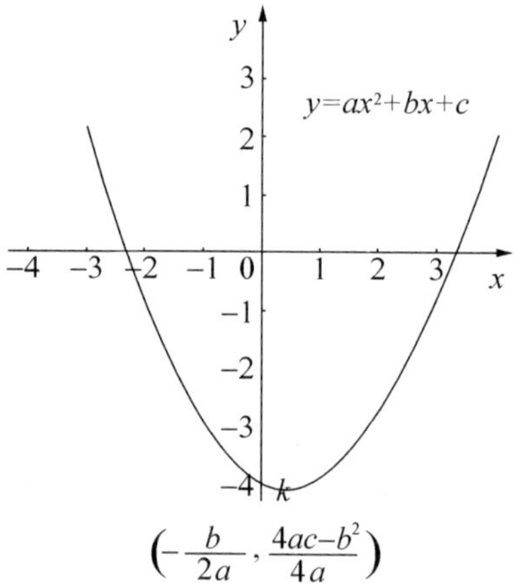

$\left(-\frac{b}{2a}, \frac{4ac-b^2}{4a}\right)$

图 24

* 注：在 GMAT 考试中曾涉及抛物线(二次曲线)在坐标平面上的表达，虽并未真正地考虑抛物线的知识点，但为稳妥起见，还是请参加 GMAT 的考生要注意抛物线方程的特点。

第四节　重点试题精练及解析

1.

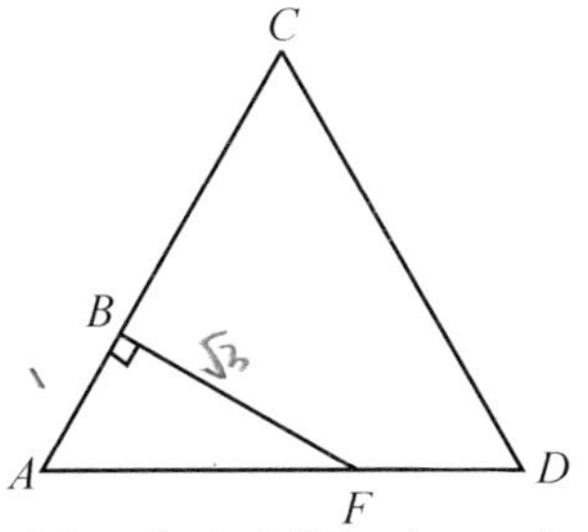

If each side of $\triangle ACD$ above has length 3 and if AB has length 1, what is the area of region $BCDF$?

(A) $\frac{9}{4}$　　(B) $\frac{7}{4}\sqrt{3}$　　(C) $\frac{9}{4}\sqrt{3}$

(D) $\frac{7}{2}\sqrt{3}$　　(E) $6+\sqrt{3}$

1. 若$\triangle ACD$的每条边长都是3，且AB的长度等于1，则$BCDF$区域的面积是多少？

解： 本题的正确答案为(B)。由图可知$BCDF$的面积等于$\triangle ACD$的面积减去$\triangle ABF$的面积。因为$\triangle ACD$是等边三角形，所以$\angle A=60°$，$\triangle ABF$是直角三角形，所以$BF=\sqrt{3}AB=\sqrt{3}$，因此$\triangle ABF$的面积$=\frac{1}{2}\sqrt{3}$；$\triangle ACD$的面积$=\frac{1}{2}\mathrm{AC}\cdot\mathrm{AD}\cdot\sin 60°=\frac{9}{4}\sqrt{3}$；综上所述$BCDF$的面积为：$\frac{9}{4}\sqrt{3}-\frac{1}{2}\sqrt{3}=\frac{7}{4}\sqrt{3}$。

2.

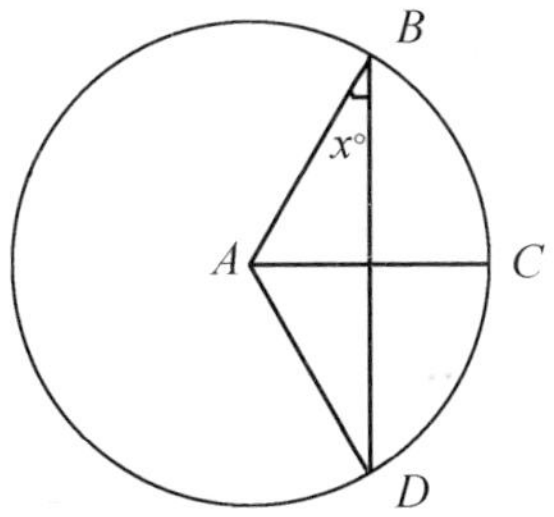

Note: Figure not drawn to scale

If A is the center of the circle shown above and $AB=BC=CD$, what is the value of x?

(A) 15　　(B) 30　　(C) 45

(D) 60　　(E) 75

2. 如左图所示A是圆的圆心，且$AB=BC=CD$，问x的值是多少？

解： 本题的正确答案为(B)。由$AB=BC=CD=AD$可得，$\triangle ABC$和$\triangle ACD$都是等边三角形，且$ABCD$是菱形，所以AC与BC互相垂直，因此$x=90-60=30$。

3.

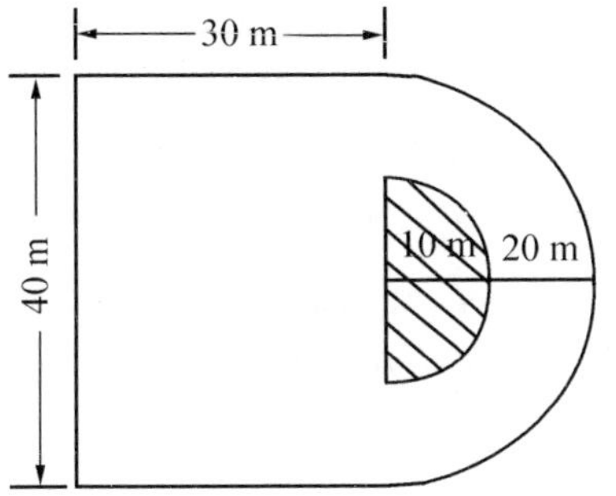

The figure above represents a rectangular parking lot that is 30 meters by 40 meters and an attached semicircular driveway that

3. 左边的图形表示一个面积为30米×40米的长方形停车场，外加一个*半圆形的*(**semicircular**)汽车跑道，其外部半径为20米，内部半径为10米。若不包括阴影区域，以*平方米*(**square meter**)来计算，停车场及车道的面积是多少？

解： 本题的正确答案为(E)。根据题意可得所求的面积为长方形的面积加上半径为20米的半圆的面积再减去中间阴影部分的面积：

has an outer radius of 20 meters and an inner radius of 10 meters. If the shaded region is not included, what is the area, in square meters, of the lot and driveway?

(A) $1,350\pi$ (B) $1,200+400\pi$

(C) $1,200+300\pi$ (D) $1,200+200\pi$

(E) $1,200+150\pi$

$$30\times 40+\frac{1}{2}\pi(20^2-10^2)=1,200+150\pi$$

4.

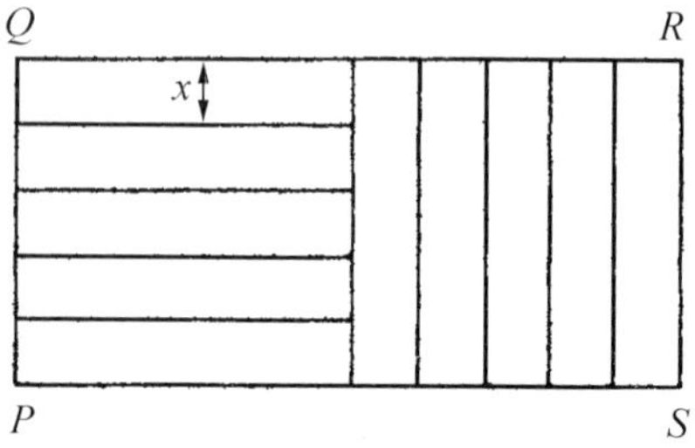

Rectangular region $PQRS$ shown above is partitioned into ten identical smaller rectangular regions, each of which has width x. What is the perimeter of $PQRS$ in terms of x?

(A) $15x$ (B) $25x$ (C) $30x$ (D) $50x$

(E) It cannot be determined from the information given.

4. 左面图形中所展示的长方形区域被分成 10 个相同的宽为 x 的小长方形区域。问 $PQRS$ 的周长以 x 表示为多少？

解： 本题的正确答案为(C)。根据图形可知，大长方形的宽等于小长方形的长为 $5x$，大长方形长等于小方形的长的两倍，即为 $10x$，所以 $PQRS$ 的周长为：

$$2\times(5x+10x)=30x$$

5.

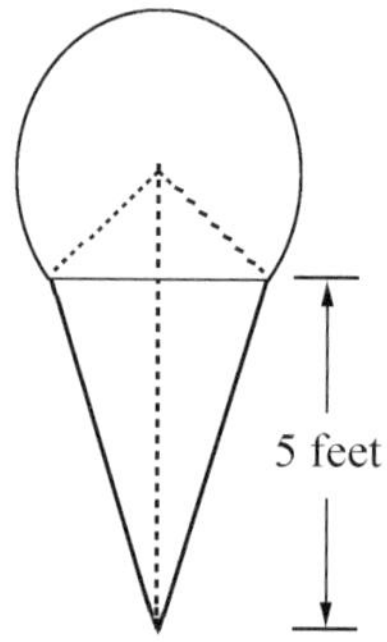

The outline of a sign for an ice-cream store is made by placing $\frac{3}{4}$ of the circumference of a circle with radius 2 feet on top of an isosceles triangle with height 5 feet, as shown above. What is the perimeter, in feet, of the sign?

(A) $3\pi+3\sqrt{3}$

(B) $3\pi+6\sqrt{3}$

(C) $3\pi+2\sqrt{3}$

(D) $4\pi+3\sqrt{3}$

(E) $4\pi+6\sqrt{3}$

5. 一个冰淇淋店的牌子的外形如左图所示，它由一个半径为 2 英尺的圆的 $\frac{3}{4}$ 放在一个高为 5 英尺的等腰三角形(**isosceles triangle**)上组成。问该牌子的周长是多少英尺？

解： 本题的正确答案为(B)。该题的关键是求等腰三角形的腰长。如图中所示做辅助线，根据题意可知，等腰三角形的那一条边所对的圆的圆心角等于 90°，所以等腰三角形的底边长为 $2\sqrt{2}$。再运用勾股定理可求得等腰三角形的腰长的平方为 $5^2+(\sqrt{2})^2=27$，所以腰长为 $3\sqrt{3}$。由上分析可得该牌子的周长为：

$$\frac{3}{4}\times 4\pi+2\times 3\sqrt{3}=3\pi+6\sqrt{3}$$

6. A straight pipe 1 yard in length was marked off in fourths and also in thirds. If the pipe was then cut into separate pieces at each of these markings, which of the following gives all the different lengths of the pieces, in fractions of a yard?

(A) $\frac{1}{6}$ and $\frac{1}{4}$ only

(B) $\frac{1}{4}$ and $\frac{1}{3}$ only

(C) $\frac{1}{6}$, $\frac{1}{4}$, and $\frac{1}{3}$

(D) $\frac{1}{12}$, $\frac{1}{6}$, and $\frac{1}{4}$

(E) $\frac{1}{12}$, $\frac{1}{6}$, and $\frac{1}{3}$

7. A certain club has 237 local branches, one national office, and one social service office. If each local branch has 2 officers, and each of the two other offices has 4 officers, how many officers does the club have altogether?

(A) 482　　(B) 476　　(C) 474

(D) 239　　(E) 235

8.

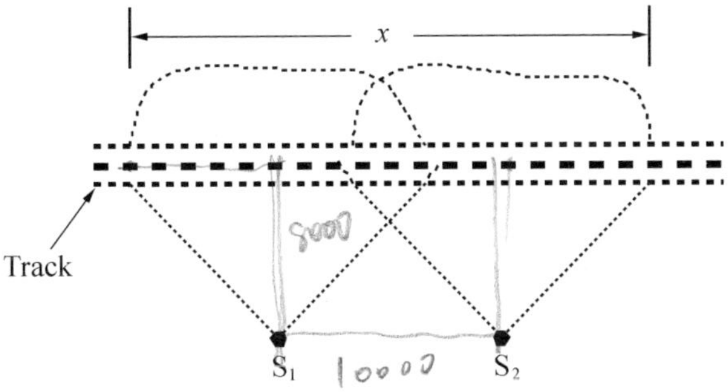

In the figure above, two searchlights S_1 and S_2 are located 10,000 feet apart, each covers an area of radius 10,000 feet, and each is located 8,000 feet from the railroad track. To the nearest 1,000 feet, what is the total length x of track spanned by the searchlights?

(A) 24,000

(B) 22,000

(C) 20,000

6. 在长度为一码(**yard**)的直管子的四等分处和三等分处做出标记。若沿每一个标记处将该直管子切开，以一码的分数为单位，下列哪一个给出了这些管子段的所有不同的长度？

解： 本题的正确答案为(D)。如下图所示，该管子将沿$\frac{1}{3}$，$\frac{1}{4}$，$\frac{1}{2}$，$\frac{2}{3}$和$\frac{3}{4}$码处被切开：

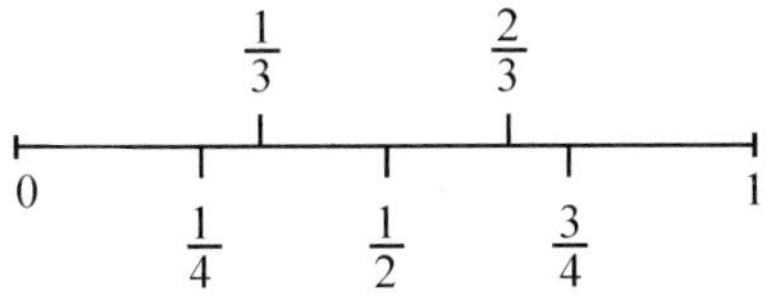

由图可知，该管子被切成了六段，其中两两相等，所以共有$\frac{1}{4}$，$\frac{1}{12}$，$\frac{1}{6}$三种长度。

7. 某一俱乐部有 237 个地方部门，一个国家办公室，一个社会服务办公室。若一个地方部门有 2 个官员，其他的两个办公室有 4 个官员，问该俱乐部共有多少个官员？

解： 本题的正确答案为(A)。此题的关键在阅读。读懂题意后，很容易得出其官员数如下：$237\times2+2\times4=482$ 人

8. 在左边的图形中，两个探照灯 S_1 和 S_2 相距 10,000 英尺，每个能照射到半径为 10,000英尺范围之内的面积，且每个探照灯距铁轨的距离为 8,000 英尺。四舍五入到 1000 英尺，探照灯所能照射的铁轨的总长度 x 是多少？

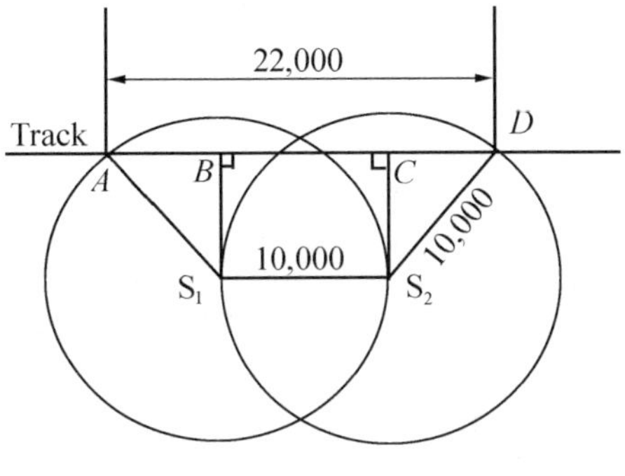

解： 本题的正确答案为(B)。如上图所示由 S_1，S_2 向铁轨道做垂线，垂足分别为 B 和 C，根据题意可知 $BC=S_1S_2=10,000$

(D) 16,000
(E) 12,000

英尺，$S_1B=S_2C=8,000$ 英尺，$S_1A=S_2D=10,000$。根据勾股定理得：

$AB=CD=\sqrt{(10000)^2-(8000)^2}=6000$ 英尺

所以 AD 的长度为：

$6,000\times2+10,000=22,000$ 英尺

9. If the number of square units in the area of circle C is twice the number of linear units in the circumference of C, what is the number of square units in the area?

(A) 4　　(B) 8　　(C) 4π
(D) 8π　　(E) 16π

9. 若圆 C 的面积的*平方单位*(**square units**)数是其周长的线性单位数的 2 倍，则该圆面积的平方单位数是多少？

解： 本题的正确答案为(E)。设圆 C 的半径为 r，则根据圆的面积及周长的计算公式可得：$\pi r^2=2\times2\pi r\Rightarrow r=4$，所以圆 C 的面积为 $\pi r^2=16\pi$。

10.

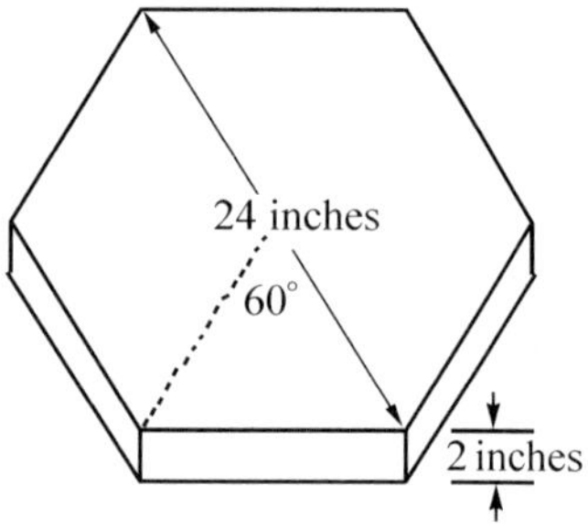

Note: figure not drawn to scale

The hexagonal face of the block shown in the figure above has sides of equal length and angles of equal measure. If each lateral face is rectangular, what is the area, in square inches, of one lateral face?

(A) $2\sqrt{10}$　　(B) 12　　(C) 20
(D) $12\sqrt{3}$　　(E) 24

10. 如左图所示，块状物的*六边形*(**hexagonal**)面的边长和内角都分别相等。若每一个侧面都是长方形，则该块状物的一个侧面的面积是多少平方英寸？

解： 本题的正确答案为(E)。由题意可知，该块状物的六边形面是一个正六边形，每一个内角都等于 120°，再根据三角形的边角关系可知，图中虚线所连成的三角形是等边三角形，该六边形的边长等于其长对角线的一半，即为 12 英寸，所以该块状物的一个侧面的面积是 $2\times12=24$ 平方英寸。

11.

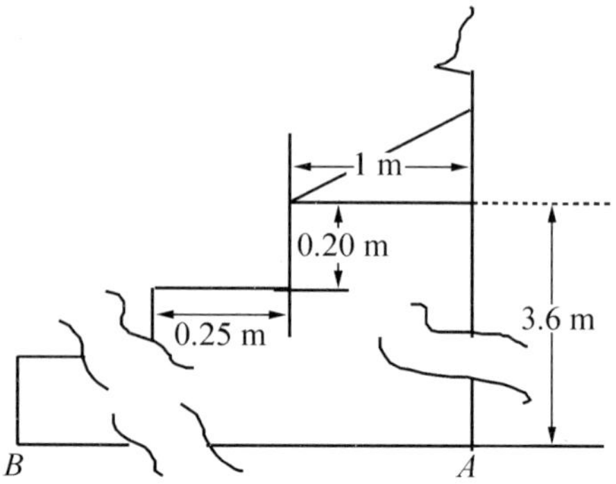

Note: Figure not drawn to scale

11. 如左图所示，楼梯的每个台阶的宽为 0.25 米，高为 0.2 米。图形中所出现的所有角度都是直角。若楼梯的高度为 3.6 米，楼梯顶端的平台宽 1 米，则 AB 的长度是多少？

解： 本题的正确答案为(D)。因为楼梯的总高度为 3.6，则楼梯的总级数为：

$$\frac{3.6}{0.2}=18$$

又因为楼梯顶端的平台长度为 1 米，所以

Each step of a staircase is 0.25 meter wide and 0.20 meter high, as shown in the figure above. All angles shown in the figure are right angles. If the height of the staircase is 3.6 meters and the landing at the top of the staircase is 1 meter wide, how long, in meters, is AB?

(A) 3.0　(B) 4.25　(C) 4.5

(D) 5.25　(E) 5.5

AB的长度为：

$$17\times0.25+1=5.25\text{m}$$

12.

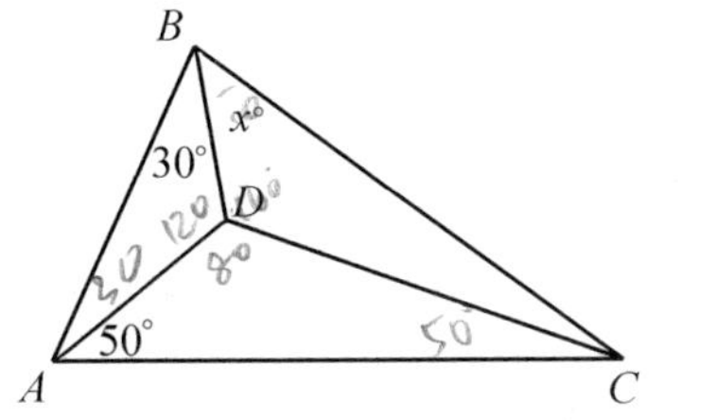

Note: Figure not drawn to scale

In the figure above, $DA=DB=DC$, what is the value of x?

(A) 10　(B) 20　(C) 30

(D) 40　(E) 50

12. 在左边的图形中，$DA=DB=DC$，问 x 的值是多少？

解： 本题的正确答案为(A)。由 $DA=DB=DC$ 可推知$\triangle BDA$，$\triangle ADC$，$\triangle CDB$ 都是等腰三角形；由$\angle BAD=30°$可推知$\angle BDA=120°$，由$\angle DAC=50°$可推知$\angle ADC=80°$，因此$\angle BDC=160°$，从而可以得出 $x=\angle DBC=10°$。

13.

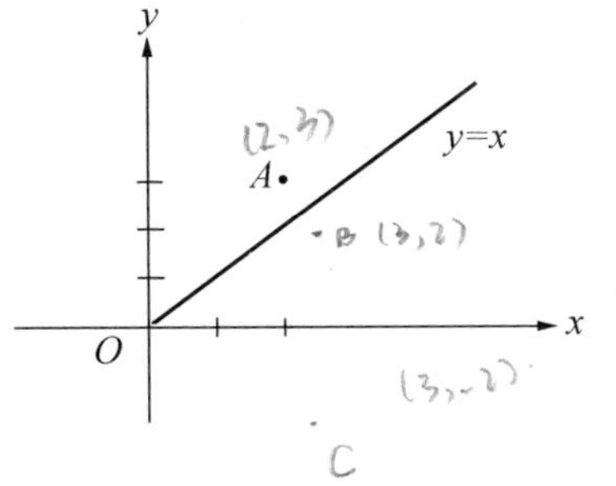

In the rectangular coordinate system above, the line $y=x$ is the perpendicular bisector of segment AB (not shown), and the x-axis is the perpendicular bisector of segment BC (not shown). If the coordinates of point A are (2, 3), what are the coordinates of point C?

(A) (−3, −2)　(B) (−3, 2)

(C) (2, −3)　(D) (3, −2)

(E) (2, 3)

13. 在左图所示的*平面直角坐标系*(**rectangular coordinate system**)中，直线 $y=x$ 是线段 AB(未画出)的*垂直平分线*(**perpendicular bisector**)，且 x 轴垂直平分线段 BC(未画出)。若 A 点的坐标是(2，3)，则 C 点的坐标是多少？

解： 本题的正确答案为(D)。直线 $y=x$ 垂直平分线段 AB，也即 A 点和 B 点关于直线对称，所以 B 点的纵坐标等于 A 点的横坐标，B 点的横坐标等于 A 点的纵坐标，即 B 点的坐标为(3，2)；同理 C 点和 B 点关于 x 轴对称，因此 B 点与 C 点的 x 坐标一样，而纵坐标则互为相反数，所以 C 点的坐标为(3，−2)。

14.

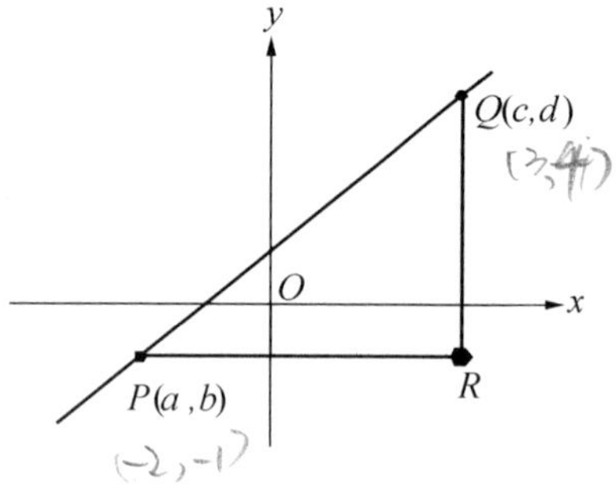

In the figure above, segments PR and QR are each parallel to one of the rectangular coordinate axes. Is the ratio of the length of QR to the length of PR equal to 1?

(1) $c=3$ and $d=4$

(2) $a=-2$ and $b=-1$

14. 在左边的图形中，*线段*（**segment**）PR 和 QR 分别平行于*直角坐标轴*（**rectangular coordinate axes**）中的一条坐标轴，线段 QR 与线段 PR 的长度之比等于 1 吗？

(1) $c=3$ 且 $d=4$ (2) $a=-2$ 且 $b=-1$

解： 本题的正确答案为(C)。由图可知 PR 平行于 x 轴而 QR 平行于 y 轴，因此 R 点的坐标为(c, b)，所以线段 PR 的长度为$c-a$，线段 QR 的长度为 $d-b$。由以上分析可知，根据(1)中的 $c=3$ 且 $d=4$ 无法得到 PR 与 QR 的长度相同，所以(1)不充分；同理(2)也是不充分的；而(1)+(2)充分，因为在这个条件下 a, b, c, d 的值均已知，所以可以充分地回答题目中的提问，即线段 QR 与线段 PR 的长度之比等于 1。

15. A certain company has records stored with a record-storage firm in 15-inch by 12-inch by 10-inch boxes. The boxes occupy 1.08 million cubic inches of space. If the company pays \$0.25 per box per month for record storage, what is the total amount that the company pays each month for record storage?

(A) \$150

(B) \$300

(C) \$600

(D) \$1,200

(E) \$2,400

15. 某一公司的唱片被一唱片保管公司存放在体积为 15 英寸×12 英寸×10 英寸的盒子中。这些盒子占用了 108 万立方英寸的空间。若该公司每个月给一个盒子付 0.25 美元的唱片保管费，则该公司每月应付的总的唱片保管费是多少？

解： 本题的正确答案为(A)。首先应算出该公司共有多少盒的唱片被保管：

$$\frac{1,080,000}{15\times12\times10}=600 \text{ 盒}$$

所以该公司总共应付的钱为 $600\times0.25=150$ 美元。

16.

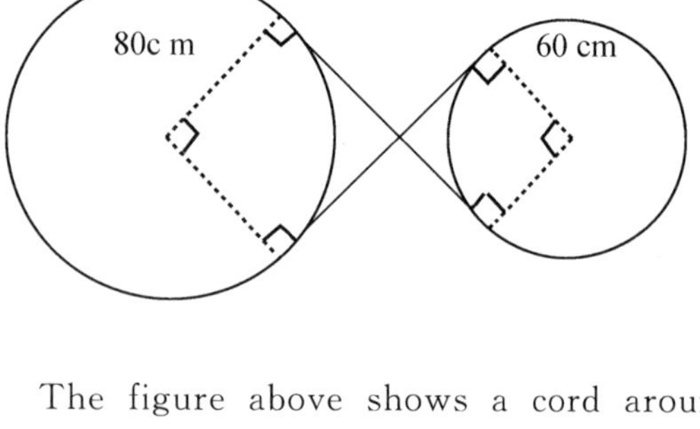

The figure above shows a cord around two circular disks. If the radii of the two disks are 80 centimeters and 60 centimeters, respectively, what is the total

16. 一根弦如左图所示围绕两个圆盘。若两个圆盘的半径分别为 80 厘米和 60 厘米，则这根弦的长度是多少厘米？

解： 本题的正确答案为(B)。从图中可以看出该弦覆盖了两圆周长的$\frac{3}{4}$，弦中离开两圆的地方分别与两圆相切，切点与圆心的连线组成的四边形是正方形，边长分别等于两圆的半径，因此弦与两圆同时相切的中间两段的切线长为 $2(80+60)=280$；而覆盖在两圆圆周上的弦的长度为 $\frac{3}{4}$($2\pi r_1$

length, in centimeters, of the cord?

(A) 210π　　(B) $210\pi+280$

(C) 280π　　(D) $280\pi+80$

(E) $280\pi+280$

$+2\pi r_2)=210\pi$。所以此弦的长为 $210\pi+280$。

17. A ladder 25 feet long is leaning against a wall that is perpendicular to level ground. The bottom of the ladder is 7 feet from the base of the wall. If the top of the ladder slips down 4 feet, how many feet will the bottom of the ladder slip?

(A) 4

(B) 5

(C) 8

(D) 9

(E) 15

17. 一个 25 英尺长的梯子斜靠在一堵与地面垂直的墙上，梯子的底部距墙根有 7 英尺。若梯子的顶部向下滑 4 英尺，则梯子的底部将滑多少英尺？

解： 本题的正确答案为(C)。根据勾股定理可得在未滑动之前，梯子的垂直高度为：$\sqrt{25^2-7^2}=24$ 英尺

顶部向下滑 4 英尺，则梯子的垂直高度为 20 英尺，则梯子距墙根的距离为：$\sqrt{25^2-20^2}=15$ 英尺，所以梯子底部将滑动 $15-7=8$ 英尺。

18.

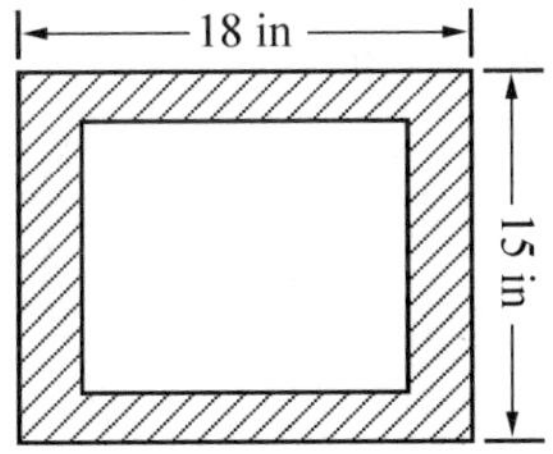

The shaded region in the figure above represents a rectangular frame with length 18 inches and width 15 inches. The frame encloses a rectangular picture that has the same area as the frame itself. If the length and width of the picture have the same ratio as the length and width of the frame, what is the length of the picture, in inches?

(A) $9\sqrt{2}$　　(B) $\frac{3}{2}$　　(C) $\frac{9}{\sqrt{2}}$

(D) $15\left(1-\frac{1}{\sqrt{2}}\right)$　　(E) $\frac{9}{2}$

18. 左图所示的阴影区域表示一个长方形的边框，其长为 18 英寸，宽为 15 英寸。此边框把一个面积与它相同的长方形照片围了起来。若照片的长与宽的比与边框的长与宽的比相同，则照片的长是多少英寸？

解： 本题的正确答案为(A)。设照片的长为 a，宽为 b，则根据题意可得：

(1) $2ab=18\times15$

(2) $\frac{a}{b}=\frac{18}{15}$

由以上方程组可解得该照片的长为 $a=9\sqrt{2}$ 英寸。

19.

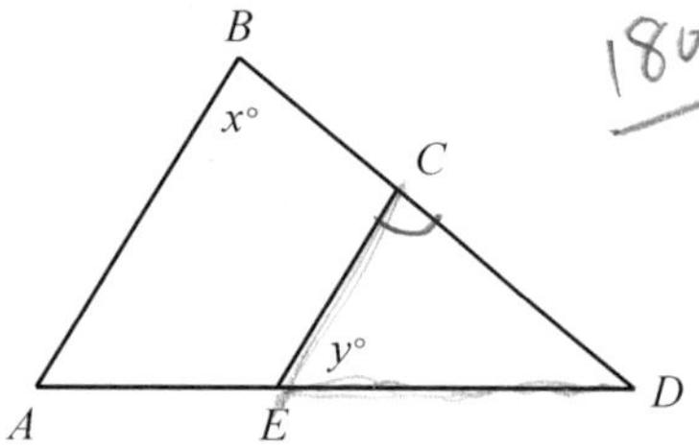

In the figure above, if $AB /\!/ CE$, $CE = DE$, and $y = 45$, then $x =$

(A) 45 (B) 60 (C) 67.5

(D) 112.5 (E) 135

19. 在左边的图形中，若 $AB /\!/ CE$，$CE = DE$，且 $y = 45$，则 $x =$

解： 本题的正确答案为(C)。由 $y = 45$，$CE = DE$ 可得$\angle ECD = \frac{180-45}{2} = 67.5°$；再根 $AB /\!/ CE$ 可得 $x° = \angle ECD = 67.5°$。

20.

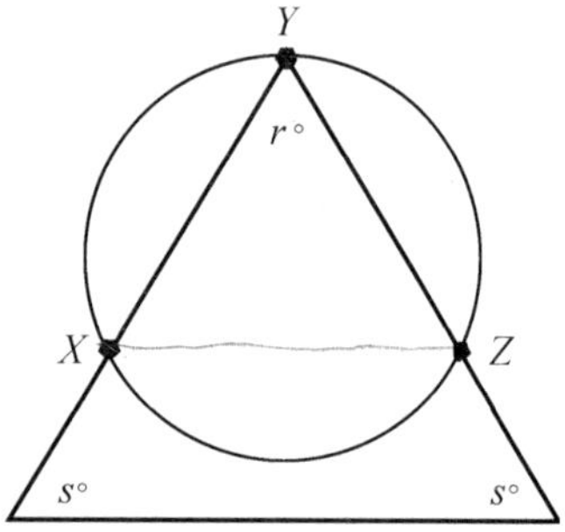

What is the circumference of the circle above?

(1) The length of arc XYZ is 18.

(2) $r = s$

20. 左边的圆的周长是多少？

(1) 弧 XYZ 的长度是 18

(2) $r = s$

解： 本题的正确答案为(C)。(1)不充分，因为从(1)中只能得到弧 XYZ 的长度为 18，但却无法得到弧 XZ 的长度，所以整个圆的周长也无法得知；(2)不充分，因为从(2)中$r = s$只能得到三角形是等边三角形，此等边三角形把圆分成的三段弧的长度相等，即弧 YX = 弧 XZ = 弧 ZY，但仍然无法求出圆的半径；(1)+(2)充分，因为根据 X，Y，Z 三点平分圆周，且弧 XYZ 的长度为 18，可以求出圆的半径为 24。

21.

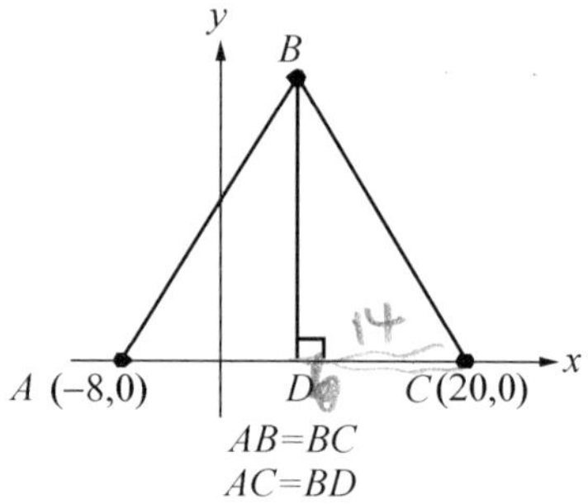

What are the coordinates of point B in the xy-plane above?

(A) (6, 12) (B) (6, 28)

(C) (8, 20) (D) (12, 20)

(E) (14, 28)

21. 在 xy 平面内的点 B 的坐标是多少？

解： 本题的正确答案为(B)。由 $AB = BC$，且 $BD \perp AC$ 可推知D 是线段AC 的中点，所以 D 点的坐标为$\left(\frac{-8+20}{2}, 0\right)$，即为(6，0)。因为 BD 与 y 轴平行，所以 B 点的横坐标也是 6，其纵坐标等于线段 AC 的长，$|AC| = |20-(-8)| = 28$，因此 B 点的坐标为(6，28)。

22.

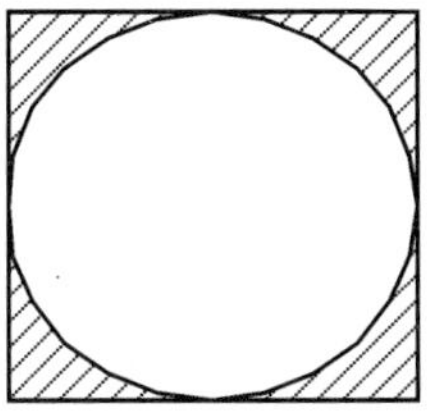

The figure above represents the floor of a square foyer with a circular rug partially covering the floor and extending to the outer edges of the floor as shown. What is the area of the foyer that is not covered by the rug?

(1) The area of the foyer is 9 square meters.

(2) The area of the rug is 2.25π square meters.

22. 左边的图形表示一个大厅的正方形地板被一块圆形的地毯部分覆盖，该地毯延伸到地板的外边缘（如图中所示）。问该大厅未被地毯覆盖的部分的面积是多少？

（1）该大厅的面积是 9 平方米

（2）地毯的面积是 2.25π 平方米

解： 本题的正确答案为（D）。从图中可以看出圆形地毯与正方形地板相切，因此知道了大厅的面积，就可求出内切圆的半径，用正方形地板的面积减去圆形地毯的面积就可求出未铺地毯的面积，所以（1）充分；同理知道了圆形地毯的面积，也可求出正方形地板的边长和面积，最后也能解出未铺地毯部分的面积，所以（2）也充分。

23.

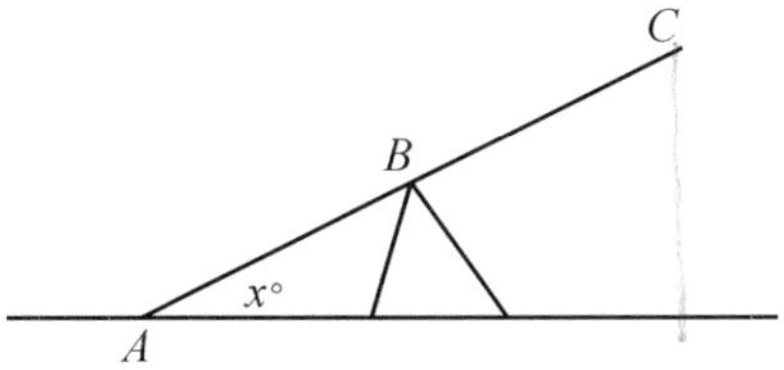

In the figure above, line AC represents a seesaw that is touching level ground at point A. If B is the midpoint of AC, how far above the ground is point C?

(1) $x=30$

(2) Point B is 5 feet above the ground.

23. 在左边的图形中，直线 AC 表示一个与地平面相交于点 A 的跷跷板（seesaw）。若 B 点是 AC 的中点，则 C 点离地面有多远？

（1）$x=30$；

（2）B 点离地面的距离是 5 英尺。

解： 本题的正确答案为（B）。（1）不充分，因为只知道角度无法根据三角形的边角关系求出边长；（2）充分，因为分别从 B 点和 C 点向地面做垂线，所构成的两直角三角形相似，根据相似三角形的性质可知，C 点距地面的距离是 B 点距地面的距离的 2 倍，也即 C 点距地面 10 英尺。

24.

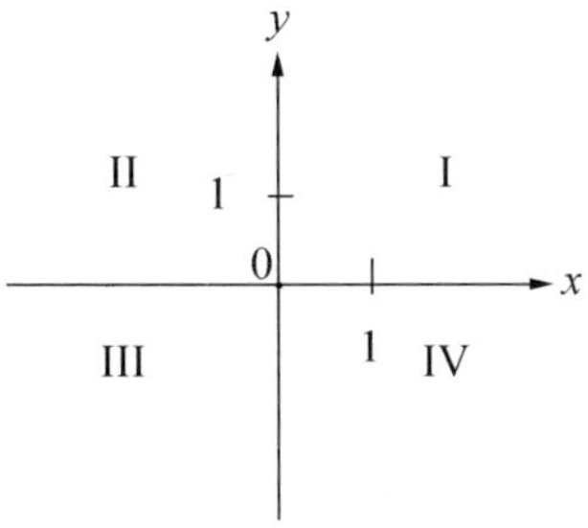

If $ab\neq 0$, in what quadrant of the coordinate system above does point(a, b) lie?

(1) (b, a) lies in quadrant IV.

(2) $(a, -b)$ lies in quadrant III.

24. 若 $ab\neq 0$，则点(a, b)位于左边坐标系（**coordinate system**）中的哪一个*象限*（**quadrant**）？

（1）(b, a)位于第四象限；

（2）$(a, -b)$位于第三象限。

解： 本题的正确答案为（D）。当点(b, a)位于第四象限时，b 大于 0，a 小于 0，所以点(a, b)位于第二象限，因此（1）充分；当$(a, -b)$位于第三象限时，可推知 $a<0$，$-b<0$，也即 $a<0$，$b>0$，同理可以推知点(a, b)位于第二象限内。

25.

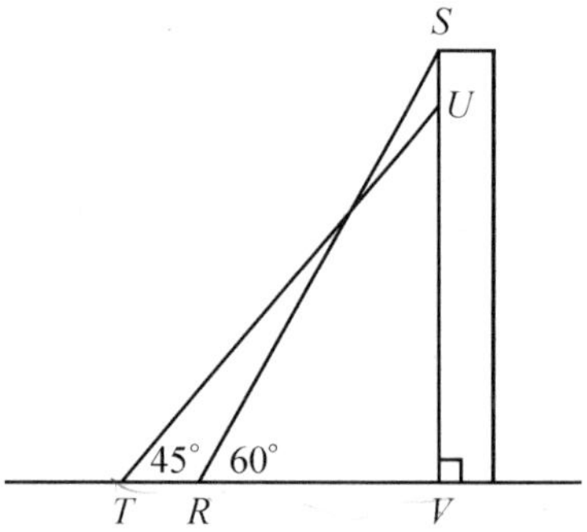

In the figure above, segments RS and TU represent two positions of the same ladder leaning against the side SV of a wall. The length of TV is how much greater than the length of RV?

(1) The length of TU is 10 meters.

(2) The length of RV is 5 meters.

25. 在左边的图形中，*线段*（**segment**）RS 和 TU 表示一个斜靠在墙 SV 上的梯子的两个不同位置。问 TV 的长比 RV 的长大多少？

(1) TU 的长等于 10 米

(2) RV 的长等于 5 米

解： 本题的正确答案为(D)。根据(1)可得 $RS = TU = 10$ 米，再根据 $\angle UTV = 45°$，$\angle SRV = 60°$，可求得 $TV = 5\sqrt{2}$，$RV = 5$，所以 $TV - RV = 5(\sqrt{2} - 1)$，因此(1)充分；由(2)的 $RV = 5$，可求出 $RS = 10$ 米，也即 $TU = 10$ 米，所以 $TV = \frac{10}{\sqrt{2}} = 5\sqrt{2}$，$TV - RV = 5(\sqrt{2} - 1)$，因此(2)也是充分的。

26.

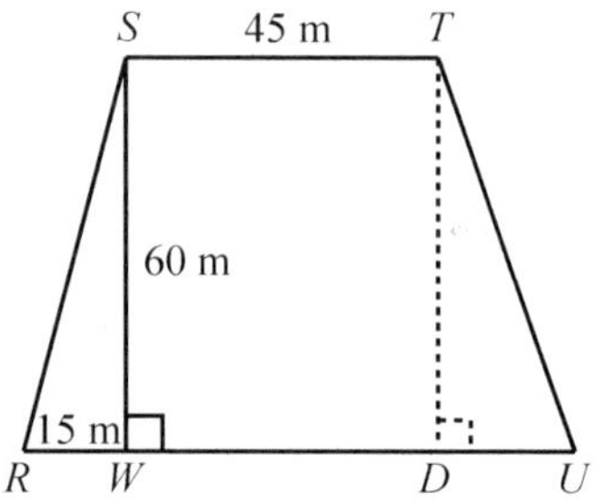

Quadrilateral $RSTU$ shown above is a site plan for a parking lot in which side RU is parallel to side ST and RU is longer than ST. What is the area of the parking lot?

(1) $RU = 80$ meters

(2) $TU = 20\sqrt{10}$ meters

26. 如左图所示的*四边形*（**quadrilateral**）$RSTU$ 是一个计划中的停车场，其中边 RU 平行于边 ST，且 RU 比 ST 长。问这个停车场的面积是多少？

解： 本题的正确答案为(D)。由 $RU = 80$ 米，$ST = 45$ 米，$SW = 60$ 米，可得停车场的面积 $= \frac{1}{2}(ST + RU)SW = \frac{1}{2}(45 + 80) \times 60 = 3750$ 平方米，所以(1)充分；过 T 点做 RU 的垂线，设其垂足为 D，则 $ST = WD = 45$ 米，$TD = SW = 60$ 米，由 $TU = 20\sqrt{10}$ 可得 $DU = \sqrt{(TU)^2 - (TD)^2} = 20$ 米，所以 $RU = RW + WD + DU = 15 + 45 + 20 = 80$ 米，从而可以求出四边形 $RSTU$ 的面积为 3750 平方米，所以(2)也充分。

27. What is the length in meters of a certain rectangular garden?

(1) The length of the garden is 6 meters more than twice the width.

(2) The length of the garden is 4 times the width.

27. 某一个长方形花园的长是多少？

(1) 该花园的长比其宽的 2 倍多 6 米

(2) 该花园的长是其宽的 4 倍

解： 本题的正确答案为(C)。设该花园的长为 l，宽为 w，则由(1)可得：$l = 2w + 6$，根据此式无法求出 l 的值，所以(1)不充分；由(2)可得 $l = 4w$，根据此式也无法求出 l 的值，所以(2)也不充分；根据(1)+(2)

可求出 $l=12$，$w=3$，所以（1）+（2）充分。

28.

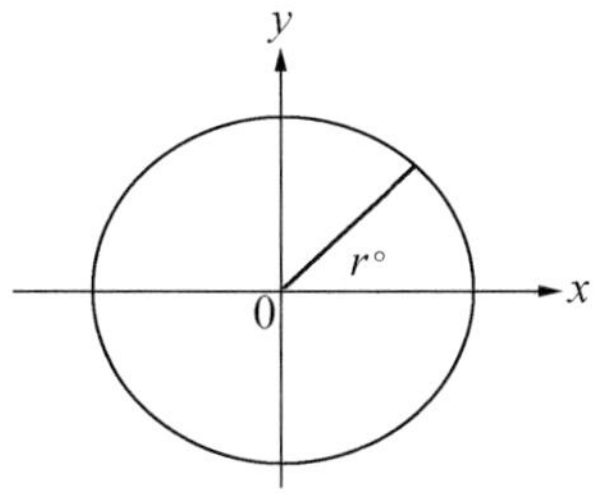

The figure above shows the present position on a radar screen of a sweeping beam that is rotating at a constant rate in a clockwise direction. In which of the four quadrants will the beam lie 30 seconds from now?

(1) In each 30-second period, the beam sweeps through 3.690°

(2) $r=40$

28. 左面的图形表示一个在雷达的显示屏上沿顺时针方向以恒定速度旋转的扫描光束。问 30 秒以后该光束位于哪一个象限？

(1) 在每一个 30 秒的周期内，该光束扫描 3.690°；

(2) $r=40$。

解： 本题的正确答案为(A)。从图中可以看出 $r\approx 45°$，所以若 30 秒钟内光束只旋转了 3.690°，则该光束还应该在第一象限内，所以(1)充分；(2)中给出了该光束的初始位置，但未给出光束的旋转速度，所以无法求其在 30 秒钟后的位置，因而(2)不充分。

29.

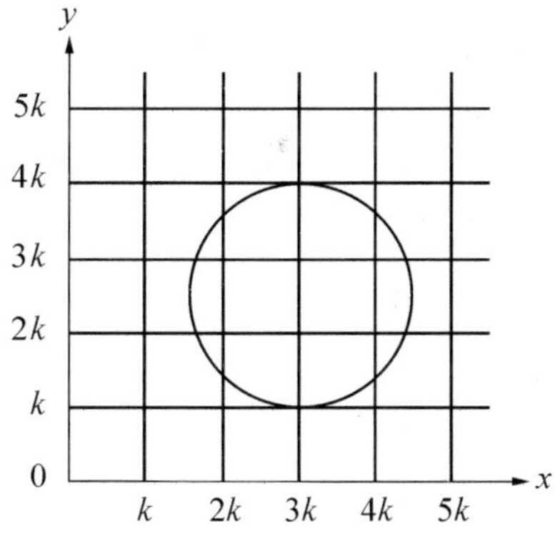

If the area of the circle above is 64π, what is the value of k?

(A) 2 (B) $\frac{8}{3}$ (C) 4

(D) $\frac{16}{3}$ (E) 12

29. 若左边图形中圆的面积是 64π，则 k 的值是多少？

解： 本题的正确答案为(D)。从图中可以看出圆的直径为 $3k$，根据圆的面积公式可得：

$$\pi\left(\frac{3k}{2}\right)^2=64\pi$$

$$\Rightarrow k=\frac{16}{3}$$

30. The number of diagonals of a polygon of n sides is given by the formula $d=\frac{1}{2}n(n-3)$. If a polygon has twice as many diagonals as sides, how many sides does it have?

(A) 3 (B) 5 (C) 6

(D) 7 (E) 8

30. n 边形的对角线(**diagonal**)的个数由公式 $d=\frac{1}{2}n(n-3)$ 来计算。若一个多边形的对角线的条数是其边数的两倍，则该多边形有多少条边？

解： 本题的正确答案为(D)。根据题意可得：

$$\frac{1}{2}n(n-3)=2n\Rightarrow n=7$$

31. A warehouse had a square floor with area 10,000 square meters. A rectangular addition was built along one entire side of the warehouse that increased the floor area by one-half as much as the original floor area. How many meters did the addition extend beyond the original building?

(A) 10

(B) 20

(C) 50

(D) 200

(E) 500

31. 一个仓库的地板是正方形的，其面积是10,000平方米。沿该仓库的一条整边又额外建了一个长方形的房子，从而使该仓库的面积比原来增加了一半。问额外的房子伸出原来的房子多少米？

解： 本题的正确答案为(C)。如下图所示，额外建的房子是图中的阴影部分：

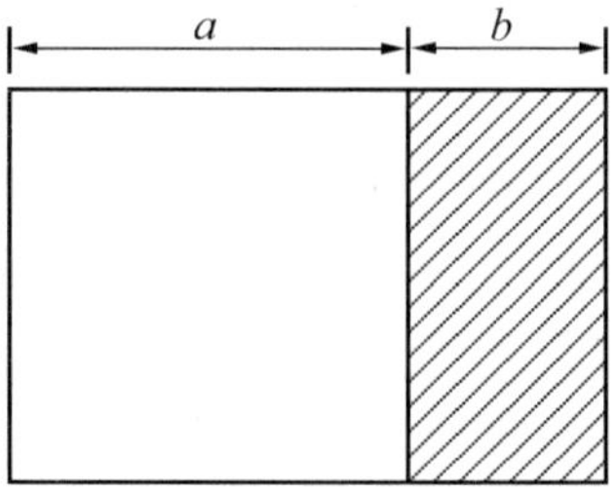

设正方形地板的边长为 a，额外建的房子伸出原房子 b 米，则根据题意可得：

$a^2=10,000 \Rightarrow a=100$ 米

$ab=5,000 \Rightarrow b=50$ 米

32.

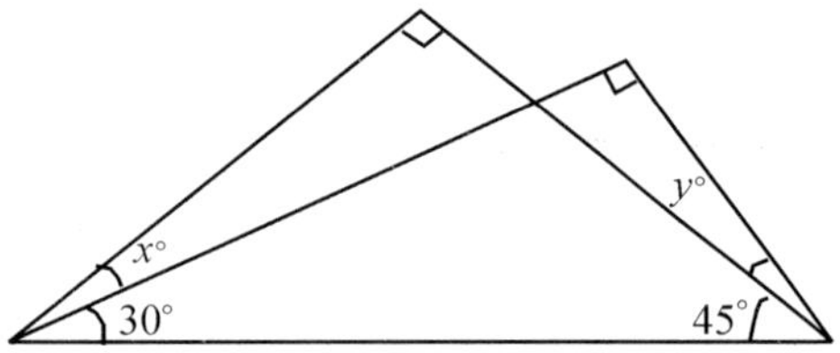

In the figure above, what is the value of $2x-y$?

(A) 0 (B) 15 (C) 30

(D) 45 (E) 60

32. 在左面图形中，$2x-y$ 的值是多少？

解： 本题的正确答案为(B)。根据图中的数据及直角三角形的性质很容易求出 $x=y=15$，从而可以得到 $2x-y=x=15$。

33.

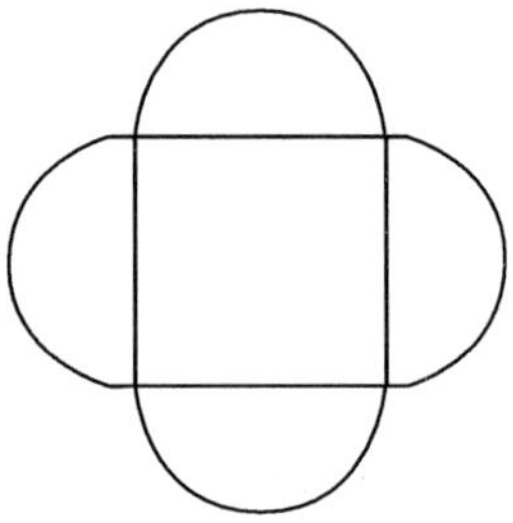

The figure above shows the shape of a sign to be placed in front of a flower store. The sign has a semicircle on each side of the square. If the sign is 3 centimeters thick and if each side of the square

33. 左边的图形表示一个将要放在某花店前的一个牌子的形状。在该牌子中正方形的每条边上都有一个半圆。若该牌子的厚度为3厘米，且正方形的边长为50厘米，问该牌子的体积是多少立方厘米？

解： 本题的正确答案为(C)。从图中可以看出，四个同样大小的半圆可构成两个直径为50厘米的整圆，所以牌子的体积可以按一个长方体外加两个圆柱体的体积进行计算：

牌子的体积 $=2\times\pi\left(\frac{50}{2}\right)^2\times3+50^2\times3$

is 50 centimeters long, what is the volume, in cubic centimeters, of the sign?

(A) $1{,}250\pi+2{,}500$

(B) $3{,}750\pi$

(C) $3{,}750\pi+7{,}500$

(D) $5{,}000\pi+7{,}500$

(E) $11{,}250\pi$

$=3{,}750\pi+7{,}500$

34.

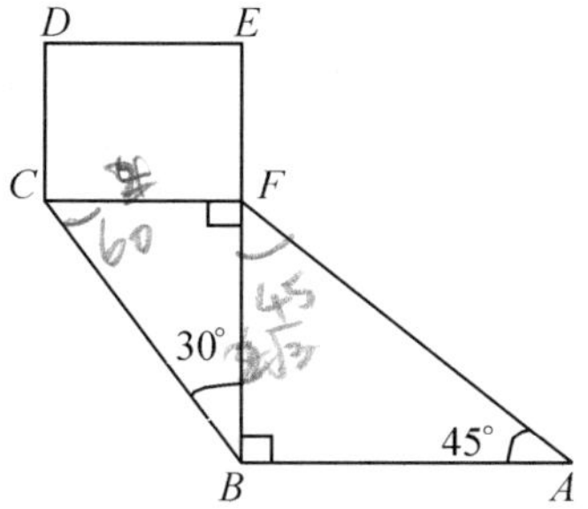

In the figure above, square $CDEF$ has area 4. What is the area of $\triangle ABF$?

(A) $2\sqrt{2}$　(B) $2\sqrt{3}$　(C) 4

(D) $3\sqrt{3}$　(E) 6

34. 在左边的图形中正方形 $CDEF$ 的面积是 4，问 $\triangle ABF$ 的面积是多少？

解： 本题的正确答案为(E)。由正方形 $CDEF$ 的面积等于 4，可知其边长 $CF=2$，在 $\triangle CFB$ 中，$\angle CBF=30°$，所以 $BF=2\sqrt{3}$。再由 $\angle FAB=45°$ 可知 $\triangle FBA$ 是等腰直角三角形，所以其面积 $=\frac{1}{2}BF\times AB=\frac{1}{2}(2\sqrt{3})^2=6$。

35.

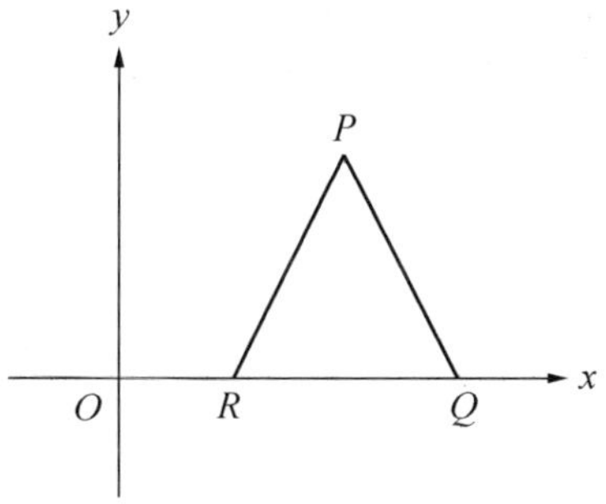

In the figure above, R and Q are points on the x-axis. What is the area of equilateral PQR?

(1) The coordinates of point P are $(6, 2\sqrt{3})$.

(2) The coordinates of point Q are $(8, 0)$.

35. 在左边的图形中，R 和 Q 都是 x 轴上的点。问等边三角形(**equilateral**) PQR 的面积是多少？

(1) P 点的坐标是 $(6, 2\sqrt{3})$；

(2) Q 点的坐标是 $(8, 0)$。

解： 本题的正确答案为(A)。因为点 R，Q 都在 x 轴上，所以根据 P 点的纵坐标可得知等边三角形 PQR 的高为 $2\sqrt{3}$，又因为等边三角形在其高是一定的情况下，其面积是一定的，所以(1)充分；(2)不充分，因为只知道 Q 点的坐标，而不知道 R 点的坐标，所以等边三角形的边长不能确定，从而也无法求其面积，所以(2)不充分。

36.

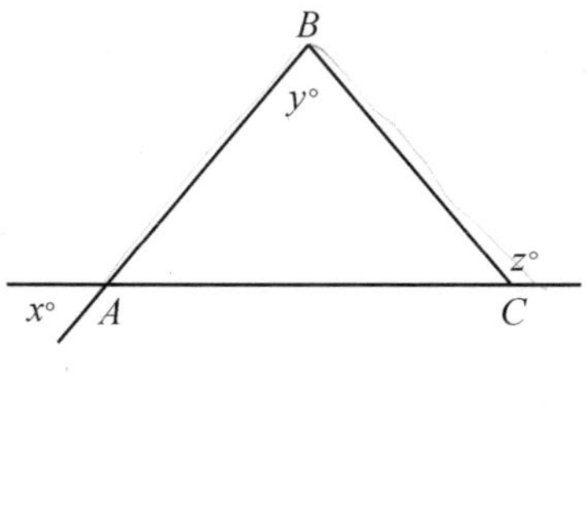

36. 在左边的 $\triangle ABC$ 中，若 $AB=BC$，问 y 的值是多少？

解： 本题的正确答案为(D)。由 $AB=BC$ 可推知 $y°=180°-2\angle BAC=180°-2\angle BCA$。由(1)可得 $\angle BAC=50°$，由(2)可得 $\angle BCA=50°$，因此根据(1)和(2)都可求

In $\triangle ABC$ above, if $AB=BC$, what is the value of y?

(1) $x=50$

(2) $z=130$

37. What is the area of $\triangle PQR$?

(1) The measures of $\angle PQR$, $\angle QRP$, and $\angle RPQ$ are $x°$, $2x°$, and $3x°$, respectively.

(2) The altitude of $\triangle PQR$ from P to QR is 4.

38. A pyramidal-shaped box to protect a plant is constructed with 4 lateral faces and an open bottom. What is the lateral area of the box?

(1) The base of the pyramid is a polygon with all sides of equal length, and the perimeter of the base is 1 meter.

(2) The lateral faces are isosceles triangles that have the same size and shape.

出 $y=80$，所以(1)和(2)单独都充分。

37. $\triangle PQR$的面积是多少？

(1) $\angle PQR$，$\angle QRP$和$\angle RPQ$的大小分别是$x°$，$2x°$和$3x°$；

(2) $\triangle PQR$从P点到QR的高是4。

解： 本题的正确答案为(C)。根据(1)可以确定$\triangle PQR$是一个直角三角形，其三个内角分别是30°，60°和90°，但无法求其面积，所以(1)不充分；只知道一条边上的高也同样求不出一个三角形的面积，所以(2)也不充分；根据(1)+(2)可得$\triangle PQR$的形状如下：

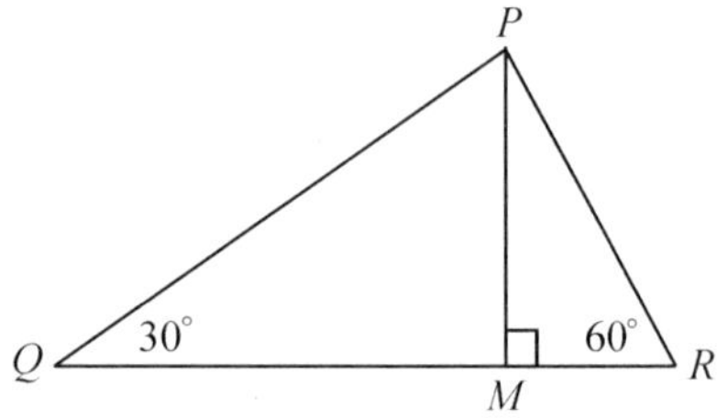

其中$PM=4$，根据30°直角三角形的性质，可以求出$PR=\frac{8}{\sqrt{3}}$，$PQ=8$，从而可以得出$\triangle PQR$的面积$=\frac{1}{2}\times 8\times\frac{8}{\sqrt{3}}=\frac{32\sqrt{3}}{3}$。

38. 一个金字塔形的(**pyramidal-shaped**)盒子被建造用来保护植物，该盒子由4个侧面和一个开口的底组成。问该盒子的侧面积是多少？

(1) 该盒子的底面是一个各条边都相等的多边形，且底面的周长为1

(2) 侧面是形状和尺寸都相同的等腰三角形

解： 本题的正确答案为(E)。该盒子的形状如下图所示：

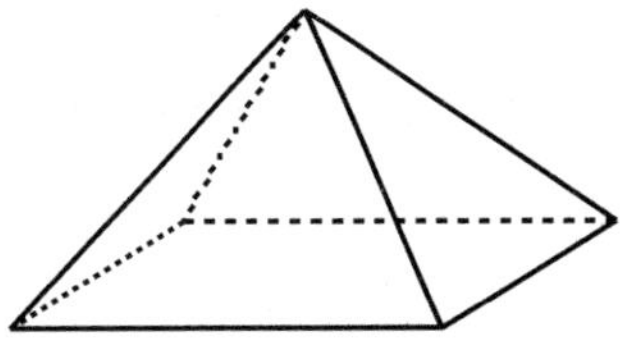

根据(1)只能得出该盒子的底面是一个菱形，所以(1)不充分，根据(2)只知其侧面由四个全等的等腰三角形组成，但求不出侧面三角形的面积，因此(2)不充分；只知道等腰三角形的底边长也无法求出三角形的面积，所以(1)+(2)也不充分。

39.

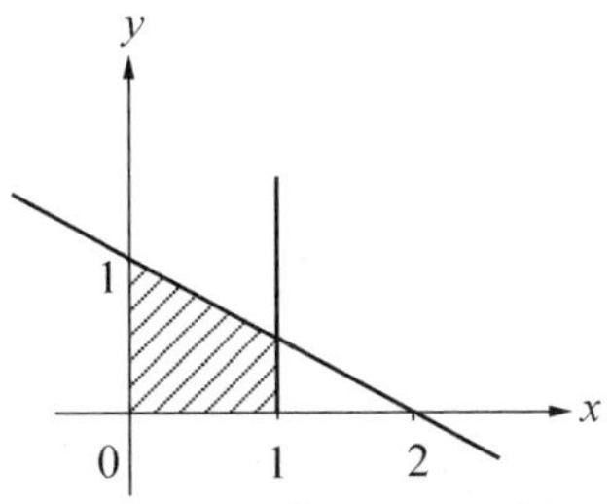

In the rectangular coordinate system above, the shaded region is bounded by straight lines. Which of the following is *NOT* an equation of one of the boundary lines?

(A) $x=0$　　(B) $y=0$　　(C) $x=1$

(D) $x-y=0$　　(E) $x+2y=2$

39. 在左边的*平面直角坐标系*(**rectangular coordinate system**)中，阴影区域由直线围成。下列哪一项不是其中的一条边界线的方程？

解： 本题的正确答案为(D)。从图中可知，该阴影区域由4条直线包围，两条是 x 轴和 y 轴，第三条与 y 轴平行，第四条为与 x 轴和 y 轴都相交的直线，根据图中的坐标以及直线方程的求法，可得这四条直线的方程如下：

(1) $x=1$

(2) $x=0$

(3) $y=0$

(4) $y-0=\frac{1-0}{0-2}(x-2)\Rightarrow x+2y=2$

40.

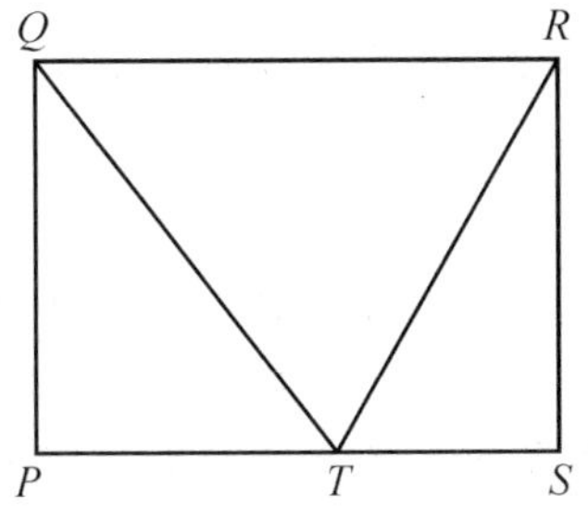

In rectangular region $PQRS$ above, T is a point on side PS. If $PS=4$, what is the area of region $PQRS$?

(1) $\triangle QTR$ is equilateral.

(2) Segments PT and TS have equal length.

40. 在左边的长方形 $PQRS$ 中，T 是边 PS 上的点，若 $PS=4$，问 $PQRS$ 区域的面积是多少？

(1) QTR 是等边三角形

(2) 线段 PT 和 TS 的长相等

解： 本题的正确答案为(A)。当$\triangle QTR$是等边三角形时，根据等边三角形的性质可求出其高$=\frac{\sqrt{3}}{2}QR=2\sqrt{3}$，也即 QP 等于 $2\sqrt{3}$，从而可以求出 $PQRS$ 区域的面积等于 $2\sqrt{3}\times4=8\sqrt{3}$，所以(1)充分；根据线段 PT 和 TS 相等，可以得出三角形 QTR 是等腰三角形，但求不出其 QR 边上的高，因而也求不出 $PQRS$ 区域的面积，所以(2)不充分。

41. In the rectangular coordinate system, are the points (r, s) and (u, v) equidistant from the origin?

(1) $r+s=1$

(2) $u=1-r$ and $v=1-s$

41. *在平面直角坐标系*(**rectangular coordinate system**)中，点(r, s)和(u, v)与原点(**origin**)的距离相等吗？

(1) $r+s=1$；

(2) $u=1-r$ 且 $v=1-s$。

解： 本题的正确答案为(C)。(1)不充分，因为(1)中未涉及 u，v，所以无法判断两点距原点的距离；由(2)可得$(u+v)=2-(r+s)$，同样无法判断 u^2+v^2 与 r^2+s^2 的大小，所以(2)也不充分；点(r, s)距原点距离为 $\sqrt{r^2+s^2}$，点(u, v)距原点距离为 $\sqrt{u^2+v^2}$，由(2)可得：$u^2+v^2=(1-r)^2+(1-s)^2=r^2+s^2-2(r+s)+2$，再由(1) $r+s=1$ 可得 $u^2+v^2=r^2+s^2$，所以(1)+(2)能充分地回答上面的问题。

42. The inside dimensions of a rectangular wooden box are 6 inches by 8 inches by 10 inches. A cylindrical cannister is to be placed inside the box so that it stands upright when the closed box rests on one of its six faces. Of all such cannisters that could be used, what is the radius, in inches, of the one that has maximum volume?

(A) 3

(B) 4

(C) 5

(D) 6

(E) 8

42. *一长方体*(**rectangular**)木盒的内部尺寸为6英寸×8英寸×10英寸。该盒子中要放置一个圆柱形的罐子：当关闭的盒子以其六个面中的任何一个面为底时，*该圆柱形*(**cylindrical**)罐子都能保持直立。在所有那些可以被放置的这种罐子中，体积最大的罐子的半径是多少？

解： 本题的正确答案为(B)。根据题意可知，该圆柱体罐子一定内切于该长方体盒子，圆柱体底面的直径与高直接与该长方体盒子以哪一个面为底有关，长方体有三个不同的底面，所以此题可以分三种情况进行讨论：

圆柱体的体积为：$\pi r^2 \cdot h$

(1) 当圆柱体的底面与长方体的 6 inches by 8 inches 面重合时，其体积$=90\pi$

(2) 当圆柱体的底面与长方体的 8 inches by 10 inches 面重合时，其体积$=96\pi$

(3) 当圆柱体的底面与长方体的 6 inches by 10 inches 面重合时，其体积$=72\pi$

根据以上分析可知，该圆柱体的体积最大时其半径为 4 时。

43. If the number of square units in the area of a circle is A and the number of linear units in the circumference is C, what is the radius of the circle?

(1) $\frac{A}{C}=\frac{3}{2}$

(2) $A>C+3$

43. 若一个圆的面积的*平方单位*(**square unit**)数是A，它的周长的*线性单位*(**linear unit**)数是C，问这个圆的半径是多少？

解： 本题的正确答案为(A)。设这个圆的半径为r，则其周长为$2\pi r=C$，面积为$\pi r^2=A$，所以有：$\frac{A}{C}=\frac{\pi r^2}{2\pi r}\Rightarrow r=\frac{2A}{C}$。根据(1)的$\frac{A}{C}=\frac{3}{2}$可求出$r=3$，所以(1)充分；根据(2)显然不能算出$r$的值，所以(2)不充分。

44. In the xy-coordinate system, if (a, b) and $(a+3, b+k)$ are two points on the line defined by the equation $x=3y-7$, then $k=$

(A) 9

(B) 3

(C) $\frac{7}{3}$

(D) 1

(E) $\frac{1}{3}$

44. 在一个*平面直角坐标系*(**xy-coordinate system**)中，若(a, b)和$(a+3, b+k)$是直线$x=3y-7$上的两点，那么k等于多少？

解： 本题的正确答案为(D)。由$x=3y-7$可得：$y=\frac{1}{3}x+\frac{7}{3}$

又因为(a, b)和$(a+3, b+k)$是$x=3y-7$上的两个点，所以有：

$$\frac{b+k-b}{a+3-a}=\frac{1}{3}\Rightarrow k=1$$

45.

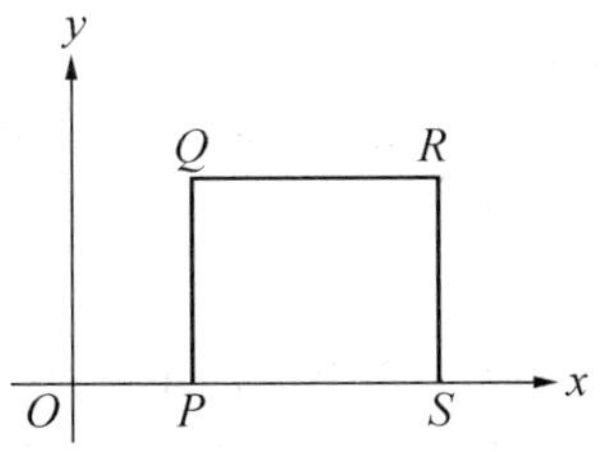

In the figure above, P and S are points on the x-axis. What is the area of square $PQRS$?

(1) The coordinates of point P are $(2, 0)$

(2) The coordinates of point R are $(6, 4)$

45. 在左边的图形中，P和S是x轴上的点。问正方形$PQRS$的面积是多少？

解： 本题的正确答案为(B)。根据P点的坐标是$(2, 0)$，得不到正方形$PQRS$边长方面的信息，所以(1)不充分；根据点R的坐标是$(6, 4)$可以得出$RS=4$，从而可以求出正方形$PQRS$的面积等于16，所以(2)充分。

46. What is the volume of a certain rectangular solid?

(1) Two adjacent faces of the solid have areas 15 and 24, respectively.

(2) Each of two opposite faces of the solid has area 40.

46. 某一*长方体*(**rectangular solid**)的体积是多少？

(1)该长方体的两个相邻面的面积分别为15和24；

(2)该长方体的两个相对面的面积是40。

解： 本题的正确答案为(C)。设该长方体的3

条边的长分别为 l，w，h，则长方体体积为 $l \cdot w \cdot h$。(1)不充分，因为由(1)只能得到 $l \cdot w=15$，$w \cdot h=24$，而无法得到 $l \cdot w \cdot h$ 的值；(2)不充分，因为根据(2)只能得到 $l \cdot h=40$，同样得不到该长方体的体积的值；(1)+(2)充分，把上面的 3 个方程联立，可以求得长方体的体积的大小：$(l \cdot w)(w \cdot h)(l \cdot h)=15\times24\times40$ $(lwh)^2=3^2\times5^2\times8^2\Rightarrow lwh=120$

47.

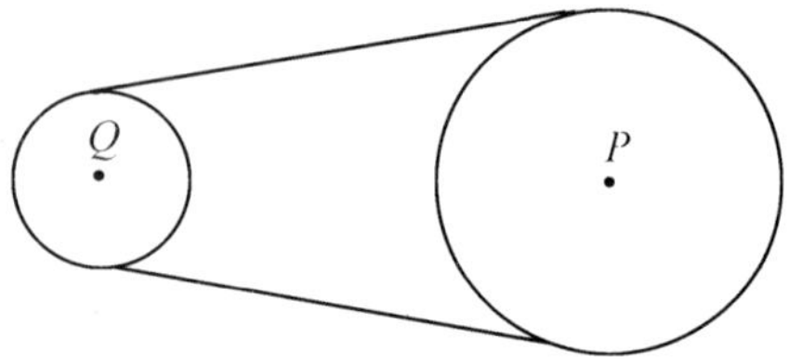

Two pulleys are connected by a belt as shown in the drawing above. If pulley Q makes 300 revolutions per minute, how many revolutions per minute does pulley P make?

(1) The length of the belt is 12 π.

(2) The ratio of the radius of pulley P to the radius of pulley Q is 2 to 1.

47. 如左图所示，两个滑轮被一根皮带相连。若滑轮 Q 每分钟旋转 300 圈，问滑轮 P 每分钟旋转多少圈？

(1) 皮带的长是 12π

(2) 滑轮 P 的半径与滑轮 Q 的半径比是 2∶1

解： 本题的正确答案为(B)。因为两个滑轮由一根皮带相连，所以两个滑轮上任一点的线速度都是一样的，且滑轮的转速与皮带的长短无关，因此(1)不充分；根据(2)可设滑轮 P 的半径为 $2r$，滑轮 Q 的半径为 r，两个滑轮上任一点的线速度都一样，也即在相同时间内两个滑轮转过的路程是一样的，设滑轮 P 每分钟转 x 圈，则根据题意可得：

$$300\times\pi r=2\pi rx\Rightarrow x=150 \text{ 圈/分钟}$$

所以(2)充分。

48. A grocer is storing small cereal boxes in large cartons that measure 25 inches by 42 inches by 60 inches. If the measurement of each small cereal box is 7 inches by 6 inches by 5 inches, then what is the maximum number of small cereal boxes that can be placed in each large carton?

(A) 25

(B) 210

(C) 252

(D) 300

(E) 420

48. 一杂货商把一些小麦片粥盒子装入尺寸为 25 英寸×42 英寸×60 英寸的大纸箱中。若每一个小麦片粥盒子的尺寸是 7 英寸×6 英寸×5 英寸，那么每一个大纸箱中最多可以放多少个小麦片粥盒子？

解： 本题的正确答案为(D)。观察后不难发现大纸箱的每条边长刚好是小麦片粥盒子的某一条边长的整数倍，所以大纸箱中可以放的最多麦片粥盒子数就是两者的体积比所得的数值：

$$\frac{25\times42\times60}{7\times6\times5}=300。$$

49.

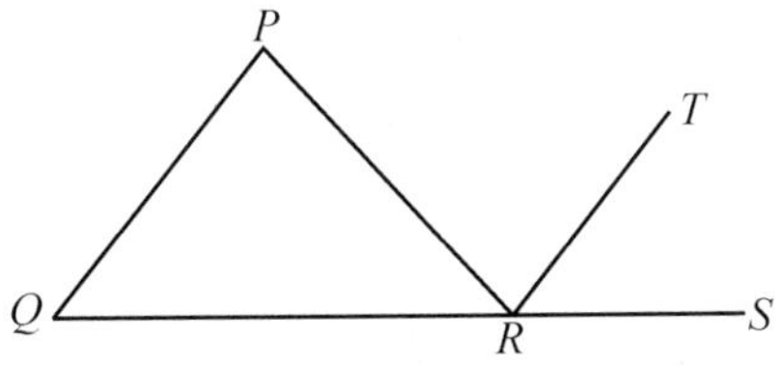

In the figure above, QRS is a straight line and line TR bisects $\angle PRS$. Is it true that lines TR and PQ are parallel?

(1) $PQ=PR$　(2) $QR=PR$

49. 在左边的图形中，QRS 是一条直线，且 TR 平分（**bisect**）$\angle PRS$，TR 平行于 PQ 吗？

解： 本题的正确答案为(B)。根据(1) $PQ=PR$ 无法判断 TR 是否平行于 PQ；根据(2)：

$QR=PR \Rightarrow \angle PQR=\angle QPR$

TR 平分 $\angle PRS \Rightarrow \angle TRS=\angle PRT$

又根据 $\angle PRS=\angle TRS+\angle PRT$

$=\angle PQR+\angle QPR \Rightarrow$

$\angle TRS=\angle PQR \Rightarrow TR /\!/ PQ$

（同位角相等，两直线平行）

50.

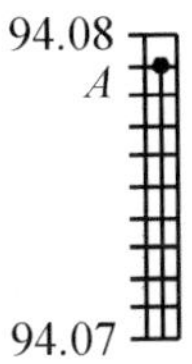

A portion of a thermometer above is calibrated to show degrees in equal increments. If the temperature indicates a reading at level A, what is the temperature?

(A) 94.069　(B) 94.070　(C) 94.079

(D) 94.080　(E) 94.790

50. 左边的一段温度计经校准后所显示温度随实际温度的增加而做等同的增加。若该温度计所显示的读数在 A 位置，则此时的温度是多少？

解： 本题的正确答案为(C)。从图中可以看出从 94.07 到 94.08 温度升高了 0.01 度，且由 10 个等间距的小格表示，所以温度计的读数每增加一小格，表示温度升高了 0.001度。A 点所处的位置刚好比 94.08 度所处的位置低了 1 小格，所以 A 点所表示的温度比94.08度低 0.001 度，也即 A 点所表示的温度为 94.079 度。

51. A circular peg is to be placed in a square hole. What is the perimeter of the hole?

(1) The radius of the peg is 4 centimeters.

(2) Each edge of the hole is tangent to the peg.

51. 把一个圆形钉放在一个正方形的洞内。问洞的周长是多少？

(1) 钉的半径是 4 厘米

(2) 洞的每一条边都与钉相切

解： 本题的正确答案为(C)。只根据钉的半径无法求出洞的周长，所以(1)不充分；(2)虽然给出了洞与钉的位置关系，即正方形洞的边长等于钉的半径的 2 倍，但在没有其他条件时，仍无法求出洞的周长，所以(2)也不充分；根据(1)+(2)可得到正方形洞的边长为 8 厘米，从而可求出正方形洞的周长为 32 厘米。

52. A rectangle is defined to be "silver" if and only if the ratio of its length to its width

52. 当且仅当一个长方形的长与宽的比为 2∶1 时，才定义它为 "silver"。若长方形 S 是

is 2 to 1. If rectangle S is silver, is rectangle R silver?

(1) R has the same area as S.

(2) The ratio of one side of R to one side of S is 2 to 1.

"silver"，那么长方形 R 是 "silver" 吗？

(1) R 与 S 的面积相同

(2) R 的一条边与 S 的一条边的比为 2∶1

解：本题的正确答案为(E)。(1)不充分，因为面积相等的长方形有任意多个，而满足长与宽的比为 2∶1 且面积相等的长方形却仅有一个；(2)不充分，因为不知道另一条边的比率是多少；(1)+(2)也不充分，因为它可以得到两个结果。例如，当 R 的两条边长分别为 4 和 2 时，S 的两条边即可以为 4 和 2，也可以为 8 和 1。

53.

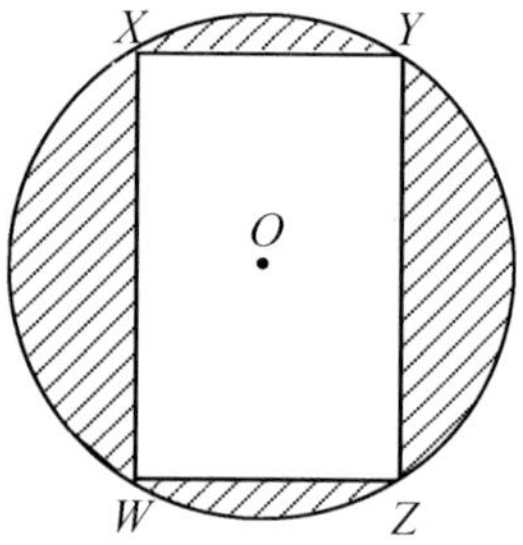

Rectangle $WXYZ$ is inscribed in a circle with center O as shown above. If the diameter of the circle is equal to 16, then what is the area of the shaded region?

(1) $WZ=OW$

(2) $XW<XY$

53. 如左图所示，长方形 $WXYZ$ 内接于以 O 为圆心的圆。若该圆的直径为 16，那么阴影区的面积是多少？

解：本题的正确答案为(A)。根据 $WZ=OW$ 可得$\triangle OWZ$ 是等边三角形，$WZ=8$，连接 WY，则 WY 就是圆的直径，也就是说 WY 过点 O，所以$\angle YWZ=60°$，$\angle WYZ=30°$，所以 $YZ=\sqrt{3}WZ=8\sqrt{3}$，从而可求出阴影区的面积=圆的面积−长方形的面积$=64\pi-64\sqrt{3}=64(\pi-\sqrt{3})$，所以(1)充分；当 $XW<XY$ 时，长方形的面积是不固定的，所以阴影区的面积也是不固定的，所以(2)不充分。

54.

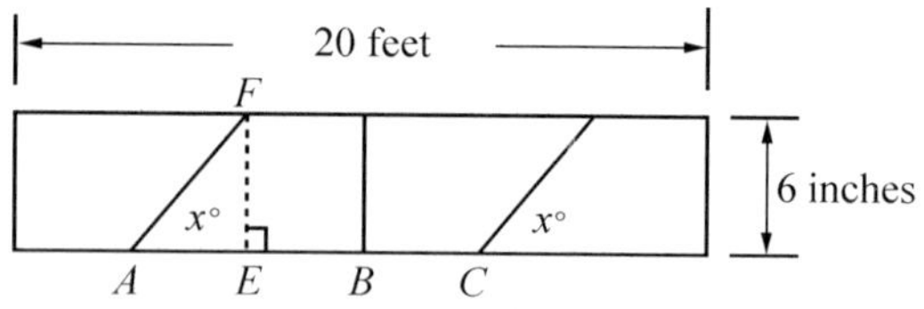

Note: Figure not drawn to scale.

The figure above shows the dimensions of a rectangular board that is to be cut into four identical pieces by making cuts at points A, B, and C, as indicated. If $x=45$, what is the length of AB?

(1 foot=12 inches)

(A) 5 ft 6 in　　(B) 5 ft $3\sqrt{2}$ in

(C) 5 ft 3 in　　(D) 5 ft

(E) 4 ft 9 in

54. 左边的图形展示了一个长方形板的尺寸(**dimensions**)，该长方形板将在如图所示的点 A，B，C 处被切成 4 块相同的板子。若 $x=45$，则 AB 的长度是多少？

注：上面的图形未按比例画出，1 英尺=12 英寸

解：本题的正确答案为(C)。如图所示做辅助线，其中 $EF\perp AB$。根据长方形的性质可知 $EF=AE=6$ 英寸$=0.5$ 英尺，$AC=\frac{20}{2}=10$ 英尺，$BE=BC$，所以有：

$AC=AE+EB+BC=2BE+AE$

$=10$ 英尺

$\Rightarrow BE=BC=4.75$ 英尺

$\Rightarrow AB=AE+BE=4.75+0.5$

$=5.25$ 英尺$=5$ 英尺 3 英寸。

55. A rectangle with dimensions 75 inches by 100 inches is divided into 20 smaller rectangles. If each new rectangle has equal dimensions, how many inches of lines are needed to divide the original rectangle?

(1) One of the dimensions of each of the rectangles is 15 inches.

(2) One of the dimensions of each of the rectangles is 25 inches.

55. 一个面积为75英寸×100英寸的长方形被分成20个小长方形。若新的小长方形的面积都相等，问需要多少英寸长的线来分割原始的长方形？

（1）每一个小长方形都有一条边的长为15英寸；

（2）每一个小长方形都有一条边的长为25英寸。

解： 本题的正确答案为(D)。根据分割成的20个小长方形的面积都相等可得每一个小长方形的面积为$(75\times100)\div20=375$平方英寸，所以当小长方形的一条边确定时，另一条边的长也是确定的。根据(1)可得每一个小长方形的另一条边长为25英寸，所以此时一定是大长方形长为75英寸的边被分成5段，而长为100英寸的边被分成了4段，如下图所示：

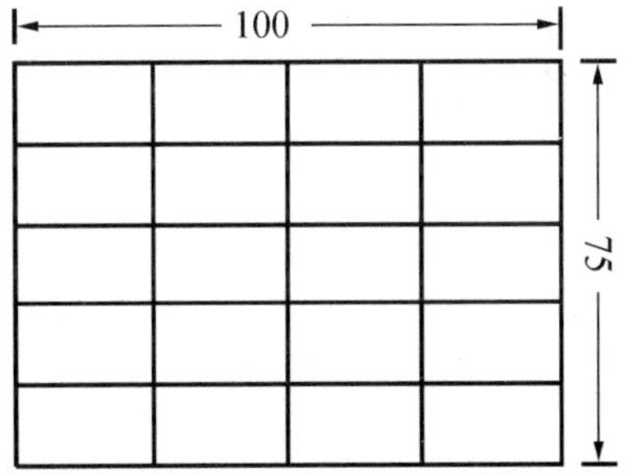

从图中可以看出这些分割线的长度$=4\times100+75\times3=625$英寸，所以(1)充分；同理可求得(2)也是充分的。

56. If k and w are the dimensions of a rectangle that has area 42, and if k and w are integers such that $k>w$, what is the total number of possible values of k?

(A) Two

(B) Three

(C) Four

(D) Five

(E) Six

56. 若k和w是一个面积为42的长方形的长和宽，且k和w是整数，$k>w$，那么k共有多少个可能的取值？

解： 本题的正确答案为(C)。根据$k\times w=42$，且$k>w$，可得k和w的可能取值如下所示：

$k=7$　$w=6$

$k=14$　$w=3$

$k=21$　$w=2$

$k=42$　$w=1$

所以k的可能取值的总数为4。

57.

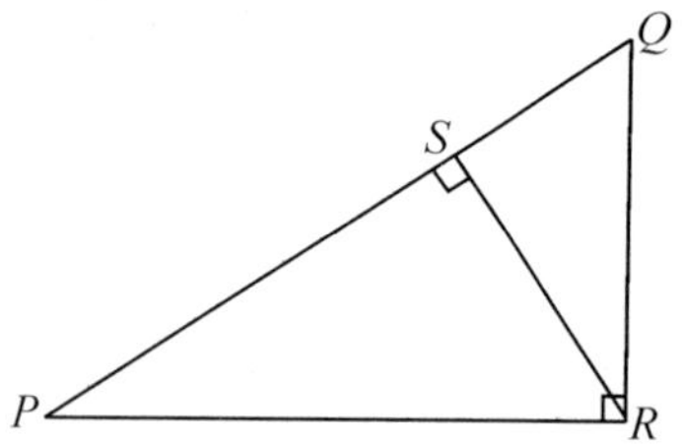

In the figure above, what is the length of PQ times the length of RS?

(1) The length of PQ is 5.

(2) The length of QR times the length of PR is equal to 12.

57. 在左边的图形中，PQ 与 RS 长度的乘积是多少？

(1) PQ 的长等于 5

(2) QR 的长与 PR 的长的乘积等于 12

解： 本题的正确答案为(B)。仅知道 PQ 的长，求不出 PQ 与 SR 的乘积，所以(1)不充分；PQ 与 SR 长度的乘积等于$\triangle PQR$ 面积的两倍，且等于 QR 与 PR 的乘积，所以(2)充分。

58.

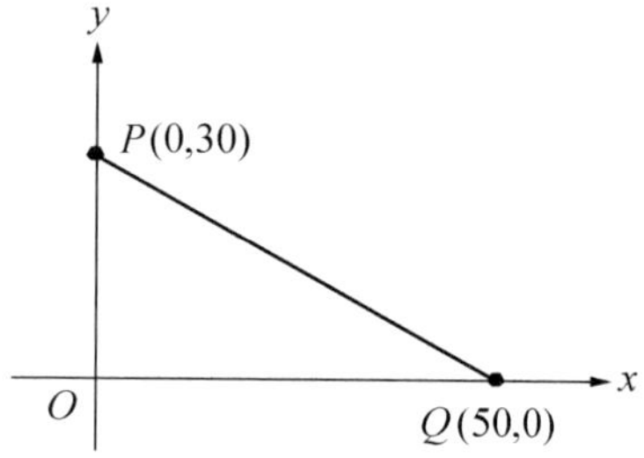

In the figure above, how many of the points on line segment PQ have coordinates that are both integers?

(A) 5　(B) 8　(C) 10

(D) 11　(E) 20

58. 在左边的图形中，线段 PQ 上有多少个点的纵横坐标(**coordinate**)都是整数？

解： 本题正确答案为(D)。由两点式可得线段 PQ 的方程为 $y=-\frac{3}{5}x+30$，其中 $0\leqslant x\leqslant 50$。$(0\leqslant x\leqslant 50)$，根据此式可知，若要纵坐标是整数，$x$ 坐标需应被 5 整除，在 0 至 50 之间能被 5 整除的数有 11 个。

59.

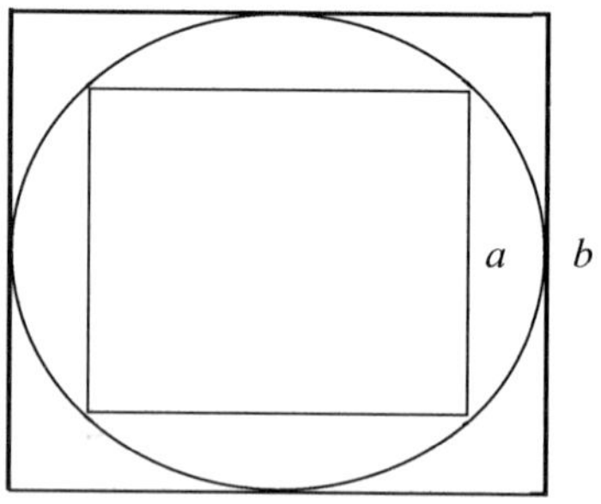

In the figure above, a circle is inscribed in a square with side b and a square with side a is inscribed in the circle. What is the area of the square with side b?

(1) $a=4$

(2) The radius of the circle is $2\sqrt{2}$.

59. 在左边的图形中，一圆*内切*(**inscribe**)于一边长为 b 的正方形，一个边长为 a 的正方形内接于此圆。问边长为 b 的正方形的面积等于多少？

解： 本题的正确答案为(D)。由 $a=4$ 可求出，内切圆的直径等于$\sqrt{2}a=4\sqrt{2}$，也即大正方形的边长 $b=4\sqrt{2}$，由此可求出其面积等于 32，所以(1)充分；由内切圆的半径等于 $2\sqrt{2}$也可得到大正方形的边长 $b=4\sqrt{2}$，其面积等于 32，所以(2)也是充分的。

60.

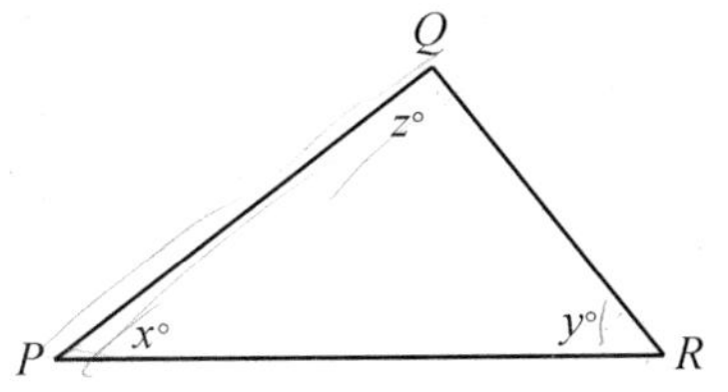

In $\triangle PQR$ above, is $PQ>PR$?

(1) $x=y$

(2) $y=z$

60. 在左边的$\triangle PQR$中，$PQ>PR$?

解： 本题的正确答案为(B)。由(1)$x=y$无法判断PQ与PR的大小；而由(2)$y=z$，可得到$PQ=PR$，因此(2)充分地说明了PQ并不大于PR。对上面的问题回答是“No”，同样也是充分地回答。

61. A certain encyclopedia has 20 volumes, each of which is w inches wide, k inches long and t inches thick. If all of the volumes are to be tightly packaged in one rectangular box that is k inches wide and w inches deep inside, could the inside length of the box be less than 35 inches?

(1) $t=1.5$

(2) $w=9$ and $k=12$

61. 某一百科全书有20卷，每一卷都是w英寸宽，k英寸长和t英寸厚。若所有这些书都紧紧地装在一宽为k英寸，深为w英寸的长方形盒子中，那么该盒子的长度能比35英寸小吗?

解： 本题的正确答案为(A)。每一本书的宽度和长度刚好与盒子的深度和宽度相等，所以盒子长度的大小取决于所有这些书的厚度，而与w和k值的具体大小是多少无关，所以(1)充分，而(2)不充分。根据(1)可以算出盒子的长度应为$20\times1.5=30$英寸，所以(1)充分地回答了该盒子的长度能比35英寸小。

62.

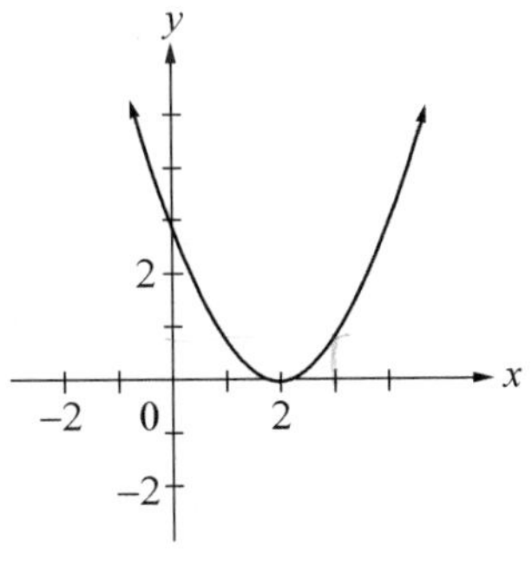

According to the graph above, when $x=3$, y is most nearly

(A) -1　(B) $-\frac{1}{2}$　(C) 0

(D) $\frac{1}{2}$　(E) 1

62. 根据左边的曲线图，当$x=3$时，y最近似于：

解： 本题的正确答案为(E)。由图形可知y的值大于等于0，当$x=2$时，$y=0$，因此该题的正确答案应在(D)和(E)中选取一个。根据曲线可以得到$x=3$时，y最近似于1。本题虽然并未表明图形是按比例画出的，但在坐标系中的图形或曲线一般可以认为是符合比例的，因此考生可以根据曲线的形状及位置进行度量。

63. A rectangle with dimensions 24 inches by 42 inches is to be divided into squares of equal size. Which of the following could

63. 一个宽为24英寸，长为42英寸的长方形被分割成大小相同的*正方形*(**square**)。下列哪一个可以是正方形的边长?

be a length of a side of the squares?

(A) 4 inches

(B) 6 inches

(C) 7 inches

(D) 8 inches

(E) 10 inches

解: 本题的正确答案为(B)。要使分割成的正方形的大小都相同，则分割成的正方形的边长一定为长方形的长和宽的公约数，42与24的公约数有1，2，3，6。

第 四 章

Data Interpretation(数据解释)

有时在GMAT考题中会出现图表题。虽然数据解释题在GMAT考试中出现的频率并不高，但因我国考生在这一方面训练较少，所以本节将比较详尽地对数据解释型的题进行讲解。要想获得GMAT高分，数学部分的每一道题都不能放弃。实际上这部分并不难，只不过因为我们见得少而感到生疏罢了。考生只要能掌握这类题的套路，并稍加训练，这部分的所谓难题就可迎刃而解。

第一节　数据解释的题型介绍

图的基本思想都是利用距离或者面积来表示数值的大小，距离可以是长度、宽度等，而数值可以是美元、人数、百分比等等。给出的图总是标明图上什么部分表示什么数值，在解涉及图的问题时必须仔细阅读图上的标记、注解与单位。

一、数据解释题的要求

Data Interpretation questions require you to analyze information presented graphically in statistical charts, graphs, and tables.

二、数据解释中的图表类型：

1. Tables(表格)
2. Pie charts(圆形图)
3. Bar graphs(条带图)
4. Line graphs(线型图)
5. Cumulative graphs(累积图)

三、图表的含义

1. 表格: 分类排列记录事项的文件。如：统计表、收支对照表等；考生应该特别注意表格中所用的单位，很可能问题中所问的单位与表格中的单位不相同。例如，表格中的量以吨表示，而问题要求的量用磅表示。

Questions 1～2 refer to the following information.

A sample of employees were tested on data-entry skills for one hour, and the number of errors (x) they made and the percent of employees (p) making x errors were recorded as follows.

问题1～2参照下面的信息：

一个测试职员数据输入技巧的样本，在一小时中犯错误的次数(x)和犯该错误次数的职员的百分比(p)记录如下。

Number of Errors x	Percent of Employees p
0	2%
1	5%
2	10%
3	24%
4	17%
5	20%
6 or more	22%

1. If those employees who made 6 or more errors were removed from the sample and an employee were selected at random from those remaining, what is the probability that the employee selected made no errors?

(A) $\frac{1}{11}$　(B) $\frac{1}{22}$　(C) $\frac{1}{39}$

(D) $\frac{1}{50}$　(E) $\frac{1}{78}$

若把犯 6 个或 6 个以上错误的职员移出样本，并且从剩余职员中随机挑出一名职员，问该职员未犯任何错误的概率是多少？

解：本题的正确答案为(C)。由表可知，有 6 个或 6 个以上错误的职员的百分比为 22%，移走这一部分后，剩余 78% 的职员中，不犯错误的职员占 2%，所以其概率为：

$$\frac{2\%}{78\%}=\frac{1}{39}$$

2. What was the median number of errors in the sample?

(A) 3　(B) 3.5　(C) 4　(D) 4.5

(E) It cannot be determined from the information given.

样本中犯错误次数的中数是多少？

解：本题的正确答案是(C)。样本中犯错误次数的中数，指样本中中间一个人所犯的错误。考生可以设该样本中共有 100 人，因为 100 是偶数，所以样本中犯错误次数的中数为第 50 个人和第 51 个人犯错误次数的和除以 2。根据表格中的数据有：犯 0 个错误的人有 2 个，犯 1 个错误的人有 5 个，犯 2 个错误的人有 10 个，犯 3 个错误的人有 24 个，犯 4 个错误人的有 17 个，那么按错误数目排序的第 50 人和 51 人均有 4 个错误，所以中数为 4。

2. 圆形图：表示部分与整体的关系，通常以百分比表示图中的每个部分。图中整个圆代表 100%，占总数一定百分比的一个量以相同的比例用一个“扇面(Sector)”表示，扇面越大，所占的比率越高。

Question 3 refers to the following graph.

JULY ELECTRICITY USAGE
FOR THE SMYTHE HOUSEHOLD

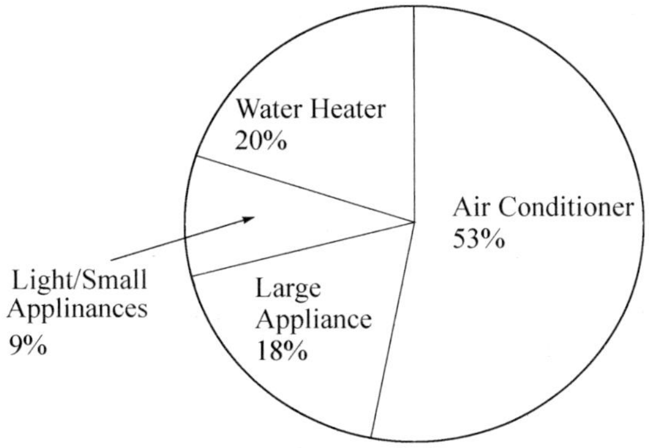

Electricity used: 800 kilowatt-hours

3. The electricity used by the water heater was measured separately and its cost per kilowatt-hour was one-half the cost per kilowatt-hour of the rest of the electricity used. The cost of the electricity used by the water heater was most nearly what fraction of the total cost of all the electricity used?

(A) $\frac{1}{11}$ (B) $\frac{1}{9}$ (C) $\frac{1}{8}$ (D) $\frac{1}{5}$

(E) It cannot be determined from the information given.

标题： Smythe 家庭七月份的用电分布

热水器用的电是分开计算的，它消耗电的每千瓦时价格是其他用电设备的一半。热水器的电费占总电费的比例最接近于下面哪一项？

解： 本题的正确答案为(B)。由题干中的饼图可知热水器的用电量占总用电量的 20% 而其他各项占总用电量的 80%，设热水器的电费为\$$x$ 千瓦/小时，则其他各项的电费为\$$2x$ 千瓦/小时，由此可知热水器的电费占总电费的比例为：

$$\frac{20\% \times x}{20\% \times x + 80\% \times 2x} = \frac{1}{9}$$

3. 线形图： 主要用来描述某一量的连续变化过程，通常以时间作为变化参数。如果曲线向上延伸，则表示数量增加；如果曲线向下延伸，则表示数量减少；如果曲线向水平方向延伸，则表示数量没有变化。有些图中可能不止一条曲线，这些曲线在变化时可能会交叉或重叠，且交叉重叠部分又往往是 ETS 的考点，因此考生在做题时对曲线中交叉重叠的部分要倍加注意；

Questions 4～5 refer to the following graph.

4～5 参照下图信息

FOREIGN TRADE OF COUNTRY X, 1964～1980
(in United States dollars)

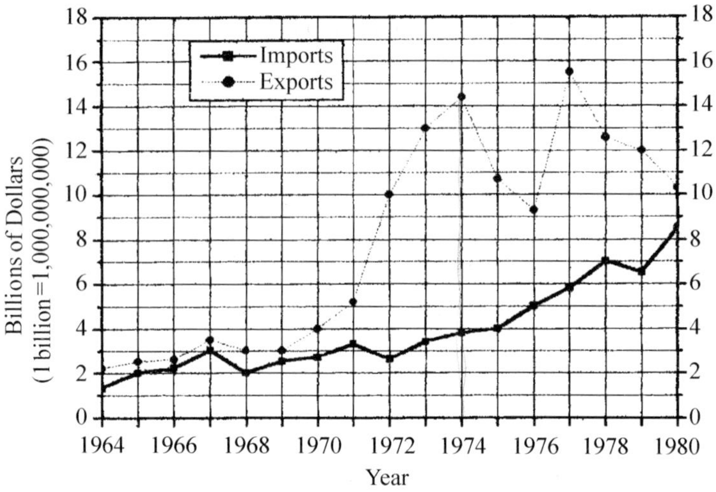

Note: Drawn to scale.

4. In 1974 the dollar value of imports was approximately what percent of the dollar value of exports?

(A) 4%　　(B) 17%

(C) 27%　　(D) 79%

(E) 367%

标题： 1964～1980 年 X 国的外贸(以美元计)

1974 年美元进口额大约是美元出口额的百分之几？

解： 本题的正确答案为(C)。图中有一实一虚两条曲线，其中虚线代表出口额随年份的变化，实线代表进口额随年份的变化。由两条曲线可以看出，1974 年进口额约为 \$3.8 billion，出口额约为 14.2 billion，因而进口额与出口额的百分比为：3.8/14.2 ≈27%

5. If it were discovered that the import dollar amount shown for 1978 was incorrect and should have been \$5.3 billion instead, then the average (arithmetic mean) import dollar amount per year for the 17 years would be how much less?

(A) \$100million　　(B) \$53million

(C) \$47million　　(D) \$17million

(E) \$7million

若发现图中所示的 1978 年的进口额有误，正确值应为 53 亿美元，那么这 17 年进口额的(算术)平均值将会减少多少？

解： 本题的正确答案为(A)。1978 年的进口额的正确值为\$5.3 billion，与图中所示的\$7 billion 相比，少了 1.7billion，因此这将使 17 年的进口额的算术平均值减少量为：

1.7/17=\$0.1billion=\$100million

4. 条带图： 主要利用条带的长度或高度来进行比较，每个条带可能表示一个量，也可能将其分割成几段以表示不同的量。这些图的条带有些是水平方向的，有些是垂直方向的。不同的量用密度不同的斜线或黑色的深浅来区分；

Question 6 refers to the following graph. In these questions all references to gasoline prices and taxes refer to average prices, including tax, and average taxes, in United States dollars, On June 1, 1989.

AVERAGE GASOLINE PRICES AND TAXES
JUNE 1, 1989

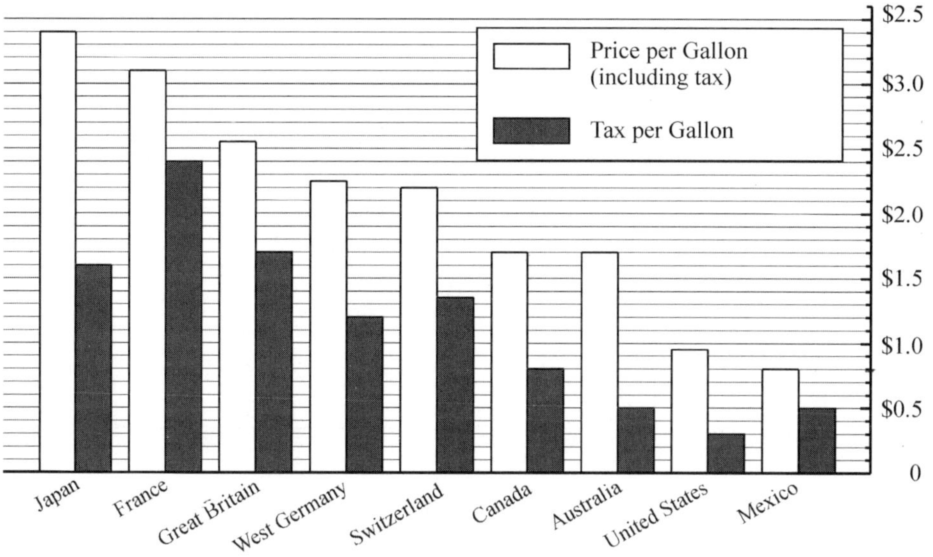

Note: Drawn to scale

6. If the tax per gallon of gasoline in Canada were doubled and the increase in tax added to the price per gallon of gasoline, what percent of the resulting price per gallon would the tax then be?

(A) 36% (B) 50%
(C) 64% (D) 75%
(E) 90%

若加拿大每加仑汽油的税款加倍，那么税款的增长与每加仑汽油价格相加以后，税款将会是每加仑汽油的最终价格的百分之多少？

解： 本题的正确答案为(C)。由图可知，加拿大每加仑汽油的含税价格是$1.7，而税款为每加仑$0.8，税款加倍后为每加仑等于$1.6，因此每加仑的税款将是每加仑汽油最终价格的 1.6/(1.7+0.8)=0.64。

5. 累积图： 以累积带图的形式，将累积条带的高度按比例分成不同的数量，用以比较几个项目。

Questions 7～8 refer to the following graphs.

COLLEGE R：ENROLLMENT AND CONTRIBUTIONS

1976～1980

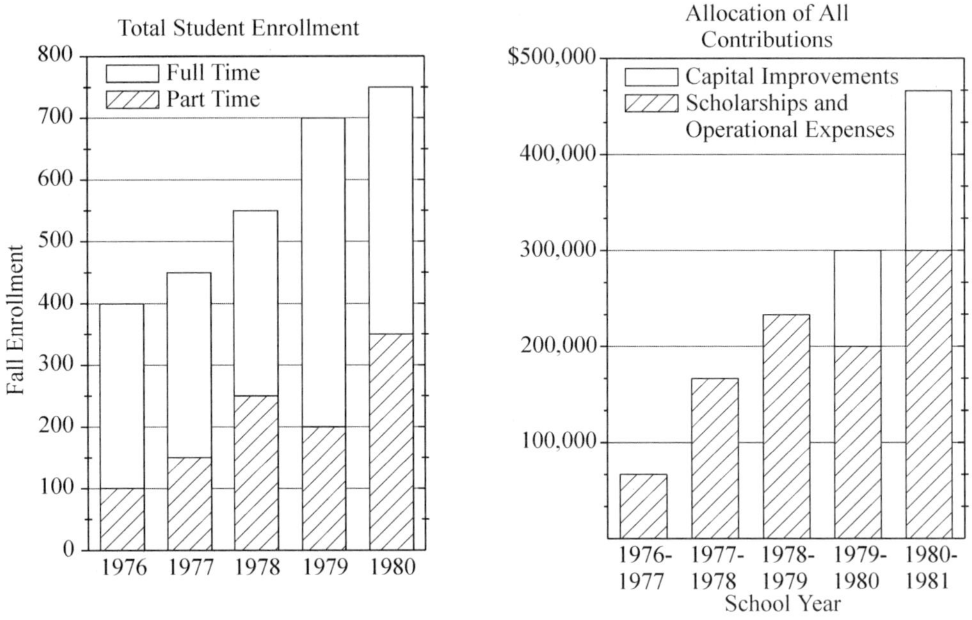

Note：Drawn to scale

7. In the 1978～1979 school year, if 12 percent of the amount of contributions allocated to scholarships and operational expenses was allocated to heating costs, approximately how much was NOT allocated to heating costs?

(A) \$2,000　　(B) \$25,000

(C) \$176,000　　(D) \$205,000

(E) \$250,000

在1978～1979学年，若分配给奖学金和实验费用的捐资的12%用于取暖，大约有多少费用没有分配给取暖？

解：本题的正确答案为(D)。从捐资分配图(Allocation of All Contributions)中可以观察到1978～1979学年学院R所获得的捐资共约\$233,000，从而没有分配给取暖的费用约为\$233,000×(1－12%)＝\$205,040，与选项(D)的结果相一致。

8. Approximately what was the total amount of contributions to College R from the 1978～1979 school year through the 1980～1981 school year, inclusive?

(A) \$967,000　　(B) \$1,000,000

(C) \$9,000,000　　(D) \$9,667,000

(E) \$10,000,000

学院R从1978～1979学年到1980～1981学年(包括二者)获得的捐资总额约为多少？

解：本题的正确答案为(B)。从捐资分配图(Allocation of Contributions)可以发现学院三个学年获得的捐资额分别为\$233,000，\$300,000，\$467,000，因此其总额为三者之和，等于\$1,000,000。

四、数据解释题的特点

1. 数据解释一般都以 Problem Solving 的形式出现；

2. 较难的题往往需要综合两个或多个图表的信息才能正确解答。

3. 并非所有的图表都是按比例画出的。如果一个图是按比例画出的，那么你就会在图的下面看到"Note：Drawn to scale"。一般说来，图形是否按比例画出，具有以下规律：

① Bar graphs will be drawn to scale

② Line charts will be drawn to scale

③ Pie charts will not be drawn to scale

④ Visual scale is relevant with tables

4. 题目中一般会在图表的上面或下面给出解释图表所必要的额外信息。

5. 大多数的问题只要求近似解。

五、数据解释题的解题策略

数据解释题不同于数值计算题和数量比较题，考生必须具有敏锐的洞察力，透过图表以抓住解题的关键数据和信息。解答数据解释题时要注意以下几点：

1. 首先对整个图表做一个大致了解，但不要深入到图表中。一开始就希望对其全面了解，会浪费大量的时间，且获得的许多信息又是无用的。一个图形或表格所包括的信息量是很大的，而题目则一般只有两个，根本不可能涉及所有的内容，因此我们只要做到"按需索取"即可。题目要求回答什么问题，就到图表中寻找相关的信息。对图表的大致了解不能只集中在"big picture"，还要注意"big picture"的周围，即：

① 图表的标题，一般位于上方；

② 横坐标的意义，位于其下方；

③ 纵坐标的意义，位于图表的左边或右边或左右两边都有；

④ 线形图所表示的量或扇形区所表示的量；

⑤ 条式或线式图表中线轴所表示的量的范围；

⑥ 圆式图表的总值；

⑦ 日期，测量单位；

⑧ 阴影部分或其他符号所代表的关键内容；

⑨ 脚注，有的用"*"号在标题中引出，有的直接给出，由于它位于图表的底端，有时字体较小，最易遗漏，应引起考生的重视。

2. 在图表中如有读数困难，可用草纸或铅笔帮助量取；

3. 对较复杂的问题，不要知难而退，可将其分解为几部分，再各个击破。对多个图表同时出现的问题，经常需将在某一个图表中读取的信息带到另一个图表中方能得到最后的结论；

4. 问题中所使用的单位有时与图表中的不一致，考生务必用正确的单位回答问题；

5. 许多问题只要求近似答案，所以有时可以取近似值以节省时间和脑力，但不要不合理地取舍数据，以造成计算结果错误；

6. 勿搞混小数与百分数，例如 0.3%实际上等于 0.003；

7. 勿搞混百分数与原始数，例如把 70%当作 70 处理；

8. 对任何问题的回答必须依据图表所提供的信息，不能凭自己所了解的背景知识进行主观臆断。

第二节 重点试题精练及解析

1. NUMBER OF FARMS IN THE UNITED STATES,
1850～1990 (in millions)

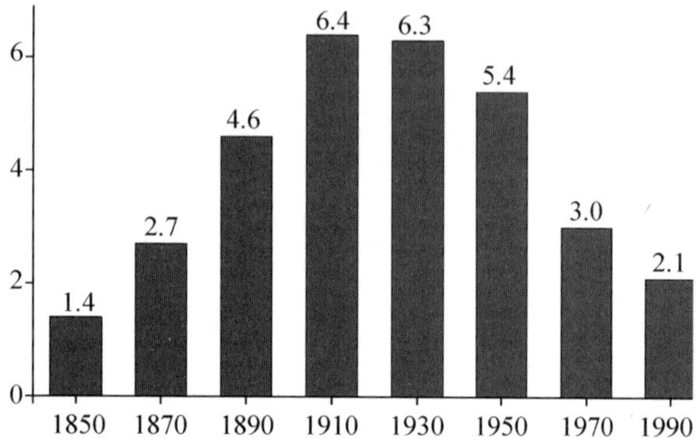

The average acreage per farm was approximately 140 in 1910 and 220 in 1950. The ratio of the total farmland acreage in 1910 to the total in 1950 was most nearly

(A) $\frac{3}{4}$ (B) $\frac{2}{3}$ (C) $\frac{3}{5}$

(D) $\frac{1}{2}$ (E) $\frac{2}{5}$

1. 标题：1850～1990 年美国农场数量(in millions)
在 1910 年每个农场的面积大约是 140 英亩，在 1950 年每个农场的面积大约是 220 英亩。1910 年农场的总面积与 1950 年农场的总面积之比最接近于下面哪一项？

解： 本题的正确答案为(A)。由图可知 1910 年农场总数为 6.4 million，1950 年农场总数为 5.4 million，因此两者面积之比等于 $(6.4\times140)/(5.4\times220)=0.754$。

2.

January	32, 14, 24, 28
April	45, 50, 58, 47
June	76, 80, 74, 79
August	84, 95, 100, 89
November	48, 43, 39, 42

In a set of measurements, the range is defined as the greatest measurement minus the least measurement. According to the table above, during the first four days of which month was the range of temperatures at noon the greatest?

(A) January (B) April (C) June
(D) August (E) November

2. 在某一组测量集中，测量的值域被定义为测量的最大值与测量的最小值的差。根据左边的表格，哪个月前 4 天中午的温度变化范围最大？

解： 本题的正确答案为(A)。由表可知各月份的温度的变化范围分别为：

January：32－14＝18

April：58－45＝13

June：80－74＝6

August：100－84＝16

November：48－39＝9

Questions 3～4 refer to the following graphs.
SALES AND EARNINGS OF COMPANY X

3～4 题参照下图：
标题：公司 X 的销售与收入

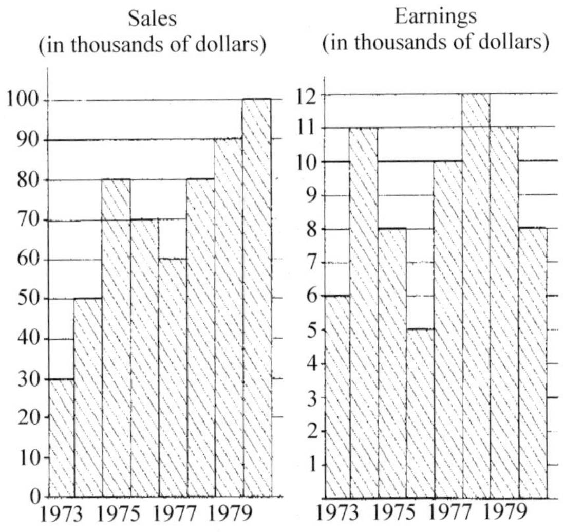

Note: Drawn to scale.

3. If at the end of 1973 Company X sold 30,000 shares of common stock for 35 times Company X's earning for the year, what was the price of a share of common stock at that time?
(A) \$7.00 (B) \$10.00 (C) \$17.50
(D) \$35.00 (E) \$70.00

3. 假如 X 公司在 1973 年底以该公司一年赢利的 35 倍价钱售出 30,000 份普通股。在当时普通股的价钱是多少？

解：本题的正确答案为(A)。考生解答该题的关键是对“sell... for...”短语的理解，for 后面接的词语多表示买进或卖出的价钱，如果能建立这种观念，本题就迎刃而解。根据 Earnings 图，可以找到 X 公司在 1973 年的赢利是\$6,000，所以每股普通股的价钱$=\frac{35\times\$6,000}{30,000}=\$7.00$

4. If Company X considered a good year to be any year in which earnings were at least 20 percent of sales, how many of the years shown were good years?
(A) None (B) One (C) Two
(D) Three (E) Four

4. 若 X 公司认为只要一年中它的赢利至少占销售额的 20%，那么该年就是好年头。根据图中显示，有多少个好年头？

解：本题的正确答案为(C)。该题是要找出对应的年份赢利(Earnings)与销售(Sales)的比值，经过简单计算，发现只有 1973 和 1974 两个年头满足要求。

Questions 5～6 refer to the following graph.
1977～1978 TEXTBOOK INVENTORY FOR SCHOOLS X AND Y BY YEAR OF PURCHASE

5 和 6 题参照下图：
标题：1977 至 1978 年度学校 X 和学校 Y 教科书的库存，按购买时间分类。(作为 1977～1978 年度库存的百分比)

(as a percent of the 1977～1978 inventory)

Note: All books were purchased new on July 1 of each year.

注：所有书都在每年的 7 月 1 日购买

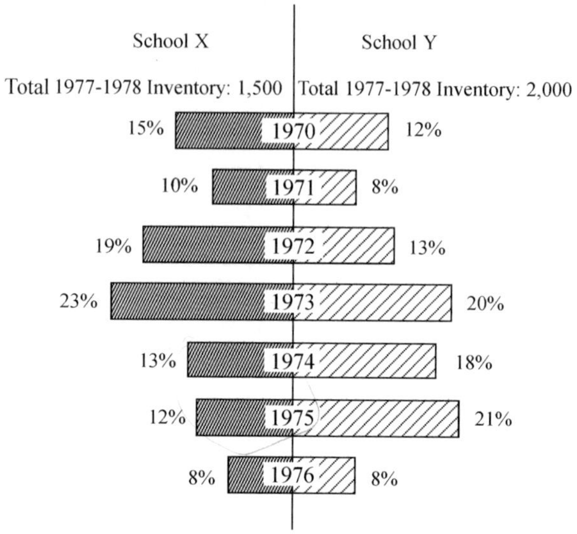

5. How many of the inventoried textbooks were purchased by the two schools combined during the years 1974, 1975, and 1976?

(A) 495　(B) 940　(C) 1,020

(D) 1,435　(E) 2,800

5. 1974、1975、1976 年两个学校购买的库存教科书的总数是多少？

解：本题的正确答案是(D)。学校 X 在 1974、1975、1976 年购买的图书总数为：

$$1500\times(13\%+12\%+8\%)=495$$

学校 Y 在 1974、1975、1976 年购买的图书总数为：

$$2000\times(18\%+21\%+8\%)=940$$

两个学校购买图书的总数 $=495+940=1435$

6. If School X purchased 300 textbooks in 1971 and all of these textbooks either were counted in the inventory or had been discarded before the inventory, what percent of these textbooks had been discarded?

(A) 10%　(B) 20%　(C) 50%

(D) 80%　(E) 100%

6. 若学校 X 在 1971 年购买了 300 本教科书，且所有的这些教科书或者进入库存或者在进入库存前被废弃，那么被废弃的教科书占这些书的百分之几？

解：本题的正确答案是(C)。1971 年学校 X 库存图书数目为：

$$1500\times10\%=150$$

所以被废弃图书所占的百分比为：

$$(300-150)\div300=50\%$$

7. Which of the following statements can be inferred from the graph?

Ⅰ. School X has a smaller enrollment than

7. 下面哪一句话可以从题目的图表中推断出来？

Ⅰ. 学校 X 的在册学生比学校 Y 的在册

School Y.

Ⅱ. If the age of a book is the number of years since purchase, then the average (arithmetic mean) age of a book in the School Y inventory is less than that of a book in the School X inventory.

Ⅲ. According to the inventory, School X and School Y purchased the same number of textbooks in 1976.

(A) None

(B) Ⅰ only

(C) Ⅱ only

(D) Ⅰ and Ⅱ

(E) Ⅱ and Ⅲ

学生少；

Ⅱ. 若书的年龄为图书购买后的年数，那么学校 Y 库存图书的平均年龄比学校 X 库存图书的平均年龄小；

Ⅲ. 根据库存，学校 X 和学校 Y 在 1976 年购买的教科书的数目相同。

解：本题的正确答案是(C)。由图表中图书的库存信息无法得到学校 X 与学校 Y 的学生的多少，所以Ⅰ肯定不对；Ⅱ中涉及库存图书的平均年龄，学校 X 库存图书的平均年龄为：$8\times15\%+7\times10\%+6\times19\%+5\times23\%+4\times13\%+3\times12\%+2\times8\%=5.23$，学校 Y 库存图书的平均书龄为：$8\times12\%+7\times8\%+6\times13\%+5\times20\%+4\times18\%+3\times21\%+2\times8\%=4.81$，所以Ⅱ一定正确，其实由图表也可观察到学校 X 的年龄比较大的图书所占的比例均大于学校 Y 的，从而可判断Ⅱ是正确的；由两学校的库存总量不同，可推知Ⅲ肯定不对。

8. CANCELATION FEES

Days prior to Departure	Percent of Package Price
46 or more	10%
45～31	35%
30～16	50%
15～5	65%
4 or fewer	100%

The table above shows the cancellation fee schedule that a travel agency uses to determine the fee charged to a tourist who cancels a trip prior to departure. If a tourist canceled a trip with a package price of \$1,700 and a departure date of September 4, on what day was the trip canceled?

(1) The cancellation fee was \$595.

(2) If the trip had been canceled one day later, the cancellation fee would have been \$255 more.

8. **标题：**撤销费用

一个旅行机构用上面表格中所示的撤销费用清单来向在旅行出发前取消旅行的旅客索取费用。若一个旅客取消了一个由旅行社代办的且出发时期为 9 月 4 日的旅行，代办费用为 1700 美元，问该游客哪一天撤销了此旅行？

(1) 撤销费用为 595 美元

(2) 若晚撤销此旅行一天，则撤销费用就可能多 255 美元

解：本题的正确答案为(C)。(1) 不充分，因为当撤销费用为 595 美元时，占代办费的比例为$\frac{595}{1700}=35\%$，根据表格中的数据可知此旅行在 31～45 天前被取消，但无法得知确切的撤销日期；(2) 不充分，因为根据(2)可知晚一天多付的钱占总代办费的$\frac{255}{1700}=15\%$，结合表格中的数据，不难发现撤销的时间存在两种可能，即出发前的 31 天，或出发前的 16 天；而根据(1)

+(2)可得撤销旅行的日期必为出发前的第31天，即8月4日。

9. NET INCOME FOR CORPORATIONS A and B

	Corporation A	Corporation B
Net Income in 1987	$2.9 million	$0.87 million
Percent Decrease in Net Income from 1986 to 1987	8.8%	13.3%

The net income of Corporation B in 1986 was approximately what percent of the net income of Corporation A in 1987?

(A) 35%　(B) 30%　(C) 25%
(D) 20%　(E) 15%

9. **标题**：A公司和B公司的净收入

B公司1986年的净收入是A公司1987年净收入的百分之多少？

解：本题的正确答案为(A)。设B公司1986年的净收入为x，由题意可得B公司1986年的净收入为：

$$x(1-13.3\%)=0.87\text{million}$$

$$\Rightarrow x=1 \text{ million 美元}$$

由表可知A公司1987年的净收入为$2.9million，所以有：

$$\frac{1}{2.9}=34.4\%$$

10.

Week	Number of Tickets Sold
1	1,000,000
2	1,000,000
3	750,000
4	250,000

The table above shows the number of tickets sold during each of the first 4 weeks after a movie was released. The producer of the movie received 10 percent of the revenue from every ticket sold with a guaranteed minimum of $200,000 per week for the first 4 weeks. If tickets sold for $4 each, how much did the producer receive for the first 4 weeks?

(A) $800,000
(B) $900,000
(C) $1,000,000
(D) $1,200,000
(E) $1,300,000

10. 左边的表格表示在一个电影发行后的前4周中的每一周的电影票的销售数量。电影制片人获得每张票销售收入的10%，且在前4周的每一周都有一个被保证的200,000美元的最低收入。若票价为每张4美元，则电影制片人在前4周得到了多少钱？

解：本题的正确答案为(E)。根据题意可知当票房收入的10%不足200,000美元时，制片人要获得200,000美元的最低收入。由表中数据可知前3周的票房收入的10%均超过了200,000美元，而第四周售票收入的10%为：

$$250,000\times4\times10\%=100,000$$

第四周的票房收入不足200,000美元，则制片人第四周的收入应为200,000美元，因此制片人前4周共获得：

$(1,000,000+1,000,000+750,000)\times4\times10\%+200,000=1,300,000$ 美元

11.

Month	Average Price per Dozen
April	\$1.26
May	\$1.20
June	\$1.08

The table above shows the average (arithmetic mean) price per dozen of the large grade A eggs sold in a certain store during three successive months. If $\frac{2}{3}$ as many dozen were sold in April as in May, and twice as many were sold in June as in April, what was the average price per dozen of the eggs sold over the three-month period?

(A) \$1.08 (B) \$1.10 (C) \$1.14

(D) \$1.16 (E) \$1.18

12. TOTAL EXPENSES FOR THE FIVE DIVISIONS OF COMPANY H

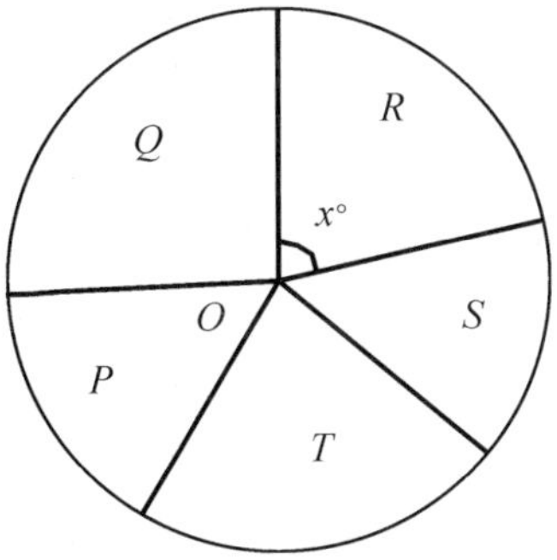

The figure above represents a circle graph of Company H's total expenses broken down by the expenses for each of its five divisions. If O is the center of the circle and if Company H's total expenses are \$5,400,000, what are the expenses for division R?

(1) $x=94$

(2) The total expenses for divisions S and T are twice as much as the expenses for division R.

11. 左面的表格表明了某一商店连续 3 个月的大 A 级鸡蛋每打的平均售价。若 4 月份销售的鸡蛋的打数是 5 月份的$\frac{2}{3}$，且 6 月份销售的鸡蛋的打数是 4 月份的两倍，则这 3 个月期间每打鸡蛋的平均售价是多少？

解： 本题的正确答案为(D)。设 4 月份的销售打数为 x，则 5 月份销售的打数为$\frac{3}{2}x$，6 月份销售的打数为 $2x$，因此这 3 个月中每打鸡蛋的平均销售价格为：

$$\frac{1.26x+1.2\times\frac{3}{2}x+1.08\cdot 2x}{x+\frac{3}{2}x+2x}=1.16$$

12. 标题： H 公司 5 个部门的总开支

左边的饼形图表明了 H 公司总开支，该图按其 5 个部门中每一个的开支被分成 5 个部分。若 O 是圆的圆心，且公司 H 的总花费为\$5,400,000，则部门 R 的花费是多少？

解： 本题的正确答案为(A)。(1)充分，根据 $x=94$，其中 x 为 R 扇形的圆心角，可以得到 R 部的花费 $=\frac{94}{360}\times 5,400,000=1,410,000$；(2)不充分，因为根据 S 和 T 的花费是 R 部花费的 2 倍，即 $S+T=2R$ 无法说明 R 到底在圆中占多大比例。

Questions 13～14 refer to the following information.

13.

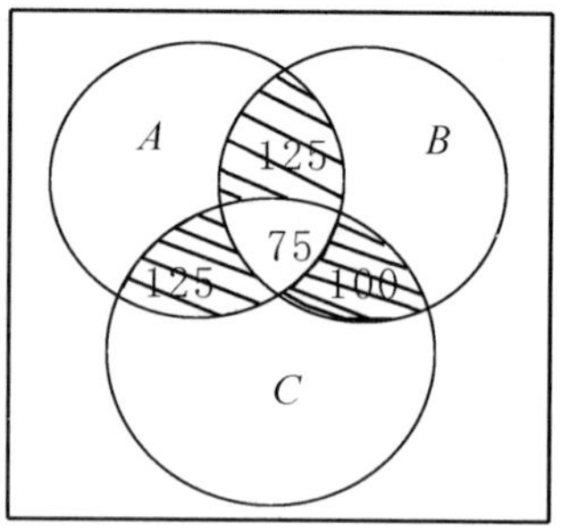

In a marketing survey for products A, B, and C, 1,000 people were asked which of the products, if any, they use. The three circular regions in the diagram above represent the numbers of people who use products A, B, and C, according to the survey results. Of the people surveyed, a total of 400 use A, a total of 400 use B, and a total of 450 use C.

How many of the people surveyed use exactly one of the products?

(A) 75　　(B) 100　　(C) 150

(D) 250　　(E) 325

14. What percent of the people surveyed use product A or product B or both, but not product C?

(A) 12.5%

(B) 17.5%

(C) 30%

(D) 40%

(E) 60%

Questions 15～16 refer to the following graphs.

BREAKDOWN OF COST TO CONSUMER FOR THE PRODUCTION OF 6 OUNCES OF FROZEN ORANGE JUICE

问题 13～14 参照下面的信息。

13. 在一个对于产品 A，B 和 C 的市场营销的调查中，有 1000 人被问及他们使用哪一种产品。上面图形中的 3 个圆形区域表示使用产品 A，B 和 C 的人数，根据调查的结果，在被调查的人中，使用 A 产品的共有 400 人，使用 B 产品的共 400 人，使用 C 产品的共有 450 人。

调查中有多少人只使用一种产品？

解： 本题的正确答案为(E)。由上面的集合图可知，仅使用一种产品的人就是图中三个圆形区域不相交的部分所代表的人数，根据图形可得，仅使用 A 产品的人有：

$$400-125-125-75=75$$

仅使用 B 产品的人有：

$$400-125-75-100=100$$

仅使用 C 产品的人有：

$$450-125-75-100=150$$

所以仅使用一种产品的人共有：

$$75+100+150=325$$

14. 被调查的人中有百分之多少的人或者使用 A，或者使用 B，或者两者都使用，但不使用 C？

解： 本题的正确答案为(C)。使用 A 但不使用 C 的人有：

$$400-125-75=200 \text{ 个}$$

使用 B 但不使用 C 的人有：

$$400-100-75=225 \text{ 个}$$

使用 A 或 B 或两者都使用的人有：

$$200+225-125=300 \text{ 个}$$

所以使用 A 或 B 或两者都使用但不使用 C 的人所占百分比为：$\frac{300}{1000}=30\%$

问题 15～16 参照下图信息。

标题： 生产 6 盎司的冷冻橘子汁(对消费者)的成本分解图

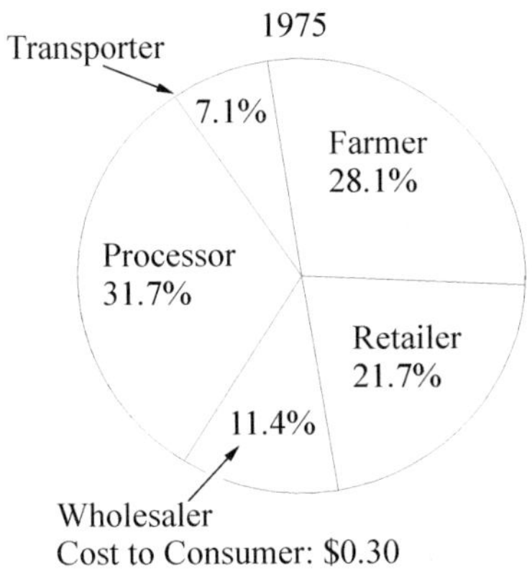

15. Of the following, which is closest to the increase from 1975 to 1980 in the amount received by the processor in producing 6 ounces of frozen orange juice?

(A) \$0.03 (B) \$0.05 (C) \$0.06
(D) \$0.08 (E) \$0.13

16. In 1980, approximately what fraction of the cost to the consumer for the production of 6 ounces of frozen orange juice went to the farmer?

(A) $\frac{3}{11}$ (B) $\frac{1}{3}$ (C) $\frac{4}{9}$
(D) $\frac{5}{9}$ (E) $\frac{3}{5}$

Questions 17～19 refer to the following graph.

AVERAGE COSTS OF OPERATING SUBCOMPACT, COMPACT, AND MID-SIZE CARS IN THE UNITED STATES, 1982～1986

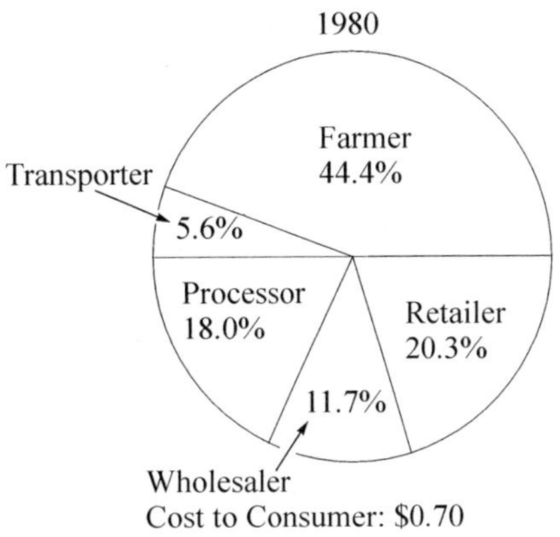

15. 下列哪一项最接近于加工者从 1975 年到 1980 年生产 6 盎司的冷冻橘子汁所收到的金额的增加量？

解： 本题的正确答案为(A)。从题目的饼图中可以看出，消费者在 1975 年买 6 盎司橘子汁所花的钱为 0.30 美元，其中分配到生产商那里的费用占这个金额的 31.7%，即为 31.7%×0.30；而消费者在 1980 年买 6 盎司的橘汁的花费为 0.70 美元，分配到生产商那里的百分比为 18.0%，即为 0.70×18.0%，所以从 1975 年到 1980 年生产商所得到的金额的增加为：
0.70×18.0%－31.7%×0.30＝0.0309 美元

16. 在 1980 年，消费者购买 6 盎司的橘汁所花的钱中，农民们得到了大约多大的比例？

解： 本题的正确答案为(C)。从 1980 年的饼图中可以看出，农民们能得到消费者所花的钱的 44.4%，约等于$\frac{4}{9}$。

问题 17～19 参照下列信息。

标题： 1982～1986 年美国的微型汽车，小型汽车和中型汽车的平均运作费用

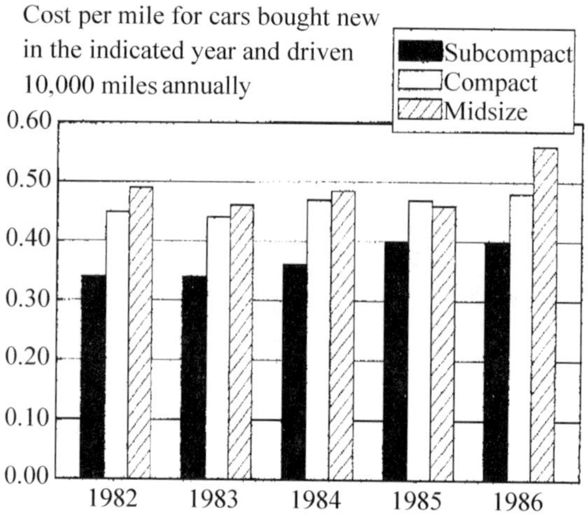

17. In 1982 the approximate average cost of operating a subcompact car for 10,000 miles was

(A) \$360　(B) \$3,400

(C) \$4,100　(D) \$4,500

(E) \$4,900

17. 在1982年微型汽车运行10,000英里的平均成本大约是多少?

解: 本题的正确答案为(B)。条形图的纵坐标是在当年买的新车运行10,000英里时平均每英里的运行成本,从图中可以看出微型汽车(图中的实心黑色条)在1982年每英里的运行成本是0.34美元,所以其10,000英里的平均运行成本是3,400美元。

18. In 1984 the average cost of operating a subcompact car was approximately what percent less than the average cost of operating a mid-size car?

(A) 12%　(B) 20%

(C) 25%　(D) 33%

(E) 48%

18. 在1984年开一辆微型汽车的平均成本大约比开一辆中型汽车的平均成本少百分之多少?

解: 本题的正确答案为(C)。从图中可以看出在1984年开一辆微型汽车每英里的平均成本是0.36美元,而开一辆中型汽车每英里的平均成本是0.48美元。根据题意可得:$\frac{0.48-0.36}{0.48}\times 100\%=25\%$

19. For each of the years shown, the average cost per mile of operating a compact car minus the average cost per mile of operating a subcompact car was between

(A) \$0.12 and \$0.18

(B) \$0.10 and \$0.15

(C) \$0.09 and \$0.13

(D) \$0.06 and \$0.12

(F) \$0.05 and \$0.08

19. 在上图所示的每一个年份中,开一辆小型汽车的每英里的平均成本与开一辆微型汽车的每英里的平均成本的差在下面哪一项的范围之内?

解: 本题的正确答案为(D)。从图中可以看出微型汽车的平均每英里成本从1982年到1986年呈逐年增加之势,而小型汽车的成本则在0.45美元附近,他们之间的差值在1982年最大,大约为0.12美元,在1984或1985年最小,大约为0.06美元。

20.

	Brand X	Brand Y
Miles per Gallon	40	36
Cost per Gallon	\$0.80	\$0.75

The table above gives the gasoline costs and consumption rates for a certain car driven at 50 miles per hour, using each of two brands of gasoline. How many miles further can the car be driven at this speed on \$12 worth of brand X gasoline than on \$12 worth of brand Y gasoline?

(A) 20　(B) 24　(C) 84

(D) 100　(E) 104

20. 左面的表格给出了某一汽车以 50 英里每小时的速度行驶时，使用两种不同牌子的汽油的成本和消耗率。问该汽车用 12 美元的 X 牌汽油以此速度行驶时将比使用 12 美元的 Y 牌汽油多开多远？

解： 本题的正确答案为(B)。12 美元可买 X 牌汽油 15 加仑，或买 Y 牌汽油 16 加仑，根据题意及表格中的数据可得，X 牌汽油比 Y 牌汽油多开的距离为：

$$40\times15-36\times16=24 \text{ 英里}$$

21. DISTRIBUTION OF SALES INCOME FOR STORE S LAST WEEK

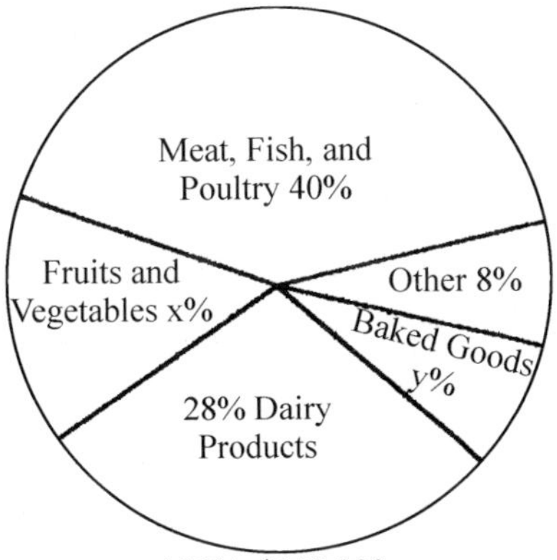

100%=\$100,000

According to the graph above, the sale of fruits and vegetables in Store S last week accounted for what percent of the total sales income for the week?

(1) Last week the total income from the sale of fruits and vegetables in Store S was \$16,000.

(2) $x=2y$

标题： S 商店上星期销售收入的分配

21. 根据左图，水果和蔬菜的销售收入占商店 S 上星期销售总收入的百分之多少？

(1) 商店 S 上星期卖水果和蔬菜的总收入是 16,000 美元

(2) $x=2y$

解： 本题的正确答案为(D)。由图表可知，商店 S 上星期的销售总收入是 100,000 美元，根据(1)可得水果和蔬菜占总销售收入的百分数为 $\frac{16,000}{100,000}\times100\%=16\%$，所以(1)充分；由图表可知 $x+y=100-28-40-8=24$，再根据(2)的 $x=2y$ 可得 $x=16$，即 $x\%=16\%$，所以(2)也充分。

22.

REVENUE FOR STORE X DURING WEEK 1

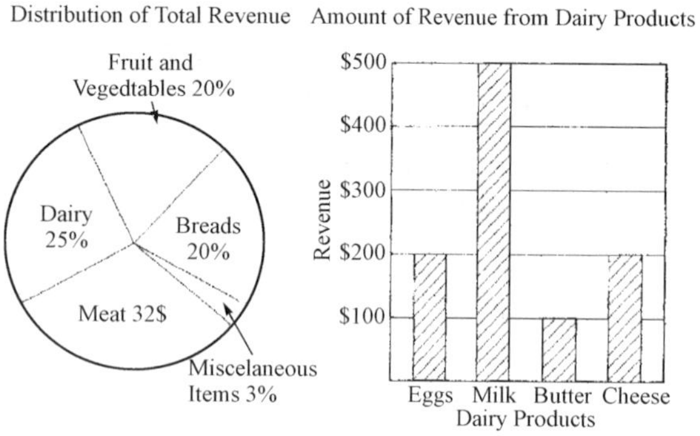

During week 1, revenue from eggs provided what percent of the total revenue for store X?

(A) 4%

(B) 5%

(C) 8%

(D) 20%

(E) 25%

23. If the revenue from the sale of apples was equal to the revenue from the sale of miscellaneous items, what PERCENT of the revenue from the sale of fruit and vegetables was accounted for by apples?

(A) 60%

(B) 15%

(C) 12%

(D) 6%

(E) 3%

24. The chart above shows how Jeff spent his earnings for one year. How much did Jeff

标题：一星期中商店X的收入

22. 在一星期中，销售鸡蛋的收入占商店X的总收入的百分比是多少？

解：本题的正确答案为(B)。从条形图中可以看出鸡蛋的收入为200美元，占奶制品销售收入的百分比为：

$$\frac{200}{200+500+100+200}=20\%$$

再根据饼图可知，奶制品占商店X销售总收入的25%，所以鸡蛋占销售总收入的百分比为：20%×25%=5%。

23. 若销售苹果的收入与销售杂货的收入相等，那么水果和蔬菜的销售收入有百分之多少的比例是来自销售苹果？

解：本题的正确答案为(B)。由饼图可知，销售苹果的收入与杂货的收入相等时，将占销售总收入的3%，而蔬菜和水果的收入占销售总收入的20%，所以销售苹果的收入占蔬菜和水果的收入的百分比为：3%÷20%=15%。

24. 左面的饼图表明了一年中Jeff如何花费他的收入。问Jeff买衣服花了多少钱？

(1) 他这一年中在网球上的花费是18美元

(2) 他这一年中在娱乐上的花费是190美元

解：本题的正确答案为(B)。从图中可以看出，Jeff在衣服上的开支占他这一年总收入的26%，因此只要能求出总收入是多少，就可以求出他在衣服上所花钱的多少。(1)明显不充分，因为它与图中的数据联系不

spend for clothing?

(1) He spent \$18 during the year on tennis balls.

(2) He spent \$190 during the year on recreation.

起来，从而也无法求出Jeff在衣服上所花的钱是多少；(2) 充分，因为根据娱乐的开支是190美元，以及它占总开支的20%，很容易求出他的总支出是190÷20%美元，所以他在衣服上的支出是190÷20%×26%=247美元。

25.

DAILY TRAIN SCHEDULE

Train	Scheduled Departure Station S	Scheduled Arrival Station T
X	7∶08(EST)*	8∶10(EST)

* Eastern Standard Time

The table above shows the morning schedule for train X. If Juan took train X on Monday morning, did he arrive at station T on schedule?

(1) Juan arrived at station T on Monday morning 1 hour and 2 minutes after he left station S.

(2) Juan arrived at his office at 8∶30 (EST) on Monday morning, which was 20 minutes after he arrived at station T.

25. **标题**：火车日程表

EST：东部标准时间

左表表示火车X的上午时刻表。若Juan在星期一的上午乘坐火车X，他能准时到达车站T吗？

(1) Juan星期一上午在离开车站S一小时两分钟后到达车站T；

(2) Juan星期一上午于8∶30(东部标准时间)，也即他到达车站T后的20分钟到达了他的办公室。

解：本题的正确答案为(B)。(1) 不充分，因为从(1)中我们只能得知，火车运行的时间与时刻表中的相一致，但却无从得知火车是否准时从S站出发，因此也无法推知Juan是否准时到达车站T；(2) 充分，因为(2)中指出Juan在8∶30到达办公室，是其到达车站T后的20分钟，由此可推知Juan到达T的时间为8∶10，所以Juan准时到达了车站T。

第 五 章

Word Problems（文字题）

GMAT 的文字题主要考查 Rate(比率)、Work(工作)、Mixture(混合物)、Interest(利息)、Discount(折扣)、Profit(利润)、Sets(集合)、Geometry(几何)、Measurement(测量方法)等方面的内容。

第一节 Weighted Average Problems（加权平均问题）

The formula for determining the average (A) of a series of terms (numbers) is:

$$A=\frac{a+b+c+\cdots}{n}$$

where ***n*** equals the number of terms (numbers in the series). When some numbers among the terms to be averaged are given greater "weight" than others, however, you have to make some adjustments to the basic formula to find the average.

例 1: Tom's average monthly salary for the first four months that he worked was \$4000. What must his average monthly salary be for each of the next eight months, so that his average monthly salary for the year is \$4,800?

解: The \$4,000 salary receives a weight of 4, while the unknown salary receives a weight of 8, if x represents the unknown salary, then we can approach this problem in strict algebraic fashion:

$$\frac{4(4000)+8x}{12}=4800 \Rightarrow x=5200$$

Tom's salary for each of the next eight months must be \$5200 for Tom to earn an average of \$4,800 a month during the entire 12 months.

第二节 Currency (Coin and Bill) Problems（货币问题）

Currency problems are really quasi-weighted-average(准加权平均) problems, because each item (bill or coin) in a problem is weighted according to its monetary value. Unlike weighted average problems, however, the "average value" of all the bills or coins is not at issue. In solving currency problems, remember the following:

1. You must formulate algebraic expressions involving both number of items (bills or coins) and value of items.

2. You should convert the value of all moneys to a common unit (that is, cents or dollars) before for-

mulating an equation. If converting to cents, for example, you must multiply the number of nickels by 5, dimes by 10, and so forth.

例 2：Mike has \$2.05 in dimes and quarters. If he has four fewer dimes than quarters, how much money does he have in dimes?

解：Letting x equal the number of dimes, $x+4$ represents the number of quarters. The total value of the dimes (in cents) is $10x$, and the total value of the quarters (in cents) is $25(x+4)$, or $25x+100$. Given that Mike has \$2.05, the following equation emerges:

$$10x+25x+100=205 \Rightarrow x=3$$

Mike has three dimes, so he has 30 cents in dimes.

第三节　Investment Problems(投资问题)

GMAT investment problems usually involve interest and require more than simply calculating interest earned on a given principal amount at a given rate. They usually call for you to set up and solve an algebraic equation, although sometimes you can solve these problems intuitively.

一、基本概念

① **Discount(折扣)**：商品按原定价格扣除百分之几出售。If a price is discounted by n percent, the price becomes $(100-n)$ percent of the original price.

② **Interest(利息)**：借款人支付给贷款人的报酬。利息可分单利(simple interest)和复利(compound interest)两种计算方法。

③ **Simple Interest (单利)**：计算利息的一种方法。不管期限长短，仅按本金(principal)计算利息，其所生利息不再加入本金重复计算利息。

④ **Compound Interest(复利)**：单利的对称。经过一定的期限，将所生利息加入本金再计利息，逐期滚算，俗称"利上滚利"。

⑤ **Rate or Percent of Interest(利率)**：亦称"利息率"，指一定时期内利息额同贷出金额的比率，有年利率、月利率和日利率。

⑥ **Profit(利润)**：Gross profit is equal to revenues minus expenses, or selling price minus cost.

例 3：A certain appliance costs a merchant \$40. At what price should the merchant sell the appliance in order to make a gross profit of 30 percent of the cost of the appliance?

解：设 x 为销售价，则由题意可列出方程 $x-40=40\times30\%$，解这个方程可得 $x=\$52$。

二、基本性质

(1) **Selling Price(销售价)**＝Cost(原价或价值)± Gain 或 Loss(盈或亏)

（2）**Discount（折扣）**＝Cost（原价）×Discount Rate（折扣率）

Discount Price（折扣价）＝原价－折扣

（3）**Interest（利息）**

① **Simple Interest（单利）**＝Principal（本金）×Interest Rate（利率）×Time（时间），式中时间单位与利率的时间单位应一致。

② **Compound Interest（复利）**：$A=P(1+r)^n$，式中：A 为本利和（principal＋interest），P 为本金（principal），r 为利率（rate or percent of interest），n 为期数。

例 4：Mr. Richard plans to invest \$20,000 in an account paying 6% interest annually. How much more must he invest at the same time at 3% so that his total annual income during the first year is 4% of his total initial investment?

（A）\$32,000　　（B）\$36,000

（C）\$40,000　　（D）\$47,000

（E）\$49,000

解：Letting x equal the amount invested at 3%, then Mr. Richard's total investment is $20,000+x$. The interest on \$20,000 plus the interest on the additional investment equals the total interest from both investments. You can state this algebraically as follows:

$$20,000\times 0.06+0.03x=(20,000+x)\times 0.04$$

$$\Rightarrow x=40,000$$

Richard must invest \$40,000 at 3% for his total annual income to be 4% of her total investment (\$60,000).

第四节　Motion Problems（运动问题）

Motion problems involve the linear movement of persons or objects over time. Fundamental to all GMAT motion problems is the following simple and familiar formula:

Distance（距离）＝Rate（速度）×Time（时间）

Nearly every GMAT motion problem falls into one of four categories:

（1）**Two objects moving in opposite directions（反向运动）**：反向运动有两种，一是两个物体同时同地向相反的方向运动，二是两个物体同时但相隔一定距离向相反的方向运动。在上述任何一种情况下，$d_1+d_2=d$，这里 d_1 和 d_2 分别表示第一和第二个物体在一定的时间里移动的距离，d 表示两个物体移动的距离之和。

（2）**Two objects moving in the same direction（同向运动）**：亦称"追赶运动"，两个物体同时同地以不同的速度向相同的方向运动，被称为"同向运动"。

（3）**One object making a round trip（往返运动）**：表示从某地出发再回到某地的运动。

（4）**Perpendicular or Right-angle（垂直运动）**：指两个物体运动的方向相互垂直。For example, where one object moves in a northerly direction while another moves in an easterly direction. However, this type is really just as much a geometry as an algebra problem, because you determine the distance between the two objects by applying the Pythagorean Theorem to determine the length of a triangle's hypotenuse.

例 5：How far can Scott drive into the

解：Scott 实际的开车时间是 7 小时，这 7

country if he drives out at 40 mph, returns over the same road at 30 mph, and spends eight hours away from home including a one-hour stop for lunch?

小时由两部分时间组成，一部分是他从家开车到乡村所用的时间，另一部分是他从乡村返回所用的时间。设他开车外出所用的时间为 x，则他返回所用的时间为 $7-x$，把这两个代数表达式代入运动公式可得：

Formula：Rate × Time = Distance

Going：$(40)x = 40x$

Returning：$(30)(7-x) = 210-30x$

因为 Scott 所做的是往返运动，所以来回距离相等，于是我们可得出下列方程：

$40x = 210-30x \Rightarrow x = 3$

即 Scott 在外出时，以 40 mph 的速度运行了 3 小时，也即根据题中条件他可以开车到 120 英里远的郊外。

注：Regardless of which types of motion problem you're dealing with, you should always start with the same task: set up two distinct equations patterned after the simple motion formula ($r \cdot t = d$).

第五节 流水行船问题

船在江河里航行时，除了本身的前进外，还受到流水的推动或顶流，在这种情况下计算船只的航行速度、时间和所行的路程，叫做流水行船问题。流水行船问题是行程问题的一种，因此行程问题中的三个量(速度、时间和路程)的关系在这里将反复用到。此外流水行船问题还有以下两个基本公式：

顺水速度＝船速＋水速

逆水速度＝船速－水速

这里，船速是指船本身的速度，也就是在静水中单位时间里所走过的路程；水速是指水在单位时间里流过的路程。顺水速度和逆水速度分别是指顺水和逆水航行时船在单位时间里所行的路程。

例 6：某船在静水中的速度是每小时 15 千米，它从上游甲地开往下游乙地共花去了 8 小时，水速每小时 3 千米，问从乙地返回甲地需要多少时间？

分析：要想求从乙地返回甲地需要多少时间，只要分别求出甲、乙两地之间的路程和逆水速度。

解：从甲地到乙地，顺水速度：15＋3＝18(千米/小时)

甲乙两地路程：18×8＝144(千米)

从乙地到甲地的逆水速度：15－3＝12(千米/小时)

返回时逆行所需的时间：144÷12＝12(小时)

注：鸟或飞机在风中飞行问题与流水行船问题相类似，在解决这类问题时，只要把流水行船问题中的水速换成风速即可。

第六节 Work Problems(工作问题)

Work problems involve one or more "workers" (people or machines) accomplishing a task or job. 在工作问题中完成某项工作所用的时间与参加该项工作的人数成反比，也就是说，劳动者越多，工作就完成

的越快。下面是解决工作问题的通用公式：

$$\frac{A}{x}+\frac{A}{y}=1$$

In this formula: ***x*** and ***y*** represent the time needed for each of two workers to complete the job alone; ***A*** represents the time it takes for both x and y to complete the job working in the aggregate (together).

So each fraction represents the portion of the job completed by a worker. The sum of the two fractions must be 1, if the job is completed.

在工作问题中一般要出现三个量：工作总量、工作时间(完成工作总量所需的时间)和工作效率(单位时间内完成的工作量)。这三个量之间有下述一些关系：

工作效率×工作时间＝工作总量

工作总量÷工作时间＝工作效率

工作总量÷工作效率＝工作时间

例 7: Worker W produces n units in 5 hours. Workers V and W, working independently but at the same time, produce n units in 2 hours. How long would it take V alone to produce n units?

解：W 在 5 小时里制造了 n 个，则 W 每小时制造$\frac{n}{5}$个，而 V 和 W 同时独立地工作时在 2 小时内制造了 n 个，则 V 和 W 每小时制造$\frac{n}{2}$个，因而 V 每小时制造$\left(\frac{n}{2}-\frac{n}{5}\right)$个。从而 V 制造 n 个需要的时间为 $n\div\left(\frac{n}{2}-\frac{n}{5}\right)=3\frac{1}{3}$(小时)。

第七节　“牛吃草”问题

“牛吃草”问题与工作问题有些相似，在实际解题时可以把此类问题看作是工作问题来解决，“草的总量”可以看作是工作总量，“牛吃草”可看作是工人做工。这类问题区别于工作问题的地方是：在工作问题中总的工作量是一定的，而在“牛吃草”类的问题中，“草”的总量却是在不断变化的，这就是“牛吃草”问题的困难所在。下面将通过举例来讲解一下有关“牛吃草”的问题。

例 8：牧场上有一片匀速生长的草地，可供 27 头牛吃 6 周，或供 23 头牛吃 9 周，那么它可供 21 头牛吃几周？

提示：做这类问题困难在于草的总量有变，它每天，每周都在均匀地生长，时间越长，草的总量就越多，草的总量是由两部分组成的：(1) 某个时间期限前草场上原有的草量；(2) 这个时间期限后草场每天(周)由于生长而新增的草量；因此，必需设法找出两个量来。

分析与解答：下面就用这个题目为例对“牛吃草”类的问题进行分析。

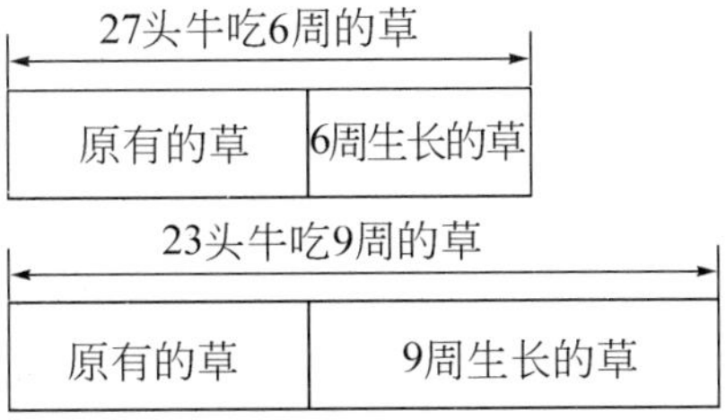

从上面的线段可以看出 23 头牛吃 9 周的总草量比 27 头牛吃 6 周的总草量要多。多出部分相当于 3 周新生长的草量。为了求出一周新生长的草量，就要将问题进行转化。27 头牛 6 周吃草量相当于 27×6＝162 头牛一周吃草量(或一头牛吃 162 周)；23 头牛 9 周吃草量相当于 23×9＝207 头牛一周吃草量(或一头牛吃 207 周)。这样一来我们可以认为每周新生长的草量相当于(207－162)÷(9－6)＝15 头牛一周的吃草量。

需要解决的第二个问题是牧场上原有的草量是多少？用 27 头牛 6 周的总吃草量减去 6 周新生长的草量(即 15×6＝90 头牛吃一周的草量)即为牧场原有的草量。所以牧场上原有草量为 27×6－15×6＝72 头牛一周的吃草量(或者为 23×9－15×9＝72)。

牧场上的草 21 头牛几周才能吃完呢？解决这个问题相当于把 21 头牛分成两部分。一部分看成专吃牧场上原有的草，另一部分看成专吃新生长的草。但是新生长的草只能维持 15 头牛的吃草量，且始终可保持平衡(前面已分析过每周新生的草恰好够 15 头牛吃一周)。故分出 15 头牛吃新生长的草，另一部分 21－15＝6(头)牛去吃原有的草，所以牧场上的草够吃 72÷6＝12(周)，也就是这个牧场上的草够 21 头牛吃 12 周。

第八节　Mixture Problems(混合物问题)

In mixture problems, you combine substances with different characteristics, resulting in a particular mixture or proportion. Here are some typical scenarios:

Wet Mixtures involving liquids, gases, or granules, which are measured and mixed by volume or weight, not by number (quantity).

Dry Mixtures involving a number of discreet objects, such as coins, coolies, or marbles, that are measured and mixed by number (quantity) as well as by relative weight, size, value, and so on.

溶液混合问题通常涉及浓度和百分比，而固态物质相混合的问题则通常涉及原始数目和数量。但是不管是溶液混合还是固态物质混合，解决它们的思路都是一样的，即要牢牢抓住混合前后的不变量。

例 9： How many quarts of pure alcohol must you add to 15 quarts of solution that is 40% alcohol to strengthen it to a solution that is 50% alcohol?

解： The original amount of alcohol is 40% of 15 quarts. Letting x equal the number of quarts of alcohol that you must add to achieve a 50% alcohol solution, $0.4\times 15+x$ equals the amount of alcohol in the solution after adding more alcohol. You can express this amount as 50% of $(15+x)$. Thus, you can express the mixture algebraically as follows:

$$0.4\times 15+x=0.5(15+x)$$

$$\Rightarrow x=3$$

You must add three quarts of alcohol to achieve a 50% alcohol solution.

Caution: *Mixture problems often involve units of measurement—such as weight, price, and distance. This feature gives the test-makers a great opportunity to trap you by commingling ounces and pounds, cents and dollars, inches and feet, and so forth. Don't fall for this ploy! Once you set up your equation, always convert terms to the same unit of measurement. You'll be glad at what you did.*

第九节　鸽巢原理(抽屉原则)

若有 m 只鸽子，飞往 n 个巢穴($m>n$)，则至少有一个巢中的鸽子数大于等于 2 只，这即为鸽巢原理。(若用抽屉原则表达即为：有 m 个球，放入 n 个抽屉中($m>n$)，则至少有一个抽屉球的数目大于或等于 2)。这一简单的原理在 GMAT 考试中经常遇到。

例 10：有 0～9 这十个数字分别写在 10 张纸片上，随机从这十个小纸片中抓，问至少抓几个小纸片才能保证所抓小纸片上必有两个小纸片上所写数字相加等于 10?

解：在 0～9 这十个数字中可以相加等于 10 的仅有(1，9)，(2，8)，(3，7)，(4，6)，除此之外还有 0 和 5 这两个数，因此就组成了 6 个巢穴分别是(前四个)：(1，9)，(2，8)，(3，7)，(4，6)，0，5，则原题转化为取几个纸片能保证有两个属于前 4 个“巢穴”中的任一个巢穴。根据鸽巢原理所取纸片至少应比“巢穴”多，因而至少应取 6+1=7 个纸片。

第十节　Age Problems(年龄问题)

Age problems ask you to compare ages of two or more people at different points in time. In solving age problems, you might have to represent a person's age at the present time, several years from now, or several years ago. Any age problem allows you to set up an equation to relate the ages of two or more people, as in the following examples:

(1) If A is 5 years younger than B at the present time, you can express the relationship between A's age and B's age as $A=B-5$ (or $A+5=B$).

(2) Ten years ago, if X was twice as old as Y, you can express the relationship between their ages as $2(Y-10)=X-10$, where X and Y are the present ages of X and Y.

例 11：Fred, Geri, and Holly were each born on May 15, but in different years. Fred is twice as old as Geri was 4 years ago, and Holly is five years older than Geri will be one year from now. If the total age of Fred, Geri,

解：设 Fred，Geri 和 Holly 现在的年龄分别为 F，G 和 H，根据题意 Fred 现在的年龄是 Geri 四年前年龄的 2 倍可得：$F=2(G-4)$；又根据题意 Holly 现在的年龄比 Geri 一年后的年龄大 5 岁可得：$H=G+6$；再由三人目前

and Holly is 78, how old is Fred?

的年龄之和等于 78 可得:

$F+G+H=78 \Rightarrow 2(G-4)+G+(G+6)=78$

$\Rightarrow G=20$

$\Rightarrow F=2(G-4)=32$

第十一节 Problems Involving Overlapping Sets(集合问题)

Overlapping set problems involve distinct sets that share some number of members. GMAT overlapping problems come in one of two varieties:

1. Single overlap (easier)
2. Double overlap (tougher)

例 12: The inventory at a certain men's clothing store includes 480 neckties (领带), each of which is either 100% silk or 100% polyester(多元酯), 40% of the ties are striped, and 130 of the ties are silk, 52 of the silk ties are striped. How many of the ties are polyester but are not striped?

解: This double overlap problem involves four distinct sets: striped silk ties, striped polyester ties, non-striped silk ties, and non-striped polyesters ties. Set up a table representing the four sets.

Neckties	Silk	Polyester	Total
Striped	**52**	140	**480×40%=192**
Non-striped	78	? =210	288
Total	**130**	350	**480**

Given that 130 ties are silk (see the left column), 350 ties must be polyester (see the right column). Also, given that 40% of the 480 ties (192 ties) are striped (see the top row), 140 of the polyester ties (192 − 52) must be striped. Accordingly, 350 − 140, or 210, of the ties are polyester and non-striped.

在上面的表格中,根据题意可直接得出的已知条件都已用黑体字标出,根据这些已知数据很容易求出不带条纹的多元酯领带是 210 条。

注:GMAT 考试中出现的代数文字题的类型很多,限于篇幅,本书不能穷举。但是"万变不离其宗",其他类型的文字题大都可转化为上面讲解的几种方法给予解决。

第十二节　重点试题精练及解析

1. On a purchase of \$120, a store offered a payment plan consisting of a \$20 down payment and 12 monthly payments of \$10 each. What percent of the purchase price, to the nearest tenth of a percent, did the customer pay in interest by using this plan?

(A) 16.7%　(B) 30%　(C) 75.8%
(D) 106.7%　(E) 107.5%

1. 一商店为一件价值为120美元的物品提供的付款方案包括20美元的*首期付款*(**down payment**)和每月10美元分12个月还清的分期付款。使用该方案的消费者，所付的利息是该物品购买价格的百分之多少(精确到百分数的十分位)？

解： 本题的正确答案为(A)。消费者总共付的钱为20+12×10=140美元，所以其所付的利息为140−120=20美元，因此利息占商品价格的百分数为：20÷120=16.7%。

2. An airline passenger is planning a trip that involves three connecting flights that leave from Airports A, B, and C, respectively. The first flight leaves Airport A every hour, beginning at 8:00 a.m., and arrives at Airport B $2\frac{1}{2}$ hours later. The second flight leaves Airport B every 20 minutes, beginning at 8:00 a.m., and arrives at Airport C $1\frac{1}{6}$ hours later. The third flight leaves Airport C every hour, beginning at 8:45 a.m. What is the least total amount of time the passenger must spend between flights if all flights keep to their schedules?

(A) 25 min　(B) 1 hr 5 min
(C) 1 hr 15 min　(D) 2 hr 20 min
(E) 3 hr 40 min

2. 一个航班乘客在安排一次涉及分别从机场A，B，C起飞的3个连续航班的旅行。第一个航班在上午8点从机场A起飞，每小时一班，并于2.5个小时后到达机场B。第二个航班在上午8点起从机场B起飞，每20分钟一班，并于1小时10分钟后到达C。第三个航班在上午8点45分从机场C起飞，每小时一班。若所有的航班都遵从它们的日程，则这位乘客在航班之间所花的最少时间是多少？

解： 本题的正确答案为(B)。要使在航班之间花的时间最少，则这些乘客应尽可能地赶上早一点的航班。设乘客上午8点从机场A出发，则于10点30分到达机场B，此时乘客只能乘10点40从B飞往C的航班，并于11点50后才能到达机场C，此时机场C的11点45分的航班刚开走5分钟，所以不得不等下一班，即55分钟以后的那一班。综上所述，乘客在航班之间所花的时间应为10+55=65分钟。

3. How many liters of pure alcohol must be added to a 100-liter solution that is 20 percent alcohol in order to produce a solution that is 25 percent alcohol?

(A) $\frac{7}{2}$　(B) 5　(C) $\frac{20}{3}$

3. 100升浓度为20%的酒精溶液中得加入多少升的纯酒精，才能使溶液中酒精的浓度达到25%？

解： 本题的正确答案为(C)。设需加入x升的纯酒精，根据题意可得：

(D) 8　　(E) $\frac{39}{4}$

$100\times20\%+x=(100+x)\times25\%\Rightarrow x=\frac{20}{3}$升。

4. A certain car increased its average speed by 5 miles per hour in each successive 5-minute interval after the first interval. If in the first 5-minute interval its average speed was 20 miles per hour, how many miles did the car travel in the third 5-minute interval?

(A) 1.0　　(B) 1.5　　(C) 2.0

(D) 2.5　　(E) 3.0

4. 一辆小汽车在第一个5分钟后每隔5分钟平均速度均增加5英里/小时。若在第一个5分钟内其平均速度为每小时20英里，那么在第三个5分钟内，小汽车行驶了多少英里？

解： 本题的正确答案为(D)。根据题意可得第三个5分钟内小汽车的平均速度为：

$$20+5+5=30\text{ 英里/小时}$$

所以第三个5分钟行驶的里程为：

$$30\times5\times\frac{1}{60}=2.5\text{ 英里}$$

5. Mr. Jones drove from Town A to Town B in x hours. On the return trip over the same route, his average speed was twice as fast. Which of the following expresses the total number of driving hours for the round trip?

(A) $\frac{2}{3}x$　　(B) $\frac{3}{2}x$　　(C) $\frac{5}{3}x$

(D) $2x$　　(E) $3x$

5. Jones先生开车从A镇到B镇用了x小时。他沿原路返回的平均速度是他去时平均速度的2倍。下面哪一项能表示他往返两地所用的总时间？

解： 本题的正确答案为(B)。根据路程等于速度乘以时间，在路程不变，速度加倍时，其所用的时间肯定减半，因此Jones先生返回所用的时间是去时的一半，所以他总共用的时间为：

$$x+\frac{1}{2}x=\frac{3}{2}x\text{ 小时。}$$

6. A certain basketball team that has played $\frac{2}{3}$ of its games has a record of 17 wins and 3 losses. What is the greatest number of the remaining games that the team can lose and still win at least $\frac{3}{4}$ of all of its games?

(A) 7　　(B) 6　　(C) 5

(D) 4　　(E) 3

6. 某一篮球队已打完了它的$\frac{2}{3}$的比赛，且取得17胜3负的成绩。若该队要至少赢得其参赛总数的$\frac{3}{4}$，问在剩下比赛中该队最多还可以输掉多少场？

解： 本题的正确答案为(D)。根据题意可得，该篮球队总共要参加的比赛次数为：

$$(17+3)\div\frac{2}{3}=30$$

该队至少赢$\frac{3}{4}$的比赛则至少要赢$30\times\frac{3}{4}=22.5$场，所以该队最多可以输$30-23-3=4$场比赛。

7. If a certain grove consists of 36 pecan trees, what was the yield per tree last year?

(1) The yield per tree for the 18 trees in the northern half of the grove was 60 kilograms last year.

(2) The yield per tree for the 18 trees in the eastern half of the grove was 55 kilograms last year.

7. 若某一林子中有 36 棵山核桃树，去年每棵树的平均产量是多少？

(1) 去年林子北半部的 18 棵树的平均产量是 60 公斤。

(2) 去年林子东半部的 18 棵树的平均产量是 55 公斤。

解： 本题的正确答案为(E)。(1)不充分，因为从(1)中只能得到去年北半部的 18 棵树的平均产量是 60 公斤，而无法得到整个林子的平均产量；同理(2)和(1)+(2)也不充分。

8. A total of 40 brand X television sets and 80 brand Y television sets were purchased for a motel chain. If the price of each brand Y set was twice the price of each brand X set, what percent of the total bill was the price of a brand Y set?

(A) 0.25%

(B) 0.5%

(C) 0.625%

(D) 0.833%

(E) 1.0%

8. 一汽车旅馆连锁店一共购买了 40 个 X 牌的电视和 80 个 Y 牌的电视。若 Y 牌电视的价格是 X 牌电视的价格的 2 倍，则一个 Y 牌电视的价格占总账单的百分比是多少？

解： 本题的正确答案为(E)。考生一定要注意的是题目最后问的是一个 Y 牌电视的价格，设 X 牌电视的单台价格为 x，则 Y 牌电视的单台价格为 $2x$，所有这些电视的总价格为 $40x+80\times 2x=200x$，根据题意可得单台 Y 牌电视占总账单的百分比为：

$$\frac{2x}{200x}\times 100\%=1.0\%$$

9. Solution Y is 30 percent liquid X and 70 percent water. If 2 kilograms of water evaporate from 8 kilograms of solution Y and 2 kilograms of solution Y are added to the remaining 6 kilograms of solution, what percent of this new solution is liquid X?

(A) 30%　　(B) $33\frac{1}{3}\%$　　(C) $37\frac{1}{2}\%$

(D) 40%　　(E) 50%

9. Y 溶液由 30%的液态物质 X 和 70%的水组成。若有 2 公斤的水从 8 公斤的 Y 溶液中蒸发出去，且 2 公斤的 Y 溶液被加入到剩余的 6 公斤溶液中，问新溶液中液态物质 X 所占的百分比是多少？

解： 本题的正确答案为(C)。稍加分析就可发现此题等同于问 10 公斤的 Y 溶液蒸发掉两公斤的水后的溶液中的液态物质 X 在整个溶液中所占的百分比，根据题意可得其所占的百分比为：

$$\frac{10\times 30\%}{10-2}=\frac{3}{8}=37.5\%$$

10. In a mayoral election, Candidate X received $\frac{1}{3}$ more votes than Candidate Y,

10. 在一市长选举中，候选人 X 获得的选票比候选人 Y 多$\frac{1}{3}$，且候选人 Y 获得的选票

and Candidate Y received $\frac{1}{4}$ fewer votes than Candidate Z. If Candidate Z received 24,000 votes, how many votes did Candidate X receive?

(A) 18,000　　(B) 22,000

(C) 24,000　　(D) 26,000

(E) 32,000

比候选人 Z 少 $\frac{1}{4}$。若候选人 Z 获得 24,000张选票，则候选人 X 获得多少张选票？

解： 本题的正确答案为(C)。设候选人 Z 获得 x 张选票，则候选人 Y 获得 $\frac{3}{4}x$ 张选票，候选人 X 获得 $\frac{3}{4}x+\frac{1}{3}\times\frac{3}{4}x=x$，所以候选人 X 获得的选票与候选人 Z 获得的选票一样多，都为 24,000 张。

11. An instructor scored a student's test of 50 questions by subtracting 2 times the number of incorrect answers from the number of correct answers. If the student answered all of the questions and received a score of 38, how many questions did that student answer correctly?

(A) 19　　(B) 38　　(C) 41

(D) 44　　(E) 46

11. 一教员给一个学生的 50 个问题的测验打分，答对的题数减去答错的题数的两倍即为该学生的成绩。若该学生回答了所有的问题且得了 38 分，问该学生答对了多少道题目？

解： 本题的正确答案为(E)。设该学生答对的题数为 x，根据题意可得：

$$x-2(50-x)=38$$

$$x=46$$

12. A toy store regularly sells all stock at a discount of 20 percent to 40 percent. If an additional 25 percent were deducted from the discount price during a special sale, what would be the lowest possible price of a toy costing \$16 before any discount?

(A) \$5.60　　(B) \$7.20　　(C) \$8.80

(D) \$9.60　　(E) \$15.20

12. 一玩具店定期以 20%到 40%的*折扣*(**discount**)销售它的所有存货。若在一特殊销售中商品的售价从打折的价格中再减去 25%，则一件在无任何打折之前售价为 16 美元的玩具的最低可能价格是多少？

解： 本题的正确答案为(B)。做对此题的关键在于对最后一句话的理解。要使价格最低，就要使玩具的打折的幅度最大，根据题意可得，该玩具的最低可能价格为：

$$16\times(1-40\%)(1-25\%)=7.2 \text{ 美元}$$

13. Each person on a committee with 40 members voted for exactly one of 3 candidates, F, G, or H. Did Candidate F receive the most votes from the 40 votes cast?

(1) Candidate F received 11 of the votes.

(2) Candidate H received 14 of the votes.

13. 拥有 40 名成员的委员会中的每个人都对 3 名候选人 F、G 或 H 中的一个投票支持。在这 40 张选票中，支持候选人 F 的选票最多吗？

(1) 候选人 F 接受了 11 张选票。

(2) 候选人 H 接受了 14 张选票。

解： 本题的正确答案为(A)。(1) 充分，因为 F 只接受了 11 张选票，小于总的 40 张选票的$\frac{1}{3}$，由此可知在 G 和 H 这两个人中，至少有一个人得到的选票的数量将大于11，这也就是回答了题目中的问题：支持候选人 F 的选票不是最多的；(2) 不充分，因为仅根据候选人 H 得到的选票的多少很难得到候选人 F 所得的选票的确切信息。

14. During the four years that Mrs. Lopez owned her car, she found that her total car expenses were \$18,000. Fuel and maintenance costs accounted for $\frac{1}{3}$ of the total and depreciation accounted for $\frac{3}{5}$ of the remainder. The cost of insurance was 3 times the cost of financing, and together these two costs accounted for $\frac{1}{5}$ of the total. If the only other expenses were taxes and license fees, then the cost of financing was how much more or less than the cost of taxes and license fees?

(A) \$1,500 more (B) \$1,200 more
(C) \$100 less (D) \$300 less
(E) \$1,500 less

14. Lopez 太太发现她的汽车在四年中的总花费是 18,000 美元。燃料和保养费占总花费的$\frac{1}{3}$，贬值占其余的$\frac{3}{5}$。保险费是分期付款费的 3 倍，这两项加起来占总花费的$\frac{1}{5}$。若仅有的其他费用是税款和执照费，那么分期付款费比税款和执照费多多少或少多少？

解： 本题的正确答案为(D)。设分期付款费为 x，则保险费为 $3x$，根据题意可得：

$$x+3x=\frac{1}{5}\times 18{,}000 \Rightarrow x=900 \text{ 美元}$$

税款和执照费用

$$=18{,}000\left[1-\left(\frac{1}{3}+\left(1-\frac{1}{3}\right)\times\frac{3}{5}+\frac{1}{5}\right)\right]$$

$$=18{,}000\times\frac{1}{15}=1{,}200$$

所以分期付款费比税款和执照费少 1,200－900＝300 美元。

15. A boy walking along a road at 3 kilometers per hour is overtaken by a truck traveling at 40 kilometers per hour. If the truck breaks down 1 kilometer beyond where it passes the boy, how many minutes after the breakdown does the boy reach the truck?

(A) $21\frac{1}{2}$ (B) 20
(C) $18\frac{34}{37}$ (D) $18\frac{26}{43}$
(E) $18\frac{1}{2}$

15. 一个男孩以 3 公里/小时的速度沿一条道路行走时被一辆以 40 公里/小时的速度行驶的货车超过。若此货车在超过该男孩一公里远的地方出了故障，问出了故障多少分钟后该男孩到达货车现场？

解： 本题的正确答案为(E)。设该男孩行走 1 公里所用的时间为 $60\times\frac{1}{3}$分钟，而货车行驶 1 公里所用的时间为 $60\times\frac{1}{40}$分钟，所以该男孩在故障发生后到达现场所用的时间为：

$$60\times\left(\frac{1}{3}-\frac{1}{40}\right)=18\frac{1}{2}$$

16. A circular rim 28 inches in diameter rotates the same number of inches per sec-

16. 一直径为 28 英寸的圆轮每秒钟转过的英寸数与一直径为 35 英寸的圆轮的相同。

ond as a circular rim 35 inches in diameter. If the smaller rim makes x revolutions per second, how many revolutions per minute does the larger rim make in terms of x?

(A) $\frac{48\pi}{x}$ (B) $75x$ (C) $48x$

(D) $24x$ (E) $\frac{x}{75}$

若小圆轮每秒转 x 圈，则大轮每分钟转多少圈(以 x 来表示)？

解： 本题的正确答案为(C)。考生在做这类题时一定要倍加小心，题目中给出的每秒转多少圈，而最后问的是每分钟转多少圈，因此考生一定要注意单位的换算。根据题意可得大轮每分钟转的圈数为：

$$60\times\frac{28}{35}x=48x$$

17. Mary invested \$8,400 for 6 months in a certificate of deposit paying $9\frac{1}{4}$ percent simple annual interest. How much more interest would Mary have received if the interest rate on this certificate had been $9\frac{3}{4}$ percent simple annual interest?

(A) \$2.10 (B) \$21.00

(C) \$42.00 (D) \$210.00

(E) \$420.00

17. Mary 把 8400 美元投入了一个年单利息(simple annual interest)为 9.25%的定期存款，存期为 6 个月。若这个定期存折的年单利息为 9.75%，则 Mary 可以多获得多少利息？

解： 本题的正确答案为(B)。根据年单利息的计算公式可得：

$$8400\times\frac{1}{2}\times(9.75\%-9.25\%)$$
$$=4200\times0.5\%=21\text{ 美元}$$

18. One night 18 percent of the female officers on a police force were on duty. If 180 officers were on duty that night and half of these were female officers, how many female officers were on the police force?

(A) 90 (B) 180 (C) 270

(D) 500 (E) 1,000

18. 一天夜里，某一警察局有 18%的女警察值班。若那天夜里有 180 人值夜班，且有一半是女警察，则该警察局有多少女警察？

解： 本题的正确答案为(D)。那天夜里值夜班的女警察有 $180\times\frac{1}{2}=90$ 人，而这 90 个人占整个女警察人数的 18%，所以该警察局的女警察人数为：$90\div18\%=500$ 人

19. Of the science books in a certain supply room, 50 are on botany, 65 are on zoology, 90 are on physics, 50 are on geology, and 110 are on chemistry. If science books are removed randomly from the supply room, how many must be removed to ensure that 80 of the books removed are on the same science?

(A) 81 (B) 159 (C) 166

(D) 285 (E) 324

19. 在某一库房的所有科学书中，有 50 本是植物学方面的书，65 本是动物学方面的书，90 本是物理学方面的书，50 本是地质学方面的书，110 本是化学方面的书。若科学书被随机取出该房间，需要取多少本才能保证移出的书中有 80 本是同一学科的？

解： 本题的正确答案为(E)。超过 80 本书的有物理学 90 本，化学 110 本。因此要想使移出的书中有 80 本是同一学科的，就必须在其他三学科的书都被移出的同时，物

理和化学方面的书的总数要达到 159，此时移出的书的数目为：

$$50+50+65+159=324$$

此时要么是物理方面的书，要么是化学方面的书是 80 本。

20. The markup on a television set is 20 percent of the cost. The markup is what percent of the selling price? (markup = selling price − cost)

(A) 8%　(B) 10%　(C) $12\frac{1}{2}$%

(D) 15%　(E) $16\frac{2}{3}$%

20. 一电视的价格增加额是其成本价的 20%。问该价格增加额是销售价格的百分之多少？（价格增加额=销售价格−成本价）

解： 本题的正确答案为(E)。设该电视的成本为 a，则价格增加额为 $0.2a$，该电视的销售价格为 $1.2a$，根据题意可得价格增加额是销售价格的：

$$\frac{0.2a}{1.2a}\times 100\%=16\frac{2}{3}\%$$

21. A certain shade of gray paint is obtained by mixing 3 parts of white paint with 5 parts of black paint. If 2 gallons of the mixture is needed and the individual colors can be purchased only in one-gallon or half-gallon cans, what is the least amount of paint, in gallons, that must be purchased in order to measure out the portions needed for the mixture?

(A) 2　(B) $2\frac{1}{2}$　(C) 3

(D) $3\frac{1}{2}$　(E) 4

21. 某种灰色颜料由 3 份的白色颜料和 5 份的黑色颜料混合得到。若需要 2 加仑的混合颜料，且每种颜料只能以 1 加仑一桶或 0.5加仑一桶的形式购买，则至少需要购买多少加仑的颜料来配出符合比例要求的混合颜料？

解： 本题的正确答案为(B)。根据题意可设需要白色颜料 $3x$ 加仑，需要黑色颜料为 $5x$ 加仑来配出 2 加仑的混合颜料：

$3x+5x=2\Rightarrow x=0.25$ 加仑，因此需要 0.75 加仑的白色颜料和 1.25 加仑的黑色颜料，而这些颜料只能以 1 加仑一桶或 0.5 加仑一桶的形式购买，所以需要买 1 加仑白色颜料和 1.5 加仑的黑色颜料，共 2.5 加仑。

22. Virginia, Adrienne, and Dennis have taught history for a combined total of 96 years. If Virginia has taught for 9 more years than Adrienne and for 9 fewer years than Dennis, for how many years has Dennis taught?

(A) 23　(B) 32　(C) 35

(D) 41　(E) 44

22. Virginia，Adrienne 和 Dennis 一共教了 96 年的历史课。若 Virginia 的教龄比 Adrienne 多 9 年，且比 Dennis 少 9 年，问 Dennis 教了多少年？

解： 本题的正确答案为(D)。设 Virginia 的教龄为 x 年，则 Adrienne 的教龄为 $x-9$ 年，而 Dennis 的教龄为 $x+9$ 年，根据题意可得：

$x+(x+9)+(x-9)=96\Rightarrow x=32$ 年，所以 Dennis 的教龄为 $x+9=41$ 年。

23. A merchant paid \$300 for a shipment of x identical calculators. The merchant used 2 of the calculators as demonstrators and sold each of the others for \$5 more than the average (arithmetic mean) cost of the x calculators. If the total revenue from the sale of the calculators was \$120 more than the cost of the shipment, how many calculators were in the shipment?

(A) 24 (B) 25 (C) 26

(D) 28 (E) 30

23. 一个商人花了 300 美元购进了一批 x 个相同的计算器。该商人用 2 个计算器作为展品，而其他的每个计算器都以高出这些计算器平均成本 5 美元的价格售出。若卖计算器的总收入比这批计算器的成本多 120 美元，则这一批货中有多少个计算器？

解： 本题的正确答案为(E)。根据题意可得到如下方程：

$$\left(\frac{300}{x}+5\right)(x-2)=300+120 \Rightarrow x=30$$

24. In 1985 a company sold a brand of shoes to retailers for a fixed price per pair. In 1986 the number of pairs of the shoes that the company sold to retailers decreased by 20 percent, while the price per pair increased by 20 percent. If the company's revenue from the sale of the shoes in 1986 was \$3.0 million, what was the approximate revenue from the sale of the shoes in 1985?

(A) \$2.4 million (B) \$2.9 million

(C) \$3.0 million (D) \$3.1 million

(E) \$3.6 million

24. 在 1985 年，一公司把某一个牌子的鞋卖给零售商，每双鞋的价格是固定不变。在 1986 年该公司卖给零售商的鞋的数量减少了 20%，但同时每双鞋的单价增加了 20%。若该公司在 1986 年卖鞋的销售收入是 3 百万美元，则它在 1985 年卖鞋的销售收入大约是多少？

解： 本题的正确答案为(D)。设 1985 年该公司共卖出鞋 a 双，每双鞋的单价是 b 美元，且 1985 年卖鞋的销售收入是 x 美元，则根据题意可得：

$$\frac{ab}{(1-20\%)(1+20\%)ab}=\frac{x}{3}$$

$$\Rightarrow x=\$3.125 \text{ million}$$

25. There were 36,000 hardback copies of a certain novel sold before the paperback version was issued. From the time the first paperback copy was sold until the last copy of the novel was sold, 9 times as many paperback copies as hardback copies were sold. If a total of 441,000 copies of the novel were sold in all, how many paperback copies were sold?

(A) 45,000 (B) 360,000

(C) 364,500 (D) 392,000

(E) 396,900

25. 某一本小说在简装本发行之前有 36,000 本精装本被售出。从卖出第一本简装本开始到卖出最后一本小说为止，简装本的销售量是精装本的 9 倍。若总共卖出了 441,000本小说，则卖出的简装本小说有多少？

解： 本题的正确答案为(C)。设简装本的销售量为 x，则根据题意可列出如下方程：

$$36{,}000+x+\frac{x}{9}=441000$$

$$\Rightarrow x=364{,}500$$

26. The total cost for Company X to produce a batch of tools is \$10,000 plus \$3 per

26. 公司 X 生产一批工具的总成本是 10,000 美元，每生产一个工具再外加 3 美元。每

tool. Each tool sells for \$8. The gross profit earned from producing and selling these tools is the total income from sales minus the total production cost. If a batch of 20,000 tools is produced and sold, then Company X's gross profit per tool is

(A) \$3.00 (B) \$3.75 (C) \$4.50

(D) \$5.00 (E) \$5.50

件工具的售价是 8 美元。生产和销售这些工具的*毛利润*(**gross profit**)是销售的总收入减去生产的总成本。若一批 20,000 件工具被生产和销售，则公司 X 在每件工具上的毛利润是多少?

解: 本题的正确答案为(C)。公司 X 生产 20,000 件工具的总成本是：10,000 + 20,000×3 = 70,000 美元；这 20,000 件工具的销售收入为：20,000×8 = 160,000 美元，所以每件工具的毛利润为：

$$\frac{160,000-70,000}{20,000}=4.5\text{ 美元}$$

27. A retailer sold an appliance for 30 percent above cost, which represented a gross profit of \$21.00. For what price did the retailer sell the appliance?

(A) \$27.30 (B) \$51.00

(C) \$63.00 (D) \$70.00

(E) \$91.00

27. 一零售商以高出成本 30%的价格卖了一件用具，所得的毛利润为 21.00 美元。问该零售商出售这件器具的价格是多少?

解: 本题的正确答案为(E)。设这件器具的成本为 x 美元，则根据题意可得：

$$30\%x=21\Rightarrow x=70\text{ 美元}$$

所以这件器具的出售价格为 70(1+30%)=91 美元。

28. A breakfast that consists of 1 ounce of corn puffs and 8 ounces of fruit X provides 257 calories. When 8 ounces of fruit Y is substituted for the 8 ounces of fruit X, the total number of calories is reduced to 185. If fruit X provides 1.8 times as many calories as fruit Y, how many calories does 8 ounces of fruit Y alone provide?

(A) 11.25 (B) 72 (C) 90

(D) 95 (E) 129.6

28. 一份由 1 盎司的玉米面和 8 盎司的 X 水果构成的早餐供给 257 卡的热量。当用 8 盎司的 Y 水果代替 8 盎司的 X 水果时，总热量减少到 185 卡。若水果 X 供给的热量是水果 Y 供给的热量的 1.8 倍，则 8 盎司的水果 Y 单独能供给多少卡的热量?

解: 本题的正确答案为(C)。设 8 盎司的水果 Y 单独能供给 x 卡的热量，则 8 盎司的水果 X 单独能供给 $1.8x$ 卡的热量，根据题意可得：

$$1.8x-x=257-185$$

$$\Rightarrow x=90\text{ 卡}$$

29. If it is 6 : 27 in the evening on a certain day, what time in the morning was it exactly 2,880,717 minutes <u>earlier</u>? (Assume standard time in one location.)

(A) 6 : 22 (B) 6 : 24 (C) 6 : 27

(D) 6 : 30 (E) 6 : 32

29. 若现在是某天晚上的 6 : 27，则在 2,880,717分钟之前是早上的几点钟?(假设时间是同一个地方的标准时间)

解: 本题的正确答案为(D)。该题也即让考生求 2,880,717 分钟除以一天的分钟数所余的时间是多少小时多少分：

$$\frac{2,880,717}{24\times 60}=2,000\text{ 天}+717\text{ 分钟}$$

717 分钟为 11 小时另 57 分钟，所以在晚上 6：27 分钟前的 11 小时 57 分钟是早上的 6 点 30 分。

30. Seed mixture X is 40 percent ryegrass and 60 percent bluegrass by weight; seed mixture Y is 25 percent ryegrass and 75 percent fescue. If a mixture of X and Y contains 30 percent ryegrass, what percent of the weight of this mixture is X?

(A) 10% (B) $33\frac{1}{3}\%$ (C) 40%

(D) 50% (E) $66\frac{2}{3}\%$

30. 混合种子 X 中含有 40%的黑麦草(ryegrass)和 60%的*蓝牧草*(bluegrass)(按重量算)；混合种子 Y 中含有 25%的黑麦草和 75%的牛毛草。若 X 与 Y 的混合种子中含有 30%的黑麦草，则该混合种子中含 X 的重量百分比是多少？

解： 本题的正确答案为(B)。设该混合种子中含 X 的重量百分比是 x，则含 Y 的重量百分比是 $1-x$，根据题意可得：

$$40\%x+25\%(1-x)=30\%\Rightarrow x=33\frac{1}{3}\%$$

31. Harry started a 6-mile hike with a full 10-cup canteen of water and finished the hike in 2 hours with 1 cup of water remaining in the canteen. If the canteen leaked at the rate of 1 cup per hour and Harry drank 3 cups of water during the last mile, how many cups did he drink per mile during the first 5 miles of the hike?

(A) $\frac{4}{5}$ (B) $\frac{5}{6}$ (C) 1

(D) $\frac{6}{5}$ (E) $\frac{5}{4}$

31. Harry 在开始一个 6 英里的徒步旅行时带了一满罐容量为 10 茶杯的水，他在 2 小时内完成了旅程，最后水罐中还剩下 1 杯水。若此水罐每小时漏 1 杯水，且 Harry 在最后 1 英里喝了 3 杯水，则他在旅程的前 5 英里中平均每英里喝了多少杯水？

解： 本题的正确答案为(A)。前五英里喝的水的杯数为：总量 10 杯减去最后剩的 1 杯，最后 1 英里喝的 3 杯以及整个旅程中漏掉的 2 杯，即为 10－1－3－2＝4 杯。所以 Harry 前五英里平均每英里喝的水量为$\frac{4}{5}$杯。

32. On a certain scale of intensity, each increment of 10 in magnitude represents a tenfold increase in intensity. On this scale, an intensity corresponding to a magnitude of 165 is how many times an intensity corresponding to a magnitude of 125?

(A) 40 (B) 100 (C)400

(D) 1,000 (E) 10,000

32. 在某一强度等级中，大小每增加 10 表示强度增加 10 倍。在这个标度中，对应于 165 的强度是对应于大小为 125 的强度的多少倍？

解： 本题的正确答案为(E)。165 比 125 大 40，根据大小每增加 10 强度就增加 10 倍，可知大小为 165 的强度是大小为 125 的强度的 10×10×10×10＝10,000 倍

33. On a certain day it took Bill three times as long to drive from home to work as it took Sue to drive from home to work. How

33. 某一天，Bill 从家开车上班所用的时间是 Sue 从家开车上班所用的时间的 3 倍。问 Bill 从家出发开车上班要开多远？

many kilometers did Bill drive from home to work?

(1) Sue drove 10 kilometers from home to work, and the ratio of

$$\frac{\text{distance driven from home to work}}{\text{time to drive from home to work}}$$

was the same for Bill and Sue that day.

(2) The ratio of

$$\frac{\text{distance driven from home to work}}{\text{time to drive from home to work}}$$

for Sue that day was 64 kilometers per hour.

(1) Sue 开车上班要开 10 公里，且 Bill 与 Sue 的

$$\frac{\text{从家到公司开车所行的\textbf{距离}}}{\text{从家到公司开车所用的\textbf{时间}}}$$

的比值相同。

(2) Sue 的

$$\frac{\text{从家到公司开车所行的\textbf{距离}}}{\text{从家到公司开车所用的\textbf{时间}}}$$

的比值是 64 公里/小时。

解： 本题的正确答案为(A)。从(1)中可知，Bill 和 Sue 两人上班的开车速度是一样的，而 Bill 所用的时间是 Sue 的 3 倍，所以 Bill 的家离公司的距离为 Sue 的 3 倍，即为 $3\times10=30$ 公里，所以(1)充分；(2)明显不充分，因为它没给出 Sue 开车上班的速度与 Bill 开车上班的路程之间的关系。

34. At a certain university, if 50 percent of the people who inquire about admission policies actually submit applications for admission, what percent of those who submit applications for admission enroll in classes at the university?

(1) Fifteen percent of those who submit applications for admission are accepted at the university.

(2) Eighty percent of those who are accepted send a deposit to the university.

34. 在某一大学，若有 50%的询问入学政策的人确实提交了入学申请，问这些提交了入学申请的人中有百分之多少的人登记入学？

(1) 提交申请的人中有 15%的人被该大学接受。

(2) 被接受的人中有 80%的人向该大学递送了保证金。

解： 本题的正确答案为(E)。大多数的考生会认为(1)充分，其实不然。(1)只是说明了校方愿意接受的比例，而这些人愿不愿意入学注册，还是未知的事，所以(1)不充分；(2)更不充分，因为(2)中并未给出被接受的人数与递交了申请的人数和最后注册入学的人数之间的关系。(1)+(2)也不充分，因为"send a deposit to the university"和"enroll in classes at the university"之间并没有必然的联系。

35. A jewelry dealer initially offered a bracelet for sale at an asking price that would give a profit to the dealer of 40 percent of the original cost. What was the original cost of the bracelet?

35. 一珠宝商最初拿出一个手镯出售时，要价将会使其获得原价 40%的利润。问该手镯的原价是多少？

(1) 要价降低 10%后，该珠宝商销售这个手镯获得了 403 美元的利润；

(1) After reducing this asking price by 10 percent, the jewelry dealer sold the bracelet at a profit of $403.

(2) The Jewelry dealer sold the bracelet for $1,953.

(2) 该珠宝商以 1,953 美元的价格卖出了这个手镯。

解：本题的正确答案为(A)。设这个手镯的原价为 x 美元，则其最初的要价为 $(1+40\%)x$ 美元，根据(1)可得：

$$(1-10\%)(1+40\%)x-x=403\Rightarrow x=1550 \text{ 美元}$$

所以(1)充分；

(2)不充分，因为该珠宝商是否以其最初的要价售出这个手镯不得而知，从而也就无法求出该手镯的原价。

36. Before play-offs, a certain team had won 80 percent of its games. After play-offs, what percent of all its games had the team won?

(1) The team competed in 4 play-off games.

(2) The team won all of its play-off games.

36. 在最后决赛之前，某一队赢得了 80% 的比赛。在决赛之后，该队共赢得了百分之多少的比赛？

(1) 该队共参加了 4 场决赛；

(2) 该队赢得了所有的决赛。

解：本题的正确答案为(E)。(1)不充分，因为(1)不知道决赛之前该队参加了多少场比赛；(2)同样不知道决赛之前该队参加了多少场比赛；(1)+(2)同理也不充分。

37. Last Tuesday a trucker paid $155.76, including 10 percent state and federal taxes, for diesel fuel. What was the price per gallon for the fuel if the taxes are excluded?

(1) The trucker paid $0.118 per gallon in state and federal taxes on the fuel last Tuesday.

(2) The trucker purchased 120 gallons of the fuel last Tuesday.

37. 上星期二，一个卡车司机为内燃机的汽油付了 155.76 美元，其中包括 10% 的州和联邦的税款。问不含税的每加仑汽油的价格是多少？

(1) 上星期二该卡车司机给每加仑汽油付了 0.118 美元的州和联邦的税款

(2) 上星期二该卡车司机购买了 120 加仑的汽油。

解：本题的正确答案为(D)。根据题意可知每加仑汽油的税款是其价格的 10%，所以每加仑汽油不含税的价格是税款的 9 倍，即为 $9\times 0.118=1.062$ 美元，因此(1)充分；根据(2)可得每加仑汽油不含税款的价格为：

$$\frac{155.76\times 90\%}{120}=1.168 \text{ 美元}$$

所以(2)也充分。

38. Pam and Ed are in a line to purchase tickets. How many people are in the line?

38. Pam 和 Ed 排队买票。问该队中有多少人？

(1) There are 20 people behind Pam and 30 people in front of Ed.

(2) There are 5 people between Pam and Ed.

(1) Pam 后面有 20 人，且 Ed 前面有 30 人；

(2) Pam 和 Ed 之间有 5 个人。

解： 本题的正确答案为(E)。(1)和(2)都明显不充分，但大多数的考生会认为(1)+(2)充分，他们认为此时队列中的人数应为 30+1+5+1+20=57 人。选择(C)选项的考生都假定认为 Ed 在 Pam 的前面，而实际上究竟 Pam 和 Ed 谁在前谁在后题目中并未给出，所以该队中有多少人就是不定的，当 Ed 在 Pam 的后面时，该队列中的人数为 20+30−5=45 人。

39. The price per share of stock X increased by 10 percent over the same time period that the price per share of stock Y decreased by 10 percent. The reduced price per share of stock Y was what percent of the original price per share of stock X?

(1) The increased price per share of stock X was equal to the original price per share of stock Y.

(2) The increase in the price per share of stock X was $\frac{10}{11}$ the decrease in the price per share of stock Y.

39. 股票 X 每股价格升高 10%的同时，股票 Y 的每股价格降低了 10%。问股票 Y 每股减少的钱是股票 X 的每股原始价格的百分之多少？

(1) 股票 X 涨价后每股的价钱与股票 Y 每股的原始价格相同；

(2) 股票 X 每股涨钱是股票 Y 每股降的钱的$\frac{10}{11}$。

解： 本题的正确答案为(D)。设股票 X 每股的原始价格为 x，则由(1)可得股票 Y 的每股原始价格为 $(1+10\%)x$，每股减少的钱为 $10\%(1+10\%)x$，因此股票 Y 每股减少的钱与股票 X 的每股原始价格的比为 $\frac{10\%(1+10\%)x}{x}\times 100\%=11\%$，所以(1)是充分的；根据(2)可得股票 Y 每股降的钱为$\frac{11}{10}\times 10\%\times x=11\%x$，也即股票 Y 每股减少的钱是股票 X 的每股原始价格的 11%，所以(2)也是充分的。

40. In year X a total of 355 billion dollars was spent for health care in the United States, 30 percent of which was spent by private health insurance companies. Was the amount spent for health care by the federal government's medicare program less than 60 billion dollars?

40. 在 X 年，美国的总保健费用是 3550 亿美元，其中 30%的费用由私人健康保险公司支付。问联邦政府的医疗保险计划所支出的保健费用比 600 亿美元少吗？

(1) 在 X 年，联邦政府的医疗保险计划在保健上所花的钱比私人保健公司所花钱的$\frac{1}{2}$要多，但不到$\frac{2}{3}$；

(1) In year X medicare spent more than $\frac{1}{2}$, but less than $\frac{2}{3}$, of the amount spent by the private health insurance companies for health care.

(2) In year X medicare spent 50 billion dollars less for health care than the amount spent by private health insurance companies.

(2) 在X年，联邦政府的医疗保险计划在保健上所花的钱比私人保健公司少500亿美元。

解： 本题的正确答案为(B)。私人保健公司所花的保健费用为 $3550\times30\%=1065$ 亿美元，根据(1)可得，联邦政府的医疗保险计划在保健上所花的钱在532.5亿美元到670亿美元之间，因此(1)不充分；根据(2)可得联邦政府的医疗保险计划在保健上所花的钱为 $1065-500=565$ 亿美元，所以(2)充分地说明了联邦政府的医疗保险计划在保健上所花的钱比600亿美元少。

41. Larry saves x dollars per month. Will Larry's total savings one year from now exceed his present savings by at least \$500? (Assume that there is no interest.)

(1) In 6 months Larry's total savings will be \$900.

(2) In 3 months Larry's total savings will exceed his present savings by \$150.

41. Larry 每个月存 x 美元。Larry 从现在起一年的总存款能比他现在的存款至少多500美元吗？(假设存款不计利息)

(1) 在6个月后，Larry 的总存款将会达到900美元；

(2) 三个月后，Larry 的总存款将会比他现在的存款多150美元。

解： 本题的正确答案为(B)。设 Larry 现在的存款为 y 美元，则根据(1)可得 $6x+y=900$，因为 x 和 y 都是未知数，所以无法求出 Larry 一个月究竟存多少钱或 Larry 现在的存款是多少，从而也不知道一年下来，Larry 存了多少钱，所以(1)不充分；由(2)可得 $3x=150$，也即 Larry 每个月存50美元，一年下来他可以存600美元，所以(2)可以充分地说明 Larry 从现在起一年的总存款能比他现在的存款至少多500美元。

42. An employee is paid 1.5 times the regular hourly rate for each hour worked in excess of 40 hours per week, excluding Sunday, and 2 times the regular hourly rate for each hour worked on Sunday. How much was the employee paid last week?

(1) The employee's regular hourly rate is \$10.

(2) Last week the employee worked a total of 54 hours but did not work more

42. 一雇员工作超过40小时后，每小时的工资是通常的1.5倍，不包括星期天，他在星期天每小时的工资是通常的2倍。问上星期该雇员得了多少钱？

(1) 该雇员的平常工资是每小时10美元；

(2) 上星期该雇员总共工作了54小时，但没有任何一天的工作时间超过8小时。

解： 本题的正确答案为(E)。(1)不充分，因为(1)不知道工作的时间是多少；(2)也不充分，因为不知道每小时的工资是多少；由

than 8 hours on any day.

(2)可知，该雇员上周一定是工作了 7 天，在每天不超过 8 小时的情况下分配这 54 小时有两种分法：第一种分法是其中有一天工作了 6 小时，其余每天都工作了 8 小时；第二种分法是其中有两天工作了 7 小时，其余的每天都工作了 8 小时，但因为星期天每小时的工资和平常是不一样的，且又不知道究竟是哪一天工作了 8 小时或 7 小时，所以(1)+(2)也无法判断该雇员上星期得了多少钱。

43.

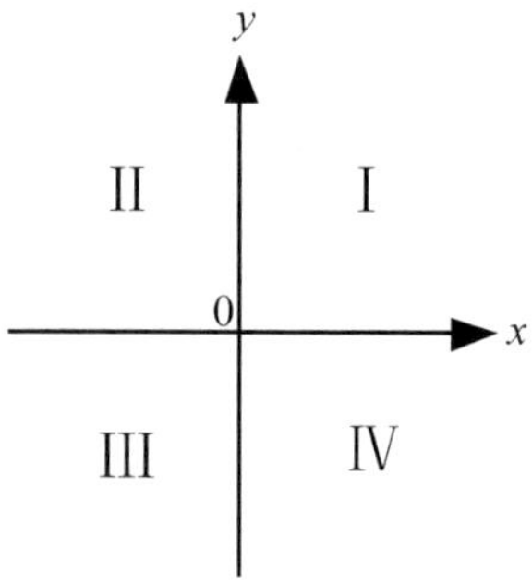

Point (x, y) has in which quadrant of the rectangular coordinate system shown above?

(1) $x+y<0$ (2) $x=1$ and $y=-7$

43. 点(x, y)在左图所示的直角坐标系的哪一个象限(**quadrant**)?

解: 本题的正确答案为(B)。点(x, y)在坐标平面内的位置由 x 和 y 的正负决定。由 $x+y<0$ 可推知 x 和 y 的符号有三种可能：即①x 和 y 都小于 0，对应于点(x, y)在第三象限；② $x<0$，$y>0$，$|x|>|y|$，此时对应于点(x, y)在第二象限；③ $x>0$，$y<0$，$|x|<|y|$，此时对应于点(x, y)在第四象限。所以(1)不充分；点$(1, -7)$是第四象限内的点，所以(2)充分。

44. Company R's annual profit has increased by a constant amount each calendar year since 1985. What was Company R's annual profit in 1991 ?

(1) In 1985 Company R's annual profit was $212,000; in 1989 Company R's annual profit was $242,000.

(2) Company R's annual profit has increased by $7,500 each year since 1985.

44. 从 1985 年以来，公司 R 每年的利润增长额相同。问公司 R 在 1991 年的年利润是多少?

(1) 在 1985 年公司 R 的年利润是 212,000 美元；在 1989 年公司 R 的年利润是 242,000 美元；

(2) 从 1985 年以来公司 X 的年利润每年增长 7,500 美元。

解: 本题的正确答案为(A)。由(1)可得公司 X 的年利润从 1985 年到 1989 年增长了 $242,000-212,000=30,000$ 美元，所以平均每年增长 7,500 美元，因此到 1991 年该公司的年利润为 $242,000+7,500\times 2=257,000$ 美元，所以(1)充分；因为(2)中不知道 1985 年的年利润是多少，因此无法求出 1991 年的年利润是多少，所以

(2)不充分。

45. While driving on the expressway, did Robin ever exceed the 55-miles-per-hour speed limit?

(1) Robin drove 100 miles on the expressway.

(2) Robin drove for 2 hours on the expressway.

45. 当在高速公路上开车时，Robin是否曾经超过每小时55英里的时速限制？

(1) Robin在该高速公路上开车行驶了100英里；

(2) Robin在该高速公路上开车的时间是2小时。

解： 本题的正确答案为(E)。(1)和(2)单独明显都不充分；有些考生会认为(1)+(2)充分，根据(1)+(2)可得Robin的平均速度是每小时50英里，但因为题目中并未说明Robin在该高速公路是匀速行驶的，所以无法判断Robin是否超速。

46. At what speed was a train traveling on a trip when it had completed half of the total distance of the trip?

(1) The trip was 460 miles long and took 4 hours to complete.

(2) The train traveled at an average rate of 115 miles per hour on the trip.

46. 当火车完成总旅程的一半时，它运行的速度是多少？

(1) 该旅程全长460英里，要花4小时完成；

(2) 该旅程中火车的平均速度是115英里/小时。

解： 本题的正确答案为(E)。因为题目中以及题设条件中都未给出火车在整个旅程中是匀速行驶的，所以无法根据平均速度求出某一特定时刻火车的速度，所以(1)，(2)以及(1)+(2)都不充分。

47. A, B, and C each drove 100-mile legs of a 300-mile course at speeds of 40, 50, and 60 miles per hour, respectively. What fraction of the total time did A drive?

(A) $\frac{15}{74}$ (B) $\frac{4}{15}$ (C) $\frac{15}{37}$

(D) $\frac{3}{5}$ (E) $\frac{5}{4}$

47. 在一个300英里的路程中，A，B和C各驾驶100英里，速度分别是每小时40，50和60英里。问A开车所用的时间占总时间的比例是多少？

解： 本题的正确答案为(C)。根据时间等于路程除以速度可得A，B和C开车所用的时间分别为$\frac{100}{40}$，$\frac{100}{50}$，$\frac{100}{60}$小时，所以A开车所用的时间占总时间的比例是：

$$\frac{\frac{100}{40}}{\frac{100}{40}+\frac{100}{50}+\frac{100}{60}}=\frac{15}{37}$$

48. In a student body the ratio of men to women was 1 to 4. After 140 additional men were admitted, the ratio of men to women became 2 to 3. How large was the student body after the additional men were admitted?

(A) 700 (B) 560 (C) 280

(D) 252 (E) 224

48. 在一学生团体中，男生与女生的比是 1∶4。若再额外增加 140 名男生，则男女的比例变为 2∶3。问额外加入男生后，该学生团体的人数是多少？

解： 本题的正确答案为(B)。设未加入男生之前，该学生团体的男生人数为 k，则女生人数为 $4k$，加入男生之后，男生的人数变为 $k+140$，根据题意可得：

$$\frac{k+140}{4k}=\frac{2}{3}\Rightarrow k=84$$

所以加入男生后该学生团体的人数为 $(k+140)+4k=5k+140=560$ 人。

49. If taxi fares were \$1.00 for the first $\frac{1}{5}$ mile and \$0.20 for each $\frac{1}{5}$ mile there after, then the taxi fare for a 3-mile ride was

(A) \$1.56 (B) \$2.40 (C) \$3.80

(D) \$4.20 (E) \$2.80

49. 若出租汽车费前 $\frac{1}{5}$ 英里为 1 美元，以后每多行 $\frac{1}{5}$ 英里，再多加 0.20 美元，那么出租汽车行驶 3 英里的车费是多少？

解： 本题的正确答案为(C)。根据题意可直接列出方程：

$$3\text{ 英里的车费}=1+\left(3-\frac{1}{5}\right)\div\frac{1}{5}\times 0.20$$
$$=3.8\text{ 美元。}$$

50. A digital wristwatch was set accurately at 8∶30 a.m. and then lost 2 seconds every 5 minutes. What time was indicated on the watch at 6∶30 p.m. of the same day if the watch operated continuously until that time?

(A) 5∶56 (B) 5∶58 (C) 6∶00

(D) 6∶23 (E) 6∶26

50. 早上 8∶30 时把一数字手表校准，该手表每 5 分钟慢 2 秒。若手表连续不停地走下去，问在当天下午 6∶30 时，手表上所显示的时间是多少？

解： 本题的正确答案为(E)。从上午 8 点半到下午 6 点半，共经过了 10 个小时，所以根据题意可求出该手表在这 10 个小时中所慢的时间为：$(10\times60)\div5\times2=240$ 秒，该手表在 10 个小时内慢了 4 分钟，所以在下午 6 点半时，该手表上的时间是 6 点 26 分。

51. A 5-liter jug contains 4 liters of a saltwater solution that is 15 percent salt. If 1.5 liters of the solution spills out of the jug, and the jug is then filled to capacity with water, approximately what percent of the resulting solution in the jug is salt?

51. 一个 5 升的罐子装有 4 升浓度为 15% 的盐水。若 1.5 升的盐溶液漏出罐子后，又用水把罐子加满，问最后罐子中的盐溶液的浓度是百分之多少？

解： 本题的正确答案为(A)。设最后罐子中的盐溶液的浓度为 x，则根据题意可得：

(A) $7\frac{1}{2}\%$ (B) $9\frac{3}{8}\%$ (C) $10\frac{1}{2}\%$
(D) 12% (E) 15%

$$(4-1.5)\times 15\%=5x\Rightarrow x=7\frac{1}{2}\%$$

52. A merchant sells an item at a 20 percent discount, but still makes a gross profit of 20 percent of the cost. What percent of the cost would the gross profit on the item have been if it had been sold without the discount?

(A) 20% (B) 40% (C) 50%
(D) 60% (E) 75%

52. 一商人把一件商品打折 20%卖出后，仍获得成本价 20%的毛利润。若此商品不打折出售，则该商人可以获得的毛利润为成本价的百分之多少？

解： 本题的正确答案为(C)。设商品的成本价为 a，不打折出售时该商人可以获得的毛利润为成本价的百分之 x，则根据题意可得：

$$[80\%\times(1+x)]a=(1+20\%)a$$
$$\Rightarrow x=50\%$$

53. A milliner bought a lot of hats, $\frac{1}{4}$ of which were brown. The milliner sold $\frac{2}{3}$ of the hats including $\frac{4}{5}$ of the brown hats. What fraction of the unsold hats were brown?

(A) $\frac{1}{60}$ (B) $\frac{2}{15}$ (C) $\frac{3}{20}$
(D) $\frac{3}{5}$ (E) $\frac{3}{4}$

53. 一小贩购进许多帽子，其中有 $\frac{1}{4}$ 是棕色的。该小贩已卖出了这些帽子的 $\frac{2}{3}$，其中包括 $\frac{4}{5}$ 的棕色帽子。问未卖出的帽子中，棕色帽子占的比例是多少？

解： 本题的正确答案为(C)。根据题意可知，总共还有 $\frac{1}{3}$ 的帽子未卖出去，其中未卖出的棕色帽子占帽子总数的比例为 $\frac{1}{4}\times\left(1-\frac{4}{5}\right)=\frac{1}{20}$，所以未卖出去的帽子中，棕色帽子占的比例为：

$$\frac{1}{20}\div\frac{1}{3}=\frac{3}{20}$$

54. Working independently, Tina can do a certain job in 12 hours. Working independently, Ann can do the same job in 9 hours. If Tina works independently at the job for 8 hours and then Ann works independently, how many hours will it take Ann to complete the remainder of the job?

(A) $\frac{2}{3}$ (B) $\frac{3}{4}$ (C) 1
(D) 2 (E) 3

54. Tina 单独完成某项工作需 12 小时，Ann 单独完成同一工作需 9 小时。若 Tina 单独干这项工作 8 小时后由 Ann 来接着单独完成这项工作，问 Ann 还要花多长时间来完成这项工作的剩余部分？

解： 本题的正确答案为(E)。根据题意可知，Tina 每小时完成这项工作的 $\frac{1}{12}$，Ann 每小时可以完成这项工作的 $\frac{1}{9}$，设 Ann 还要花 x 小时来完成这项工作的剩余部分，则有：

$$\frac{8}{12}+\frac{x}{9}=1\Rightarrow x=3$$

55. A merchant purchased a jacket for \$60 and then determined a selling price that equalled the purchase price of the jacket plus a markup that was 25 percent of the selling price. During a sale, the merchant discounted the selling price by 20 percent and sold the jacket. What was the merchant's gross profit on this sale?

(A) \$0 (B) \$3 (C) \$4

(D) \$12 (E) \$15

55. 一个商人花 60 美元购进了一件夹克，然后把该夹克的销售价格定为购进价格加上销售价格的 25%。在销售期间，该商人把这件夹克的销售价格*打折*（**discount**）20%售出。这次销售中商人的*毛利润*（**gross profit**）是多少？

解： 本题的正确答案为(C)。设该商人所定的销售价格为 x 美元，则此价格为购买价格加上销售价格 x 的 25%，根据题意可得到如下方程：

$$x=60+x\cdot 25\%$$

$\Rightarrow x=80$ 美元，所以毛利润为：

$$80\times(1-20\%)-60=4\ 美元$$

56. A person bought a ticket to a ball game for \$15 and later sold the ticket for \$60. What was the percent increase in the price of the ticket?

(A) 25% (B) $33\frac{1}{3}\%$ (C) 75%

(D) 300% (E) 400%

56. 一个人用 15 美元买了一张球赛票，后来又以 60 美元的价格出售。问该票的价格增加了百分之多少？

解： 本题的正确答案为(D)。大多数考生会认为百分比无法大于 100，而认为这道题无法解，或干脆就把比例搞反，得出 $33\frac{1}{3}\%$的错误结果。实际上百分比是可以大于 100 的，正如本题所示。根据题意可得该票的价格增加的百分比为：

$$\frac{60-15}{15}\times 100\%=300\%$$

57. 40 percent of the rats included in an experiment were male rats. If some of the rats died during the experiment and 30 percent of the rats that died were male rats, what was the ratio of the death rate among the male rats to the death rate among the female rats?

(A) $\frac{9}{14}$ (B) $\frac{3}{4}$ (C) $\frac{9}{11}$

(D) $\frac{6}{7}$ (E) $\frac{7}{8}$

57. 某一实验中所包括的老鼠中有 40%是雄性老鼠。若一些老鼠在实验中死亡，且死亡的老鼠中有 30%是雄性老鼠，那么雄性老鼠与雌性老鼠的死亡率的比率为多少？

解： 本题的正确答案为(A)。设这些老鼠的死亡的百分比为 x，则雄性老鼠的死亡率为：

$$\frac{30\%\times x}{40\%}=\frac{3}{4}x$$

雌性老鼠的死亡率为：

$$\frac{(1-30\%)x}{1-40\%}=\frac{7}{6}x$$

所以雄雌死亡率的比率为：

$$\frac{3}{4}x \div \frac{7}{6}x = \frac{3}{4} \times \frac{6}{7} = \frac{9}{14}$$

58. A decorator bought a bolt of defective cloth that he judged to be $\frac{3}{4}$ usable, in which case the cost would be \$0.80 per usable yard. If it was later found that only $\frac{2}{3}$ of the bolt could be used, what was the actual cost per usable yard?

(A) \$0.60　(B) \$0.90　(C) \$1.00

(D) \$1.20　(E) \$1.70

58. 一室内装饰师买了一匹有瑕疵的布，他判断认为有$\frac{3}{4}$的布是可以用的，此时每码可以用的布的成本为 0.80 美元。若后来发现这匹布中仅有$\frac{2}{3}$的布是可以用的，那么每码可以用的布的实际成本是多少？

解： 本题的正确答案为(B)。设这匹布共有 a 码，每码可以用的布的实际成本为 x 美元，则根据题意可得：

$$\frac{3}{4}a \times 0.80 = \frac{2}{3}ax \Rightarrow x = 0.90 \text{ 美元}$$

59. Four cups of milk are to be poured into a 2-cup bottle and a 4-cup bottle. If each bottle is to be filled to the same fraction of its capacity, how many cups of milk should be poured into the 4-cup bottle?

(A) $\frac{2}{3}$　(B) $\frac{7}{3}$　(C) $\frac{5}{2}$

(D) $\frac{8}{3}$　(E) 3

59. 4 杯牛奶要倒入一个容量为 2 杯的瓶中和一个容量为 4 杯的瓶中。若每个瓶中充入的牛奶与其容积的比例都相同，则容量为 4 杯的瓶中有多少杯牛奶？

解： 本题的正确答案为(D)。设倒入 4 杯瓶中的牛奶有 x 杯，根据题意可得：

$$\frac{x}{4} = \frac{4-x}{2} \Rightarrow x = \frac{8}{3}$$

60. A total of 774 doctorates in mathematics were granted to United States citizens by American universities in the 1972～1973 school year, and W of these doctorates were granted to women. The total of such doctorates in the 1986～1987 school year was 362, and w of these were granted to women. If the number of doctorates in mathematics granted to female citizens of the United States by American universities decreased from the 1972～1973 school year to the 1986～1987 school year, was the decrease less than 10 percent?

(1) $\frac{1}{10} < \frac{W}{774} < \frac{1}{9}$

(2) $W = w + 5$

60. 在 1972～1973 学年美国的大学数学系共授予美国公民 774 个博士学位，其中有 W 个博士学位授予给了女性。1986～1987 学年这样的博士学位为 362 个，其中有 w 个给了女性。若美国大学数学系从 1972～1973 学年到 1986～1987 学年授予给女性的博士学位数在下降，那么下降的百分比低于 10%吗？

解： 本题的正确答案为(C)。该题也即问$\frac{W-w}{W}$是否小于 10%。(1) 不充分，因为(1)中未涉及 w 的值，所以无法判断上面的算式是否小于 10%，(2) 也不充分，因为由(2)中能得到 $W-w=5$，而得不到$\frac{W-w}{W}$的值，所以也无法判断是否小于 10%；(1)+(2)充分：

$\frac{1}{10}<\frac{W}{774}<\frac{1}{9}\Rightarrow 77.4<W<86$，因此 $\frac{W-w}{W}=\frac{5}{W}$ 的值必然小于 10%。

61. If the ratio of men to women employed by Company S in 1975 was $\frac{1}{2}$, what is the ratio of men to women employed by Company S in 1976?

(1) Company S employed 20 more women in 1976 than in 1975.

(2) Company S employed 20 more men in 1976 than in 1975.

61. 若公司 S 在 1975 年所雇用的人中，男女之比为$\frac{1}{2}$，问在 1976 年公司 S 中的男女之比是多少?

(1) 公司 S 在 1976 年雇用的女工比 1975 年雇用的女工多 20 人；

(2) 公司 S 在 1976 年雇用的男工比 1975 年雇用的男工多 20 人。

解： 本题的正确答案为(E)。设在 1975 年公司 S 中的男工人数为 k，则女工人数为 $2k$，根据(1)可得公司 S 在 1976 年的女工人数为 $2k+20$，根据(2)中得公司 S 在 1976 年的男工人数为 $k+20$。(1)和(2)单独都无法求出 1976 年公司 S 中的男女之比，所以(1)和(2)单独都不充分；因为不知道 k 的值究竟是多少，所以也无法求出$(k+20)$与$(2k+20)$的比是多少，所以(1)+(2)也不充分。

62. If a motorist had driven 1 hour longer on a certain day and at an average rate of 5 miles per hour faster, he would have covered 70 more miles than he actually did. How many more miles would he have covered than he actually did if he had driven 2 hours longer and at an average rate of 10 miles per hour faster on that day?

(A) 100 (B) 120 (C) 140

(D) 150 (E) 160

62. 若一个司机某天多驾驶一小时且每小时的平均速度快 5 英里，他将会比实际多行驶 70 英里。若他多驾驶两小时，且每小时的平均速度快 10 英里，则他将比实际上多驾驶多少英里?

解： 本题的正确答案为(D)。设该司机这天的实际驾驶时间为t小时，平均驾驶速度为x英里/小时，根据题意可得：

$$(t+1)(x+5)=xt+70$$

$$5t+x=65$$

多驾驶两小时，平均速度快 10 英里时，将多驾驶的英里数为：

$$\begin{aligned}(t+2)(x+10)-xt&=10t+2x+20\\&=2(5t+x)+20\\&=2\times 65+20\\&=150\end{aligned}$$

63.

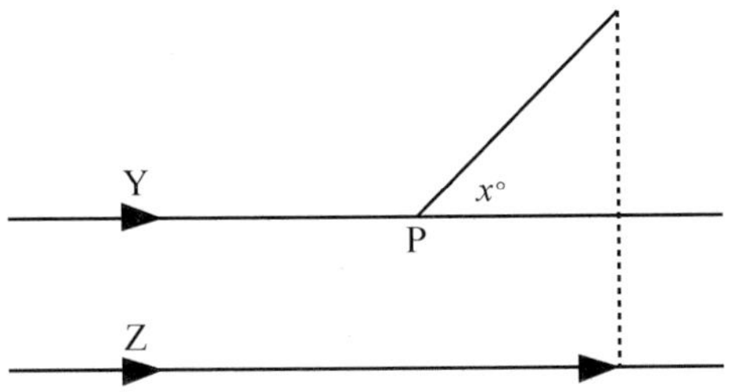

Cars Y and Z travel side by side at the same rate of speed along parallel roads as shown above. When car Y reaches point P, it forks to the left at angle x, changes speed, and continues to stay even with car Z as shown by the dotted line. The speed of car Y beyond point P is what percent of the speed of car Z?

(1) the speed of car Z is 50 miles per hour.

(2) $x=45$

63. 如上图所示，汽车 Y 和 Z 沿平行的道路并排行驶。当汽车 Y 到达 P 点时，向左转 $x°$，且改变速度，继续与 Z 保持并排，如图中的虚线所示。问汽车 Y 在 P 点以后的速度是汽车 Z 的百分之多少？

(1) 汽车 Z 的速度是每小时 50 英里；

(2) $x=45$。

解： 本题的正确答案为(B)。知道汽车 Z 的速度，无法求出汽车 Y 在 P 点以后的速度，所以(1)不充分；当 $x=45°$，汽车 Y 要与汽车 Z 继续保持并排，则其走过的距离在 P 点以后一定是汽车 Z 的$\sqrt{2}$倍，所以速度也一定是汽车 Z 的$\sqrt{2}$倍，所以汽车 Y 在 P 点以后的速度是汽车 Z 的 141.4%。

64. One-fifth of the light switches produced by a certain factory are defective. Four-fifths of the defective switches are rejected and $\frac{1}{20}$ of the non-defective switches are rejected by mistake. If all the switches not rejected are sold, what percent of the switches sold by the factory are defective?

(A) 4%　(B) 5%　(C) 6. 25%

(D) 11%　(E) 16%

64. 某工厂生产的电灯开关中有$\frac{1}{5}$是有毛病的。$\frac{4}{5}$的有缺陷的开关被剔除，且有$\frac{1}{20}$的无缺陷的开关会被错误地剔除。若所有未被剔除的开关都被出售，则该工厂出售的开关中有百分之多少的是有缺陷的？

解： 本题的正确答案为(B)。根据题意可得出售的有缺陷的开关占总量的比率：

$$\frac{1}{5}\times\frac{1}{5}=\frac{1}{25}$$

出售的无缺陷开关占总量的比率：

$$\frac{4}{5}\left(1-\frac{1}{20}\right)=\frac{19}{25}$$

则出售的开关中有缺陷的开关所占的比例为：

$$\frac{\frac{1}{25}}{\frac{1}{25}+\frac{19}{25}}=\frac{1}{20}=5\%$$

65. A sum of $200,000 from a certain estate was divided among a spouse and three children. How much of the estate did the youngest child receive?

(1) The spouse received $\frac{1}{2}$ of the sum from the estate, and the oldest child received of $\frac{1}{4}$ the remainder.

(2) Each of the two younger children received $12,500 more than the oldest child and $62, 500 less than the spouse.

65. 从某一产业中得到的$200,000 美元的金额被分给一个配偶和 3 个孩子，问最小的孩子得到了多少钱？

(1) 配偶获得了$\frac{1}{2}$的产业，而最大的孩子得到了剩余部分的$\frac{1}{4}$；

(2) 两个较小孩子中的每一个都比最大的孩子多得了$12,500，但比配偶少得$62,500。

解： 本题的正确答案为(B)。(1)不充分，因为根据(1)无法求出最小的孩子获得多少钱；(2)充分，设两个较小的孩子得到的钱为x，根据题意可以列出下面的方程，从而求出x的值：

$$2x+(x-12500)+(x+62500)=200000$$
$$\Rightarrow x=\$37,500$$

66. If the price of potatoes is $0. 20 per pound, what is the maximum number of potatoes that can be bought for $1.00?

(1) The price of a bag of potatoes is $2. 80.

(2) There are 15 to 18 potatoes in every 5 pounds.

66. 若土豆的价格是每磅 0. 20 美元，问 1 美元最多可以买多少个土豆？

(1) 一袋土豆的价格是 2. 8 美元；

(2) 每 5 磅土豆有 15 到 18 个。

解： 本题的正确答案为(B)。因为不知道 1 袋土豆有多少个，所以无法求出 1 美元能买多少个土豆，因此(1)不充分；1 美元可以买 5 磅土豆，根据(2)可得每 5 磅土豆有 15 到 18 个，所以 1 美元最多可以买 18 个土豆，因此(2)是充分的。

67. If tank X contains only gasoline, how many kiloliters of gasoline are in tank X?

(1) If $\frac{1}{2}$ of the gasoline in tank X were pumped out the tank would be filled to $\frac{1}{3}$ of its capacity.

(2) If 0. 75 kiloliter of gasoline were pumped into tank X, it would be filled to capacity.

67. 若油罐 X 中仅含有汽油，问油罐 X 中含有多少千升的汽油？

(1) 若抽出油罐 X 中的油的$\frac{1}{2}$，则油罐 X 中的油将是其容量的$\frac{1}{3}$；

(2) 若向油罐中加入 0. 75 千升的汽油，油罐就会充满。

解： 本题的正确答案为(C)。很明显，(1)和(2)单独都不充分。设油罐 X 的容量为 a 千升，则根据(1)可得油罐 X 中的汽油为其容量的$\frac{2}{3}$，即为$\frac{2}{3}a$ 千升；再根据(2)

可知 0.75 千升的汽油占油罐容量的 $\frac{1}{3}$，从而可得出油罐中的汽油是 0.75 的 2 倍，即为 1.5 千升，所以(1)+(2)充分。

68. At a certain state university last term, there were p students each of whom paid either the full tuition of x dollars or half the full tuition. What percent of the tuition paid by the p students last term was tuition from students who paid the full tuition?

(1) Of the p students, 20 percent paid the full tuition.

(2) The p students paid a total of $91.2 million for tuition last term.

68. 在上一学期，某一州立大学的 p 个学生，或者付 x 美元的全额学费或者付半额学费。付全额学费的学生所付的学费占这 p 个学生所付的学费中的百分比是多少？

(1) 在这 p 个学生中，20%的人付全额学费；

(2) 这 p 个学生上学期共付了 91.2×10^2 美元的学费。

解： 本题的正确答案为(A)。(1)充分，因为由(1)中付全额学费的学生有 20%，可以推知付全额学费的学生所付的学费所占的百分比为：

$$\frac{20\%x}{20\%x+80\%\cdot\frac{1}{2}x}=\frac{1}{3}$$

(2)不充分，因为从学费的总量中无法得出付全额学费的学生所付的学费在总学费中占的比例方面的信息。

69. Last year the annual premium on a certain hospitalization insurance policy was $408, and the policy paid 80 percent of any hospital expenses incurred. If the amount paid by the insurance policy last year was equal to the annual premium plus the amount of hospital expenses not paid by the policy, what was the total amount of hospital expenses last year?

(A) $850.00　(B) $680.00

(C) $640.00　(D) $510.00

(E) $326.40

69. 去年，某一医院保险政策的年保险费是 408 美元，且该保险政策付给医院的钱是其所有应当承担的医疗费用的 80%。若该保险政策去年所付的钱是年保险费和保险政策未付的医疗费用的和，那么去年的医疗费用是多少？

解： 本题的正确答案为(B)。做对此题的关键是读懂题目，设去年的医疗费用为 x 美元，则根据题意可得：

$$408+x\times20\%=x\cdot80\%$$
$$\Rightarrow x=680 \text{ 美元}$$

70. After 5 games, a rugby team had an average of 28 points per game. In order to increase the average by n points, how many points must be scored in a 6th game?

(A) n　(B) $6n$　(C) $28n$

70. 一橄榄球队在 5 场比赛后，每场平均得 28 分。为了使平均分增加 n 分，该球队在第 6 场比赛中必须得多少分？

解： 本题的正确答案为(E)。设第 6 场比赛的得分为 x，根据题意可得：

(D) $28+n$ (E) $28+6n$

$$\frac{28\times5+x}{6}=28+n$$
$$\Rightarrow x=28+6n$$

71. In a retail store, the average (arithmetic mean) sale for month M was d dollars. Was the average (arithmetic mean) sale for month J at least 20 percent higher than that for month M?

(1) For month M, total revenue from sales was \$3,500.

(2) For month J, total revenue from sales was \$6,000.

71. 某一零售店 M 月的平均(算术平均)销售额是 d 美元。问 J 月的平均销售额至少比 M 月的高 20%吗?

(1) M 月的销售总收入是 3,500 美元;

(2) J 月的销售总收入是 6,000 美元。

解: 本题的正确答案为(E)。很明显,(1)和(2)都不充分;有些考生会认为(1)+(2)充分,因为$\frac{6,000-3,500}{3,500}\times100\%>20\%$。但由于题目中并没有说明销售总收入与平均销售额之间的换算关系,revenue 是收入,单位为钱数;而 sale 是销量,单位为货物的个数。因为不知道 M 月与 J 月的货物价格的区别,所以不能根据销售总收入的数据来计算平均销售收入方面的问题,也就是说(1)+(2)也不充分。

72. On July 1, 1982, Ms. Fox deposited \$10,000 in a new account at the annual interest rate of 12 percent compounded monthly. If no additional deposits or withdrawals were made and if interest was credited on the last day of each month, what was the amount of money in the account on September 1, 1982?

(A) \$10,200 (B) \$10,201

(C) \$11,100 (D) \$12,100

(E) \$12,544

72. Fox 女士于 1982 年 7 月 1 日在一个新账户存了 10,000 美元,其*年利率*(**annual interest rate**)为 12%,且以月为单位计算复利。若她既没有再向该账户上存钱也没有从该账户上取钱并且利息在每个月的最后一天加入该账户,则在 1982 年 9 月 1 日该账户上有多少钱?

解: 本题的正确答案为(B)由年利率为 12%可知其月利率为 1%,因此两个月后此账户上的钱为:

$$10,000(1+1\%)^2=10,201$$

73. A cashier reversed the digits of one customer's correct amount of change and thus gave the customer an incorrect amount of change. If the cash register contained 45 cents more than it should have as a result of this error, which of the following could have been the correct amount of change in cents?

(A) 14 (B) 45 (C) 54

73. 一个营业员糊涂地把应该找给一个顾客的零钱的数字搞颠倒了,结果找给顾客的零钱不正确。若因为这个错误而使现金登记表中多出了 45 美分,下列哪一个可以是以美分计的零钱的正确数目?

解: 本题的正确答案为(E)。设正确零钱的十位数为 m,个位数为 n,根据两个数字颠倒了以至于多了 45 美分可得:

$$(10m+n)-(10n+m)=45$$

(D) 65　　(E) 83

$$m-n=5$$

即十位数减个位数的值应为 5，在五个选项中只有(E)选项的 83 满足条件。

74. During a 3-year period, the profits of Company X changed by what percent from the second year to the third year?

(1) The increase in profits of Company X from the first year to the second year was the same as the increase from the first year to the third year.

(2) For Company X, the profits for the first year were $13,800 and the profits for the third year were $15,900.

74. 在三年期间，公司 X 的利润从第二年到第三年改变了百分之多少？

(1) 公司 X 从第一年到第二年利润的增加与从第一年到第三年利润的增加相同；

(2) 公司 X 第一年的利润是 13,800 美元，第三年的利润是 15,900 美元。

解： 本题的正确答案为(A)。因为从第一年到第三年利润的增加等于从第一年到第二年利润的增加加上从第二年到第三年的利润的增加，所以根据(1)可得公司 X 从第二年到第三年利润的增加为 0，所以(1)充分；根据(2)只能求出公司 X 从第一年到第三年的利润的增加，而求不出第二年到第三年的利润的增加，所以(2)不充分。

75. Erica has $460 in 5-and 10-dollar bills only. If she has fewer 10-than 5-dollar bills, what is the least possible number of 5-dollar bills she could have?

(A) 32　　(B) 30　　(C) 29

(D) 28　　(E) 27

75. Erica 有 460 美元，这些钱仅有 5 美元和 10 美元两种票制。若她手中 10 美元的钞票比 5 美元的钞票少，则她最少可能有多少张 5 美元的钞票？

解： 本题的正确答案为(A)。设 Erica 有 a 张 5 美元的钞票，b 张 10 美元的钞票，且 $a>b$，则根据题意可得：

$$5a+10b=460\Rightarrow a+2b=92\Rightarrow a=92-2b$$

由上式可知，a 一定为偶数，所以(C)和(D)一定不对；因为 $a>b$，所以 $3a>a+2b=92$，再根据 a 为整数可知 a 一定大于 30，所以(A)中的 32 是正确答案。

76. A 2-year certificate of deposit is purchased for k dollars. If the certificate earns interest at an annual rate of 6 percent compounded quarterly, which of the following represents the value, in dollars, of the certificate at the end of the 2 years?

(A) $(1.06)^2k$　　(B) $(1.06)^8k$

(C) $(1.015)^2k$　　(D) $(1.015)^8k$

(E) $(1.03)^4k$

76. 用 k 美元购买了一个为期两年的定期*存折*(**certificate**)。若该存折的年利率为 6%，并以*季度复利*(**compounded quarterly**)得到利息，下列哪一个是这个定期存款单在两年末所代表的美元价值？

解： 本题的正确答案为(D)。certificate of deposit 简称 CD，是美国金融市场上可流通的一种金融产品，用 k 美元购买，是指这个定期存款单上有 k 美元，因为季度复利，所以每季度的利率为 $6\%\div4=$

1.5%，而两年有 8 个季度，所以两年末这张存款单上的价值为 $k(1.015)^8$ 美元。

77. Town T has 20,000 residents, 60 percent of whom are female. What percent of the residents were born in Town T?

(1) The number of female residents who were born in Town T is twice the number of male residents who were not born in Town T.

(2) The number of female residents who were not born in Town T is twice the number of male residents who were born in Town T.

77. T 镇有 2 万名居民，其中 60%是女性，出生于 T 镇的居民的百分比是多少？

(1) 出生于 T 镇的女性居民的数目是不在 T 镇出生的男性居民数目的 2 倍；

(2) 不在 T 镇出生的女性居民的数目是出生于 T 镇的女性居民数目的 2 倍。

解： 本题的正确答案为(C)。(1)不充分：设出生于 T 镇的女性居民的百分比为 x，出生于 T 镇的男性居民的百分比为 y，根据(1)可得 $x=2(40\%-y)$，但由此式无法得到 $x+y$ 的值；根据(2)只能得到 $2y+y=60\%$，并解得 $y=20\%$，但无法求得 x；(1)+(2)可以得到 x 的值，从而可以得到 $x+y$ 的值，所以(1)+(2)充分。

78. 149 people were aboard Flight 222 when it arrived at Los Angeles from New York City with Chicago as the only intermediate stop. How many people first boarded the flight in Chicago?

(1) 170 people were aboard the flight when it left New York City.

(2) 23 people from the flight deplaned in Chicago and did not reboard.

78. 当从纽约起飞的 222 航班到达洛杉机时，机上有 149 人，芝加哥是它唯一在中途停的站。问最初在芝加哥上飞机的人有多少个？

(1) 当该机离开纽约时，飞机上有 170 人；

(2) 有 23 个在芝加哥下了飞机，且没再返回。

解： 本题的正确答案为(C)。(1)不充分，因为不知道飞机在芝加哥停的时候，下了多少人，所以也就无法判断又上了多少人；(2)也不充分，因为不知道当飞机离开纽约时，飞机上有多少人，所以无法判断飞机在芝加哥停的时候上了多少人；(1)+(2)充分，设最初在芝加哥上飞机的人有 x 个，则根据题意可得：$170+x-23=149 \Rightarrow x=2$。

79. The participants in a race consisted of 3 teams with 3 runners on each team. A team was awarded $6-n$ points if one of its runners finished in nth place, where $1 \leqslant n \leqslant 5$. If all of the runners finished the race and if there were no ties, was each team awarded at least one point?

79. 一比赛由 3 个队参加，每队有 3 名赛跑者。若某队中的一名赛跑者得了第 n 名($1 \leqslant n \leqslant 5$)，则该队得 $6-n$ 分。假如所有的赛跑者都完成了比赛并且名次没有并列的，那么每组至少都得 1 分吗？

(1) 没有一个队的得分超过 5；

(2) 在前 5 名中没有同队的成员获得连续名次。

(1) No team was awarded more than a total of 5 points.

(2) No pair of teammates finished in consecutive places among the top five places.

解： 本题的正确答案为(A)。根据题意可知，前 5 名分别得 5，4，3，2 和 1 分，总分为 15 分。(1)充分，三个队中没有一个队超过 5 分，而总分又为 15 分，所以其结果一定是这三个队中的每个队都得了 5 分；(2)不充分，因为在满足题中条件的情况下，很容易使这三个队中的每一个队都至少得到 1 分，但另一方面当第一个队中的成员获得第 1，第 3 和第 5 名，第二队的成员获得第 2 和 4 名时，第三个队则 1 分也没有得到。

80. Amy's graduate seminar in history meets once each week, on Thursday afternoons. If it met every Thursday in the month of May, how many times did the seminar meet that month?

(1) There were five Wednesdays in the month.

(2) The seventeenth of May was a Friday.

80. Amy 的历史研讨毕业会在每周四的下午开会一次。若它在五月的每个星期四开会，问该研讨会在这个月开几次会？

(1) 在这个月有 5 个星期三

(2) 5 月 17 号是星期五

解： 本题的正确答案为(B)。(1)不充分，因为当第五个星期三是 5 月 31 号时，这个月将只有 4 个星期四，也就是说共能开四次会，但若当这个月的第五个星期三不是 5 月的最后一天时，这个月将有 5 个星期四，所以要开 5 次会，因此(1)不充分；根据(2)中的 5 月 17 号是星期五，可以得知这个月的第一个星期五是 3 号，最后一个星期五是 31 号，因此可以推出这个月的第一个星期四是 5 月 2 号，最后一个星期四是 5 月 30 号，也就是说这个月共有 5 个星期四，所以这个月开会 5 次，因此(2)充分。

81. If money is invested at r percent interest, compounded annually, the amount of the investment will double in approximately $\frac{70}{r}$ years. If Pat's parents invested \$5,000 in a long-term and that pays 8 percent interest, compounded annually, what will be the approximate total amount of the investment 18 years later, when Pat is ready for college?

(A) \$20,000　　(B) \$15,000

(C) \$12,000　　(D) \$10,000

81. 若以百分之 r 的*年复利*(**compounded annual interest**)投资，投资额将在大约 $\frac{70}{r}$ 年内加倍。若 P 的父母以 8% 的年复利投资 5,000 美元在长期债券上，那么当 18 年后 P 准备上大学时，投资总额大约是多少？

解： 本题的正确答案为(A)。大多数考生会根据年复利的计算公式写出 18 年后的投资总额为 $5,000\ (1+8\%)^{18}$，但无法算出其具体值大约是多少。要正确解答本题，一定要恰当地应用题目中所给出的已知条

(E) $9,000

件。根据本题第一句话的信息，以百分之 r 的年复利投资，则在 $\frac{70}{r}$ 年投资加倍，可推知若以 8% 的年复利投资 5,000 美元，则在 $\frac{70}{8}$ 年后投资加倍，即 8.75 年后，投资变为 10,000 美元；同理再过 8.75 年，该笔投资将变为 20,000 美元，即 17.5 年后，投资变为 20,000 美元。因此 18 年后，投资大约为 20,000 美元。

82. Last year Luis invested x dollars for one year, half at 8 percent simple annual interest and the other half at 12 percent simple annual interest. Now he wants to reinvest the x dollars for one year in the same two types of investments, but the lower rate has decreased, If the higher rate is unchanged, what fraction of the x dollars must be reinvest at the 12 percent rate so that the total interest earned from the x dollars will be the same for both years?

(1) The lower rate is now 6 percent.

(2) The total amount of interest earned from the two investments last year was $3,000.

82. 去年 Luis 投资 x 美元，时间为 1 年，其中一半投资的*年单利*(**simple annual interest**)为 8%，另一半的年单利为 12%。现在他要重新投资 x 美元，时间也为一年，且与上面的两种投资方式相同，但是年单利较低的利率已开始下降。若年单利较高的投资的利率不变，x 美元中的多大比例的钱必须以 12% 的利率投资以致从 x 美元中所挣得的所有利息对两年来说是相同的？

(1) 较低的利率现在是 6%；

(2) 去年从两种投资中所挣得的总利息为 3000 美元。

解： 本题的正确答案为(A)。根据(1)可知较低的年单利率为 6%，设总投资额为 x，12% 的年单利率的投资所占的百分比为 n，则得到如下等式：

$$\frac{x}{2}(8\%+12\%)=nx\times 12\%+(x-nx)\cdot 6\%$$

由上面的方程，消去 x，可以解得 n 的值，所以(1)能充分地回答上面的问题；根据(2)无法求出年单利为 12% 的投资占总投资的百分比。

83. Two children, Bob and Mary, have piggy banks into which they deposit money earned from doing odd jobs. In a certain year, both Bob and Mary each deposited $5 on the first of every month into their respective piggy banks. If these were the only deposits made into the piggy banks during the year, on December 31 does Bob

83. 两个孩子 Bob 和 Mary 都有存放他们做零工所赚的钱的扑满(一种中间是空的用来存放零钱的小瓷器)。在某一年，Bob 和 Mary 都在每个月的第一天向各自的扑满中存入 5 美元。若这些存款是这一年中存入扑满的仅有存款，问在 12 月 31 号，Bob 扑满中的钱比 Mary 扑满中的钱多吗？(假设扑满中的钱没有被取出)

have more money in his piggy bank than Mary has in her piggy bank? (Assume no withdrawals)

(1) On March 15 Bob had three times as much money in his piggy bank as Mary had in hers.

(2) On June 15 Bob had twice as much money in his piggy bank as Mary had in hers.

(1) 在 3 月 15 号，Bob 扑满中的钱是 Mary 扑满中的钱的 3 倍；

(2) 在 6 月 15 号，Bob 扑满中的钱是 Mary 扑满中的钱的 2 倍。

解： 本题的正确答案为(D)。因为两个人都在每个月的同一时间向各自的扑满中加入相同数目的钱，所以不管在哪一个月的几号，只要一个人扑满中的钱比另一个人的多，则在年末 12 月 31 号时，他的钱都一定多。由以上分析可知(1)和(2)单独都能充分说明在 12 月 31 号时，Bob 扑满中的钱比 Mary 扑满中的钱多。

84. A family made a down payment of \$75 and borrowed the balance on a set of encyclopedias that cost \$400. The balance with interest was paid in 23 monthly payments of \$16 each and a final payment of \$ 9. The amount of interest paid was what percent of the amount borrowed?

(A) 6%　(B) 12%　(C) 14%

(D) 16%　(E) 20%

84. 一个家庭*分期付款*(**down payment**)买了一套价值 400 美元的百科全书，首期付款为 75 美元，*余款*(**balance**)和*利息*(**interest**)在 23 个月中以每个月付 16 美元，且最后再付 9 美元的方式还清，该家庭所付的利息额是其借款的百分之几？

解： 本题的正确答案为(D)。根据题意可知，该家庭所付的余款和利息一共是：

$$23\times16+9=377 \text{ 美元}$$

因此利息为 $377-(400-75)=52$ 美元

利息与借款量的比 $=\dfrac{52}{400-75}\times100\%=16\%$

85. Sue is now 10 years younger than Jane. If in 5 years, Jane will be twice as old as Sue, how old will Sue be in 3 years?

(A) 6　(B) 8　(C) 11

(D) 14　(E) 18

85. Sue 现在比 Jane 年轻 10 岁。若 5 年以后，Jane 的年龄将是 Sue 的两倍，问 Sue 在 3 年以后是多少岁？

解： 本题的正确答案为(B)。设 Sue 现在的年龄为 x，则 Jane 现在的年龄为 $x+10$，根据题意可得：

$$2(x+5)=(x+10)+5\Rightarrow x=5 \text{ 岁，}$$

所以三年以后 Sue 将是 $5+3=8$ 岁。

86. The market value of a certain machine decreased by 30 percent of its purchase price each year. If the machine was purchased in 1982 for its market value of \$8,000, what was its market value two years later?

(A) \$8,000　(B) \$5.600

(C) \$3,200　(D) \$2,400

(E) \$800

86. 某一机器的市场价每年下降其购买价格的 30%，若该机器在 1982 年购买时的市场价格为 8000 美元，问两年后其市场价格是多少？

解： 本题的正确答案为(C)。由题意可知，该机器每年价格的下降量是相同的，因此其两年后的市场价格为 $8000-2\times8000\times30\%=8000\times0.4=3200$ 美元

87. A shipment of banners contains banners of two different shapes, triangular and square, and two different colors, red and green. In a particular shipment 26% of the banners are square and 35% of the banners are red. If 60% of the red banners in the shipment are square, what is the ratio of red triangular banners to green triangular banners?

(A) $\frac{7}{50}$ (B) $\frac{3}{13}$ (C) $\frac{7}{30}$

(D) $\frac{13}{37}$ (E) $\frac{35}{26}$

87. 一批旗帜有两种不同的形状，三角形和正方形，且有两种不同的颜色，红色和绿色。在某一批特定的旗帜中，有26%是正方形的，有35%是红色的。若红色旗帜中有60%是正方形，则红色三角形旗帜与绿色三角形旗帜的比是多少？

解： 本题的正确答案为(C)。此题可以通过列表的方法进行解答，如下所示：

旗帜	正方形	三角形	总数
红色	② 21%	③ 14%	**35%**
绿色	③ 5%	④ 60%	① 65%
总数	**26%**	① 74%	**100%**

图中的黑体字是题目中的已知条件，总数当然是100%，表格中的①，②，③，④表示计算这些数据的先后顺序，其中②由60%乘以35%得到，从表中很容易求出红色三角形旗帜与绿色三角形旗帜的比是$\frac{14}{60}=\frac{7}{30}$。

88. The inflation index for the year 1989 relative to the year 1970 was 3.56, indicating that, on the average, for each dollar spent in 1970 for goods, $3.56 had to be spent for the same goods in 1989. If the price of a Model K mixer increased precisely according to the inflation index, what was the price of the mixer in 1970?

(1) The price of the Model K mixer was $102.40 more in 1989 than in 1970.

(2) The price of the Model K mixer was $142.40 in 1989.

88. 相对于1970年，1989年的通货膨胀*指数*(**index**)是3.56，它表明：平均而言在1970年花1美元买的东西在1989年买相同的东西要花3.56美元。若K型搅拌器价格的增加与通货膨胀指数的增加完全一致，那么该搅拌器在1970的价格是多少？

(1) K型搅拌器在1989年价格比在1970年的价格高102.4美元。

(2) 在1989年，K型搅拌器的价格是142.40美元。

解： 本题的正确答案为(D)。设该搅拌器在1970年的价格为x美元，根据(1)$x+102.4=3.56x$可以求出$x=40$美元；根据(2)得$x=142.40\div3.56=40$美元。

89. Laura borrowed $240, interest free, from her parents to pay for her college education. If she pays back $2\frac{1}{2}$ percent of this amount quarterly, and has already paid

89. Laura为上大学向她的父母借了240美元，不计利息。若她每个季度偿还这个金额的$2\frac{1}{2}$%，且她已经还了42美元，那么她已经开始偿还贷款多少个月了？

\$42.00, for how many months has she been paying back her loan?

(A) 6 (B) 7 (C) 19

(D) 21 (E) 24

解： 本题的正确答案为(D)。Laura 每季度偿还的钱为 $240\times 2\frac{1}{2}\%=6$ 美元，她还了 42 美元，所以她已经还了 $42\div 6=7$ 个季度，也就是 21 个月。

90. If $\frac{1}{2}$ of the air in a tank is removed with each stroke of a vacuum pump, what fraction of the original amount of air has been removed after 4 strokes?

(A) $\frac{15}{16}$ (B) $\frac{7}{8}$ (C) $\frac{1}{4}$

(D) $\frac{1}{8}$ (E) $\frac{1}{16}$

90. 若一真空泵每次抽出某一容器中$\frac{1}{2}$的空气，那么在抽 4 次后，该真空泵抽出的空气量与原始空气的比是多少？

解： 本题的正确答案为(A)。因为每次抽出容器中空气的$\frac{1}{2}$，所以 4 次抽出的空气与原始空气的比分别为$\frac{1}{2}$，$\frac{1}{4}$，$\frac{1}{8}$，$\frac{1}{16}$，其和为：

$$\frac{1}{2}+\frac{1}{4}+\frac{1}{8}+\frac{1}{16}=\frac{15}{16}$$

91. On a certain road, 10 percent of the motorists exceed the posted speed limit and receive speeding tickets, but 20 percent of the motorists who exceed the posted speed limit do not receive speeding tickets. What percent of the motorists on that road exceed the posted speed limit?

(A) $10\frac{1}{2}\%$ (B) $12\frac{1}{2}\%$ (C) 15%

(D) 22% (E) 30%

91. 在某一条路上，有 10%的汽车司机超过标定的速度限制，并收到一张超速罚单，但是在超速的汽车司机中有 20%的司机未接到超速罚单，问在那条路上超速驾驶的司机所占的百分比是多少？

解： 本题的正确答案为(B)。根据题意可知在超速的汽车司机中接到超速罚单的人占 80%，所以超速者所占总司机人数的百分比为：

$$\frac{10\%}{80\%}\times 100\%=12.5\%$$

92. At 9 a.m, a hiker was due south of point P. What direction was point P from her position at noon?

(1) From 9 a.m until 11 a.m she walked due east at 2 miles per hour, and from 11 a.m until noon, she walked due north at 3 miles per hour.

(2) At noon, she is exactly 4.5 miles from point P.

92. 上午 9 点时，一个徒步旅行者在 P 点的正南方。问正午时，P 点在她的哪个方向？

(1) 从上午 9 点到上午 11 点，她以每小时两英里的速度向正东行走，且从上午 11 点后直到中午，她以每小时 3 英里的速度向北行走；

(2) 在中午，她离 P 点的距离恰好为 4.5 英里。

解： 本题的正确答案为(E)。at noon 指正午 12 点根据(1)可知此徒步旅行者向东走了 4 英里后又向北走了 3 英里，但因为不知道上午 9 点时其与 P 点的距离，所以无法得到正午时她在P点的哪个方向；由(2)正午时她距P点4.5英里更无法得到其距P点的方向；(1)+(2)同样无法确定P点在该徒步旅行者的哪个方向。

93. Cars X and Y were traveling together on a straight road at a constant speed of 55 miles per hour when car X stopped for 5 minutes. If car Y continued to travel at 55 miles per hour, how many minutes from the time that car X resumed traveling did it take car X traveling at 60 miles per hour to catch up with car Y? (Assume that the time for car X to slow down and speed up was negligible.)

(A) 5 (B) 30 (C) 45

(D) 55 (E) 60

93. 当汽车X和汽车Y在一条直路上以每小时55英里的速度在一起匀速行使时，汽车X停了5分钟。若Y继续以每小时55英里的速度行驶，X从开始重新行驶时起以每小时60英里的速度前进，则需经过多少分钟才能追上Y?（假定汽车X在加速和减速上所花的时间可以忽略不计）

解： 本题的正确答案为(D)。设X经过x分钟后追上Y，根据题意可得：

$$(60-55)\times\frac{x}{60}=55\times\frac{5}{60}$$

$$\Rightarrow x=55\text{ 分钟}$$

94. In a certain flower shop, which stocks four types of flowers, there are $\frac{1}{3}$ as many violets as carnation, and $\frac{1}{2}$ as many tulips as violets. If there are equal numbers of roses and tulips, what percent of the flowers in the shop are carnations?

(A) 10% (B) 33% (C) 40%

(D) 50% (E) 60%

94. 在某一花店中，有四种类型的花，其中紫罗兰是康乃馨的$\frac{1}{3}$，郁金香是紫罗兰的$\frac{1}{2}$。若玫瑰花的数量与郁金香的数量相同，那么该花店中有百分之多少的花是康乃馨?

解： 本题的正确答案为(E)。设该花店中的康乃馨占总花数量的$x\%$，则紫罗兰占总花数量的$\frac{x}{3}\%$，郁金香占总花数量的$\frac{x}{6}\%$，玫瑰花占总花数量的百分比也是$\frac{x}{6}\%$，根据题意可得：

$$x\%+\frac{x}{3}\%+\frac{x}{6}\%+\frac{x}{6}\%=100\%$$

$$\Rightarrow x\%=60\%$$

95. A certain Social Security recipient will receive an annual benefit of \$12,000 provided he has annual earnings of \$9,360 or less, but the benefit will be reduced by \$1 for every \$3 of annual earnings over \$9,360. What amount of total annual earnings would result in a 50 percent

95. 当某一社会保障的接收者的年收入少于或等于9360美元时，他每年将收到12000美元的补贴，但是当这个人的年收入超过9360美元时，年收入每超过3美元将从12000美元中减去1美元。这个人的年收入是多少时将导致他只能获得年保障金的一半?（假设社会保障的补贴不被计入年收入）

reduction in the recipient's annual Social Security benefit? (Assume Social Security benefits are not counted as part of annual earnings.)

(A) \$15,360 (B) \$17,360

(C) \$18,000 (D) \$21,360

(E) \$27,360

解：本题的正确答案为(E)。设该接收者的年收入为 x 美元时只能获得年保障金的一半，根据题意可以得到如下方程：

$$\frac{x-9360}{3}=12000\times(1-50\%)$$

$$\Rightarrow x=27360 \text{ 美元}$$

96.

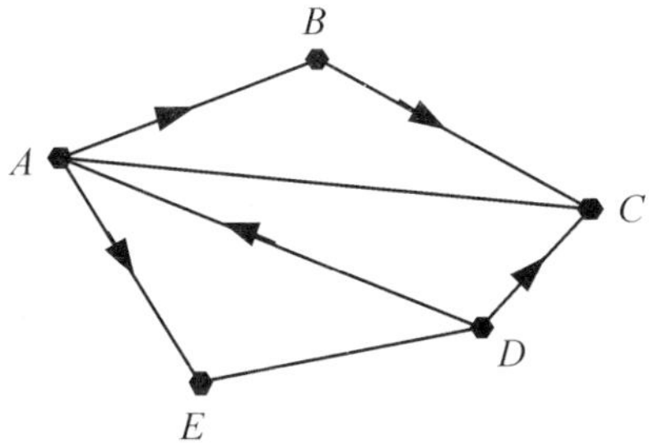

In the diagram above, points A, B, C, D, and E represent the five teams in a certain league in which each team must play each of the other teams exactly once. The segments connecting pairs of points indicate that the two corresponding teams have already played their game. The arrows on the segments point to the teams that lost; the lack of an arrow on a segment indicates that the game ended in a tie. After all games have been played, which of the following could NOT be the percent of games played that ended in a tie?

(A) 10% (B) 20% (C) 30%

(D) 40% (E) 50%

96. 在左面的图形中，点 A，B，C，D 和 E 代表某一联盟的 5 支球队，该联盟中的每支球队与其他的每支球队仅比赛一次。连接每对点之间的线段表示两支相对应的球队已经比赛过了。线段上的箭头指向失利的队伍；没有箭头的线段表示该比赛以平局结束。当所有的比赛都结束后，下列哪一个不可能是以平局结束的比赛所占的百分比？

解：本题的正确答案为(A)。根据题意可知 5 支球队共进行 C_5^2 场比赛即 10 场比赛。由图形可知，目前已进行了 7 场比赛，其中有 2 场比赛是平局，则平局已经占了总比赛数目至少 20% 的比例，所以 10% 不可能是平局所占的百分比。

97. A car traveled 462 miles per tankful of gasoline on the highway and 336 miles per tankful of gasoline in the city. If the car traveled 6 fewer miles per gallon in the city than on the highway, how many miles per gallon did the car travel in the city?

(A) 14 (B) 16 (C) 21

97. 一辆汽车在高速公路上旅行时每罐汽油行驶 462 英里，在城市内时每罐汽油行驶 336 英里。若每加仑汽油使该汽车在城市内比在高速公路上少行驶 6 英里，那么每加仑汽油可使该汽车在城市内行驶多少英里？

解：本题的正确答案为(B)。设每加仑汽油可使该汽车在城市内行驶 x 英里，根据题意

(D) 22 (E) 27

可得到如下方程：

$$\frac{462}{x+6}=\frac{336}{x}\Rightarrow x=16\text{ 英里/加仑}$$

98. Kim bought a total of \$2.65 worth of postage stamps in four denominations. If she bought an equal number of 5-cent and 25-cent stamps and twice as many 10-cent stamps as 5-cent stamps, what is the least number of 1-cent stamps she could have bought?

(A) 5 (B) 10 (C) 15

(D) 20 (E) 25

98. Kim 共购买了价值为 2.65 美元的 4 种*面值*(**denominations**)的邮票。若她购买的 5 美分的邮票和 25 美分的邮票的个数相同，且 10 美分邮票的个数是 5 美分邮票的 2 倍，那么她最少得购买多少张 1 美分的邮票？

解： 本题的正确答案为(C)。设 Kim 购买了 m 张 1 美分的邮票，且购买了 n 张 5 美分的邮票，则她购买了 n 张 25 美分的邮票和 $2n$ 张 10 美分的邮票，根据题意可得到下面的方程：

$$5n+25n+10\times 2n+m=265$$
$$\Rightarrow m=265-50n$$

要使 m 最小，就必须使 n 取最大值为 5，得到 $m=15$

99. All of the tickets for two real estate seminars, F and G, were either purchased or given away, and the ratio of F tickets to G tickets was 2 to 1. Of the total number of F tickets and G tickets, what percentage was purchased?

(1) The total number of F tickets and G tickets is 240.

(2) Of the F tickets, exactly 60 percent were purchased, and of the G tickets, exactly 80 percent were purchased.

99. 房地产研讨会有 F 和 G 两种票，所有这些票要么被购买要么被赠送，且 F 票与 G 票的比率是 2∶1。F 票和 G 票加在一起，总共有百分之多少的票被购买？

(1) F 票和 G 票的总数是 240 张

(2) F 票中刚好有 60%的票被购买，G 票中刚好有 80%的票被购买

解： 本题的正确答案为(B)。根据(1)只能算出 F 票和 G 票分别有 160 张和 80 张，但无法求出他们总共有百分之多少的票被购买；设 G 票为 x 张，则 F 票为 $2x$ 张，根据(2)可得 F 票和 G 票合在一起时被购买的百分比为：

$$\frac{60\%\times 2x+80\%\times x}{2x+x}=66.7\%$$

所以(2)充分。

100. A store currently charges the same price for each towel that it sells. If the current price of each towel were to be increased by \$1, 10 fewer of the towels could be bought for \$120, excluding sales tax. What is the

100. 目前，一个商店以相同的价格出售毛巾。若此时每条毛巾的价格上涨 1 美元，则 120 美元可以买的毛巾数目将会减少 10 条，不包括销售税。问目前每条毛巾的价格是多少？

current price of each towel?

(A) \$1　(B) \$2　(C) \$3

(D) \$4　(E) \$12

解： 本题的正确答案为(C)。做对本题的关键是对后半句"10 fewer of the towels could be bought for \$120"的理解，该句用的是虚拟语气，意为"120 美元可以购买的毛巾数量少 10 条"。设目前每条毛巾的价格为 x 美元，则由题意可列出以下方程：

$$\frac{120}{x}-10=\frac{120}{x+1}\Rightarrow x=3 \text{ 美元}$$

101. A certain truck manufacturer must have sales of \$4.5 billion to break even this year. If the manufacturer had sales of \$1.9 billion for the first half of the year, then, to break even for the year. its sales for the second half must be approximately what percent higher than its sales for the first half?

(A) 11%　(B) 16%　(C) 27%

(D) 37%　(E) 58%

101. 今年某一汽车制造商必须达到 45 亿美元的销售额，才能收支平衡。若该制造商在上半年的销售额为 19 亿美元，那么他下半年的销售额必须比上半年高出百分之多少，才能使这一年的收支达到平衡？

解： 本题的正确答案为(D)。根据题意可得他在下半年的销售额应为 45－19＝26 亿美元，所以比上半年高出的百分比为：

$$\frac{26-19}{19}\times 100\%\approx 37\%$$

102. A certain clock marks every hour by striking a number of times equal to the hour and the time required for a stroke is exactly equal to the time interval between strokes. At 6 : 00 the time lapse between the beginning of the first stroke and the end of the last stroke is 22 seconds. At 12 : 00, how many seconds elapse between the beginning of the first stroke and the end of the last stroke?

(A) 72　(B) 50　(C) 48

(D) 46　(E) 44

102. 某一钟表在整点时敲击的次数等于那一时刻的钟点数，一次敲击所持续的时间等于两次敲击之间的时间间隔。在 6：00，第一次敲击与最后一次敲击之间所间隔的时间为 22 秒。问在中午 12：00，第一次敲击和最后一次敲击之间的间隔是多少秒？

解： 本题的正确答案为(D)。由题意可知敲击持续的时间与两次敲击之间的间隔时间相同，设该时间为 x 秒，注意到间隔的次数比敲击的次数少 1 次，则 6：00 该钟表共敲击 6 次，间隔为 5 次，由题意可得到方程：$(6+5)x=22\Rightarrow x=2$ 因此12：00的敲击与间隔时间共为

$$(12+11)\times 2=46 \text{ 秒}$$

103. Last week a production worker had gross earnings of \$390.00. If she worked more than 40 hours last week and was paid 1.5 times her regular hourly rate for each hour worked in excess of 40 hours,

103. 上星期一个生产工人的毛收入是 390.00 美元。若她上周工作超过 40 小时，且 40 小时以外每小时的工资是通常的 1.5 倍，问她上周工作了多少小时？

how many hours did she work last week?

(1) If she had worked 4 more hours last week, her gross earnings would have been \$435.00.

(2) Her regular hourly rate last week was \$7.50.

(1) 若她上周多工作 4 小时，则她的毛收入将会是 435.00 美元；

(2) 她上周每小时的正常工资是 7.5 美元。

解： 本题的正确答案为(D)。由(1)可得，她多工作 4 小时时，平均每小时的工资为 (435－390)÷4＝11.25 美元/小时，则她正常工资是 11.25÷1.5＝7.5 美元/小时。设她上周工作了 x 小时，根据题意可得 $(x-40)\times 11.25=390-300\Rightarrow x=48$ 小时，所以(1)是充分的；根据(2)可得她一周工作的时间 x 为：$(40\times 7.5)+(x-40)\times 7.5\times 1.5=390\Rightarrow x=48$ 小时，所以(2)也是充分的。

104. Salesperson A's compensation for any week is \$360 plus 6 percent of the portion of A's total sales above \$1,000 for that week. Salesperson B's compensation for any week is 8 percent of B's total sales for that week. For what amount of total weekly sales would both salespeople earn the same compensation?

(A) \$21,000　　(B) \$18,000

(C) \$15,000　　(D) \$4,500

(E) \$4,000

104. 售货员 A 任一周的酬金是 360 美元加上那一周高于总销售额 1,000 美元的那一部分的 6%，售货员 B 任一周的酬金是那一周总销售额的 8%。当周销售额为多少时这两个售货员所挣得的酬金相同？

解： 本题的正确答案为(C)。设周销售额为 x 美元时 A 和 B 两人的酬金相同，由题意可得：

$$360+(x-1000)\times 6\%=x\times 8\%$$

解此方程可得 $x=15000$ 美元

105. How many gallons of water must be mixed with 1 gallon of a 15-percent salt solution to obtain a 10-percent salt solution?

(A) 0.50　　(B) 0.67　　(C) 1.00

(D) 1.50　　(E) 2.00

105. 1 加仑浓度为 15%的盐溶液必须加入多少加仑的水才能获得浓度为 10%的盐溶液？

解： 本题的正确答案为(A)。设必须加入 x 加仑的水，根据题意可得：

$$(1+x)\times 10\%=1\times 15\%\Rightarrow x=0.5$$

106. The ratio, by volume, of soap to alcohol to water in a certain solution is 2 : 50 : 100. The solution will be altered so that the ratio of soap to alcohol is doubled while the ratio of soap to water is halved. If the altered solution will contain 100 cubic centimeters of alcohol, how many cubic centimeters of water will it contain?

106. 在某一溶液中，肥皂、酒精与水的体积比为 2：50：100。改变该溶液的成分以使肥皂与酒精的体积比加倍，同时使肥皂与水的体积比减半。若改变后的溶液中含有 100 立方厘米（**cubic centimeter**）的酒精，那么它含的水是多少立方厘米？

解： 本题的正确答案为(E)。根据肥皂和酒精比率加倍，而肥皂与水的比率减半可得改变后的溶液中肥皂、酒精与水体积

(A) 50　　(B) 200　　(C) 400
(D) 625　　(E) 800

比为4∶50∶400。而酒精的体积等于100立方厘米，所以水的体积为 $100\times8=800$ 立方厘米。

107. In a certain animal population, for each of the first 3 months of life, the probability that an animal will die during that month is $\frac{1}{10}$. For a group of 200 newborn members of the population, approximately how many would be expected to survive the first 3 months of life?

(A) 140　　(B) 146　　(C) 152
(D) 162　　(E) 170

107. 某种动物在出生后前3个月中的每个月死亡的概率都是 $\frac{1}{10}$。在200个该种动物的新生成员中，预计大约有多少个可以在前3个月中存活下来？

解： 本题的正确答案为(B)。因在前3个月中每个月的死亡概率都为0.1，所以出生一个月后生存下来 $200(1-0.1)$ 个；同理出生两个月后存活下来 $200(1-0.1)^2$，第三个月为 $200(1-0.1)^3=146$ 个。

108. If Mark saved an average (arithmetic mean) of \$80 per week for 3 consecutive weeks, how much did he save the second week?

(1) The average amount that Mark saved per week for the first 2 weeks was \$60.

(2) The amount that Mark saved the first week was $\frac{1}{2}$ the amount he saved the second week and $\frac{1}{3}$ the amount he saved the third week.

108. 若Mark在连续3周中平均每周存80美元，问他在第二周存多少钱？

(1) 在前两周，Mark平均每周存60美元；

(2) Mark在第一周存的钱是他第二周存的钱的 $\frac{1}{2}$，是他第三周存的钱的 $\frac{1}{3}$。

解： 本题的正确答案为(B)。(1)中指Mark在前两周中平均每周存60美元，但无法确定第一、二周分别存多少钱；(2)中指出第一周存的钱等于第二周存的钱的 $\frac{1}{2}$，等于第三周存的钱的 $\frac{1}{3}$，设第一周存的钱为 x，由题意可得到下面的式子：

$$\frac{x+2x+3x}{3}=80\Rightarrow x=40,\ 2x=80$$

也即Mark第二周存了\$80。

109. Over the last three years a scientist had an average (arithmetic mean) yearly income of \$45,000. The scientist earned $1\frac{1}{2}$ times as much the second year as the first year and $2\frac{1}{2}$ times as much the third year as the first year. What was the scientist's income the second year?

109. 在过去的三年中一科学家的年平均(算术平均)收入是45,000美元。这位科学家第二年的收入是他第一年的收入的 $1\frac{1}{2}$ 倍，且第三年的收入是第一年的 $2\frac{1}{2}$ 倍。问这位科学家第二年的收入是多少？

解： 本题的正确答案为(D)。设这位科学家第一年的收入为 x 美元，根据题意可得：

(A) \$9,000　　(B) \$13,500

(C) \$27,000　　(D) \$40,500

(E) \$45,000

$x+1\frac{1}{2}x+2\frac{1}{2}x=45,000\times3\Rightarrow x=27,000$

所以他第二年的收入为 $27,000\times1\frac{1}{2}=$ 40,500 美元

110. A wildlife preserve is being planned for 3,000 rhinoceroses. The preserve is to contain a total of 10, 000 acres of watering area, plus 100 acres of grazing area for each rhinoceros. If the number of rhinoceroses is expected to increase by 10 percent, how many thousand acres should the preserve have in order to provide for the increased population?

(A) 340　(B) 330　(C) 320

(D) 310　(E) 300

110. 一野生动物保护区计划保护 3000 头犀牛。该保护区除包含有 10000 英亩的水域外，还有平均每头犀牛 100 英亩的放牧区。若犀牛的数目预计增加 10%，该保护区需要多少千亩的土地来供养数目增加后的犀牛？

解： 本题的正确答案为(A)。正确解答该题的关键是对题意的确切理解。题目中的"a total of"指水域面积是不变的，不会随犀牛数量的增加而增加，each 指每增加一头犀牛所需的草地，the increased population 指增加后的犀牛数目，由以上分析可得：

$$10000+100\times3000(1+10\%)$$
$$=340000$$
$$=340\text{ thousand}$$

111. Car X and car Y ran a 500-kilometer race, what was the average speed of car X?

(1) Car X completed the race in 6 hours and 40 minutes.

(2) Car Y, at an average speed of 100 kilometers per hour, completed the race 1 hour and 40 minutes before car X crossed the finish line.

111. 汽车 X 和汽车 Y 参加一个 500 公里的比赛，问汽车 X 的平均速度是多少？

(1) 汽车 X 在 6 小时 40 分钟完成了比赛。

(2) 汽车 Y 以平均每小时 100 公里的速度在汽车 X 到达终点前 1 小时 40 分钟到达了终点。

解： 本题的正确答案为(D)。根据(1)可求出汽车 X 的平均速度为 $500\div6\frac{2}{3}=75$ 公里/小时，所以(1)充分，根据(2)可得汽车 X 所用的时间为 $500\div100+1\frac{2}{3}=6\frac{2}{3}$ 小时，从而也可求出汽车 X 的平均速度是 75 公里/小时，所以(2)也是充分的。

112. How many minutes long is time period X?

(1) Time period X is 3 hours-long.

(2) Time period X starts at 11 p. m. and ends at 2 a. m.

112. 时间段 X 有多少分钟？

解： 本题的正确答案为(A)。由(1)可知时间段 X 中有 180 分钟，所以(1)是充分的；而(2)中因并未指明时间段 X 是从哪一天开始，又到哪一天结束，所以无法确定时

间段 X 中有多少分钟，即(2)不充分。

113. In a refinery, the capacity of oil tank A is 70 per cent of the capacity of oil tank B. How many more gallons of oil are in tank A than in tank B?

(1) Tank A is 90 percent full; tank B is 50 percent full.

(2) When full, tank A contains 50,000 gallons of oil.

113. 在一个炼油厂，油罐 A 的容积是油罐 B 的容积的 70%。问油罐 A 中油比油罐 B 中的油多多少加仑？

(1) 油罐 A 中的油是其容量的 90%，油罐 B 中的油是其容量的 50%。

(2) 油罐 A 充满时，含油 50,000 加仑。

解： 本题的正确答案为(C)。设油罐 B 的容量为 a，则根据(1)可得油罐 A 中的油量为 $90\%\times70\%\times a=63\%a$，而油罐 B 中的油量为 $50\%a$，因为从(1)中只能得出油罐 A 中的油比油罐 B 中的油多，但究竟多多少加仑却不得而知，所以(1)不充分；根据(2)可求出油罐 B 的容量为 $50{,}000\div70\%$ 加仑，但因为不知道两个油罐中究竟装了多少油，所以无法对两个油罐中的油的多少进行对比，所以(2)不充分；由以上分析可知，(1)+(2)充分，此时油罐 A 比油罐 B 多的油为：

$$50{,}000\div70\%\times(63\%-50\%)=9286 \text{ 加仑}$$

114. Diana bought a stereo for \$530, which was the retail price plus a 6 percent sales tax. How much money could she have saved if she had bought the stereo at the same retail price in a neighboring state where she would have paid a sales tax of 5 percent?

(A) \$1.00 (B) \$2.65

(C) \$4.30 (D) \$5.00

(E) \$5.30

114. Diana 买一个音响花了\$530，等于零售价与 6%购物税的和。若她在购物税是 5%的邻近州以相同的零售价买这种音响，她可以节省多少钱？

解： 本题的正确答案是(D)。设该音响的零售价为 x，则由题意可得：

$$x(1+6\%)=530\Rightarrow x=\frac{530}{1.06}$$

因此 Diana 可节省的钱为：

$$530-\frac{530}{1.06}(1+5\%)$$

$$=\frac{530\times1.06-530\times1.05}{1.06}=\frac{5.3}{1.06}=5$$

115. A certain ball was dropped from a window 8 meters above a sidewalk. On each bounce it rose straight up exactly one-half the distance of the previous fall. After the third bounce the ball was caught when it reached

115. 某个球从人行道上空 8 米高的窗户处落下。每一次反弹它都垂直升起，且高度等于上一次下落高度的一半。在第三次反弹后，球在恰好高出人行道 1 米的高度被抓住，问该球共走了多少米？

a height of exactly 1 meter above the sidewalk. How many meters did the ball travel in all?

(A) 21　　(B) 19　　(C) 17

(D) 15　　(E) 13

解： 本题的正确答案为(A)。该球从窗户上落下共 8 米，而第一次反弹的高度为 4 米，来回共 8 米，第二次反弹的高度为 2 米，来回共 4 米，第三次反弹的高度为 1 米，球在达到第三次反弹的最高点时被抓住，所以该球共走了：

$$8+4\times2+2\times2+1=21 \text{ 米。}$$

第 三 篇

GMAT 数学思维训练 270 题

1. 一个三位数的百位数是多少？

(1) 该三位数加上 150 后所得新数的百位数是 4

(2) 该三位数加上 150 后所得新数的十位数是 5

2. 已知某直线斜率为 2，其代表方程式为 $ky+2x=6$，求 k 的值？

3. 某百货商店的一种商品营业额为商品的售价乘以该商品的销售量。商品在促销期售价比上个月下降 10%，该月销售量较上月增 10%。问：促销月营业额较上月变化幅度。

(A) 上升 10%

(B) 上升 1%

(C) 下降 10%

(D) 下降 1%

(E) 没升也没降

4. 已知某数列中共有 7 个数，其中数(median)为 100，值域(range)为 50。其中最小的三个数的中数为 70，问最大的三个数的值域(range)可能是多少？

Ⅰ. 0　　Ⅱ. 20　　Ⅲ. 40

(A) 只有Ⅰ

(B) 只有Ⅱ

(C) Ⅰ和Ⅱ

(D) Ⅱ和Ⅲ

(E) Ⅰ,Ⅱ和Ⅲ

5. 有 10 个数，其中 7 个数相同，问这 10 个数的算术平均数是否大于他们的中数？

(1) 另 3 个数中每一个都大于这 7 个数。

(2) 另 3 个数的算术平均数(average)为这 7 个数的算术平均数(average)。

6. P 为 627 的倍数，且 P 个位为 4，$Q=\frac{P}{627}$，问 Q 个位为几？

7. $p=xy$，p 为质数，问 $x+y$ 不可能为下列哪一项？

(A) 3　　(B) 4　　(C) 6

(D) 10　　(E) 12

8. A 事件发生概率为 0.6，B 事件发生概率为 0.5，问 A，B 都不发生的最大概率？

9. $\left(\frac{2}{3}\right)^{99}$ 约等于几？

(A) -1　　(B) $-\frac{1}{2}$　　(C) 0

(D) $\frac{1}{2}$　　(E) 1

10. j，k 均为正整数(positive integer)，问 j 和 k 的最大公约数(greatest common divisor)是多少？

(1) $j=k+1$

(2) jk is divisible by 5

11. 已知 $AB=BC=CD=DE$，且 $AE=10$，求 AB 的值。

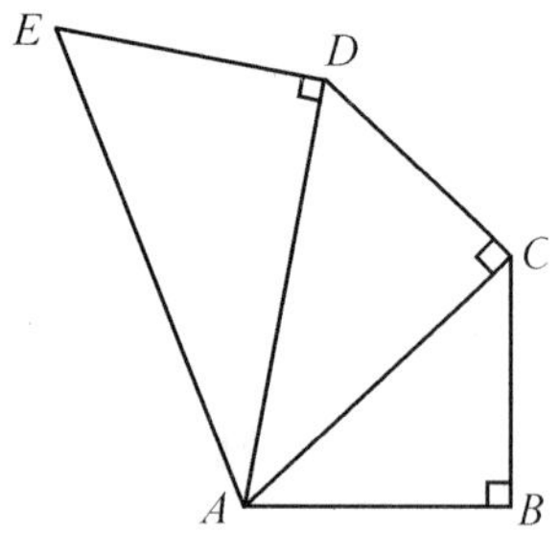

12. 某批商品样式分 A 和 B 两种，形状有大小两种，大的占 40%，问 B 所占的比例是多少？

(1) 大中有 30% A

(2) 小中有 40% A

13.

r	s	t
u	w	x
v	y	z

已知上面表格的每一行和每一列中，1，2，3 出现且只出现一次，$r=$？

(1) $w+z=6$

(2) $s+t+u+v=6$

14. 5 双不同颜色的袜子，任取两只，求其恰好是一对的概率？

15. $10^{50}-74$ 的各位数字相加为几？

16. 3 对人分为 A，B，C 三组，每组两个人，考虑组与组的顺序及每组中人的顺序，问有多少种分法？

17. 已知 $ABCD$ 为四边形，边长 $AB=12$，$DA=5$，问：$ABCD$ 是否为矩形？

(1) 对角线 $DB=13$

(2) $AB=DC$，且 $AD=BC$

18. $X+2Y=16$，X，Y 为自然数，问 $X=$？

(1) $X>Y$

(2) $X>4$，$Y>4$

19. 有 3 个考官测试 30 个学生，考官 1 认为有 15 个通过，考官 2 认为有 7 个通过，考官 3 认为有 24 个通过，且只有 3 个考官都认为通过才能算学生通过，问至少有多少学生通过？

20. 4 对夫妇(couple)，从中取 3 个人，组成一小组，不能从任意一夫妇(couple)中取 2 个，问有多少种取法？

21. 一对夫妇生孩子，每次仅生一个孩子，生男生女的概率一样，问生 2 男 2 女的概率？

22. N 个连续奇数的算术平均值(mean)为 10，求最小数的值？

(1) 其值域(range)为 14

(2) 最大的数为 15

23. X，Y 为正整数，X 是否可被 3 整除？

(1) $(X-Y)$可被 3 整除

(2) $(X-2Y)$可被 3 整除

24. 两把钥匙(key)，放到已有 5 个钥匙的钥匙链(key chain)中，问这两把钥匙相邻的概率？

25. 从 15 个人中取 5 个人，且有 3 个人不能都取，问有多少种取法？

26. $X+5$，$Y+5$，$Z+5$ 的标准方差(standard deviation)是多少？

(1) X，Y 的标准方差大于 0.3。

(2) X，Y，Z 的标准方差等于 0.2。

27. 有 50 个人排队买票，每人至少 1 张，最多 5 张，共买了 154 张票，问仅买 1 张票的最多有多少人？

28. 红灯亮的时间为 40 秒，黄灯亮的时间为 5 秒，绿灯亮的时间为 45 秒，这些灯按绿、黄、红的顺序闪，问 5 分钟内红灯亮的最长时间是多少？

29. 从 1～100 中任意选 7 个数，问它们分别除以 7 后所得的余数的和能被 7 整除吗？
(1) 这 7 个数的值域(range)为 6。
(2) 这 7 个数是连续整数(consecutive integer)。

30. 有一组数是 0，9，5，X，Y，其中 X，Y 是正数，问这组数的值域（range）是多少？
(1) $X+Y=9$
(2) $X-Y=1$

31. 20 个人，17 个人能干 A 工作，18 个人能干 B 工作，15 个人能干两种工作，选一个人，他既不能干 A 工作也不能干 B 工作的概率是多少？

32. 问$\sqrt{n}$是否大于 100？
(1) $\sqrt{n+1}>100$
(2) $\sqrt{n-1}<99$.

33. 问 19 个数的中数(median)？
(1) 最大的 14 个数都是 9；
(2) 最大的 4 个数都大于 8。

34. 从 4 个 A，6 个 B 从中挑取 3 个，且至少有 1 个 A，问共有多少种挑法？

35. 一枚硬币(coin)，若投一次正面朝上的概率不是 0.5，则是多少？
(1) 正面朝上的概率是正面朝下的概率的两倍。
(2) 连续投两次，一次朝上一次朝下的概率是$\frac{4}{9}$。

36. 有 3 名打字员为 4 个科室服务，如果 4 个科室各有一份文件要打，各科室打字员的选择是随机的，问每个打字员都收到文件的概率？

37. 从 0～6 这 7 个数中取 6 个各不相同的数组成一个大于 300,000 的 6 位偶数，问可组成多少个？

38. $x^3>y$？
(1) $\sqrt{x}>y$
(2) $x>y$

39. $x^3-x=(x-a)(x-b)(x-c)$，且 $a>b>c$，问 $b=$？

40. 一个物体(mass)的$\frac{1}{8}$到$\frac{1}{7}$的部分在水面上，问其水上部分与水下部分比的值域(range)是多少？

41. 共有 200 人，其中买 A 产品的有 50 人，买 B 产品的有 40 人，买 C 产品的有 75 人，买 D 产品的有 60 人，买 E 产品的有 85 人，已知有 15 人既买了 A 产品又买了 B 产品，求既没买 A 产品又没买 B 产品的人数？

42. X 是否满足 $0<X<1$？
(1) $X^2<\sqrt[3]{X}$；
(2) $X^3<\sqrt[3]{X}$.

43. 直线 L 通过$(1, q)$，问其斜率(slope)是否大于 0？
(1) 该直线通过$(q, 1)$
(2) 该直线通过$(13, q)$

44. 若 L_1 的斜率小于 0，问其在 y 轴上的截距(intercept)是否为正？
(1) L_1 过点$(4, 5)$
(2) 在 x 轴的 intercept 为正。

45. 有 17 个人，从中抽出 3 个，分别住进 3 个屋子中，这 17 个人中有 7 个人只能在某一屋子，而另 10 个人只能在另两个屋子，问共有多少种取法？

46. 有两人为三个房间送餐，甲送饭，乙送菜，分为三个时间段去送，每时间段一个房间，且任一时间段内不可往同一房间送，问有多少种送法？

47. 有 2 个工作，3 个人去做，可以有工作多人做，也可以有工作没人做，问有多少种分配方法？

48. S 是一个数列(A_1，A_2，⋯，A_n)，问数列 S 的标准方差是多少？

(1)每个数相等。

(2) 该数列的算术平均数是 7。

49. 从数列 1，2，3，4，5，6，7，8 中选出不同的三个数组成一个三位数 ABC，中间数只能是偶数，求能组成多少个三位数？

50. TU 是个两位数(T 是十位数，U 是个位数)。若 TU 等于 T 与 U 的乘积的 2 倍，那么 U=？

51. 每只老虎每天吃 4.5 磅肉，每只狮子每天吃 3.5 磅肉，动物园没有其他猫科动物，问动物园每只猫科动物平均每天吃多少磅肉？

(1) 老虎的个数是狮子的 2 倍。

(2) 狮子有 4 只。

52. 某一物体上升的高度(H)可由 $H=-16(t-3)(t-3)+150$ 来表示，求该物体达到最高点 2 秒后的高度？

53. 下图为一圆，问此圆上点的坐标(x，y)均为整数的点有几个？

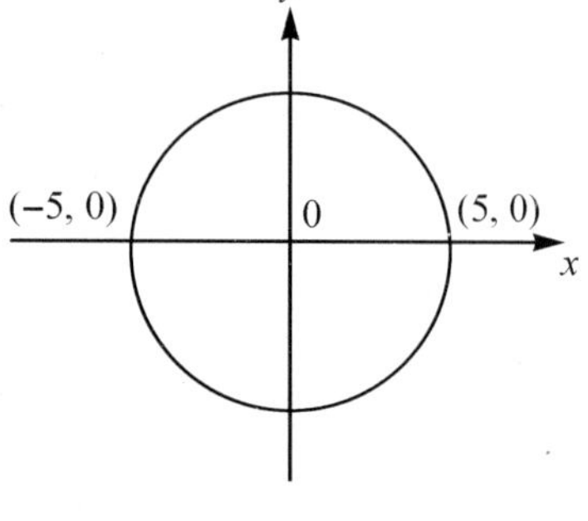

54. 两个班 A 和 B 在某次考试中的分数如下表所示：问当 A 和 B 两个班的学生合在一起时，其学生考试分数的算术平均值是否大于其中数？

(1) A 班有 37 人，B 班有 40 人。

(2) A 和 B 两个班共有 77 人

	median	average score
A	80	82
B	78	74

55. 有 400 个人，387 个人的年龄不超过 20 岁，14 个人的年龄不小于 20 岁，求从中任取一个，其年龄小于 20 岁的概率？

56. 从 6 个软皮本和 2 个硬皮本中任意抽取 4 本，问至少有一本是硬皮的可能数？

57. A 是一个从 101～550 (inclusive) 的整数集合，求从 A 中任取一个数，该数以 1，2，3 开头，4，5，6 结尾的概率？

58. $1+X+X^2+X^3+X^4+X^5<\frac{1}{1-X}$?

(1) $X>0$

(2) $X<1$

59. N 为 1～99 之间的整数，问满足 $N(N+1)$被 3 整除的 N 的概率。

60. 求五角星的五个顶角之和。

61. 某一直角坐标系中，有 L_1 和 L_2 两条直线，问 L_2 是否过 II 象限？

(1) $L_1 \perp L_2$

(2) L_1 过原点

62. 一直线 L 过点 $A(5, 0)$，$B(0, 2)$，坐标原点为 O，点 $P(x, y)$ 为 OAB 中一点，问 $y<x$ 的概率为多少？

63. $x^2+x-6<0$，问 $x=$？
(1) x 是自然数
(2) $-2<x<2$

64. $-3<x<1$ 等价于多少？

65. 在数列{7，6，9，10，4}中分别加入三个数：3，7，12，问哪个可使新的数列的中数(median)等于它的算术平均数(mean)？
I. 3　　II. 7　　III. 12

66. $A_1=2$，$A_2=3$，$A_3=A_1A_2$，$A_4=A_1A_2A_3$，…，若 $A_n=t\ (n\geqslant 3)$，那么 $A_{n+2}=$？

67. 5 个人围着一个圆桌的 5 个位置坐，相对位置相同的坐法算 1 种，问共有多少种不同的坐法？

68. 已知 A，B，C 均为圆上的点，问 O 是否为圆心？

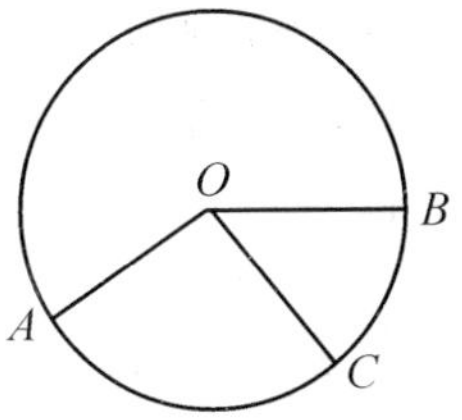

(1) $AO=OB$
(2) $AO=OC$

69. 9 个整数构成等差数列，问其中项为几？
(1) 头 7 个中间项为 13
(2) 后 7 个中间项为 17。

70. 问下列哪个点(r, s)在直线 $y=2x+3$ 上？
(1) $(2r-s+3)(4r+2s-6)=0$
(2) $(3r+2s-5)(2r-s+3)=0$

71. m is a **two-digit number**(两位数) and $2m$ is a **three digit number**(三位数), what is the **unit digit**(个位) of m?
(1) the unit number of $2m$ is 4
(2) the unit number of m is the same as the **tens number**(十位数) of $2m$

72. 扔两个骰子(1—6)，求他们朝上的面上的数值相加大于 9 的概率？

73. (x, y, z)的子集(subset)是 X，Y，Z，XY，XZ，YZ，XYZ；问(W, X, Y, Z)的所有子集(subset)中有多少个含有 W？

74. A，B 是 0 到 9 之间的正整数，且 $A+B=14$，设 $x=0.A$，$y=0.B$，问 x 乘以 y 的最大值是多少？

75. 已知整数 K 前所有整数之和为 $\frac{K(K+1)}{2}$，问 M 和 N 之间(包含 M 和 N)整数的和为多少($M>N$)？

76. 8 marbles in a bag, 4 red and 4 white. Randomly get 3 marbles out of the bag, what's the probability that at least 1 of the 3 marbles is red?

77. Somebody bought some pencils and rubbers in a shop. What's the price for each pencil?
(1) he paid 215 cents for 2 pencils and 3 rubbers
(2) he should have bought 8 pencils and 12 rubbers if he paid 860 cents.

78. 两个三角形全等，面积比为 1∶2。小三角形一边长为 A，大三角形类似的一条边为 B，用 A 来表示 B 的长度。

79. 有 350 个人，不是研究生就是本科生，从中任取一人，问是女研究生的概率为多少？

（1）研究生有 187

（2）女生有 247

80. 若一块含水的木头重 60 克，水重 30 克，则它的含水量为 100%。问一块含水量为 20%，重为 1200 克的木头中含有多少克的水？

81. $n=A\times B\times C\times D$，且 A，B，C 和 D 均为大于 1 的质数，问 n 除了 1 之外有几个因子？

82. 1，2，3，6，7，8 构成两个数字不同的三位数，问这两个数差的最小值（least possible difference）是多少？

83. 已知 A 点落在下面的正方形内，问其落在阴影部分的概率？

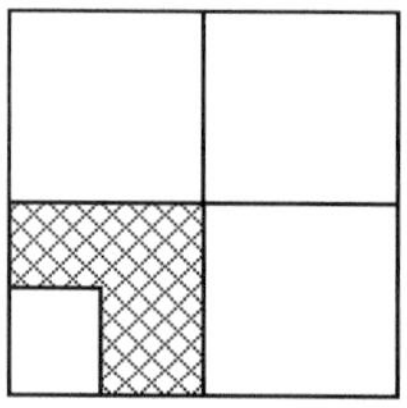

84. 某个数列的通项公式为 $a_{n+2}=a_n+a_{n+1}$ $(n\geqslant 1)$，问 $a_6=$？

（1）$a_6-a_5=3$

（2）$a_7+a_8=34$

85. 一个数被 13 除时，商是 k，余数为 2；被 17 除时余数为 2，问 k 被 17 除余几？

86. 求直线 $x+2y=6$ 与 x 轴和 y 轴相交而成的三角形的面积。

87. 从 0～9 这十个数中取出四个数组成电话号码，其首位不能为零。问共能组成多少个电话号码？

88. 一个单位给员工做胸牌。胸牌号码由 2～9 中的 3 个数组成，且不重复。已做了 330 个，问还可做多少个？

89. 一个班总共有 60 个学生，他们要么学习西班牙语，要么学法语，或两者都学，学西班牙语的有 36 人，其中包括 6 个两种语言都学的人。问有多少人只学法语？

90. 一个圆上的 7 个点，能组成的三角形的数目与能组成的四边形的数目之比。

91. 300 个病人有 A，B，C 三种症状，且每人至少有一种症状，其中有 A 症状的人占 35%，有 B 症状的人占 45%，有 C 症状的人占 40%，有且仅有两种症状的人占 10%，问有多少人有且仅有一种症状？

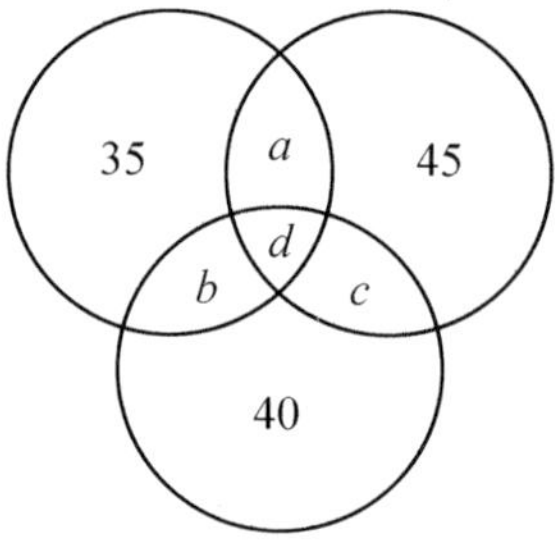

92. 6 本书中有 2 本是历史书，6 本书在书架上直线排列，其中两本历史书要在其他书的左侧的排法有多少种？

93. 袋中有四个球，分别为红、黄、蓝、绿四个颜色，求任取出两个，其中有一个为蓝球或绿球的概率？

94. 在一个有 200 人的小组中，选 P 的有 125 人，选 S 的有 80 人，求既不选 P 也不选 S 的人有多少？

（1）选 S 的人中有 50% 的人选了 P

（2）选 P 的人中有 85 人没有选 S

95. 从 $X-Y$，$X+Y$，$X-5Y$，$X+5Y$ 中任选两个，能组成 X^2-DY^2（D 为某一数值）的概率是多少？

96. 在已有 5 本书的书架上放入两本书，这两本书相邻的概率？

97. 抛币正反几率各半，问抛两次至少一次正面朝下的几率。

98. $a \# b = a + b - ab$，问下列等式哪个正确。

(1) $a \# b = b \# a$

(2) $a \# 0 = a$

(3) $(a \# b) \# c = a \# (b \# c)$

99. Z，X 是整数，且绝对值>1，问 Z 的 X 次方是否小于 1？

(1) $X<0$

(2) Z 的 Z 次方<1

100. 一台机器人每天工作 8 小时，共完成 65 件工作。其中能在 6 分钟内完成的工作有 50 件，能在 12 分钟内完成的工作有 15 件。问在这 8 小时任选一时刻，这个机器人正在操作能在 12 分钟内完成的工作的概率是多少？

101. 一组连续整数组成的数列，开头与结尾两数都为偶数，且偶数共有 7 个。问从中任选一数，其为奇数的概率是多少？

102. 从 7 个男生与 7 个女生中选 3 个男生与 3 个女生共有多少种组合？

103.

缺勤次数	人数
0	4
1	3
2	10
3	3
4	5
5 次以上	3

问有缺勤记录的人的缺勤次数的中数是多少？(注意是有缺勤记录的人的中数)

104. 有 6 个公司，每个公司派 3 个人与其他公司的人握手(不同本公司的人握)，问共握多少次手。

105. 有一个长方形内接在一个圆内，半径为 r，长方形不是正方形，问长方形的周长 L 可能是多少。

106. 有 6 个会计和一个 Controler 组成一个四人小组，问 Controler 必然保存在组内的概率。

107. 如下图所示，患有 A 病的人占 57%，患有 B 病的人占 47%，患有 C 病的人占 43%，既患有 A 病又患有 B 病的人占 30%，问最多有多少人只患有 C 病(总人数为 100)？

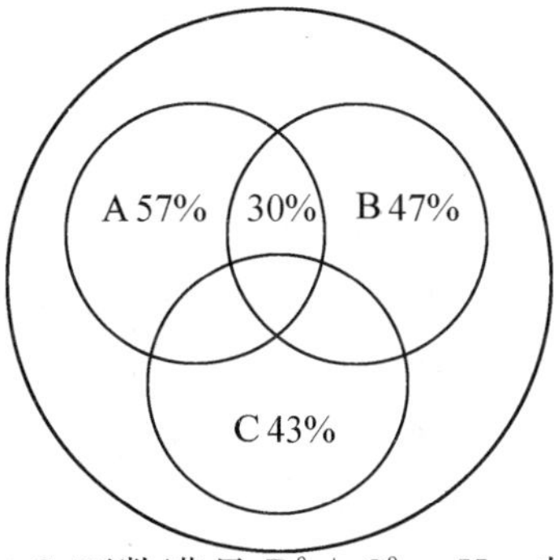

108. R 与 S 两数满足 $R^2+S^2=K$，其中 K 为一常数，问点$(-2, 2)$是否满足此方程？

(1) $K=8$

(2) 点$(2, -2)$满足此方程

109. 已知 A_0 等于 1，A_1 等于 2，其后各项通式为 $A_{N+1}=3(A_N-1)A_{N-1}$，问 A_5 等于多少？

110. $X^{(X+Y)^2}$ 等于多少？

(1) $XY=6$

(2) $X+Y=5$

111. 从 1，2，3，…9 中取出两个组成一个三位数(其中两个数相同)，问有多少种取法？

112. X，Y，Z 是三角形的三个边，且 $X<Y<Z$，$S_{\triangle}=1$，问 Y 的范围？

113. X是5的倍数，$X=p^2q$，p与q为整数，下列哪个是25的倍数？

(A) pq　　(B) pq^2

(C) p^2q^2　　(D) p^3q

114. $x+y$为整数，y为整数吗？

(1) $x-y$为整数；

(2) $x+2y$为整数。

115. x，y，z为正整数，且$x<y<z$，求y？

(1) $x+y+z=6$

(2) $xyz=6$

116. 300人至少参加一种体育活动，1/3的人参加游泳，2/3的人参加网球，3/10的人参加杂技，问多少人参加三项体育活动？

(1) 60人恰好参加2项活动；

(2) 35人既参加游泳又参加网球。

117. 直线A与直线B斜率相同，直线A过点$(-1, 0)$，求直线B的方程？

(1) 直线A过点$(0, -1)$

(2) 直线B过点$(10, 20)$

118. 有A和B两个集合，其中A集合包含20个数，B集合包含30个数。问B集合的RANGE是否小于45？

(1) A集合中数的值域(range)是10

(2) 如果把A，B集并起来，合并后的大集的值域为40

119. The trip was 40 miles. The speed for the first y miles was x miles per hour, and the speed for the remaining trip was $1.2x$ miles per hour. What is the average speed?

(1) $x=12$

(2) $y=20$

120. 坐标系上面两根线段，相交于一点，求这点的坐标。两根线段的另一头分别为$(0, 0)$和$(5, 3)$，线段1的斜率为$\frac{1}{8}$，线段2的斜率为$\frac{2}{5}$。

121. 第一行的"O"表示一个小球。第2，3，4行的"X"表示障碍物。第6行的"凹"表示小凹槽。小球从上落下，掉到第3行时受中间的障碍物阻滞时，其向左或向右滑移的几率相等，各占百分之五十。以下亦然。问最后小球掉到第6行的第二个小凹槽的几率有多大？

O

X　X

X　X　X

X　X　X　X

X　X　X　X　X

凹　凹　凹　凹

122. If for integers C, $6<C<20$, what is the least possible value of the equation $(20-C)/(6-C)$?

123. For integers a and b, if $(a^3-a^2-b)^{1/2}=7$, what is the value of a?

(1) $a^2-a=12$

(2) $b^2-b=2$

124. 五个数，x，y，z，5和7，他们的算术平均值(mean)等于8，问下面哪一个正确？

(Ⅰ) The range of the five numbers is 2 or more.

(Ⅱ) At least one of x, y, z is more than 9.

125. 一个公司的程序员的平均工资是x，统计员的平均工资是y，问程序员与统计员加到一块的平均工资是否小于$\frac{(x+y)}{2}$？

(1) 程序员多于统计员
(2) $y-x=4,200$

126. 一件工作，A 做的概率为 0.5，B 做的概率为 0.4，问 A 不做 B 也不做的概率范围为多少？

127. $a_1=1$，$a_{n+1}=1+\frac{1}{a_n}$，求 $a_5=$？

128. $a>b$?
(1) $2b>a$
(2) $(a-b)^2=1$

129. 一个龙头灌水的速度是另一个的 1.5 倍，两个一起灌要四小时，问效率高的单独灌要多少小时？

130. 一个飞机逆行 400 公里(单程)速度是 270 公里/小时，顺风是 300 公里/小时，问往返平均速度。

131. 已知 x，y 为正整数，且 $11<x<y<17$，问：x，y 的值分别为多少？
(1) x 和 y 均为奇数
(2) x 和 y 均为偶数

132. 从 8 个人中选三人组成三人小组，其中 5 女 3 男，问至少有一个男的有几种组合？有且仅有一个男的有几种？

133. 一个数为两个三位数之和，问其百位数是否为这两个三位数百位数之和？
(1) 此数的十位数为两个数的十位数之和；
(2) 此数的个位数为两个数的个位数之和。

134. 问 N 为多少？
(1) N 只有 2 和 3 两个质因子
(2) N 的因子个数为 12。

135. 某地 150,000 个家庭，其中 80%的家庭装有有线电视(cable TV)，60%的家庭有录像机(cassette video)，问既有 CABLE 又有 CASSETTE 的家庭可能数。

136. 欲从 26 个字母中抽取字母组成三位数的密码。密码的中间字母只能为元音字母(A，E，I，O，U)，密码前后两个字母是不同的非元音字母。问：可组成多少种不同的密码。

137. 2^N 是 10！的因子，问 N 值最大为多少？

138. x，y，z 是连续整数且 $x<y<z$，问 x 是否是偶数。
(1) xz 是偶数
(2) xyz 可被 4 整除。

139. $u\times v\geqslant 0$?
(1) $u|v|=v|u|$
(2) $u^2v=v^2u$

140. 有两个骰子各为 6 个分值：1，2，3，4，5，6，问投这两个骰子使其中一个比另一个分值大 2 的概率？

141. 有 4 组人，每组 1 男 1 女，从每组各取 1 个人，问取出 2 男 2 女的概率？

142. 有 0～9 这 10 个数字，先取出一个数记下其值后把它放回去，再取一个数记下其值，问当两次数值相加和为 8 时，出现过 5 的概率？

143. 扔硬币使硬币向上的概率为 0.6，问扔 5 次，至少 4 次向上的概率？

144. 求 Median of a sequence (all the numbers are integers)
(1) 25%的数大于等于 4
(2) 35%的数小于等于 2

145. $\{x\}$ denotes the greatest integer less than or equal to x. Is $\{x\}=1$?

(1) $x>1$

(2) $x<2$

146. 有五个停车位，三辆完全一样的红车、一辆黄车、一辆绿车都停进去的方法有多少种？

147. 有三个队每队派出三个人参加某一个比赛，如果某一队中一个人最后得了 n 名，那么这个队就得了 $6-n$ 分，$1\leqslant n\leqslant 5$，没有平局。如果没有一个队得分超过 6 分，问三个队中得分最低的队可能得多少分？

148. m，n 和 s 分别是一个三位数的百位、十位以及个位数，且 $mns=96$，问这个三位数的个位数是多少？

(1) 这个数是奇数；

(2) 百位上的数字是 8。

149. 在一个直角坐标系上有一个正方形，其三个顶点的坐标分别为 (G, H)，$(G, -H)$，$(-G, -H)$。已知 $G<0$，$H>0$，问以下哪一个可能是该正方形的另一个顶点的坐标。

(A) $(-5, 3)$

(B) $(5, -3)$

(C) $(-5, -3)$

(D) $(-3, 5)$

(E) $(5, 3)$

150. One set of numbers consists of consecutive integers and the least number is 3. How many numbers are there in the set?

(I) The average of all the numbers in the set is 6;

(2) The number of integers is one more than the range of the set.

151. 求三个式子的公因式：

x^2+6x+8

x^2-2x-8

x^2-4

152. 在平面坐标系里，三角形 ABC 三个顶点的坐标如下所示：$A(3, 4)$，$B(-2, 5)$，$C(-1, a)$。已知 AB 垂直 BC，求 a。

153. $4^{90}+3^{90}$ 的个位数是多少？

154. 2^{51} 和 $2^n\times 3^3$ 有一样多的正因子，问 $n=$？

155. 已知 $x>0$，问 x 的平方是否大于 x？

(1) $x^{-1}>x$

(2) $x^{-4}>16$

156. 问 x 能被 10 整除吗？

(1) x 能被 5 整除

(2) $5x$ 能被 10 整除。

157. $S=20+21+\cdots\cdots+40$。问 S 的最大质数因子是多少？

158. 7^{548} 除以 10，余数是多少？

159. 一个数被 6 除后的余数是多少？

(1) 被 3 除余 1

(2) 被 12 除余 7

160. m 与 n 这两个数的最小公倍数是 630，最大公约数是 15，$n-m=15$，问 m 和 n 各自是多少？

161. 有一组数 1，1，1，1，2，2，2，3，4，4，... 已知 $n>4$，$S_n=S_{n-3}+S_{n-4}$，求 $S_{24}-S_{20}=$？

162. n 是一个整数，5^n 是 99 到 199 之间所有奇数的积的一个因子，请问 n 的最大值是多少？

163. $x^3 \times y^2 \times z$ 大于零吗？
(1) xyz 小于 0
(2) x^2z 大于 0

164. 有一群人考试，男女生之比是 5 比 3。男女最高分都是 92，最低分都是 81，男女的总平均分一定高于 84 么？
(1) 女平均分 89
(2) 男平均分 82

165. 三个袋子装有玻璃球，这些玻璃球中有三分之一是蓝色的。每个袋子装的玻璃球数以及蓝色玻璃球所占的比例如下表所示，求表中 x 的值。

袋子编号	玻璃球数	蓝色玻璃球占比
A	37	10．8%
B	x	66．7%
C	32	50%

166. 有 3 个学生缺考，教授给参加考试的学生算了平均成绩；后来 3 个学生补考后，计入补考成绩，教授又给整个班级算了一次平均成绩，问这一次的班级平均成绩是多少？
(1) 第一次的平均成绩是 88；
(2) 3 个补考学生的平均成绩是 80

167. 一个数轴等距分了几段，问 Y 用 X 怎么表示？

168. 某整数的个位数大于 1，判断它的个位数的条件？
(1) 该数的 n 次方的个位数与该数自身的个位数相同
(2) 该数的平方的个位数为 1

169. B 是 A 的 90%，C 是 B 的 110%，D 是 C 的 80%，E 是 D 的 120%，求 E 比 A 等于多少？

170. 一个三角形 ABD，BD 是比较长的那条边。在 BD 上有一点 C，其中角 ABC＝35 度，角 ACD＝70 度，问 C 是否是 BD 中点。
(1) 三角形 ACD 是等腰三角形
(2) BA 垂直于 AD

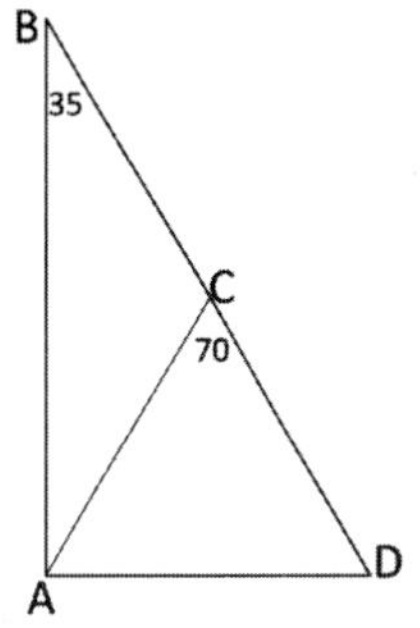

171. 一共 60 个人，购买 3 种理财产品，买 A 的 48 人，买 B 的 35 人，买 C 的 27 人，买 A 同时买 C 的有 19 人，3 个都买的有 12 人，买 B 的人都买了 A，求有多少个人什么都没买。
(A) 0
(B) 1
(C) 2
(D) 3
(E) 4

172. p、q 和 r 是大于 1 的质数，且互不相同，x、y 和 z 是正整数，问：是不是能判断 $p^x \times q^y \times r^z > 100$？
(1) $x+y+z=5$
(2) $pqr=30$

173. 定义一个符号△，$k \triangle j$ 代表 $k \times (k+1) \times \cdots \times (k+j-1)$，比如 $6 \triangle 4 = 6 \times 7 \times 8 \times 9$，问如果 $a = 20 \triangle 20$，$b = 21 \triangle 20$，a/b＝？

174. 去年产品 A 占总利润的 50%，今年产品 A 利润上涨 30%，其他产品利润不变，问今年 A 占利润的百分比？

175. 如图所示：数轴上有 M、N、P 和 Q 这些点。已知 $NP=2MN$，$NP=2/5PQ$，$M=-16$，$Q=8$，求 P。

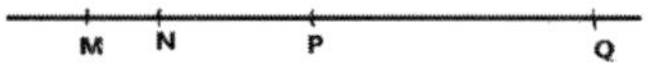

176. 一个数列的前 N 项和的表达式为 $S_n=n(n+1)$，求数列的第三项。

177. 有个水池，从凌晨 2 点开始放水。深度记为 $N(t)=-20(t-5)^2+500$，t 为放水的小时数。问几点的时候水位为最大值？

178. 总共有 200 人选择两种品牌的电视机，选 A 的有 120 人，选 B 的有 80 人，选 A 又选 B 的有 10 人，求有多少人既不选 A 也不选 B？

179. $f(x)=x^4+6x^2+16$，$f(x)$还可表示为：$f(x)=g^2(x)+7$。求 $g(x)$的表达式。

180. 一个商品原价 1000 元，提价 20%之后，又降到了 1000 元，问降价了百分之多少？

181. 六个数，从小排到大和从大排到小的概率为多少？

182. 一根电线杆，两边用绳子固定，如图所示：E 在从地面起 AB 的 2/3 处，$CE=16$，求 BD 的长度。

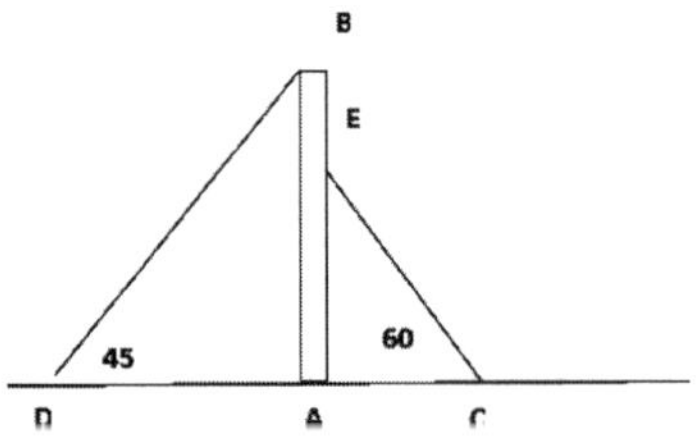

183. 坐标系上有一个平行四边形，已知较短的那条对角线的斜率是 2，求较长的那条对角线的斜率。

（1）两条对角线相互垂直；

（2）四边形两条临边相等。

184. 某物有 A、B 和 C 三种类型，分别有 x，y 和 z 个。已知 $3x=4y$，$x=3z$。3 种类型放一起，问随机取出一个是 A 的概率？

185. J 和 5 个朋友都去卖糖果筹学费。J 卖了 20 个，每个朋友至少卖了 1 个。判断 J 比其中至少 3 个朋友卖得多的条件：

（1）5 个朋友卖出的糖果的数量中值为 18；

（2）5 朋友卖出的糖果数量平均值是 12.

186. $lm(x, y)$是指 x 和 y 的最小公倍数，求 x

（1）$lm(x, y)=5y$

（2）$lm(x, lm(x, y))=300$

187. 在一群人中，大人数量是小孩的三倍，大人中女人数量是男人的 2 倍。若这群人的总数是 M，问男人多少人？

188. 在如图所示的九宫格中，问任意两个交点距离有多少个不同的值？

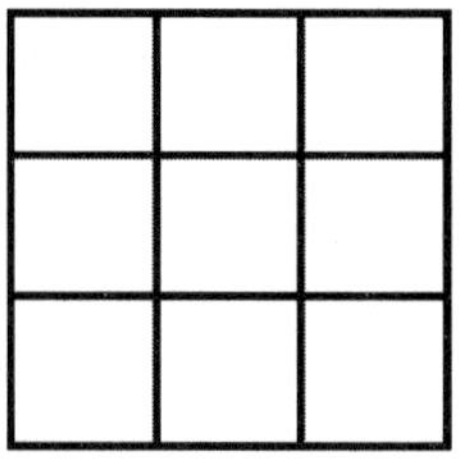

189. 某班男生的身高 Range（最高的与最矮的差值）是 18 厘米，女生的身高 Range 是 15 厘米，问是否能知道整个班级身高的 Range 是多少？

（1）最矮男生比最高女生矮 3 厘米

（2）知道最高男生的身高是 190 厘米

190. 在平面直角坐标系中，直线 L_1 过$(-2, 0)$、$(0, 3)$，L_2 与之平行，过$(6, 15)$，求 L_2 的函数式。

191. 一个公司的收入 R 等于赢利 P 减去支出 E。今年该公司的赢利增加了 10%，支出 E 减少了 10%，问收入 R 相对去年改变了多少？

192. 定义 DR 为把某一个数字的各个位置的数字加起来的和。如果得到的和超过一位，就把这个和的各个数字再加起来，直到最后只剩下一位数为止。
比如：针对数字 12345 就是 $1+2+3+4+5=15$；$1+5=6$，所以 $DR=6$。
请问 $2^3\times7^2\times(2^3\times5^4)^2$ 的 DR 是多少？

193. 在直角坐标系中，有一个以原点为圆心，以 r 为半径的圆。还有一个边长为 a 的正方形，其四个顶点都在坐标轴上。请问这两个图形共有多少个交点？
(1) r 小于等于 a
(2) a 小于等于$\sqrt{2}r$

194. 现有 A、B、C、D、E 和 F6 个人随机地坐在同一张圆桌上吃饭。问恰好按照 A、B、C、D、E 和 F 这样的顺序围成一圈的概率是多少？

195. 某一三角形，其中两边的长分别是 12 和 4，求第三边的长？
(1) 三角形的周长是 30
(2) 第三边的长度是 7 的倍数

196. 某人到商店买了一定量的洗衣液，每升 2.25 美元，回家把一个储存该洗衣液的罐子补充到了 85%，问这次买这些洗衣液花了多少钱？
(1) 家里罐子原来装了 2/3 的洗衣液
(2) 如果家里的罐子是空的，把它装到 50%需要花 202.5 美元(2.25 美元/升)

197. 有 11 个数，20 是否是中位数？
(1) 有六个数大于等于 20
(2) 有六个数小于等于 20

198. $\frac{(25!+24!)}{(25!-24!)}=?$

199. 问 N 的 M 次方是否大于 M 的 N 次方
(1) $M<N$
(2) N 小于等于 $2M$

200. 在 10－50 之间，除以 5 余 3，除以 7 余 1 的数有多少个？

201. 书架上的书不多于 50 本书，若分 7 本一排放，余 1 本，问书架上的书有多少本？
(1) 9 本一排余 7
(2) 4 本一排余 3

202. 某人买了五本书，其中四本书的价格分别是 \$4、\$6、\$10、\$12，问剩下的那本书 M 是多少钱？
(1) M 大于 \$8
(2) 书价格的中数＝书价的算术平均值

203. 问$(x+y)(x-y)$是否是偶数？
(1) x 为偶数
(2) y 为奇数

204. 有一个长方体，然后问表面积多少。
(1) 一面面积 12，相邻一面面积 14
(2) 有一边长为 10。

205. $\sqrt{2}^{-n}<\frac{1}{16}$，求整数 n 的最小值。

206. 几年前 1 美元可以兑换 250 日元，目前 1 美元可兑换 80 日元，问 10,000 日元比几年前贵了多少美元？

207. x 是正整数，为 m 个不同的质数的乘积，y 也是正整数，也等于 n 个不同的质数的乘积。问能否确定 x 和 y 的最大公因数？

(1) x 和 y 有三个不同的质数因子
(2) x 和 y 都可以被 42 整除

208. 6 个数从小到大排列，第 3 个数是 65，第 5 个数是 88，已知该数列的中数是 72，求第 4 个数？

209. 1 个蓝色的瓶子和 5 个白色的瓶子，有 6 条蛇，其中有一条为 N，还有一条为 P。6 条蛇分别放入 6 个瓶子中，其中蓝色的瓶子里必须是 N 或 P，求共有多少种放法？

210. 一个长方体，用 l，w 和 h 分别表示长、宽和高，现对该长方体的长宽高做个改变，问体积怎么变：
(1) $l\times w$ 构成的面积增加 20%
(2) $w\times h$ 构成的面积减少 5%

211. $\frac{1}{n+1}<\frac{1}{31}+\frac{1}{32}+\frac{1}{33}<\frac{1}{n}$
若 n 是一个整数，请问 n 的值是多少？

212. 用 A、B 和 C 代表 3 门功课，选这 3 门课的人数分别是 18、26 和 28 人；同时选 A 和 B、B 和 C 以及 C 和 A 的人数分别是 7、9 和 10 人；三门课都选的有 4 人。问选课的学生一共有多少人？

213. 一个人每次到银行通常会做 3 种交易之一：要么存 500，要么取 400，要么取 300。问某一段时间内他至少到了 10 次银行的条件。
(1) 每种交易至少做了一次
(2) 这段时间他的账户余额增加了 1600

214. 机器 A 每小时能单独完成 1000 件产品，机器 B 每小时能单独完成 800 件产品，若两个机器同时工作，要在 8 小时内完成 12000 件产品，问 A 至少要工作多久？

215. 一个人工资在 2000－5000 之间时有 1% 的提成，5000 以上有 2% 的提成。问他拿多少工资时可以得到 1.3% 的提成？

216. $0<x_1<x_2<x_3<x_4$，问 x_4/x_1 的值。
(1) $(x_4-x_1)=4(x_2-x_3)$
(2) $(x_2-x_3)=2(x_3-x_4)$

217. 一个俱乐部里面男会员有 m 个，女会员有 w 个，问男会员的增长比例比女会员高吗？
(1) 今年男会员增长了 $(m/2+x)\%$，女会员增加了 $(w/2+x)\%$
(2) 今年女会员增加的人数比男会员的多

218. 等腰梯形 $ABCD$，AD 平行于 BC，BE 垂直于 AD，CF 垂直于 AD，E、F 均在 AD 上，且 A 到 E 的距离等于 D 到 F 的距离，$A(2,3)$，$B(6,8)$，$D(20,3)$，求 C 的横坐标？

219. 一个圆里有一个内切四边形 $ABCD$，$AB=BC$。顶点 B 处有圆的切线 MN，求角 MBA 的大小。
(1) AC 过圆心
(2) 给出角 CAD 的度数

220. M 等于前 n 个正整数的积。已知 M 的最后 6 位上数字都是 0，请问 n 的最小值是多少？

221. A 和 B 两城市计划升级管道系统。A 城市准备投资 M 美元，国家补贴 $r\%$；B 城市计划投资 $\frac{2}{3}M$，国家补贴 $\frac{3}{4}r\%$。求总投资是否 $A>B$。
(1) $r=90$
(2) $M=100,000$ 美元

222. 函数 $f(x)=px+qx^3+rx^5$，求 $f(1)$ 的值？
(1) $f(-1)=4$

(2) $pqr<0$

223. 从 20 到 40 的所有整数的和的最大质因数是多少？

224. 有两个事件，问 A 发生或 B 发生和 A、B 都发生的概率。

(1) A 发生的概率 0.6

(2) B 发生的概率 0.4

225. 有个点的坐标是(a, b)，且 $a^2+b^2=4$，在一个圆上。$(x-a)^2+(y-b)^2=4$ 这个圆和 $x^2+y^2=4$ 这个圆相交于两个点，坐标分别是(a, x)、(y, b)，问穿过两个交点的直线的方程。

(A) $ax+by=0$

(B) $ax+by=4$

(C) $ax-by=0$

(D) $ax-by=4$

(E) $ax+by=2$

226. 某人放学路上会经过 A、B、C 和 D 四个路口，遇到红灯的概率分别是 50%、40%、30% 和 20%。问此人回家时只在 B 和 C 路口遇到红灯，而在 A 和 D 路口不会遇到红灯的概率是多少。

227. $A_n=\dfrac{A_{n+1}+A_{n-1}}{2}$，$A_2-A_1=2$，求 $A_{10}-A_1=$？

228. 将 A、B、C、D、E、F、G、H 和 I 这 9 个字母分成甲和乙两组，任一组的字母数都不能多于 6(可以等于 6)，问 A、B、C、D、E、F 这 6 个字母分在同一组的概率。

229. 在一个人才市场里面，有 40% 的人会法语，有 80% 的人会会计。这个市场里的人才要么会法语，要么会会计，或者两者都会。问在会法语的人才中，有多大比例的人同时拥有两种技能？

(A) 30%；

(B) 40%；

(C) 50%；

(D) 60%；

(E) 80%

230. 一经销商销售某一商品的利润是成本的 12%，他通过调整该商品的价格，把利润率提升到了 30%。若现在的价格是 247 元，问调整之前的价格是多少？

231. 某人给一公司在 T 恤上印 LOGO，T 恤由该公司提供，每天 x 件。印一件的收入和成本分别是 2 美元和 $\dfrac{2}{3}$ 美元。问至少要印多少天才能收入 Y 美元？

232. q，r 是正整数，$80=22q+r$，$r=$？

(1) $r<20$

(2) $q=3$

233. $ABCD$ 是长方形，BD、AC 是对角线，角 $DAC=60°$，$AB=12$，求长方形的面积。

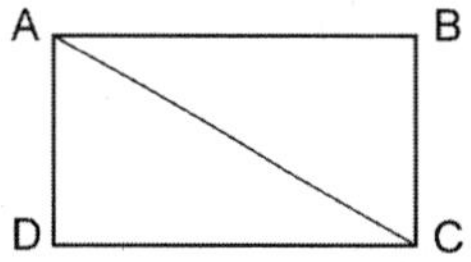

234. 线段 AP 和圆 O 相切于 A，AB 是过圆心的直径，C 点是弧 AB 上的点（C 点和 P 点在 AB 的两侧），Q 点是弧 ACB 上的一点，包括点 A 和点 B，圆半径是 5，AP 长 12. 问 PQ 长度的范围。

235. R 是所有实数，I 是整数，N 是所有不是整数的实数。已知 $X+Y$ 属于 I，XY 属于 I，问 Y 是否属于 N？

(1) X 属于 N

(2) $XY(X+Y)$属于 I，且 $XY(X+Y)$是奇数

236. 如图所示，在三角形 ABC 中，角 B 是直角，BD 是 AC 的高，$BD=3$，角 A 是 30 度，求三角形 ABC 的面积。

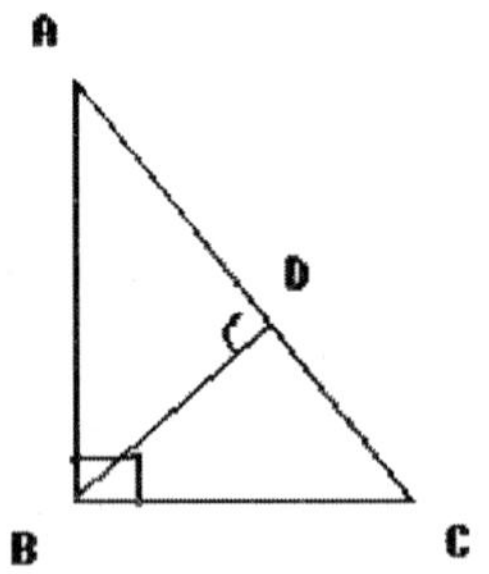

237. 直角坐标系上有三点 $A(-3, 0)$、$B(0, Y_1)$、$C(0, Y_2)$，线段 $AB=AC$，$Y_2-Y_1=8$，求 AB 和 AC 斜率的积。

238. 求两个色子至少有一个面是 6 的概率。

239. 11 个球，6 个黄的，5 个蓝的，求在不放回的情况下，取出 2 个球中，一个是蓝色一个是黄色的概率？

240. a、b、c 和 d 都是正整数，问能否求出 $abcd+a+b+d=$？

(1) $a^2+b^2+c^2+d=249$

(2) d 大于等于 249

241. 集合 $\{s, m, n\}$ 的子集有：$\{s\}$、$\{m\}$、$\{n\}$、$\{s, m\}$、$\{s, n\}$、$\{m, n\}$、$\{s, m, n\}$、φ。问 $\{s, m, n, t, u\}$ 的子集中不包含 s 的子集数。

242. 某人买 A 花 24 元，降价 25%，买 B 花 90 元，降价 10%。求这个人花的钱与原价之比。

243. 一个圆形圆周上有 10 个点，用这 10 个点画 6 边形，问有多少种画法。

244. a、b、c 和 d 是 1 到 9(包括 1 和 9)之间的正整数，且可以相同，问 $abcd-dcba$ 的最大值是多少？

245. 某件商品的利润是成本的 10%，后来提高商品价格使利润达到 15%，提高后该商品的价格是 \$92。问提高前的价格是多少？

246. r 和 s 都是除以 7 余 3，问 rs^2 除以 7 余多少？

247. 某一个数列的第一项是 1，第二项是 2，后面的项是前面的各项相加的和，问这个数列的第 100 项是多少？

248. 有两种品牌的电脑 A 和 B 供学生选择。A 和 B 都不选的学生占 10%，A 和 B 都选的学生有 15%，选 A 的学生是选 B 的 2 倍，求只选 A 不选 B 的学生比例？

249. $(x-y)^2+6m=24$，求 m 的最大值。

(A) 0

(B) 1

(C) 4

(D) 6

(E) 12

250. 有一个三位数，每位都由 0 到 9 组成。百位数不能是 1 或 0，十位数只能是 1 或 0，个位数不能与十位数同时为 0，问这个三位数一共有多少种可能性？

251. 数列的通项表达式是：$A_n=A_{n-1}+5$。问 A_{99} 能不能被 10 整除？

(1) A_{98} 能被 5 整除

(2) $A_1=-1$

252. 求 $15x+21y$ 的条件。

(1) $2x+2y=-3x-5y$

(2) $4x+8y=-6x-6y$

253. $x=r^4$，求 x 的个位数。

(1) r 的个位数是奇数

(2) r 的个位数不是 5

254. $2^x \times 3^y \times 7^z$ 是 441 和 168 的公倍数，问 xyz 最小值是多少？

255. 一个半径为 R 的圆内接一个等腰直角三角形，三角形底边过圆心。求三角形其中一条直角边与其对应圆弧所围成阴影部分的面积。

256. 有一个金字塔，地面是一个正六边形，是水平的。金字塔的各个面都与水平的面成 60 度。已知金字塔顶端到水平面的垂直距离是 12，求金字塔的占地面积。

257. 如图所示，把一个正方形切去四角后，就成一个正八边形。若正方形的边长是 2，求被切去部分的面积。

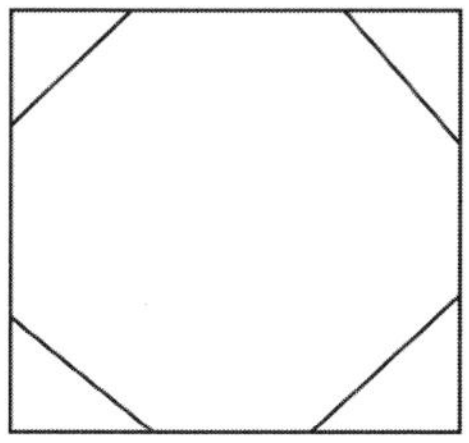

258. 4 是 X 到 Y 的中点，X 在 0 的左边，问 X 位置？

(1) 0 在 X 与 $Y/2$ 的中间

(2) 4 到 Y 的距离为 12

259. k 是正整数，$(k^S)^T=64$，如果已知 $S=3$，求 T？

I. 1

II. 2

III. 4

(A) I

(B) II

(C) III

(D) I&II

(E) II&III

260. 有 5 个数的算术平均值比这 5 个数中最小的大 0.6，问这 5 个数中最多可以有几个奇数。

261. $\{x\}$ 表示大于等于 x 的最小整数。问 $\{2x\}$ 是不是$=0$。

(1) $\{x\}=0$

(2) $\{3x\}=0$

262. M、K 和 H 三个去逛商场，分别买了不止一样东西，其中 M 买了 2 个 a 和 1 个 b，K 买了 1 个 a 和 2 个 b，H 买了 1 个 a 和 1 个 b，H 花了多少钱？

(1) M 比 K 多付了 \$345

(2) M 和 K 一共付了 \$645

263. $a_1=1$，$a_2=2$，$a_n=a_{(n-1)}-a_{(n-2)}$，比如 $a_3=2-1=1$，问前 n 项的和有多少种可能？

264. A、B 两个集合，里面是连续整数。$-3\leqslant A$ 集合的数$<x$，$y\leqslant B$ 集合的数$\leqslant 4$，问 $A\cup B$ 包含 1 吗？

(1) $x>y$

(2) $x=0$

265. 每个大于 1 的正整数都可表示为两个或几个小于它的非零正整数的和。比如 4 可以表示为 1+1+1+1，或者 1+1+2，或者 2+2，或者 1+3。问 5 有几种类似的表达方式？

266. x 为正数的条件。

(1) $(x-2)$的绝对值为正

(2) x 的平方根为实数

267. 问 X 是 36 的倍数吗？

(1) X 是 3 和 4 的倍数

(2) X 是 9 和 12 的倍数

268. 有 8 张桌子，每张桌子的长和宽分别是 x 和 y 米。现要在每张桌子上铺桌布，要求桌布延长出桌面 0.5 米。问：延长出桌面部分的总面积是多少。

269. $\dfrac{\sqrt{0.83}}{0.3}+\dfrac{55}{7}$的值最接近下面哪个数？

(A) 9

(B) 10

(C) 11

(D) 12

(E) 13

270. 一个 25 英尺长的棍子放到一个圆柱体里，刚好放下，圆柱体的高是 20 英尺，问圆柱体体积是多少？

参考答案

1. C	2. -1	3. D	4. C
5. D	6. 2	7. D	8. $1-0.6=0.4$
9. C	10. A	11. 5	12. C
13. D	14. $C_5^1/C_{10}^2=\dfrac{1}{9}$	15. $9\times48+2+6=440$	16. P_6^6
17. C	18. B	19. 0	20. $\dfrac{8\times6\times4}{P_3^3}$
21. $C_4^2/2^4$	22. D	23. C	24. $\dfrac{1}{3}$
25. $C_{15}^5-C_{12}^2$	26. B	27. 24	28. 150
29. D	30. A	31. 0	32. B
33. A	34. 100	35. A	36. $\dfrac{C_3^1\times C_4^2\times P_2^2}{3^4}$
37. $C_2^1\times C_4^1\times P_5^4+C_2^1\times C_3^1\times P_5^4$		38. E	39. 0
40. $(\dfrac{1}{7},\dfrac{1}{6})$	41. 125	42. A	43. B
44. D	45. $C_7^1\times C_{10}^2$	46. $2\times P_3^3$	47. $3^3=27$
48. A	49. $C_4^1P_7^2$	50. 6	51. A
52. 86	53. 12	54. A	55. $\dfrac{386}{400}$
56. $C_8^4-C_6^4$	57. $\dfrac{1}{5}$	58. C	59. $\dfrac{2}{3}$
60. 180°	61. E	62. $\dfrac{5}{7}$	63. A
64. $\lvert x+1\rvert<2$	65. Ⅰ and Ⅲ	66. t^4	67. $P_4^4=24$
68. C	69. C	70. E	71. E
72. $6/(C_6^1\times C_6^1)=\dfrac{1}{6}$	73. 8	74. 0.49	

75. $\frac{M(M+1)}{2}-\frac{N(N-1)}{2}$	76. $1-\frac{C_4^3}{C_8^3}=\frac{13}{14}$	77. E	78. $\sqrt{2}$A
79. E	80. 200	81. 15	82. 29
83. $\frac{3}{16}$	84. C	85. 0	86. 9
87. 9000	88. 6	89. 30	90. 1∶1
91. 255	92. $2P_4^4=48$	93. $\frac{5}{6}$	94. D
95. $\frac{1}{3}$	96. $\frac{1}{3}$	97. $\frac{3}{4}$	98. 全部
99. A	100. $\frac{18}{48}=\frac{3}{8}$	101. $\frac{6}{13}$	102. $C_7^3C_7^3$
103. 2	104. $3\times15+3\times12+3\times9+3\times6+3\times3=135$		
105. $4r<L<4\sqrt{2}r$	106. C_6^3/C_7^4	107. 26	108. D
109. 3528	110. E	111. $2C_9^2C_3^1=216$	112. $\sqrt{2}\to\infty$
113. C	114. B	115. D	116. A
117. C	118. B	119. C	120. $(-\frac{40}{11},-\frac{5}{11})$
121. $\frac{3}{8}$	122. −13	123. B	124. Ⅰ and Ⅱ
125. C	126. 0.1～0.5	127. $\frac{8}{5}$	128. E
129. $\frac{20}{3}$	130. $\frac{5400}{19}$	131. A	132. $C_8^3-C_5^3, C_3^1\cdot C_5^2$
133. E	134. E	135. 60,000～90,000	136. $C_5^1P_{21}^2$
137. 8	138. A	139. D	140. $\frac{4\times2}{6\times6}$
141. $\frac{C_4^2}{2^4}$	142. $\frac{2}{9}$	143. $0.6^5+C_5^4\times0.6^4\times0.4$	
144. C	145. C	146. 20	147. 3
148. A	149. E	150. A	151. $x+2$
152. 10	153. 5	154. 12	155. D
156. C	157. 7	158. 1	159. B
160. 90,105	161. 38	162. 13	163. C
164. A	165. 9	166. E	167. $15-2x$
168. B	169. 0.9504	170. B	171. E
172. A	173. $\frac{1}{2}$	174. 56.5%	175. −7
176. 6	177. 7点	178. 10	179. $g(x)=x^2+3$

180. 16.7

181. $\frac{1}{360}$

182. $12\sqrt{6}$

183. D

184. $\frac{12}{25}$

185. D

186. C

187. $\frac{M}{4}$

188. 9

189. A

190. $Y=1.5X+6$

191. $\frac{0.1(P+E)}{P-E}$

192. 8

193. E

194. $\frac{1}{120}$

195. D

196. C

197. C

198. $\frac{13}{12}$

199. E

200. 1

201. A

202. C

203. C

204. E

205. 9

206. 85

207. E

208. 79

209. 240

210. E

211. 10

212. 50

213. C

214. 5.6 小时

215. 10000

216. E

217. C

218. 16

219. A

220. 25

221. A

222. A

223. 7

224. E

225. E

226. 4.8%

227. 18

228. $\frac{1}{210}$

229. C

230. 212.8

231. $\frac{3y}{5x}$

232. D

233. $48\sqrt{3}$

234. $12\leq PQ\leq 18$

235. D

236. $6\sqrt{3}$

237. $-\frac{16}{9}$

238. $\frac{11}{36}$

239. $\frac{6}{11}$

240. C

241. 16

242. $\frac{19}{22}$

243. $C_{10}^{6}=210$

244. 8712

245. 88

246. 6

247. 3×2^{97}

248. 55%

249. C

250. 152

251. B

252. D

253. C

254. 12

255. $\frac{R^2(\pi-2)}{4}$

256. $96\sqrt{3}$

257. $12-8\sqrt{2}$

258. D

259. D

260. 4

261. B

262. B

263. 4

264. A

265. 6

266. E

267. B

268. $8x+8y+8$

269. C

270. 1125π

第　四　篇

GMAT 数学机考模拟 305 题

一、问题求解 211 题：

1. If the areas of the three different sized faces of a rectangular solid are 6, 8, and 12, then what is the volume of the solid?

(A) 576　　(B) 288　　(C) 144

(D) 48　　(E) 24

2.

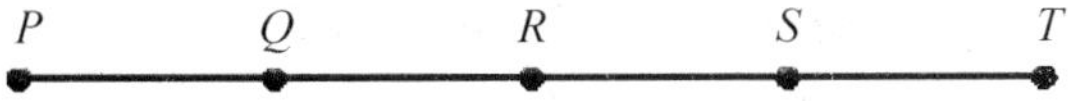

If the spaces between the lettered points in the figure above are all equal, then $\frac{PT}{2} - \frac{QS}{2}$ is equal to which of the following?

(A) $PS-QR$　(B) $QR-QS$　(C) PR

(D) QT　　(E) ST

3. The average (arithmetic mean) of five numbers is 26. After one of the numbers is removed, the average (arithmetic mean) of the remaining numbers is 25. What number has been removed?

(A) 20　　(B) 25　　(C) 26

(D) 30　　(E) 32

4. 3, k, 2, 8, m, 3

The arithmetic mean of the list of numbers above is 4. If k and m are integers and $k \neq m$, what is the median of the list?

(A) 2　　(B) 2.5　　(C) 3

(D) 3.5　　(E) 4

5.

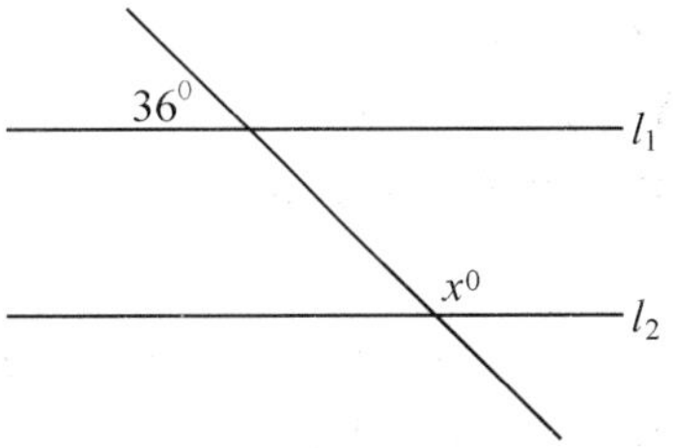

In the preceding figure, if $l_1 // l_2$, what is the value of x?

(A) 36　　(B) 54　　(C) 90

(D) 144　　(E) 154

6. Paul is standing 180 yards due north of point P, Franny is standing 240 yards due west of point P. What is the shortest distance between Franny and Paul?

(A) 60 yards　　(B) 300 yards

(C) 420 yards　　(D) 900 yards

(E) 9,000 yards

7. Which of the following can be expressed as the sum of three consecutive integers?

(A) 17　　(B) 23　　(C) 25

(D) 30　　(E) 40

8. The arithmetic mean of a data set is 46 and the standard deviation of the set is 4. Which value is exactly 1.5 standard deviations from the arithmetic mean of the set?

(A) 42　　(B) 44.5　　(C) 47.5

(D) 50　　(E) 52

9. For how many integers n is $2^n = n^2$?

(A) None (B) One (C) Two
(D) Three (E) More than three

10. To meet a government requirement, a bottler must test 5 percent of its spring water and 10 percent of its sparkling water for purity. If a customer ordered 120 cases of spring water and 80 cases of sparkling water, what percent of all the cases must the bottler test before he can send it out?
(A) 6.5% (B) 7.0% (C) 7.5%
(D) 8.0% (E) 8.5%

11. If a certain chemical costs \$50 for 30 gallons, then how many gallons of the chemical can be purchased for \$625?
(A) 12.5 (B) 24 (C) 325
(D) 375 (E) 425

12. A truck departed from Newton at 11 : 53 a.m. and arrived in Far City, 240 miles away, at 4 : 41 p.m. on the same day. What was the approximate average speed of the truck on this trip?
(A) $\frac{16}{1,200}$ MPH (B) $\frac{240}{288}$ MPH
(C) $\frac{1,494}{240}$ MPH (D) 50 MPH
(E) $\frac{5,640}{5}$ MPH

13. In a certain population, 40 percent of all people have biological characteristic X; the others do not. If 8,000 people have characteristic X, how many people do not have X?
(A) 3200 (B) 4800 (C) 12,000
(D) 16,000 (E) 20,000

14. Exactly three years before the year in which Anna was born, the year was 1980-x. In terms of x, on Anna's twentieth birthday, the year will be
(A) $1977+x$ (B) $1997+x$ (C) $2003-x$
(D) $2003+x$ (E) $2006+x$

15. If cylinder P has a height twice that of cylinder Q and a radius half that of cylinder Q, what is the ratio between the volume of cylinder P and the volume of cylinder Q?
(A) 1:8 (B) 1:4 (C) 1:2
(D) 1:1 (E) 2:1

16. Which of the following fractions expressed in the form $\frac{P}{Q}$ is most nearly approximated by the decimal $.PQ$, where P is the tenths' digit and Q is the hundredths' digit?
(A) $\frac{1}{8}$ (B) $\frac{2}{9}$ (C) $\frac{3}{4}$
(D) $\frac{4}{5}$ (E) $\frac{8}{9}$

17. The sum of four consecutive odd positive integers is always
(A) an odd number
(B) divisible by 4
(C) a prime number
(D) a multiple of 3
(E) greater than 24

18. If the width of a rectangle is increased by 25% while the length remains constant, the resulting area is what percent of the original area?
(A) 25% (B) 75% (C) 125%
(D) 225%
(E) Cannot be determined from the information given.

19. In a certain company, the ratio of the number of women employees to the number of men employees is 3 to 2. If the total number of employees is 240, then how many of the employees are men?

(A) 40 (B) 48 (C) 96

(D) 144 (E) 160

20. What is the maximum number of cubes with sides of a length $\frac{1}{2}s$ that could fit inside a cube with sides of length $2s$?

(A) 8 (B) 16 (C) 32

(D) 64 (E) 128

21. Last year, a certain public transportation system sold an average (arithmetic mean) of 41,000 tickets per day on weekdays (Monday through Friday) and an average of 18,000 tickets per day on Saturday and Sunday. Which of the following is closest to the total number of tickets sold last year?

(A) 1 million (B) 1.25 million

(C) 10 million (D) 12.5 million

(E) 125 million

22. \$2000 is deposited into a savings account that earns interest at the rate of 10 percent per year, compounded semi-annually. How much money will there be in the account at the end of one year?

(A) \$2105 (B) \$2200 (C) \$2205

(D) \$2400 (E) \$2600

23. The diagonal of the floor of a rectangular closet is $7\frac{1}{2}$ feet. The shorter side of the closet is $4\frac{1}{2}$ feet. What is the area of the closet in square feet?

(A) 37 (B) 27 (C) $\frac{54}{4}$

(D) $\frac{21}{4}$ (E) 5

24. Joe works two part-time jobs. One week Joe worked 8 hours at one job, earning \$150, and 4.5 hours at other job, earning \$90. What were his average hourly earnings for the week?

(A) \$8.00 (B) \$9.60 (C) \$16.00

(D) \$19.20 (E) \$32.00

25. Last year, an appliance store sold an average (arithmetic mean) of 42 microwave ovens per month. In the first 10 months of this year, the store has sold an average (arithmetic mean) of only 20 microwaves per month. What was the average number of microwaves sold per month during the entire 22-month period?

(A) 21 (B) 30 (C) 31

(D) 32 (E) 44

26.

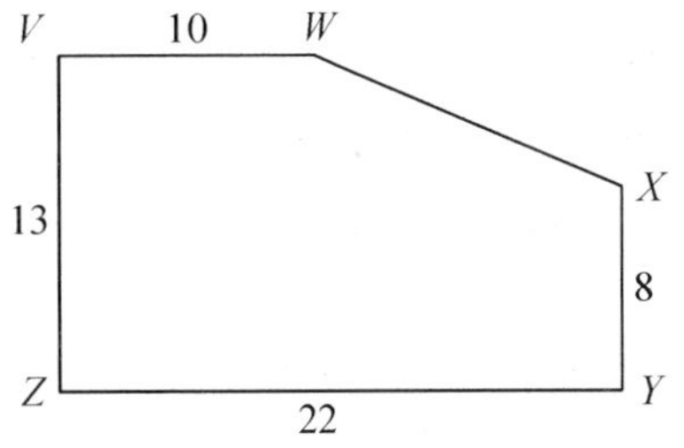

What is the perimeter of pentagon *VWXYZ* shown above?

(A) 53 (B) 58 (C) 60

(D) 66 (E) 70

27. A salesperson works 50 weeks each year and makes an average (arithmetic mean) of 100 sales per week. If each sale is worth an average (arithmetic mean) of \$1,000, then what is the total value of sales made by the salesperson in a year?

(A) \$50,000 (B) \$100,000

(C) \$500,000 (D) \$1,000,000

(E) \$5,000,000

28. The product of three consecutive integers must be

Ⅰ. Divisible by 3

Ⅱ. Divisible by 5

Ⅲ. Divisible by 6

(A) Ⅰ only

(B) Ⅱ only

(C) Ⅰ and Ⅱ only

(D) Ⅰ and Ⅲ only

(E) Ⅰ, Ⅱ, and Ⅲ

29. A prize of $240 is divided between two persons. If one person receives $180, then what is the difference between the amounts received by the persons?

(A) $30 (B) $60 (C) $120

(D) $210 (E) $420

30. Ron can type five forms of a test in 4 hours. Joan can type the same five forms in 6 hours. If they work together, how many hours would it take them to type ten forms of a test?

(A) $2\frac{2}{5}$ (B) $4\frac{4}{5}$ (C) 5

(D) 10 (E) $12\frac{2}{5}$

31. If n is a positive integer and n^2 is divisible by 72, then the largest positive integer that must divide n is

(A) 6 (B) 12 (C) 24

(D) 36 (E) 48

32. A first-grade teacher uses ten flash cards, numbered 1 through 10, to teach her students to order numbers correctly. She has students choose four flash cards randomly, then arranges the cards in ascending order. One day, She removes the cards numbered "2" and "4" from the deck of flash cards. On that day, how many different correct arrangements of four randomly selected cards are possible?

(A) 70 (B) 210 (C) 336

(D) 840 (E) 1,680

33. A survey of 100 persons revealed that 72 of them had eaten at restaurant P and that 52 of them had eaten at restaurant Q. Which of the following could not be the number of persons in the surveyed group who had eaten at both P and Q?

(A) 20 (B) 24 (C) 30

(D) 50 (E) 52

34. A laborer is paid $8 per hour for an 8-hour day and $1\frac{1}{2}$ times that rate for each hour in excess of 8 hours in a single day. If the laborer received $80 for a single day's work, how long did he work on that day?

(A) 6 hr. 40 min. (B) 9 hr. 20 min.

(C) 9 hr. 30 min. (D) 9 hr. 40 min.

(E) 10 hr.

35. A four-character password consists of one letter of the alphabet and three different digits between 0 and 9, inclusive. The letter must appear as the second or third character of the password. How many different passwords are possible?

(A) 5,040 (B) 18,720 (C) 26,000

(D) 37,440 (E) 52,000

36. A square countertop has a square tile inlay in the center, leaving an untiled strip of uniform width around the tile. If the ratio of the tiled area to the untiled area is 25 to 39, which of the following could be the width, in inches, of the strip?

Ⅰ. 1

Ⅱ. 3

Ⅲ. 4

(A) Ⅰ only

(B) Ⅱ only

(C) Ⅰ and Ⅱ only

(D) Ⅰ and Ⅲ only

(E) Ⅰ, Ⅱ, and Ⅲ

37. Candy hearts were marked down from 30% to 50% on Valentine's Day. The following day, candy hearts were marked down an additional 25%. What was the lowest cost of a candy heart that originally sold for $28?

(A) $7 (B) $10.50 (C) $14

(D) $15.40 (E) $21

38. Sam and Jessica are invited to a dance. If there are 7 men and 7 women in total at the dance, and one woman and one man are chosen to lead the dance, what is the probability that Sam and Jessica will NOT be chosen to lead the dance?

(A) $\frac{1}{49}$ (B) $\frac{1}{7}$ (C) $\frac{6}{7}$

(D) $\frac{47}{49}$ (E) $\frac{48}{49}$

39.

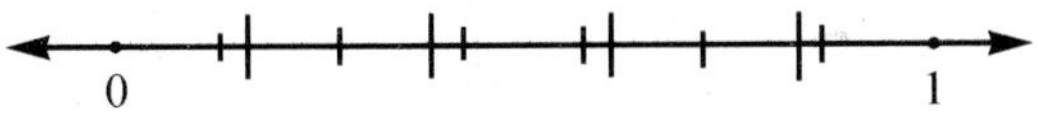

On the number line above, the segment from 0 to 1 has been divided into fifths, as indicated by the large tick marks, and also into sevenths, as indicated by the small tick marks. What is the <u>least</u> possible distance between any two of the tick marks?

(A) $\frac{1}{70}$ (B) $\frac{1}{35}$ (C) $\frac{2}{35}$

(D) $\frac{1}{12}$ (E) $\frac{1}{7}$

40. If n is an integer between 0 and 100, then any of the following could be $3n+3$ EXCEPT

(A) 300 (B) 297 (C) 208

(D) 63 (E) 6

41. If x is an even integer and y is an odd integer, then which of the following is an even integer?

(A) x^2+y (B) x^2-y

(C) $(x^2)(y)$ (D) $x+y$

(E) $x-y$

42. A salesman makes a profit of 25% on all sales. How many fax machines will he have to sell for $375 each to make a total commission of at least $500?

(A) 4 (B) 5 (C) 6

(D) 15 (E) 20

43. Jerome wrote each of the integers 1 through 20, inclusive, on a separate index card. He placed the cards in a box, then drew cards one at a time randomly from the box, without returning the cards he had already drawn to the box. In order to ensure that the product of all the cards he drew was even, how many cards did Jerome have to draw?

(A) 19 (B) 12 (C) 11

(D) 10 (E) 3

44.

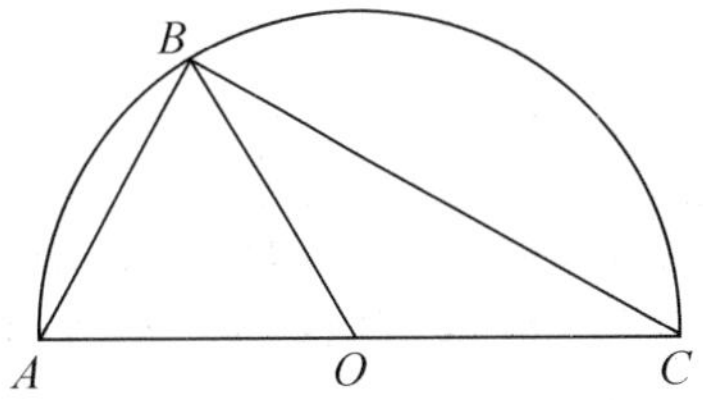

If triangle AOB is equilateral, O is the center of the semicircle ABC, and the radius of semicircle ABC is 6, what is the length to BC?

(A) 12 (B) $6\sqrt{3}$ (C) 10

(D) $6\sqrt{2}$ (E) $\sqrt{42}$

45. The contents of a certain box consist of 14

apples and 23 oranges. How many oranges must be removed from the box so that 70 percent of the pieces of fruit in the box will be apples?

(A) 3 (B) 6 (C) 14
(D) 17 (E) 20

46. A number of bricks were purchased to build a fireplace, at a cost of 40 cents each, but only $\frac{3}{4}$ of them were needed. If the unused 190 bricks were returned and their cost refunded, what was the cost of the bricks used to make the fireplace?

(A) \$76 (B) \$228 (C) \$304
(D) \$414 (E) \$570

47. At a college football game, $\frac{4}{5}$ of the seats in the lower deck of the stadium were sold. If $\frac{1}{4}$ of all the seating in the stadium is located in the lower deck, and if $\frac{2}{3}$ of all the seats in the stadium were sold, what fraction of the unsold seats in the stadium were in the lower deck?

(A) $\frac{3}{20}$ (B) $\frac{1}{6}$ (C) $\frac{1}{5}$
(D) $\frac{1}{3}$ (E) $\frac{7}{15}$

48.

ADVANCED PURCHASE DISCOUNTS FOR AIRLINE TRAVEL	
Days Prior to Departure	**Percentage Discount**
0～6 days	0%
7～13 days	10%
14～29 days	25%
30 days or more	40%

The table above shows the discount structure for advanced purchase of tickets at a particular airline. A passenger bought a ticket at this airline for \$1,050. The ticket agent informed her that, had she purchased the ticket one day later, she would have paid \$210 more. How many days before her departure did she purchase her ticket?

(A) 6 days
(B) 7 days
(C) 13 days
(D) 14 days
(E) 29 days

49.

$$\begin{array}{r} \square\triangle \\ \times\ \triangle\square \\ \hline \square\diamondsuit\square \end{array}$$

The product of the two-digit numbers above is the three-digit number □◇□, where □, △, and ◇, are three different non-zero digits. If □×△<10, what is the two-digit number □△?

(A) 11 (B) 12 (C) 13
(D) 21 (E) 31

50. How many minutes will it take to completely fill a water tank with a capacity of 3,750 cubic feet if the water is being pumped into the tank at the rate of 800 cubic feet per minute and is being drained out of the tank at the rate of 300 cubic feet per minute?

(A) 3 min. 36 sec. (B) 6 minutes
(C) 7 min. 30 sec. (D) 8 minutes
(E) 1,875 minutes

51. In 1960, the number of students enrolled at a college was 500. In 1980, the number of students enrolled at the college was $2\frac{1}{2}$ times as great as that in 1960. What was the number of students enrolled at the college in 1980?

(A) 1,750 (B) 1,250 (C) 1,000
(D) 500 (E) 250

52. A car dealer who gives a customer a 20 percent discount on the list price of a car still realizes a net profit of 25 percent of cost. If the dealer's cost is \$4800, what is the usual list price of the car?
(A) \$6000 (B) \$6180 (C) \$7200
(D) \$7500 (E) \$8001

53. A clothing supplier stores 800 coats in a warehouse, of which 15 percent are full-length coats. If 500 of the shorter length coats are removed from the warehouse, what percent of the remaining coats are full length?
(A) 5.62% (B) 9.37% (C) 35%
(D) 40% (E) 48%

54.

District	Number of Votes	Percent of Votes for Candidate P	Percent of Votes for Candidate Q
1	800	60	40
2	1,000	50	50
3	1,500	50	50
4	1,800	40	60
S	1,200	30	70

The table above shows the results of a recent school board election in which the candidate with the higher total number of votes from the five districts was declared the winner. Which district had the greatest number of votes for the winner?
(A) 1 (B) 2 (C) 3
(D) 4 (E) 5

55. Two cars left the same town traveling in the same direction. Car A traveled 40 miles per hour and left at 3 : 20. Car B traveled 50 miles per hour and left at 4 : 40. At what time will car B catch up with car A?
(A) 10 : 00 (B) 9 : 00 (C) 8 : 40
(D) 7 : 20 (E) 6 : 10

56. If r and s are integers and $rs+r$ is odd, which of the following must be even?
(A) r (B) s (C) $r+s$
(D) $rs-r$ (E) r^2+s

57. In a certain flower shop, which stocks four types of flowers, there are $\frac{1}{2}$ as many violets as carnations, and $\frac{1}{2}$ as many tulips as violets. If there are equal numbers of roses and tulips, what percent of the flowers in the shop are carnations?
(A) 10% (B) 33% (C) 40%
(D) 50% (E) 60%

58. During a sale at an office supply store, for every box of paper clips purchased for 15 cents, a second box can be purchased for 4 cents. How many boxes of paper clips did Paul buy if he spent 91 cents on boxes of paper clips?
(A) 6 (B) 7 (C) 8
(D) 9 (E) 10

59. A person is standing on a staircase. He walks down 4 steps, up 3 steps, down 6 steps, up 2 steps, up 9 steps, and down 2 steps. Where is he standing in relation to the step on which he started?
(A) 2 steps above
(B) 1 step above
(C) the same place
(D) 1 step below
(E) 2 steps below

60. If the value of a piece of property decreases by 10 percent while the tax rate on the property increases by 10 percent, what is the effect on the taxes?

(A) Taxes increase by 10 percent.

(B) Taxes increase by 1 percent.

(C) There is no change in taxes.

(D) Taxes decrease by 1 percent.

(E) Taxes decrease by 10 percent.

61. Machines A and B always operate independently and at their respective constant rates. When working alone, machine A can fill a production lot in 5 hours, and machine B can fill the same lot in x hours. When the two machines operate simultaneously to fill the production lot, it takes them 2 hours to complete the job. What is the value of x?

(A) $3\frac{1}{3}$ (B) 3 (C) $2\frac{1}{2}$

(D) $2\frac{1}{3}$ (E) $1\frac{1}{2}$

62. The Binary Ice Cream Shoppe sells two flavors, vanilla and chocolate. On Friday, the ratio of vanilla cones sold to chocolate cones sold was 2 to 3. If the store had sold 4 more vanilla cones, the ratio of vanilla cones sold to chocolate cones sold would have been 3 to 4. How many vanilla cones did the store sell on Friday?

(A) 32 (B) 35 (C) 42

(D) 48 (E) 54

63. A recipe for soda requires w liters of water for every liter of syrup. If soda is made according to this recipe using m liters of syrup, and sold for j dollars a litter, what will be the gross profit if syrup costs k dollars a liter and water costs nothing?

(A) $m(w+j-k)$

(B) $jm\left(\frac{1}{w}+1\right)$

(C) $m(jw-k)$

(D) $(j-k)m$

(E) $jm(1+w)-km$

64. Steve gets on the elevator at the 11th floor of a building and rides up at a rate of 57 floors per minute. At the same time Joyce gets on an elevator on the 51st floor of the same building and rides down at a rate of 63 floors per minute. If they continue traveling at these rates, at which floor will their paths cross?

(A) 19 (B) 28 (C) 30

(D) 32 (E) 44

65. After reading $\frac{3}{5}$ of his biology homework on Monday night, Bernie read $\frac{1}{3}$ of his remaining homework on Tuesday night. What fraction of his original homework would Bernie have to read on Wednesday night to complete his biology assignment?

(A) $\frac{1}{15}$ (B) $\frac{2}{5}$ (C) $\frac{4}{15}$

(D) $\frac{2}{5}$ (E) $\frac{4}{5}$

66. A certain grocery purchased x pounds of produce for p dollars per pound. If y pounds of the produce had to be discarded due to spoilage and the grocery sold the rest for s dollars per pound, which of the following represents the gross profit on the sale of the produce?

(A) $(x-y)s-xp$

(B) $(x-y)p-ys$

(C) $(s-p)y-xp$

(D) $xp-ys$

(E) $(x-y)(s-p)$

67.

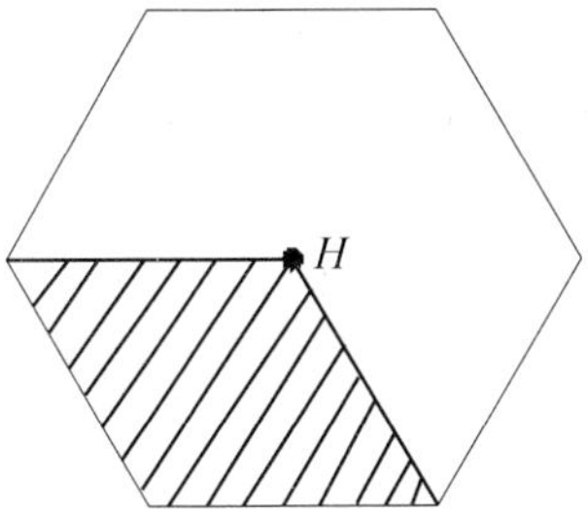

The figure above is a regular hexagon with center H, The shaded area is a parallelogram that shares three vertices with the hexagon; its fourth vertex is the center of the hexagon. If the length of one side of the hexagon is 8 centimeters, what is the area of the unshaded region?

(A) $16\sqrt{3}$ cm^3 (B) 96 cm^3

(C) $64\sqrt{3}$ cm^3 (D) $96\sqrt{3}$ cm^3

(E) 256 cm^3

68. A box contains 100 balls, numbered from 1 to 100. If three balls are selected at random and with replacement from the box, what is the probability that the sum of the three numbers on the balls selected from the box will be odd?

(A) $\frac{1}{4}$ (B) $\frac{3}{8}$ (C) $\frac{1}{2}$

(D) $\frac{5}{8}$ (E) $\frac{3}{4}$

69. Set x: {5,6,7,8}

Set y: {2,3}

One number will be chosen randomly from each of the sets above. If x represents the chosen member of Set X and y represents the chosen member of Set Y, what is the probability that $\frac{x}{y}$ will be an integer?

(A) $\frac{1}{16}$ (B) $\frac{3}{8}$ (C) $\frac{1}{2}$

(D) $\frac{3}{4}$ (E) $\frac{15}{16}$

70. If $a = 1$ and $\frac{a-b}{c} = 1$, which of the following is NOT a possible value of b?

(A) -2 (B) -1 (C) 0

(D) 1 (E) 2

71. A child withdraws from his piggy bank 10% of the original sum in the bank. If he must add 90¢ to bring the amount in the bank back up to the original sum, what was the original sum in the bank?

(A) \$1.00 (B) \$1.90 (C) \$8.10

(D) \$9.00 (E) \$9.90

72. The enrollments at College X and College Y both grew by 8 percent from 1980 to 1985. If the enrollment at College X grew by 800 and the enrollment at College Y grew by 840, the enrollment at College Y was how much greater than the enrollment at College X in 1985?

(A) 400 (B) 460 (C) 500

(D) 540 (E) 580

73. A business firm reduces the number of hours its employees work from 40 hours per week to 36 hours per week while continuing to pay the same amount of money. If an employee earned x dollars per hour before the reduction in hours, how much does he earn per hour under the new system?

(A) $\frac{1}{10}$ (B) $\frac{x}{9}$ (C) $\frac{9x}{10}$

(D) $\frac{10x}{9}$ (E) $9x$

74. In a certain group of people, $\frac{3}{8}$ of the people are men, and $\frac{2}{3}$ of the men have brown eyes. If $\frac{3}{4}$ of the people have brown eyes, then what fraction of the group are women who do not have brown eyes?

(A) $\frac{1}{8}$ (B) $\frac{3}{16}$ (C) $\frac{1}{4}$

(D) $\frac{5}{16}$ (E) $\frac{3}{8}$

75. On Monday, a certain animal shelter housed 55 cats and dogs. By Friday, exactly $\frac{1}{5}$ of the cats and $\frac{1}{4}$ of the dogs had been adopted; no new cats or dogs were brought to the shelter during this period. What is the greatest possible number of pets that could have been adopted from the animal shelter between Monday and Friday?

(A) 11 (B) 12 (C) 13

(D) 14 (E) 20

76. If $\frac{1}{2}$ of the money in a certain trust fund was invested in stocks, $\frac{1}{4}$ in bonds, $\frac{1}{5}$ in a mutual fund, and the remaining $10,000 in a government certificate, what was the total amount of the trust fund?

(A) $100,000 (B) $150,000

(C) $200,000 (D) $500,000

(E) $2,000,000

77. How many two-digit numbers can be written using digits 0 through 6 if no digit can be repeated and 0 cannot be the first digit?

(A) 49 (B) 42 (C) 36

(D) 30 (E) 25

78. A department store receives a shipment of 1,000 shirts, for which it pays $9,000. The store sells the shirts at a price 80 percent above cost for one month, after which it reduces the price of the shirts to 20 percent above cost. The store sells 75 percent of the shirts during the first month and 50 percent of the remaining shirts afterward. How much gross income did sales of the shirts generate?

(A) $10,000 (B) $10,800

(C) $12,150 (D) $13,500

(E) $16,200

79. A group of 20 friends formed an investment club, with each member contributing an equal amount to the general fund. The club then invested the entire fund, which amounted to d dollars, in Stock X. The value of the stock subsequently increased 40 percent, at which point the stock was sold and the proceeds divided evenly among the members. In terms of d, how much money did each member of the club receive from the sales (Assume that transaction fees and other associated costs were negligible).

(A) $800d$ (B) $\frac{7d}{5}$ (C) $\frac{d}{20}+40$

(D) $\frac{d}{2}$ (E) $\frac{7d}{100}$

80. John budgeted 50% of his take-home pay for household expense, 20% for transportation, 15% for a retirement fund, and the remaining $240 for recreation. How much of his take-home pay did he budget for household expenses?

(A) $500 (B) $800 (C) $1,000

(D) $1,200 (E) $240

81.

1	2	3	4	5	6	7
−2	−4	−6	−8	−10	−12	−14
3	6	9	12	15	18	21
−4	−8	−12	−16	−20	−24	−28
5	10	15	20	25	30	35
−6	−12	−18	−24	−30	−36	−42
7	14	21	28	35	42	49

What is the sum of the integer in the table above?

(A) 28 (B) 112 (C) 336
(D) 448 (E) 784

82. The width of a rectangle is 6 cm less than the length. If the perimeter of the rectangle is 48 cm, what is the length of the rectangle in centimeters?

(A) 48 (B) 15 (C) 12
(D) 9 (E) 6

83. Together, Andrea and Brian weigh p pounds; Brian weighs 10 pounds more than Andrea. Brian and Andrea's dog, Cubby, weighs $\frac{p}{4}$ pounds more than Andrea. In terms of p, what is Cubby's weight in pounds?

(A) $\frac{p}{2}-10$ (B) $\frac{3p}{4}-5$ (C) $\frac{3p}{2}-5$
(D) $\frac{5p}{4}-10$ (E) $5p-5$

84. It takes 10 people 16 hours to complete a certain job. How many hours would it take 8 people, working at the same rate, to complete $\frac{3}{4}$ of the job?

(A) 12 (B) $12\frac{4}{5}$ (C) 15
(D) 16 (E) 20

85.

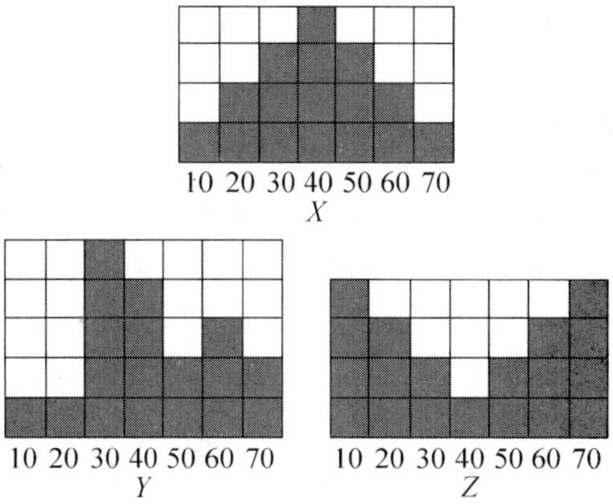

If the variables, X, Y, and Z take on only the values 10, 20, 30, 40, 50, 60, or 70 with frequencies indicated by the shaded regions above, for which of the frequency distributions is the mean equal to the median?

(A) X only (B) Y only (C) Z only
(D) X and Y (E) X and Z

86. Cans of tennis balls were purchased for the tournament at a cost of \$1.90 per can. Only $\frac{3}{4}$ of the cans were used for the tournament, so the 24 unused cans were returned for a refund. What was the cost of the cans of tennis balls used for the tournament?

(A) \$34.20 (B) \$45.60
(C) \$60.80 (D) \$124.20
(E) \$136.80

87. The people eating in a certain cafeteria are either faculty members or students, and the number of faculty members is 15 percent of the total number of people in the cafeteria. After some of the students leave, the total number of persons remaining in the cafeteria is 50 percent of the original total. The number of students who left is what fractional part of the original number of students?

(A) $\frac{17}{20}$ (B) $\frac{10}{17}$ (C) $\frac{1}{2}$

(D) $\frac{1}{4}$ (E) $\frac{7}{20}$

88. A painter has painted one-third of a rectangular wall which is ten feet high. When she has painted another 75 square feet of wall, she will be three-quarters finished with the job. What is the length (the horizontal dimension) of the wall?

(A) 18 feet (B) 12 feet (C) 10 feet

(D) 9 feet (E) 6 feet

89. A figure that can be folded over along a straight line so that the result is two equal halves which are then lying on top of one another with no overlap is said to have a line of symmetry. Which of the following figures has only one line of symmetry?

(A) Square

(B) Circle

(C) Equilateral triangle

(D) Isosceles triangle

(E) Rectangle

90. To fill a number of vacancies, an employer must hire 3 programmers from among 6 applicants, and 2 managers from among 4 applicants.

What is the total number of ways in which she can make her selection?

(A) 1,490 (B) 132 (C) 120

(D) 60 (E) 23

91. A student had an average of 86 for three tests. If the student's highest test score was $2a$, what was the average of the student's two lowest scores?

(A) $129-2a$ (B) $258-2a$

(C) $129-a$ (D) $258+2a$

(E) $258-a$

92. If x, y, and z are positive integers such that x is a factor of y, and x is a multiple of z, which of the following is NOT necessarily an integer?

(A) $\frac{x+z}{z}$ (B) $\frac{y+z}{x}$ (C) $\frac{x+y}{z}$

(D) $\frac{xy}{z}$ (E) $\frac{yz}{x}$

93. Tom reads at an average rate of 30 pages per hour, while Jan reads at an average rate of 40 pages per hour. If Tom starts reading a novel at 4:30, and Jan begins reading an identical copy of the same book at 5:20, at what time will they be reading the same page?

(A) 9:30 (B) 9:00 (C) 8:40

(D) 7:50 (E) 7:00

94. A computer is programmed to generate a list of multiples of prime numbers 2, 3, and 5, as shown below:

Program 1—*List multiples of 2*

Program 2—*List multiples of 3*

Program 3—*List multiples of 5*

How many integers between 1 and 100 will appear on all three of the lists of the programs produced above?

(A) None (B) 1

(C) 3 (D) 5

(E) An infinite number of integers

95.

$$\begin{array}{r} FGF \\ \times\ G \\ \hline HGG \end{array}$$

In the multiplication problem above, F, G, and H represent unique odd digits. What is the value of the three-digit number FGF?

(A) 151 (B) 161 (C) 171

(D) 313 (E) 353

96. A \$500 investment and a \$1, 500 investment have a combined yearly return of 8.5 percent of the total of the two investments. If the \$500 investment has a yearly return of 7 percent, what percent yearly return does the \$1,500 investment have?

(A) 9% (B) 10% (C) $10\frac{5}{8}$%

(D) 11% (E) 12%

97. A group of store managers must assemble 280 displays for an upcoming sale. If they assemble 25 percent of the displays during the first hour and 40 percent of the remaining displays during the second hour, how many of the displays will <u>not</u> have been assembled by the end of the second hour?

(A) 70 (B) 98 (C) 126

(D) 168 (E) 182

98. A grocer is storing small cereal boxes in large cartons that measure 25 inches by 42 inches by 60 inches. If the measurement of each small cereal box is 7 inches by 6 inches by 5 inches, then what is the maximum number of small cereal boxes that can be placed in each large carton?

(A) 25 (B) 210 (C) 252

(D) 300 (E) 420

99. A student conducts an experiment in biology lab and discovers that the ratio of the number of insects in a given population having characteristic X to the number of insects in the population not having characteristic X is 5∶3, and that $\frac{3}{8}$ of the insects having characteristic X are male insects. What proportion of the total insect population are male insects having the characteristic X?

(A) 1 (B) $\frac{5}{8}$ (C) $\frac{6}{13}$

(D) $\frac{15}{64}$ (E) $\frac{1}{5}$

100. Jolene began building a picket fence by planting stakes in a row; the stakes were evenly spaced. After planting the first 10 stakes, Jolene measured the length of the row and found that the row was 27 feet long. She continued the row by planting another 10 stakes, then measured the length of the entire row. How many feet long was the row of stakes Jolene had planted?

(A) 37 (B) 54 (C) 57

(D) 60 (E) 81

101. The advertised rate for roaming charges is 0.002 cents per second. What is that in dollars per hour?

(A) 7.2 (B) 2 (C) 0.72

(D) 0.2 (E) 0.072

102. What is the surface area of a cube with side length $\sqrt{2}$?

(A) $\sqrt{2}$ (B) $2\sqrt{2}$ (C) 6

(D) $6\sqrt{2}$ (E) 12

103.

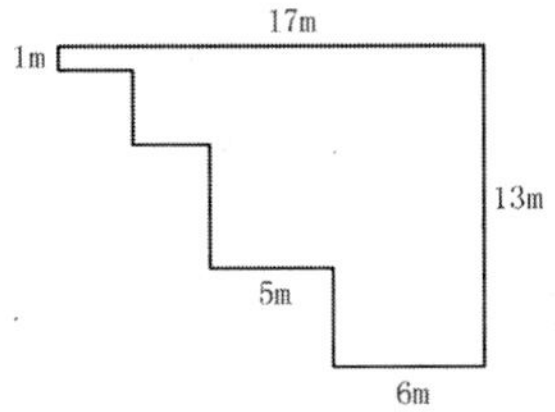

Find the perimeter.

(A) 42 m (B) 42 m^2 (C) 51 m

(D) 60 m (E) 63 m

104. If $x+y=2$ and $x^2-xy-10-2y^2=0$, what does $x-2y$ equal?

(A) 0 (B) 1 (C) 2

(D) 5 (E) 10

105. If x is a number such that $-2 \leq x \leq 2$, which of the following has the largest possible absolute value?

(A) $3x-1$ (B) x^2+1 (C) $3-x$

(D) $x-3$ (E) x^2-x

106. The sum $\frac{6}{7}+\frac{1}{3}$ is between

(A) $\frac{3}{5}$ and $\frac{5}{6}$

(B) $\frac{5}{6}$ and 1

(C) 1 and $1\frac{1}{6}$

(D) $1\frac{1}{6}$ and $1\frac{1}{4}$

(E) $1\frac{1}{4}$ and 2

107. If $\diamond x = x$ for $x \geqslant 0$ and $2x$ for $x<0$. $\frac{\diamond 30}{\diamond(-5)}=$

(A) -12 (B) -6 (C) -3

(D) 6 (E) 30

108. If $n=26!+19$, then n is divisible by which of the following?

I 17 II 19 III 23

(A) None (B) I only (C) II only

(D) I and II (E) II and III

109. If $3<x<100$, for how many values of x is $\frac{x}{3}$ the square of a prime number?

(A) Two (B) Three (C) Four

(D) Five (E) Nine

110. If $n>0$ and x is n percent of y, then, in terms of n, y is what percent of x?

(A) $\frac{10}{n}$ (B) $\frac{1}{n}$ (C) $\frac{1}{100n}$

(D) $\frac{10,000}{n}$ (E) $100n$

111. How many of the integers that satisfy the inequality $\frac{(n+3)(n+5)}{(n-1)} \geq 0$ are less than 5?

(A) 2 (B) 3 (C) 4

(D) 5 (E) 6

112. If $\frac{3}{1+\frac{3}{x}}=1$, then $x=$

(A) -2 (B) -1 (C) 1

(D) 1.5 (E) 3

113. If n is an integer greater than 6, which of the following must be divisible by 3?

(A) $n(n+2)(n-1)$

(B) $n(n+1)(n+5)$

(C) $n(n+3)(n-5)$

(D) $n(n+4)(n-2)$

(E) $n(n+5)(n-6)$

114. If n and m are integers so that $nm=30$ and $\frac{1}{n}-\frac{1}{m}=\frac{1}{30}$, then what is $n-m$?

(A) -1 (B) 1 (C) -2

(D) 2 (E) 5

115. For the positive numbers, n, $n+2$, $n+6$, $n+8$, and $n+14$, the mean is how much greater than the median?

(A) 0 (B) 1 (C) $n+1$

(D) $n+2$ (E) $n+3$

116.

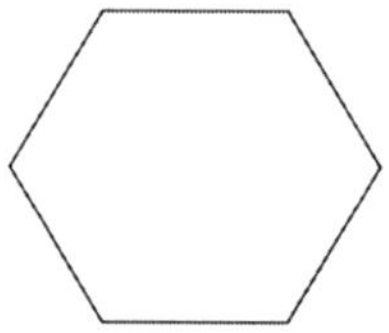

What is the area of a regular six-sided polygon where each side has length 2?

(A) 6 (B) $3\sqrt{3}$ (C) $6\sqrt{2}$

(D) $6\sqrt{3}$ (E) 12

117.

x%	on time
45%	up to 15 minutes delayed
15%	15—30 minutes delayed
10%	30—60 minutes delayed
5%	more than 60 minutes delayed

The chart above describes departures from a certain airport on a certain day. If 1,200 flights were delayed, how many flights departed on time?

(A) 250 (B) 300 (C) 350

(D) 400 (E) 900

118. If the probability of rain on any given day in City X is 50 percent, what is the probability that it rains on exactly 3 days in a 5-day period?

(A) $\frac{8}{125}$ (B) $\frac{2}{25}$ (C) $\frac{5}{16}$

(D) $\frac{8}{25}$ (E) $\frac{3}{4}$

119. A project scheduled to be carried out over a single fiscal year has a budget of \$25,200, divided into 12 equal monthly allocations. At the end of the fourth month of that fiscal year, the total amount actually spent on the project was \$9,160. By how much was the project over its budget?

(A) \$680 (B) \$760 (C) \$2,100

(D) \$2,760(E) \$2,860

120. Right triangle ABC is to be constructed in the xy-plane so that the right angle is at A and BC is parallel to the x-axis. The x- and y-coordinates of A, B, and C are to be integers that satisfy the inequalities $-5<x<6$ and $2<y<15$. How many different triangles with these properties could be constructed?

(A) 120 (B) 1200 (C) 9000

(D) 11,880 (E) 12,000

121. A company has 13 employees, 8 of whom belong to the union. If 5 people work any one shift, and the union contract specifies that at least 4 union members work each shift, then how many different combinations of employees might work any given shift?

(A) 10 (B) 231 (C) 336

(D) 350 (E) 406

122.

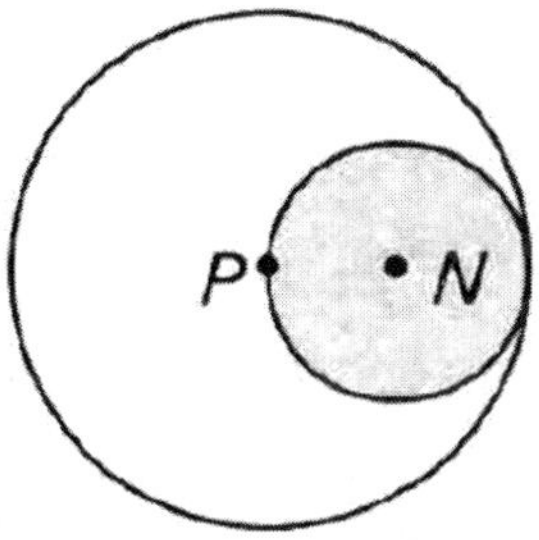

In the figure above, P is the center of the larger circle, and N is the center of the smaller shaded circle. If the radius of the smaller circle is 5, what is the area of the unshaded region?

(A) 100π (B) 75π (C) 25π

(D) 20π (E) 10π

123. A jar contains 20 marbles: 4 red, 6 white, and 10 blue. If you remove marbles one at a time, randomly, what is the minimum number that must be removed to be certain that you have at least 2 marbles of each color?

(A) 6 (B) 10 (C) 12

(D) 16 (E) 18

124. If M is an odd number and the median of M consecutive integers is 150, what is the largest of these integers?

(A) $\frac{M-1}{2}+150$

(B) $\frac{M}{2}+149$

(C) $\frac{M}{2}+150$

(D) $\frac{M+149}{2}$

(E) $\frac{M+150}{2}$

125. A border of uniform width is placed around a rectangular photograph that measures 10 inches by 12 inches. If the area of the border is 240 square inches, what is the width of the border, in inches?

(A) 3 (B) 4 (C) 6
(D) 8 (E) 9

126. Not counting zero, what is the forty-ninth digit in the decimal expansion of 1/7? Recall 1/7 = 0.142...

(A) 1 (B) 4 (C) 2
(D) 8 (E) 5

127. If the arithmetic mean of a list of numbers is 12 and the standard deviation of that list of numbers is 1.3, then which of the following numbers would be more than two standard deviations from the mean?

I. 14.8 II. 12.2 III. 9.2

(A) I only
(B) I and II only
(C) II only
(D) III only
(E) I and III only

128. Together, Andy and Brian weigh p pounds; Brian weighs 10 pounds more than Andy. Andy's dog, Cubby, weighs $\frac{p}{4}$ pounds more than Andy.

In terms of p, what is Cubby's weight in pounds?

(A) $\frac{p}{4}-10$ (B) $\frac{3p}{4}-5$ (C) $\frac{3p}{2}-5$

(D) $\frac{5p}{4}-10$ (E) $5p-10$

129. A chemist has 10 liters of a solution that is 10 percent nitric acid by volume. He wants to dilute the solution to 4 percent strength by adding water. How many liters of water must he add?

(A) 15 (B) 18 (C) 20
(D) 25 (E) 26

130. Sam gets on the elevator at the 11th floor of a building and rides up at a rate of 57 floors per minute. At the same time, Joyce gets on an elevator on the 51st floor of the same building and rides down at a rate of 63 floors per minute. If they continue traveling at these rates, at which floor will their paths cross?

(A) 18 (B) 29 (C) 30
(D) 32 (E) 44

131. Jack bought a 1-year, \$20,000 certificate of deposit that paid interest at an annual rate of 8 percent compounded semiannually. What was the total amount of interest paid on this certificate at maturity?

(A) \$20,928 (B) \$ 1,728
(C) \$ 1,632 (D) \$ 1,600
(E) \$ 960

132.

	City A	City B	City C	City D
City A		▲	▲	▲
City B			▲	▲
City C				▲
City D				

Each ▲ in the mileage table above represents an entry indicating the distance between a pair of the four cities. If the table were extended to represent the distances between all pairs of 20 cities and each distance were to be represented by only one entry, how many entries would the table then have?

(A) 40 (B) 160 (C) 180

(D) 190 (E) 360

133. In 2000 Paul was twice as old as his brother Biko. In 2008 Paul was only four years older than his brother. In what year was Biko born?

(A) 1990 (B) 1992 (C) 1996

(D) 1998 (E) 2000

134. If $\frac{1}{2}$ of the number of white mice in a certain laboratory is $\frac{1}{8}$ of the total number of mice, and $\frac{1}{3}$ of the number of gray mice is $\frac{1}{9}$ of the total number of mice, then what is the ratio of the number of white mice to the number of gray mice?

(A) 2:3 (B) 3:4 (C) 4:5

(D) 8:9 (E) 16:27

135. Of the 400 subjects who participated in an experiment using virtual-reality therapy to reduce their fear of heights, 35 percent experienced sweaty palms, 40 percent experienced vomiting, and 70 percent experienced dizziness. If all of the subjects experienced at least one of these effects and 25 percent of the subjects experienced exactly two of these effects, how many of the subjects experienced only one of these effects?

(A) 160 (B) 180 (C) 200

(D) 240 (E) 260

136. A crate of apples contains 1 bruised apple for every 30 apples in the crate. Three out of every 4 bruised apples are considered not fit to sell, and every apple that is not fit to sell is bruised. If there are 12 apples not fit to sell in the crate, how many apples are there in the crate?

(A) 270 (B) 360 (C) 480

(D) 600 (E) 840

137. In a certain school, 50 percent of all male students and 60 percent of all female students play a varsity sport. If 40 percent of the students at the school are male, what percent of the students do not play a varsity sport?

(A) 44% (B) 50% (C) 55%

(D) 56% (E) 60%

138. In a certain city, 70 percent of the registered voters are Democrats and the rest are Republicans. In a mayoral race, if 60 percent of the registered voters who are Democrats and 40 percent of the registered voters who are Republicans are expected to vote for Candidate A, what percent of the registered voters are expected to vote for Candidate A?

(A) 50% (B) 51% (C) 52%

(D) 53% (E) 54%

139. You can buy C cans of tennis balls for D dollars. If five balls are in each can then how much does each ball cost?

(A) $\frac{5D}{C}$ (B) $\frac{C}{D^2}$ (C) $\frac{D}{5C}$

(D) $5DC$ (E) $\frac{5C}{D}$

140. A first-grade teacher uses ten flash cards, numbered 1 through 10, to teach her students to order numbers correctly. She has students choose four flash cards randomly, then arrange the cards in ascending order. One day, she removes the cards numbered "2" and "4" from the deck of flash cards. On that day, how many different correct arrangements of four randomly selected cards are possible?

(A) 70 (B) 210 (C) 336

(D) 840 (E) 1,680

141. Of the 100 researchers in a workgroup, 35 percent will be assigned to Team A and the remaining 65 percent to Team B. However, 75 percent of the researchers prefer Team A and 25 percent prefer Team B. What is the lowest possible number of researchers who will NOT be assigned to the team they prefer?

(A) 30 (B) 35 (C) 40

(D) 45 (E) 60

142.

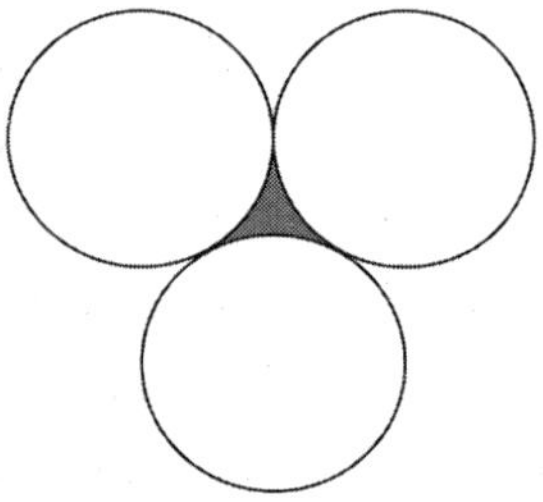

All three circles shown have radius 1 and are tangent to each other. Find the perimeter of the shaded region.

(A) 3 (B) π (C) $\frac{2}{3}\pi$

(D) 2π (E) 3π

143. At Valley High School, 115 graduating seniors failed to make the honor roll. In all, 150 seniors graduated. Ten more seniors made the honor roll than the number who played varsity sports. If 10 graduating seniors both made the honor roll and played varsity sports, what is the probability that any given graduating senior neither made the honor roll nor played varsity sports?

(A) $\frac{1}{15}$ (B) $\frac{1}{3}$ (C) $\frac{2}{5}$

(D) $\frac{2}{3}$ (E) $\frac{27}{30}$

144. Seventy percent of the members of a study group are women, and 50 percent of those women are lawyers. If one member of the study group is to be selected at random, what is the probability that the member selected is a woman lawyer?

(A) 0.15 (B) 0.25 (C) 0.27

(D) 0.35 (E) 0.40

145. Today, Jim is twice as old as Fred, and Sam is 2 years younger than Fred. Four years ago, Jim was 4 times as old as Sam. How old is Jim now?

(A) 8 (B) 12 (C) 16

(D) 20 (E) 24

146. If abc is a three digit number, define $f(abc)=a\times b-c$. How many three digit numbers, abc, are there so that $f(abc)=1$?

(A) 0 (B) 5 (C) 10

(D) 15 (E) 25

147. A group of 20 friends formed an investment club, with each member contributing an equal amount to the general fund. The club then invested the entire fund, which amounted to d

dollars, in Stock X. The value of the stock subsequently increased 40 percent, at which point the stock was sold and the proceeds divided evenly among the members. In terms of d, how much money did each member of the club receive from the sale? (Assume that transaction fees and other associated costs were negligible.)

(A) $8d$ (B) $\frac{7}{5}d$ (C) $\frac{1}{5}d$

(D) $\frac{1}{50}d$ (E) $\frac{7}{100}d$

148. The total cost for Company X to produce a batch of tools is \$30,000 plus \$4 per tool. Each tool sells for \$8. The gross profit earned from producing and selling these tools is the total income from sales minus the total production cost. If a batch of 30,000 tools is produced and sold, then Company X's gross profit per tool is

(A) \$3.00 (B) \$3.75 (C) \$4.50

(D) \$5.00 (E) \$5.50

149. Jolene began building a picket fence by planting stakes in a row; the stakes were evenly spaced. After planting the first 10 stakes, Jolene measured the length of the row and found that the row was 27 feet long. She continued the row by planting another 10 stakes, then measured the length of the entire row. How many feet long was the row of stakes Jolene had planted?

(A) 37 (B) 54 (C) 57

(D) 60 (E) 81

150. George earned 80, 85, and 90 on the first three tests in his geography class. Because he didn't have time to study, he decides to guess randomly on the final test. That test has ten true-false questions, each worth 10 points. What is the probability his final average is more than 85?

(A) $\frac{12}{2^8}$ (B) $\frac{11}{2^8}$ (C) $\frac{12}{1024}$

(D) $\frac{11}{1024}$ (E) 0.5

151. In a certain game, a large receptacle is filled with green, blue, red, and yellow beads worth, respectively, 7, 5, 3, and 2 points each. A number of beads are then removed from the receptacle. If the product of the point values of the removed beads is 245,000, how many green beads were removed?

(A) 5 (B) 4 (C) 3

(D) 2 (E) 0

152. If 65 percent of a class answered the first question on a certain test correctly, 70 percent answered the second question on the test correctly, and 10 percent answered neither of the questions correctly, what percent answered both correctly?

(A) 15% (B) 25% (C) 30%

(D) 40% (E) 45%

153. A baseball card collector has 1,100 cards that are in mint condition and 400 cards that are not. Of those cards in mint condition, 60% are rookie cards. If 740 of the cards in his collection are not rookie cards, then how many cards in the collection are rookie cards that are not in mint condition?

(A) 100 (B) 300 (C) 440

(D) 760 (E) 1500

154. George takes 8 hours to copy a 50-page manuscript, while Sonya can copy the same manuscript in 6 hours. How many hours would it take them to copy a 100-page manuscript, if they worked together?

(A) $6\frac{6}{7}$ (B) $8\frac{5}{7}$ (C) $9\frac{2}{3}$
(D) 11 (E) 14

155. Three basketball teams play in a league against each other. At the end of the season, how many different ways could the 3 teams end up ranked against each other?

(A) 1 (B) 3 (C) 6
(D) 12 (E) 24

156. At Tyler High School, there are twice as many girls than boys on the yearbook staff. At one staff meeting, the percentage of girls attending was twice the percentage of boys. What percent of those attending were boys?

(A) 20 (B) 25 (C) 30
(D) 33 (E) 50

157. In a normal distribution, 68% of the scores lie within one standard deviation of the mean. If the SAT scores of all the high school juniors in Center City followed a normal distribution with a mean of 500 and a standard deviation of 100, and if 10,200 students scored between 400 and 500, approximately how many students scored above 600?

(A) 2,400 (B) 4,800 (C) 5,100
(D) 7,200 (E) 9,600

158.

Number of Colored Pencils in Three Boxes			
Box	Number of red pencils	Number of blue pencils	Total number of red and blue pencils
A	m	n	100
B	n	p	120
C	m	p	180

In the table above, what is the number of blue pencils in box B?

(A) 80 (B) 90 (C) 100
(D) 110 (E) 120

159. At a loading dock, each worker on the night crew loaded $\frac{2}{3}$ as many boxes as each worker on the day crew. If the night crew has $\frac{3}{4}$ as many workers as the day crew, what fraction of all the boxes loaded by the two crews did the day crew load?

(A) $\frac{1}{3}$ (B) $\frac{1}{2}$ (C) $\frac{2}{3}$
(D) $\frac{3}{4}$ (E) $\frac{5}{3}$

160. There are 10 job applicants sitting in a waiting room — 5 women and 5 men. If 2 of the applicants are selected at random, what is the probability that both will be women?

(A) $\frac{1}{2}$ (B) $\frac{1}{3}$ (C) $\frac{3}{8}$
(D) $\frac{2}{9}$ (E) $\frac{1}{10}$

161. What is the average of four consecutive odd numbers starting with $2n+1$?

(A) 4 (B) $2n+3$ (C) $2n+4$
(D) $2n+5$ (E) $n+4$

162. A certain club has 8 members, including Harry. One of the 8 members is to be chosen at random to be the president, one of the remaining 7 members is to be chosen at random to be the secretary, and one of the remaining 6 members is to be chosen at random to be the treasurer. What is the probability that Harry will be either the member chosen to be the secretary or the member chosen to be the treasurer?

(A) $\frac{15}{56}$ (B) $\frac{13}{42}$ (C) $\frac{1}{6}$

(D) $\frac{1}{4}$ (E) $\frac{1}{5}$

163. A store currently charges the same price for each towel that it sells. If the current price of each towel were to be increased by \$3, 18 fewer of the towels could be bought for \$240, excluding sales tax. What is the current price of each towel?

(A) \$3 (B) \$4 (C) \$5

(D) \$8 (E) \$12

164. A photo is being taken of Central High School's nine-member wrestling team. The team will stand in two rows, with the five shortest in the front row. The coach is also in the picture, in the middle of the back row. One of the taller boys is known to misbehave; to keep him from disrupting the photo session, he is placed next to the coach. How many possible arrangements of people are there for the photo?

(A) 24 (B) 30 (C) 720

(D) 1440 (E) 2880

165. A diner serves a lunch special, consisting of soup or salad, a sandwich, coffee or tea, and a dessert. If the menu lists 3 soups, 2 salads, 7 sandwiches, and 8 desserts, how many different lunches can you choose? (Note: Two lunches are different if they differ in any aspect.)

(A) 22 (B) 280 (C) 336

(D) 560 (E) 672

166. Working together, John, David and Roger require $2\frac{1}{4}$ hours to complete a certain task, if each of them works at his respective constant rate. If John alone can complete the task in $4\frac{1}{2}$ hours and David alone can complete the task in 9 hours, how many hours would it take Roger to complete the task, working alone?

(A) $2\frac{1}{2}$ (B) $4\frac{1}{2}$ (C) $6\frac{3}{4}$

(D) 9 (E) 12

167. There are 12 teams in a certain league and each team plays each of the other teams exactly once. If each game is played by 2 teams, what is the total number of games played?

(A) 24 (B) 36 (C) 48

(D) 66 (E) 84

168. Machine A can process 6,000 envelopes in 3 hours. Machines B and C working together but independently can process the same number of envelopes in $2\frac{2}{5}$ hours. If machines A and C working together but independently process 3,000 envelopes in 1 hour, then how many hours would it take machine B to process 12,000 envelopes?

(A) 2 (B) 3 (C) 4

(D) 6 (E) 8

169. The USS Mathematica sailed 6 knots north, then 5 knots east, then 2 knots south. How far, in knots, was the ship from her starting point?

(A) 3 (B) $\sqrt{41}$ (C) $\sqrt{61}$
(D) 41 (E) 61

170. There are 27 students on the college debate team. What is the probability that at least, 3 of them have their birthdays in the same month?

(A) 0 (B) $\frac{3}{27}$ (C) $\frac{3}{12}$
(D) $\frac{1}{2}$ (E) 1

171. A couple decides to have 6 children. If they succeed in having 5 children and each child is equally likely to be a boy or a girl, what is the probability that they will have exactly 2 girls and 3 boys?

(A) $\frac{3}{8}$ (B) $\frac{5}{16}$ (C) $\frac{1}{4}$
(D) $\frac{1}{5}$ (E) $\frac{3}{16}$

172. A researcher plans to identify each participant in a certain medical experiment with a code consisting of either a single letter or a pair of distinct letters written in alphabetical order. What is the least number of letters that can be used if there are 16 participants, and each participant is to receive a different code?

(A) 4 (B) 5 (C) 6
(D) 7 (E) 8

173. A container holding 12 ounces of a solution that is 1 part alcohol to 2 parts water is added to a container holding 8 ounces of a solution that is 1 part alcohol to 3 parts water. What is the ratio of alcohol to water in the resulting solution?

(A) 2:5 (B) 3:7 (C) 3:5
(D) 4:7 (E) 7:3

174. A right triangle has sides 12, 15 and x. How many possible values are there for x?

(A) 0 (B) 1 (C) 2
(D) 3 (E) Infinite

175. A certain characteristic in a large population has a distribution that is symmetric about the mean m. If 76 percent of the distribution lies within one standard deviation d of the mean, what percent of the distribution is less than $m+d$?

(A) 12% (B) 24% (C) 48%
(D) 88% (E) 92%

176. A drawer has six loose blue socks and six loose white socks. If four socks are removed from the drawer at random and without replacement, what is the probability that one pair of each color was selected?

(A) $\frac{2}{33}$ (B) $\frac{5}{66}$ (C) $\frac{5}{33}$
(D) $\frac{5}{11}$ (E) $\frac{1}{2}$

177. If the product of the integers a, b, c and d is 546 and if $1<a<b<c<d$, what is the value of $b+c$?

(A) 4 (B) 10 (C) 21
(D) 185 (E) 273

178. A and B are the end points of the longest line that can be drawn in a circle with center X. If C is a point on the circle such that $AC=AX=3$, what is the perimeter of triangle ABC?

(A) $\frac{9\sqrt{3}}{2}$

(B) 9

(C) $6+3\sqrt{3}$

(D) $9+3\sqrt{3}$

(E) $9\sqrt{3}$

179. Draw all diagonals in a regular eight-sided polygon. What is the largest number of diagonals that meet in a single point?

(A) 2 (B) 3 (C) 4

(D) 5 (E) 6

180. The average speed of a certain train was measured every 6 minutes and was found to have increased by 3 miles per hour during each successive 6-minute interval after the first interval. If in the third 6-minute interval, its speed was 24 miles per hour, how many miles did the train travel in the first 6-minute interval?

(A) 0.6 (B) 1.2 (C) 1.8

(D) 2.4 (E) 3.0

181. In Town X, 72 percent of the population are employed, and 54 percent of the population are employed males. What percent of the employed people in Town X are females?

(A) 15% (B) 18% (C) 25%

(D) 28% (E) 44%

182. In 1950 Roberto was four times as old as Juan. In 1955, Roberto was three times as old as Juan. How old was Roberto when Juan was born?

(A) 5 (B) 10 (C) 20

(D) 30 (E) 40

183. Which of the following can be expressed as the sum of three consecutive integers?

(A) 278 (B) 49 (C) 11

(D) -1 (E) -6

184. A merchant was selling an item at a certain price, then marked it down 20% for a spring sale. During the summer, he marked the item down another 20% from its spring price. If the item sold at the summer price, what percent of the original price did it sell for?

(A) 40% (B) 60% (C) 64%

(D) 67% (E) 80%

185. $A = \{1, 2, 3, 4, 5\}$

$B = \{4, 5, 6, 7, 8, 9\}$

Two integers will be randomly selected from the sets above, one integer from set A and one integer from set B. What is the probability that the sum of the two integers will equal 10 ?

(A) $\frac{1}{2}$ (B) $\frac{1}{3}$ (C) $\frac{1}{4}$

(D) $\frac{1}{5}$ (E) $\frac{1}{6}$

186. When positive integer m is divided by positive integer n, the remainder is 8. If $\frac{m}{n}=47.16$, what is the value of n?

(A) 30 (B) 35 (C) 40

(D) 46 (E) 50

187. A number of bricks were purchased to build a fireplace at a cost of 40 cents each, but only $\frac{3}{4}$ of them needed. If the unused 190 bricks were returned and their cost refunded, what was the cost of the bricks used to make the fireplace?

(A) \$76 (B) \$228 (C) \$304

(D) \$414 (E) \$570

188. Seven basketball teams play in a league against each other. At the end of the season, how many different arrangements are there for the top 3 teams in the rankings?

(A) 6 (B) 42 (C) 210

(D) 5,040 (E) 50,450

189. A group of 25 children went to the circus, 60% of whom liked the clowns. If the number of boys who liked the clowns was three more than the number who didn't, and the number of boys was one larger than the number of girls, then how many girls did not like the clowns?

(A) 4 (B) 5 (C) 7

(D) 8 (E) 10

190. In the coordinate plane, a circle has center (−4, 1) and passes through the point (1, 6). What is the area of the circle?

(A) 5π (B) $5\sqrt{2}\pi$ (C) $5\sqrt{3}\pi$

(D) 25π (E) 50π

191. Of the students at North State University, 1/6 are math majors, and 2/5 do not study a foreign language. If 60% of the math majors also study a foreign language, then what is the ratio of non-math majors who study a foreign language to those who do not?

(A) 2:5 (B) 2:3 (C) 5:6

(D) 6:5 (E) 3:2

192. A bag contains 3 red 4 white, and 5 blue marbles. Jason begins removing marbles from the bag at random, one at a time. What is the least number of marbles he must remove to be sure that he has at least one of each color?

(A) 3 (B) 6 (C) 8

(D) 10 (E) 12

193. Tom reads at an average rate of 30 pages per hour, while Jan reads at an average rate of 40 pages per hour. If Tom starts reading a novel at 4:30, and Jan begins reading an identical copy of the same book at 5:20, at what time will they be reading the same page?

(A) 9:30 (B) 9:00 (C) 8:40

(D) 7:50 (E) 7:00

194. If Tom loses 7 pounds, he will weigh twice as much as his sister. Together they now weigh 247 pounds. What is Tom's present weight, in pounds?

(A) 131 (B) 135 (C) 144

(D) 167 (E) 187

195. If a and b are the lengths of the legs of a right triangle whose hypotenuse is 10 and whose area is 20, what is the value of $(a+b)^2$?

(A) 100 (B) 120 (C) 140

(D) 180 (E) 200

196. A four-character password consists of one letter of the alphabet and three different digits between 0 and 9, inclusive. The letter must appear as the second or third character of the password. How many different passwords are possible?

(A) 5,040 (B) 18,720 (C) 26,000

(D) 37,440 (E) 52,000

197. Tickets numbered consecutively from 301 through 650 are placed in a box. What is the probability that a ticket selected at random will have a number with a tens digit of 4?

(A) $\frac{1}{7}$ (B) $\frac{4}{35}$ (C) $\frac{1}{8}$

(D) $\frac{1}{4}$ (E) $\frac{2}{5}$

198. In an increasing sequence of 11 consecutive integers, the sum of the first 7 integers is 420. What is the sum of the last 7 integers in the sequence?

(A) 418 (B) 420 (C) 425

(D) 437 (E) 448

199. Because her test turned out to be more difficult than she intended it to be, a teacher decided to adjust the grades by deducting only half the number of points a student missed. For example, if a student missed 10 points, she received a 95 instead of a 90. Before the grades were adjusted the class average was A. What was the average after the adjustment?

(A) $50+\frac{A}{2}$

(B) $\frac{1}{2}(100-A)$

(C) $100-\frac{1}{2}A$

(D) $\frac{50+A}{2}$

(E) $A+25$

200. A marketing firm determined that, of 280 households surveyed, 90 used neither Brand A nor Brand B soap, 70 used only Brand A soap, and for every household that used both brands of soap, 2 used only Brand B soap. How many of the 280 households surveyed used both brands of soap?

(A) 15 (B) 20 (C) 30

(D) 40 (E) 45

201. How many different ways can 2 students be seated in a row of 4 desks so that there is always at least one empty desk between the students?

(A) 2 (B) 3 (C) 4

(D) 6 (E) 12

202. Four different prime numbers, each less than 20, are multiplied together. What is the greatest possible result?

(A) 21,879 (B) 28,728 (C) 40,755

(D) 46,189 (E) 49,742

203. Let A be the set of primes less than 6, and B be the set of positive odd numbers less than 6. How many different sums of the form $a+b$ are possible, if a is in A and b is in B?

(A) 6 (B) 7 (C) 8

(D) 9 (E) 10

204. If the average of $27-x$, $x-8$, and $3x+11$ is y, what is the average of $2y$ and $\frac{2}{3}y$?

(A) $4x+40$

(B) $x+10$

(C) $\frac{8x+80}{3}$

(D) $\frac{4x+40}{3}$

(E) $\frac{2x+20}{3}$

205. In a certain laboratory, chemicals are identified by a color-coding system. There are 20 different chemicals. Each one is coded with either a single color or a unique two-color pair. If the order of colors in the pairs doesn't matter, what is the minimum number of different colors needed to code all 20 chemicals with either a single color or a unique pair of colors?

(A) 5 (B) 6 (C) 7

(D) 20 (E) 40

206. Ms. Lopez deposits \$ 100 in an account that pays 20% interest, compounded semiannually. How much money will there be in the account at the end of one year?

(A) \$118.00

(B) \$120.00

(C) \$121.00

(D) \$122.00

(E) \$140.00

207. Car M averages 12.9 miles per gallon of gasoline and Car N averages 25 miles per gallon. If each car is driven 13,000 miles, approximately how many more gallons of gasoline will Car M use than Car N?

(A) 360 (B) 480 (C) 520

(D) 640 (E) 820

208. A recipe for soda requires w liters of water for every liter of syrup. If soda is made according to this recipe using m liters of syrup and sold for j dollars a liter, what will be the gross profit if syrup costs k dollars a liter and water costs nothing?

(A) $m(w+j-k)$

(B) $jm(\frac{1}{w}+1)$

(C) $m(jw+k)$

(D) $m(jw-k)$

(E) $jm(w+1)-km$

209. A student took 6 courses last year and received an average grade of 100. The year before, the student took 5 courses and received an average grade of 90. To the nearest tenth of a point, what was the student's average grade for the entire two-year period?

(A) 79 (B) 89 (C) 95

(D) 95.5 (E) 97.2

210. A fruit retailer sold pears for \$0.50 each and apples for \$0.70. If a customer purchased both pears and apples from the stand for a total of \$7.50, what total number of pears and apples did the customer purchase?

(A) 11 (B) 12 (C) 13

(D) 14 (E) 15

211. Richard will jog from home at m miles per hour and then walk back home by the same route at n miles per hour. How many miles from home can Richard jog so that he spends a total of t hours jogging and walking?

(A) $\frac{mt}{n}$

(B) $\frac{m+t}{mn}$

(C) $\frac{mnt}{mn}$

(D) $\frac{m+n+t}{mn}$

(E) $\frac{n+t}{m}-\frac{t}{n}$

二、数据充分 94 题

1. Mr. Daniels deposits \$10,000 in a savings certificate earning p percent annual interest compounded quarterly. What is the value of p?

(1) During the term of the certificate, he earns \$18 more than he would if the interest were not compounded.

(2) He withdraws all the money six months after depositing it.

2. For a certain performance at a concert hall,

a total of 2, 350 tickets were sold in the orchestra, first mezzanine, and second mezzanine. How many orchestra tickets were sold?

(1) The number of first mezzanine tickets sold was one-half the number of second mezzanine tickets sold.

(2) The total number of first and second mezzanine tickets sold was 50 percent greater than the number of orchestra tickets sold.

3. At Company R, the average (arithmetic mean) age of executive employees is 54 years old and the average age of non-executive employees is 32 years old. What is the average age of all the employees at Company R?

(1) There are 10 executive employees at Company R.

(2) The number of non-executive employees at Company R is four times the number of executive employees at Company R.

4.

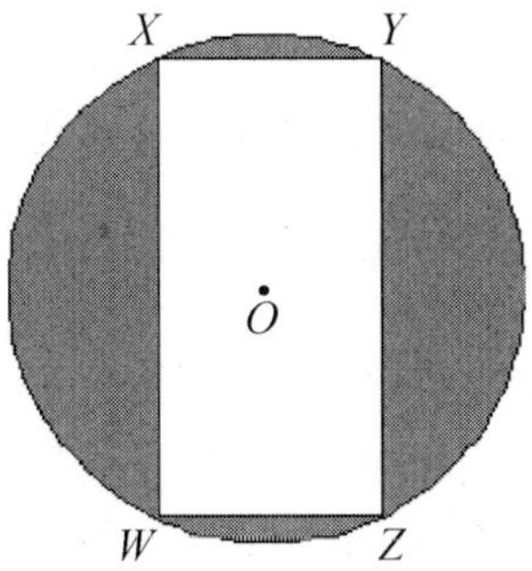

Rectangle $WXYZ$ is inscribed in a circle with center O as shown above. If the diameter of the circle is equal to 16, then what is the area of the shaded region?

(1) $WZ=OW$

(2) $XW<XY$

5. There are 105 students taking history and/or mathematics. How many students are taking only mathematics?

(1) Thirty students are taking history only.

(2) Fifty students are taking both history and mathematics.

6.

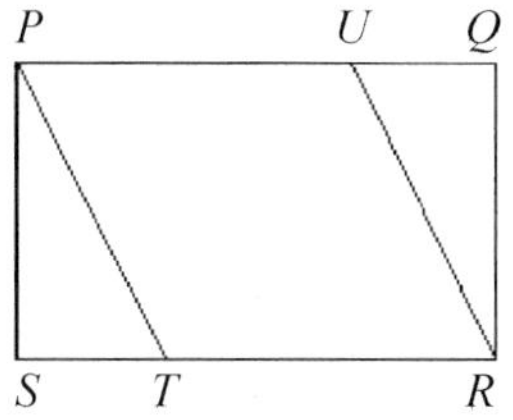

What is the area of triangle PST shown above?

(1) The area of rectangle $PQRS$ is 40.

(2) The area of parallelogram $PTRU$ is 32.

7. At a restaurant, Luis left a tip for his waiter equal to 20 percent of his entire dinner check, including tax. What was the amount of the dinner check?

(1) The sum of the dinner check and the tip was \$16. 80.

(2) Luis' tip consisted of two bills and four coins.

8. Every student graduating from Burgerville College is either a 4-year student or a transfer student. If Burgerville is graduating an equal number of 4-year students and transfer students, what fraction of the students who graduate with honors are transfer students?

(1) Of the 700 transfer students graduating, 300 are graduating with honors.

(2) Fifty percent more transfer students than 4-year students are graduating with honors.

9.

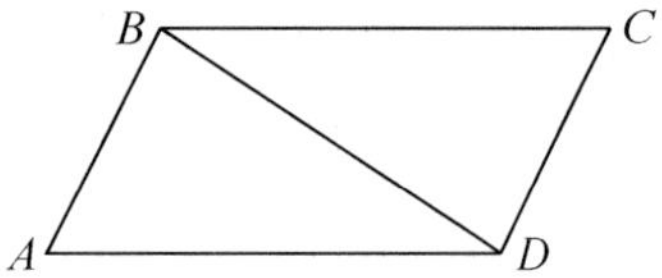

Find the area of $\triangle ABD$ if $BC=8$ inches.

(1) A line dropped perpendicular to BC from $AD=5$ inches.

(2) $ABCD$ is a parallelogram.

10.

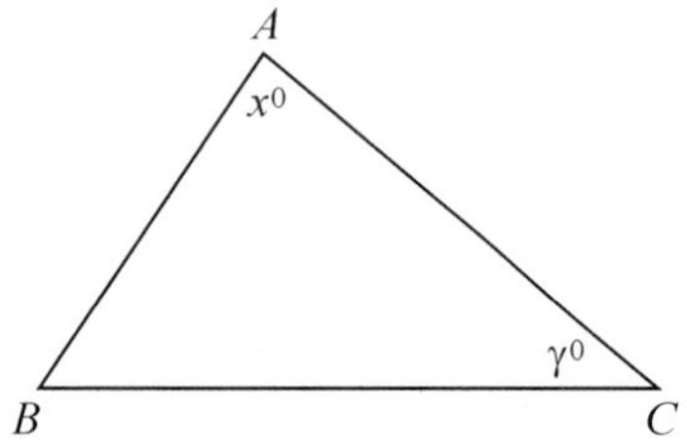

What is the length of side AC of triangle ABC?

(1) $AB=13$ and $BC=5$

(2) $x+y=90$

11. An automobile dealership sells only sedans and coupes. It sells each in only two colors: red and blue. Last year, the dealership sold 9,000 vehicles, half of which were red. How many coupes did the dealership sell last year?

(1) The dealership sold three times as many blue coupes as red sedans last year.

(2) The dealership sold half as many blue sedans as blue coupes last year.

12. A piece of paper in the shape of an isosceles right triangle is cut along a line parallel to the hypotenuse of the triangle, leaving a smaller triangular piece. If the area of the triangle was 25 square inches before the cut, what is the new area of the triangle?

(1) The cut is made 2 inches from the hypotenuse.

(2) There was a 40 percent decrease in the length of the hypotenuse of the triangle.

13. Todd's construction company is capable of building 40 houses a year. Todd's brother Mike also owns a construction company. How long does it take the two companies together to build 64 houses?

(1) Mike's construction company is capable of building houses twice as fast as Todd's company does.

(2) Mike's construction company is capable of building 20 houses every three months.

14. What is the ratio of men to women enrolled in a certain class?

(1) The number of women enrolled in the class is 3 less than half the number of men enrolled.

(2) The number of women enrolled in the class is $\frac{2}{5}$ of the number of men enrolled.

15. The projected school tax rate is set at \$11.25 per \$1,000. What is X's house assessed for?

(1) Mr. X will pay \$202.50 in school taxes under the proposed new budget.

(2) He paid \$217.85 last year.

16. During July, a mail order retailer received 3,300 order for amounts less than \$100, and 1,100 orders for amounts of at least \$100. What was the average size of an order in July?

(1) The gross sales from the orders less than \$100 equaled the gross sales from the orders greater than \$100.

(2) The orders for less than \$100 account

for a total of $134,000 in gross sales.

17.

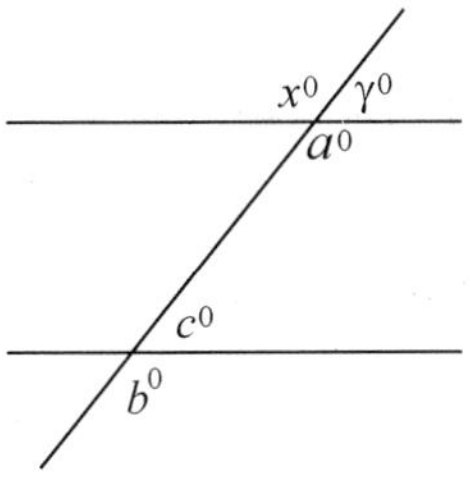

In the figure above, does $a=b$?

(1) $x=y$

(2) $c=x$

18. Which sport utility vehicle has a higher list price, the Touristo or the Leisure?

(1) The list price of the Leisure is $\frac{5}{6}$ the list price of the Touristo.

(2) The list price of the Touristo is 1.2 times the list price of the Leisure.

19. If 60 percent of the employees at Company X are female, does Company X have more than 100 female employees?

(1) Company X has more than 150 employees.

(2) Company X has 74 more female employees than male employees.

20.

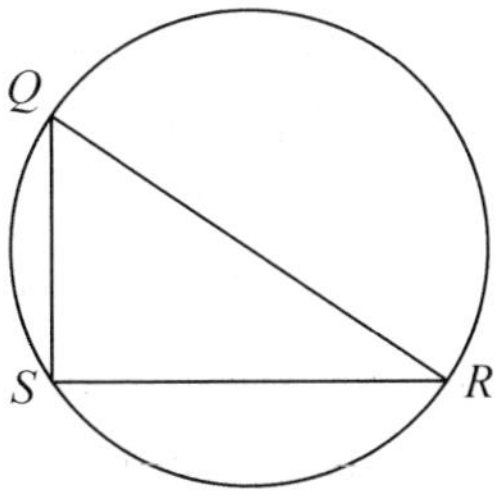

Triangle QRS is inscribed in a circle. Is QRS a right triangle?

(1) QR is a diameter of the circle.

(2) Length QS equals 3 and length QR equals 5.

21. If Beth spent $400 of her earnings last month on rent, how much did Beth earn last month?

(1) Beth saved $\frac{1}{3}$ of her earnings last month and spent half of the remainder on rent.

(2) Beth earned twice as much this month as last month.

22. A certain bread recipe calls for whole wheat flour, white flour, and oat flour in the ratio of 3∶2∶1, respectively. How many cups of oat flour are needed to make a loaf of bread?

(1) A total of 30 cups of whole wheat and white flour are needed to make 3 loaves of bread.

(2) Two more cups of whole wheat flour than white flour are needed for every loaf.

23. If a rectangle has length a and width b, what is its area?

(1) $2a=\frac{15}{b}$

(2) $a=2b-2$

24. Joan had a total of $16.50 in her coin bank. How many quarters does she have?

(1) The bank contains only quarters and dimes.

(2) There were 81 coins in the bank.

25.

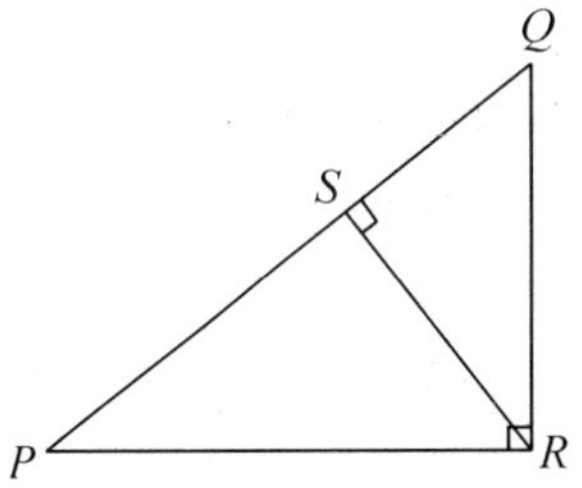

In the figure above, what is the length of PQ times the length of RS?

(1) The length of PQ is 5.

(2) The length of QR times the length of

PR is equal to 12.

26. A garden is surrounded by a path that is 4 feet wide. What is the area of the path?

(1) The area of the path is $\frac{1}{4}$ of the area of the garden.

(2) The garden is circular with a 12-foot diameter.

27. A survey of 600 computer owners revealed that they owned a modem and/or a scanner. How many of the people surveyed owned only a modem?

(1) The number of people surveyed who owned only a modem was three times the number of people who owned only a scanner.

(2) Four hundred people who were surveyed owned both a modem and a scanner, which was eight times the number of people surveyed who owned only a scanner.

28. In 1988, was the number of people in City X greater than three times the number of people in City Y?

(1) In 1988, there were approximately 1.1 million more people in City X than in City Y.

(2) In 1988, the 300,000 Mormons in City X made up 20 percent of its population, and the 141,000 Buddhists in City Y made up 30 percent of its population.

29. A university awarded grants in the amount of either \$7,000 or \$10,000 to some incoming freshmen. The total amount of all such awards was \$2,300,000. Did the university award more \$7,000 grants than \$10,000 grants to its incoming freshmen?

(1) A total of 275 freshmen received grants in one of the two amounts.

(2) The amount of money awarded in \$10,000 grants was \$200,000 more than the amount of money awarded in \$7,000 grants.

30. In a certain country, the retail price includes a value added tax of $12\frac{1}{2}$ percent of the sum of the wholesale cost and the markup of an item.
If the value added tax on a certain jacket is 6 shillings, what is the wholesale cost of a jacket in shillings?

(1) The markup represents 50 percent of the wholesale cost.

(2) The markup of the jacket is 16 shillings.

31.

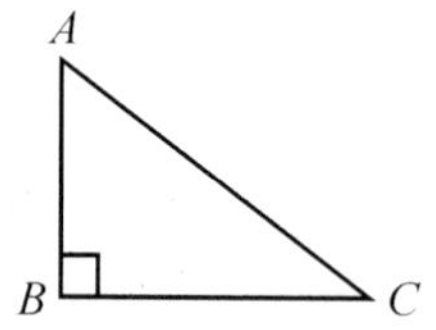

Does line $AC=5$?

(1) $(AB)^2+(BC)^2=25$

(2) $AB+BC=7$

32. Over a seven-week period a company monitored the output of two of its branches, C and D. Each week the company calculated how many units were produced in each branch. The branch that produced the greatest number of units for four or more of the seven weeks was considered the more efficient branch. Which office was deemed the more efficient?

(1) Over the seven-week period Branch C produced twice as many units as Branch D.

(2) The branch that was more efficient

was known by the fifth week.

33.

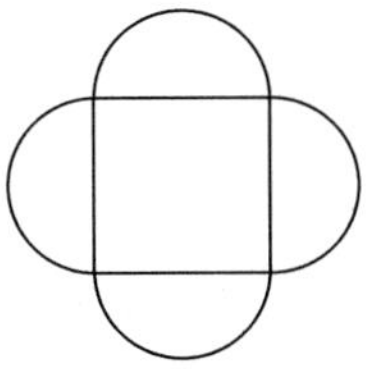

What is the area of the figure above formed by a square and four semicircles?

(1) The perimeter of the figure is 12π.

(2) The perimeter of the square is 24.

34. David has three credit cards: a Passport card, an Everywhere Card, and an American Local card. He owes balances on all three cards. Does he owe the greatest balance on the Everywhere Card?

(1) The sum of the balances on his Everywhere Card and American Local card is \$1,350, which is three times the balance on his Passport card.

(2) The balance on his Everywhere Card is $\frac{4}{3}$ of the balance on his Passport card and $\frac{4}{5}$ of the balance on his American Local card.

35. Adult and children's tickets were sold for the circus. If 100 adult tickets and 200 children's tickets were sold, how much money was collected for ticket sales?

(1) Two adult tickets and four children's tickets cost \$40.

(2) Adult tickets cost twice as much as children's tickets.

36. One hundred cars on a particular lot were available with a compact disc player, a car phone, or both. How many cars had only a car phone?

(1) The number of cars with compact disc players was twice the number of cars with both a compact disc player and a car phone.

(2) Thirty cars had both, which was half the number of cars with compact disc players.

37.

	s	
u	t	8
	4	

A computer generates non-zero numbers for the figure above so that the product of the numbers along any vertical column is equal to the product of the numbers in any horizontal row. What number does s represent?

(1) u equals 6.

(2) t equals 2.

38.

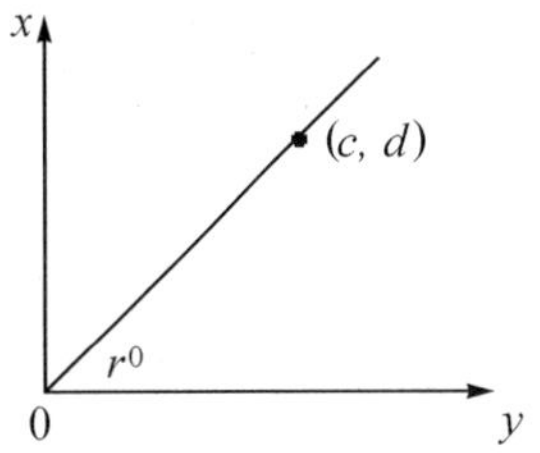

In the figure above, what is the value of r?

(1) $c=2$

(2) $c=d$

39. A certain car dealership has two locations. Last month, an average (arithmetic mean) of 11 cars per salesperson was sold at location A and an average of 16 cars per salesperson was sold at location B. What was the average number of cars sold per salesperson at this dealership last month?

(1) Last month, the number of salespeople at location A was 3 times the number

of salespeople at location B.

(2) Last month, the total number of cars sold at location A was 132, and the total number of cars sold at location B was 64.

40. During a five-day period, Monday through Friday, the average (arithmetic mean) high temperature was 86 degrees Fahrenheit. What was the high temperature on Friday?

(1) The average high temperature for Monday through Thursday was 87 degrees Fahrenheit.

(2) The high temperature on Friday reduced the average high temperature for the week by 1 degree Fahrenheit.

41. All of the tickets for two real estate seminars, F and G, were either purchased or given away, and the ratio of F tickets to G tickets was 2 to 1. Of the total number of F tickets and G tickets, what percentage was purchased?

(1) The total number of F tickets and G tickets is 240.

(2) Of the F tickets, exactly 60 percent were purchased, and of the G tickets, exactly 80 percent were purchased.

42. A home owner must pick between paint A, which costs \$6.00 per liter, and paint B, which costs \$4.50 per liter. Paint B takes one-third longer to apply than paint A. If the home owner must pay the cost of labor at the rate of \$36 per hour, which of the two paints will be cheaper to apply?

(1) The ratio of the area covered by one liter of paint A to the area covered by paint B is 4:3.

(2) Paint A will require 40 liters of paint and 100 hours of labor.

43.

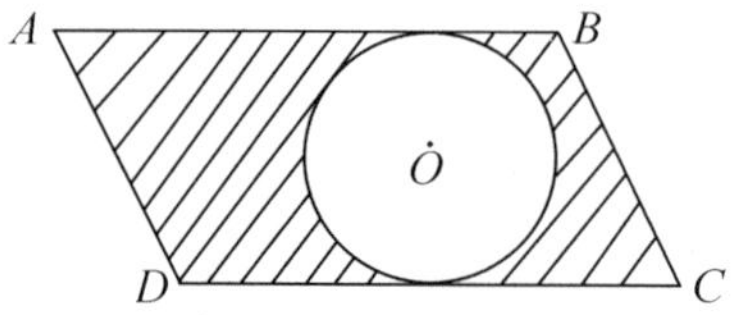

Circle O is inscribed in parallelogram $ABCD$, whose base is 12 inches. Find the area of the shaded portion.

(1) The radius of the circle is 4 inches.

(2) DC is twice as long as AD.

44. What is the value of the sum of a sequence of three consecutive even integers?

(1) The average of the three consecutive even integers is 14.

(2) The product of the smallest and largest is 192.

45. If point X is directly north of point Y and directly west of point Z, what is the distance from point X to point Z?

(1) The distance from Y to Z is 20.

(2) The distance form X to Y is equal to half the distance form Y to Z.

46. In a certain law firm there are five senior partners and five junior partners and all senior partners receive bonuses greater than those of the junior partner. Does senior partner Johnson receive the largest bonus of the lawyers at the firm?

(1) Johnson receives a bonus greater than twice the average bonus for all the senior partners.

(2) All partners receive some bonus, and Mr. Johnson receives five times the average given to all the partners.

47.

Class	Average Age	No. of Students
A	15 years	6
B	16 years	12

Is the standard deviation of ages of students in class A greater than the standard deviation of the age of students in class B?

(1) The difference between the ages of any two students in class A is always more than 1 year.

(2) No Student in class B is more than 6 months older than any other student.

48. What is the approximate distance between New York City and Montauk Point, Long Island?

(1) Road map A shows that the distance from New York City to Hicksville is approximately 15 inches, when 1 inch =1. 3 miles.

(2) Road map B shows that the distance from Hicksville to Montauk Point is approximately 36 inches, when 1 inch= 2. 6 miles.

49.

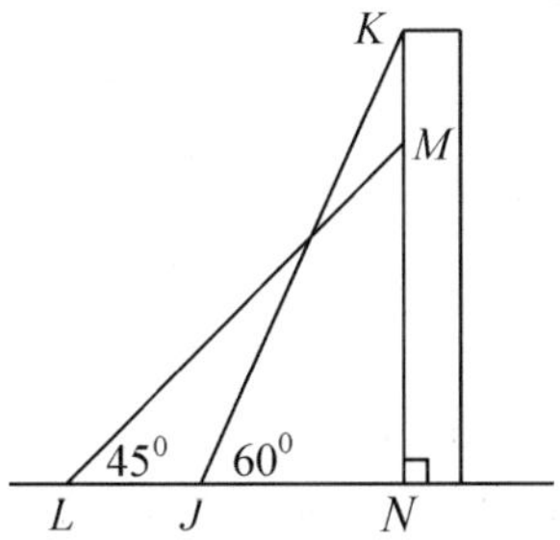

In the figure above, line segments JK and LM represent two positions of the same board leaning against the side KN of a wall. The length of KN is how much greater than the length of MN?

(1) The length of LN is $\sqrt{2}$ meters.

(2) The length of JN is 1 meter.

50. Automobile A is traveling at two-thirds the speed that Automobile B is traveling. How fast is Automobile A traveling?

(1) If both automobiles increased their speed by 10 miles per hour, Automobile A would be traveling at three-quarters the speed that Automobile B would be traveling.

(2) If both automobiles decreased their speed by 10 miles per hour, Automobile A would be traveling at half the speed that Automobile B would be traveling.

51. If x is not equal to zero, is $\frac{1}{x}>1$?

(1) $\frac{y}{x}>y$

(2) $x^3>x^2$

52. The integer x is even and the integer y is odd. Is the integer z odd?

(1) $xyz+1$ is odd.

(2) $xy+xz+yz$ is even.

53. A certain car dealership has two locations. Last month, an average (arithmetic mean) of 11 cars per salesperson was sold at location A, and an average of 16 cars per salesperson was sold at location B. What was the average number of cars sold per salesperson at this dealership last month?

(1) Last month, the number of sales people at location A was 3 times the number of salespeople at location B.

(2) Last month, the total number of cars sold at location A was 132, and the total number of cars sold at location B was 64.

54. If the average (arithmetic mean) of eight numbers is 88, how many of the numbers are equal to 88?

(1) None of the eight numbers is less than 88.

(2) None of the eight numbers is greater than 88.

55. If a store sold 30 more televisions this month than last month, by what percent has the number of televisions sold increased from last month to this month?

(1) This month the store sold 150 televisions.

(2) Last month the store sold 80% as many televisions as this month.

56. If each a, b, and c is positive and $a=5b+7c$, what is the value of $\frac{a}{b}$?

(1) $2b+5c=50$

(2) $3b-5c=0$

57. Last year, a certain company began manufacturing product M and sold every unit of product M that it produced. Last year the company's total expenses for manufacturing product M were equal to \$200, 000 plus 10 percent of the company's total revenue from all units of product M sold. If the company made a profit on product M last year, did the company sell more than 22,000 units of product M last year?

(1) For each unit of product M sold last year, the company's revenue was \$10.

(2) The company's total revenue from the sale of product M last year was greater than \$220,000.

58. Mr. Jones spends \$25 on movie tickets for a party of adults and children. How many children's tickets did he buy?

(1) Adult movie tickets cost \$3 each and children's tickets cost \$2 each.

(2) Mr. Jones buys a total of 11 tickets.

59. A right triangle has sides of lengths A and $2B$ and hypotenuse of length $A+B$. What is the perimeter?

(1) $A=3$

(2) $A=\frac{3B}{2}$

60. Jack, Robin, and Richard each purchased a new house. The average (arithmetic mean) price of the three houses was \$240,000. What was the median price of the three houses?

(1) The price of Jack's house was \$240,000.

(2) The price of Robin's house was \$220,000.

61. Tom bought only \$0.39 stamps and \$0.15 stamps. How many \$0.39 stamps did he buy?

(1) He bought \$5.40 worth of stamps.

(2) He bought an equal number of \$0.39 stamps and \$0.15 stamps.

62. If x is positive, is x prime?

(1) x^3 has exactly four distinct positive integer factors.

(2) $x^2-x-6=0$

63. What is the median number of employees assigned per project for the projects at Company M?

(1) 40 percent of the projects at Company M have 3 or fewer employees assigned to each project.

(2) 30 percent of the projects at Company

M have 5 or more employees assigned to each project.

64. A list contains 11 consecutive integers. If x is the smallest integer on the list, what is the greatest integer on the list?

(1) If x is the smallest integer on the list, then $(x+72)^{\frac{1}{3}}=4$.

(2) If x is the smallest integer on the list, then $\frac{1}{64}=x^{-2}$.

65. What is the average (arithmetic mean) of a list of 6 consecutive two-digit integers?

(1) The remainder when the fourth integer is divided by 5 is 3.

(2) The ratio of the largest integer to the smallest integer is 5:4.

66. In a certain telephone poll, 600 people were asked whether they were in favor of, against, or undecided on a certain bill being debated in the legislature. How many of the people polled were in favor of the bill?

(1) The number of people who were in favor of the bill was 200 greater than the number of people who were against it.

(2) Two hundred people were undecided, which was twice as many as the number who were against the bill.

67.

	Favorable	Unfavorable	Not Sure
Candidate A	40	20	40
Candidate B	30	35	35

The table above shows the results of a survey of 100 voters who each responded "Favorable" or "Unfavorable" or "Not Sure" when asked about their impressions of Candidate A and of Candidate B. What was the number of voters who responded "Favorable" for both candidates?

(1) The number of voters who responded "Unfavorable" for both candidates was 15.

(2) The number of voters who did not respond "Favorable" for either candidate was 38.

68. Did candidate x receive more than half of the 30,000 votes cast in the general election?

(1) Candidate y received 12,000 of the votes cast.

(2) Candidate x received at least 13,000 of the votes cast.

69. A fruit grower receives \$10 for each crate of oranges shipped and \$20 for each crate of grapefruit shipped. How many crates of oranges did the grower ship last week?

(1) Last week the number of crates of oranges that the grower shipped was 30 more than twice the number of crates of grapefruit shipped.

(2) Last week the grower received a total of \$700 from the crates of oranges and grapefruit shipped.

70. A rectangle has length y feet and width z feet. What is its area in square feet?

(1) z is the reciprocal of y.

(2) The fence around the perimeter of the rectangle is 720 feet.

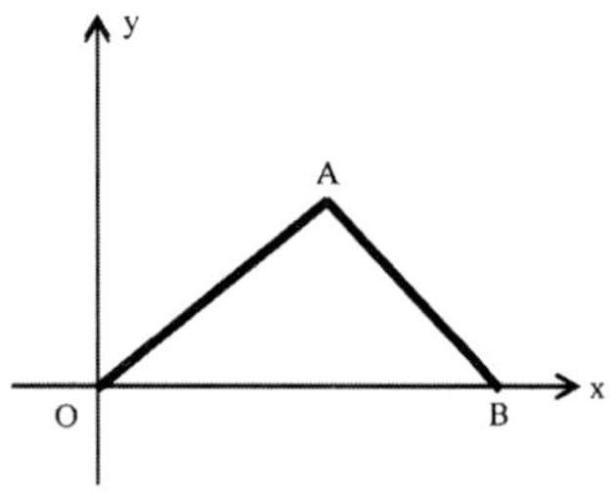

71. In the rectangular coordinate system above, if $OA<AB$, is the area of region OAB greater than 72?

(1) The coordinates of point A are (9, 8).

(2) The coordinates of point B are (16, 0).

72. Jessica has a limited investment portfolio of stocks and bonds. If she sells half her stocks, how many stocks and bonds will she be left with?

(1) If she were to buy six more stocks, she would have twice as many stocks as bonds.

(2) If she were to triple the number of her bonds, she would have three less than twice the number of her stocks.

73. A university awarded grants in the amount of either \$7,000 or \$10,000 to some incoming freshmen. The total amount of all such awards was \$2,300,000. Did the university award more \$7,000 grants than \$10,000 grants to its incoming freshmen?

(1) A total of 275 freshmen received grants in one of the two amounts.

(2) The amount of money awarded in \$10,000 grants was \$200,000 more than the amount of money awarded in \$7,000 grants.

74. If m is an integer, is $m+1$ odd?

(1) $m-2$ is an odd integer.

(2) $m+1$ is an even integer.

75. The annual rent collected by a corporation from a certain building was x percent more in 2011 than in 2010 and y percent less in 2012 than in 2011. Was the annual rent collected by the corporation from the building more in 2012 than in 2010?

(1) $\frac{xy}{100}<x-y$

(2) $x>y$

76. If a and b are two-digit numbers that share the same digits, except in reverse order, then what is the sum of a and b?

(1) $a-b=45$

(2) The difference between the two digits in each number is 5.

77. A box contains only red chips, white chips, and blue chips. If a chip is randomly selected from the box, what is the probability that the chip will be either white or blue?

(1) The probability that the chip will be red is $\frac{1}{4}$.

(2) The probability that the chip will be blue is $\frac{1}{6}$.

78. What was the maximum temperature in City A on Saturday, May 14?

(1) The average (arithmetic mean) of the maximum daily temperatures in City A from Sunday, May 8, to Saturday, May 14 was 32^0, which was 2^0 less than the average (arithmetic mean) of the maximum daily temperatures in City A from Monday, May 9, to Friday, May 13.

(2) The maximum temperature on Saturday, May 14, was 5^0 greater than the maximum temperature in City A on Sunday, May 8.

79. In Mr. Robin's class, what is the ratio of the number of boys to the number of girls?

(1) There are 4 times as many girls as boys in Mr. Robin's class.

(2) The number of boys is $\frac{1}{5}$ of the total number of boys and girls in Mr. Robin's class.

80. At Company R, the average (arithmetic mean) age of executive employees is 54 years old and the average age of non-executive employees is 34 years old. What is the average age of all the employees at Company R?

(1) There are 10 executive employees at Company R.

(2) The number of non-executive employee at Company R is four times the number of executive employees at Company R.

81. A total of \$120,000 was invested for one year. Part of this amount earned simple annual interest at the rate of x percent per year, and the rest earned simple annual interest at the rate of y percent per year. If the total interest earned by the \$120,000 for that year was \$8, 160, what is the value of x?

(1) $x=\frac{3}{5}y$

(2) The ratio of the amount that earned interest at the rate of x percent per year to the amount that earned interest at the rate of y percent per year was 4 to 3.

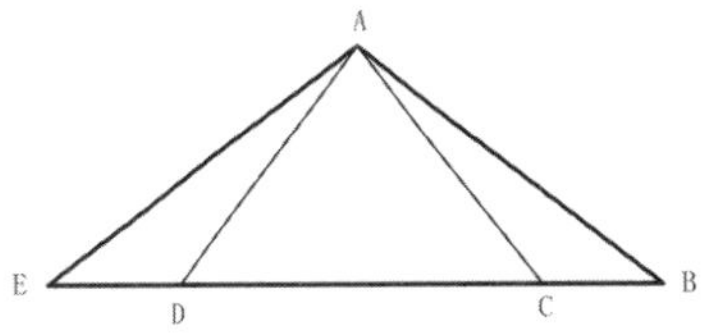

82. In the figure above, segments AD and AC divide $\angle EAB$ into three non overlapping angles that are equal in measure. Are AE and AB equal in length?

(1) $AD=AC$

(2) $AC=CB$

83. At what speed was a bus traveling on a trip when it had completed half of the total distance of the trip?

(1) The trip was 510 miles long and took 6 hours to complete.

(2) The bus traveled at an average rate of 85 miles per hour on the trip.

84. A fish tank contains a number of fish, including 4 salmon. If two fish are selected from the tank at random, what is the probability that both will be salmon?

(1) The probability that the first fish chosen will be a salmon is $\frac{1}{2}$.

(2) The probability that the second fish chosen will be a salmon is $\frac{3}{7}$.

85. A teacher will assign each student in a group of n students to one of m classrooms. If $3<m<11<n$, is it possible to assign each of the n students to one of the m classrooms so that each classroom has the same number of students assigned to it?

(1) It is possible to assign each of $11n$ students to one of m classrooms so that each classroom has the same number of students assigned to it.

(2) It is possible to assign each of $3n$ students to one of m classrooms so that each classroom has the same number of students assigned to it.

86. Is p positive?

(1) The square of p is positive.

(2) $|p|-p$ is positive.

87. A certain bookcase has 2 shelves of books. On the upper shelf, the book with the greatest number of pages has 400 pages. On the lower shelf, the book with the least number of pages has 475 pages. What is the median number of pages for all of the books on the 2 shelves?

(1) There are 27 books on the upper shelf.

(2) There are 28 books on the lower shelf.

88. If m is a positive integer, is m^3 an odd integer?

(1) m is an even integer.

(2) $\sqrt{m}$ is an even integer

89. In a survey of retailers, what percent had purchased computers for business purposes?

(1) 75 percent of the retailers surveyed who owned their own store had purchased computers for business purposes.

(2) 60 percent of the retailers surveyed owned their own store.

90. If m and n are both positive, what is the value of $m\sqrt{n}$?

(1) $\frac{mn}{\sqrt{n}}=10$

(2) $\frac{m^2 n}{2}=50$

91. Is the standard deviation of ages of students in class A greater than the standard deviation of the age of students in class B?

(1) The difference between the ages of any two students in class A is always more than 1 year.

(2) No student in class B is more than 6 months older than any other student.

92. Is the volume of sphere A greater than the volume of sphere B?

(1) The radius of sphere A is 17% larger than the radius of sphere B.

(2) A cube circumscribed in sphere A would have a greater volume than a cube circumscribed in sphere B.

93. Is the number of members of Club X greater than the number of members of Club Y?

(1) Of the members of Club X, 35 percent are also members of Club Y.

(2) Of the members of Club Y, 25 percent are also members of Club X.

94. For a certain performance at a concert hall, a total of 2,350 tickets were sold in the orchestra, first mezzanine, and second mezzanine. How many orchestra tickets were sold?

(1) The number of first mezzanine tickets sold was one-half the number of second mezzanine tickets sold.

(2) The total number of first and second mezzanine tickets sold was 50 percent greater than the number of orchestra tickets sold.

参考答案

一、问题求解 211 题

1. E	2. E	3. D	4. C	5. D
6. B	7. D	8. E	9. C	10. B
11. D	12. D	13. C	14. C	15. C
16. E	17. B	18. C	19. C	20. D
21. D	22. C	23. B	24. D	25. D
26. D	27. E	28. D	29. C	30. B
31. B	32. A	33. A	34. B	35. D
36. E	37. B	38. E	39. B	40. C
41. C	42. C	43. C	44. B	45. D
46. B	47. A	48. D	49. D	50. C
51. B	52. D	53. D	54. D	55. A
56. B	57. D	58. D	59. A	60. D
61. A	62. A	63. E	64. C	65. C
66. A	67. C	68. C	69. B	70. D
71. D	72. D	73. D	74. A	75. C
76. C	77. C	78. D	79. E	80. B
81. B	82. B	83. B	84. C	85. E
86. E	87. B	88. A	89. D	90. C
91. C	92. B	93. D	94. C	95. A
96. A	97. C	98. D	99. D	100. C
101. E	102. E	103. D	104. D	105. A
106. D	107. C	108. C	109. C	110. D
111. E	112. D	113. B	114. A	115. A
116. D	117. D	118. C	119. B	120. D
121. E	122. B	123. E	124. A	125. B
126. A	127. E	128. B	129. A	130. C
131. C	132. D	133. C	134. B	135. E

136. C	137. A	138. E	139. C	140. A
141. C	142. B	143. D	144. D	145. D
146. E	147. E	148. A	149. C	150. D
151. D	152. E	153. A	154. A	155. C
156. A	157. B	158. C	159. C	160. D
161. C	162. D	163. C	164. D	165. D
166. D	167. D	168. E	169. B	170. E
171. B	172. C	173. B	174. C	175. D
176. D	177. B	178. D	179. C	180. C
181. C	182. D	183. E	184. C	185. E
186. E	187. B	188. C	189. B	190. E
191. E	192. D	193. D	194. D	195. D
196. D	197. B	198. E	199. A	200. D
201. D	202. D	203. B	204. D	205. B
206. C	207. B	208. E	209. D	210. C
211. C				

二、数据充分 94 题

1. C	2. B	3. B	4. A	5. C
6. C	7. A	8. B	9. C	10. C
11. C	12. D	13. D	14. B	15. A
16. C	17. C	18. D	19. B	20. A
21. A	22. D	23. A	24. C	25. B
26. B	27. B	28. B	29. D	30. D
31. A	32. E	33. D	34. B	35. A
36. B	37. A	38. B	39. D	40. D
41. B	42. E	43. A	44. D	45. C
46. B	47. C	48. E	49. D	50. D
51. B	52. B	53. D	54. D	55. D
56. B	57. A	58. C	59. A	60. A
61. A	62. B	63. C	64. A	65. B
66. B	67. B	68. E	69. C	70. A

71. A	72. C	73. D	74. D	75. A
76. E	77. A	78. C	79. D	80. B
81. C	82. A	83. E	84. D	85. A
86. B	87. C	88. D	89. E	90. D
91. C	92. D	93. C	94. B	

附录一

GMAT常用数学术语汇编

abscissa	横坐标
absolute value	绝对值，例如 $\|a\|=\|-a\|$，其中 a 为任意实数
acute angle	锐角
acute triangle	锐角三角形
add (addition)	加（加法）
adjacent angle	邻角
adjacent vertices	相邻顶点
algebra	代数
algebraic expression	代数式
algebraic fraction	分式，如 $\frac{2m}{m+n}$
algebraic term	代数项
aliquant	除不尽的
aliquot	除得尽的
alternant	替代物，交替函数，交替行列式
alternate angle	内错角
altitude	高
amount to	合计
angle	角
angle bisector	角平分线
apiece	每个，每件，每人
approximate	近似
arc	弧
arithmetic mean	算术平均值
arithmetic progression (sequence)	等差数列
arm	直角三角形的股
average value	平均值(arithmetic mean)
bar graph	柱状图
base	底边，乘幂的底数，例如 6^4 中的 6
be equivalent to another equation	与另一方程同等
billion	10 亿
binomial	二项式
bisect	平分
blot out	涂掉
brace	一双，如：a brace of cats 两只猫
calculate to three decimal places	计算结果保留三位小数
cancellation	相消，相约
car pool	汽车的合伙使用
cardinal	基数
cent	美分
center of a circle	圆心
centigrade	摄氏
central angle	圆心角
chord	弦
circle	圆
circle graph	饼图，扇面图，圆形图
circular cylinder	圆柱体
circumference	周长
circumscribe	外切，外接
clear an equation of fractions	将分式方程整式化
clockwise	顺时针方向
coefficient	系数
combination	组合：$C_n^m=\frac{n!}{m!\,(n-m)!}$
common base triangles	同底三角形
common denominator	公分母
common difference	等差数列的公差
common divisor	公约数
common factor	公因子
common fraction	普通分数，简分数
common logarithm	常用对数
common multiple	公倍数
common ratio	公比
common year	平年，指 365 天的一年

complementary angle	余角
complementary function	余函数
complete quadratic equation	完全二次方程，如 $x^2+4x+4=0$
complex fraction	繁分数
complex number	复数，如 $T+i$
complex root	复根
composite number	合数，除 1 及本身外还有其他因子的数
compound annual interest	年复利
compound interest	复利
compounded interest	复利
concave polygon	凹多边形
concentric circles	同心圆
cone	圆锥$\left(体积=\frac{1}{3}\pi r^2\cdot h\right)$
congruent	全等的
consecutive even integer	连续偶数
consecutive number	连续整数
consecutive odd integer	连续奇数
constant	常数
convex polygon	凸多边形
coordinate	坐标
coordinate system	坐标系
corresponding angle	同位角
cross multiply	交叉相乘
cross section	横截面
cube	立方体，立方数
cube root	立方根
cubic metre	立方米
cumulative graph	累积图
decagon	十边形
decimal	小数
decimal arithmetic	十进制运算
decimal fraction	纯小数
decimal point	小数点
decimal system, decimal scale	十进制

decrease	减少
decrease by	减少了
decrease to	减少到
define	定义，化简
denominator	分母
denote	代表，表示
depreciation	折旧
depth	深度
diagonal	对角线
diameter	直径
difference	差
differential	微分
digit	数字
dime	一角，一角硬币
dimension	大小，度量(指长、宽、高等)
direct proportion	正比
discount	折扣
distinct	不同的
divide	除
divided evenly	被整除
dividend	被除数，红利
divisible	可被整除的，如 10 is divisible by 5
division	除法
division sign	除号÷，斜线分数号(/)
divisor	因子，除数
down payment	预付定金
dozen	一打，十二个
edge	棱
endpoint	端点
equal	相等
equation	方程
equation of the first degree	一次方程
equilateral	等边形，相等的边
equilateral triangle	等边三角形
equivalence relation	等价关系
equivalent equation	同解方程式，等价方程式
equivalent fractions	等值分数
estimation	近似

even integer, even number	偶数
evenly even integer	能再平分的数
evenly spaced	等间隔的
exponent	指数,幂
extent	维数(A plane figure is 2-extent)
exterior angle	外角
exterior angles on the same side of the transversal	同旁外角
factor	因子
factorable quadratic equation	可因式分解的二次方程
factorial	阶乘
factorization face of a solid	因式分解立体的面
factorization	因式分解
Fahrenheit	华氏
finish line	终点线
foot	英尺
fraction	分数
gallon	加仑(1 gallon=4 quart)
geometric mean	几何平均数,如 $\sqrt[4]{abcd}$
geometric progression (sequence)	等比数列
geometry	几何
graph	图
graph theory	图论
gross	十二打,罗;总额
heptagon	七边形
hexagon	六边形
hyperbola	双曲线
hypotenuse	斜边
improper fraction	假分数
inch	英寸
included angle	夹角
included side	夹边
incomplete quadratic equation	不完全二次方程,如:$2x^2+5$
increase	增加
increase by	增加了
increase to	增加到
inequality	不等式
inference	推理,推论
infinite decimal	无穷小数
infinitesimal	无穷小
infinity	无穷大
inscribe	内切
inscribed triangle	内接三角形
integer	整数
intercalary year (leap year)	闰年(366 天)
intercept	截距
interest	利息
interior angle	内角
intersect	相交
inverse	倒数
inverse function	反函数
inverse proportion	反比
irrational	无理数
irrational number	无理数
isosceles triangle	等腰三角形
least common denominator	最小公分母
least common multiple	最小公倍数
least possible value	最小可能值
leg	三角形的直角边,梯形的两条不平行的边
length	长
less than	小于
like terms	同类项
line	直线
line graph	线图
line segment	线段
linear	一次的,线性的
linear algebra	线性代数
linear equation	线性方程,一次方程
linear function	线性函数,一次函数
linear transformation	线性变换,一次变换
list price	标价
literal coefficient	字母系数

logarithm	对数
margin	利润,赚头
markup (markdown)	涨价(降价)
maximum	极大值
mean	平均数
median	中数
median of a triangle	三角形的中线
meter	米
micron	微米
midpoint	中点
minimum	最小值
minor	子行列式,子式
minor axis	(椭圆的)短轴
minuend	被减数
minus (take away)	减,负,负数
minute	分(角的度量单位,60 分 =1 degree)
mixed decimal	混合小数
mixed number	带分数
mode	众数
monomial	单项式
multilateral	多边的
multinomial	多项式
multiple	倍数
multiplicand	被乘数
multiplication	乘法
multiplier	乘数
multiply (times)	乘
natural logarithm	自然对数
natural number	自然数
negative number	负数
negative whole number	负整数
nickel	五美分硬币
nonagon	九边形
nonnegative	非负的
normal matrix	正规矩阵
null set (empty set)	空集
number line	数轴
number theory	数论
numerator	分子
numerical coefficient	数字系数

oblateness (ellipse)	椭圆形
oblique	斜三角形
obtuse angle	钝角
octagon	八角形
odd integer, odd number	奇数
opposite	(直角三角形中的)对边
ordinal	序数
ordinary scale	十进制
ordinate	纵坐标
origin	原点
original equation	原方程
overlap	重叠
parallel lines	平行线
parallelogram	平行四边形
parentheses	括号
penny	一美分硬币
pentagon	五边形
per capita	每人
percentage	百分比
perimeter	周长
permutation	排列 $\left(P_n^m=\frac{n!}{(n-m)!}\right)$
perpendicular	垂直,垂直的
pie chart	饼图
pint	品脱
plane	平面
plane geometry	平面几何
polygon	多边形
polynomial	多项式
positive number	正数
power	幂,乘方
prime factor	质因子
prime number	质数
product	积
profit	利润
progression	数列
proper fraction	真分数
proper subset	真子集
proportion	比例
pyramid	角锥体
Pythagorean theorem	毕达哥拉斯定理,勾股定理

quadrant	象限
quadratic equation	二次方程
quadrihedron	三角锥,四面体
quadrilateral	四边形
quantic	齐次多项式,多元齐次多项式
quart	夸脱$\left(1\ \text{quart}=\frac{1}{4}\text{gallon}=2\ \text{pint}\right)$
quarter	四分之一
quartic equation	四次方程
quotient	商
radian	弧度
radical sign	根号
radius	半径
range	值域
ratio	比率
rational number	有理数
real number	实数
reciprocal	倒数,倒数的
rectangle	长方形
rectangular coordinate	直角坐标系
rectangular hyperbola	等轴双曲线
rectangular solid	长方体
recurring decimal	循环小数
regular polygon	正多边形
regular prism	正棱柱
regular pyramid	正棱锥
regular solid (regular polyhedron)	正多面体
remainder	余数
remote interior angle	不相邻内角
retail price	零售价
rhombus	菱形
right angle	直角
right circular cone	直圆锥
right circular cylinder	直圆柱体
right triangle	直角三角形
root	根
root sign	根号
round angle	周角
round off	四舍五入
round to/ round off	四舍五入
scalene cylinder	斜的,不等边的斜柱体
scalene triangle	不等边三角形
score	二十(指 20)
segment of a circle	弧形
semicircle	半圆
sequence	序列,数列
set	集合
side	边长
sign	符号
similar terms	同类项
simple (common) fraction	简分数
simple interest	单利
simultaneous equations	联立方程组
slope	斜率
solid	立体
solid geometry	立体几何
solution	解,答案
solution set	解集
sphere	球体$\left(\text{表面积 } 4\pi r^2\text{,体积}\frac{4}{3}\pi r^3\right)$
square	正方形,平方
square measure	平方单位制
square root	平方根
straight angle	平角,即 180°角
straight line	直线
subtract	减
subtrahend	减数
sum	和
supplementary angles	补角
surface area	表面积
table	表格
tangent	切线
tens	十位
tenths	十分位
the extremes of a proportion	比例外项
the means of a proportion	比例内项

tie	并列，打平
to the nearest	四舍五入，精确到
transversal	截线
trapezoid	梯形
triangle	三角形
triangle inequality	三角不等式
trigonometric function	三角函数
trigonometry	三角学
trinomial	三项式
union	并集
unit	单位
units	个位
variable	变量
vertex (vertices)	顶点
vertical angle	对顶角
volume	体积
vulgar fraction	普通分数，与 decimal fraction 相对
weighted average	加权平均值
whole number	整数
width	宽
yard	码
zero	零

附录二

GMAT 常用数学符号及其英文表达

$+$	plus, positive
$-$	minus, negative
$\times$	multiplied by, times
$\div$ (/)	divided by
$=$	is equal to, equals
$\neq$	not equal to
$\approx$	is approximately equal to, approximately equals
$>$	greater than
$<$	less than
$\geqslant$	equal to or greater than
$\leqslant$	equal to or less than
$\gg$	much greater than
$\ll$	much less than
$\in$	is a member of the set
$\subset$	is a subset of
( )	round brackets, parentheses
[ ]	square brackets
{ }	braces
$\backsim$	similar to
$\cong$	congruent to
$\perp$	perpendicular to, at right angles with
//	parallel to
$\angle$	angle
$\odot$	circle
$\overline{AB}$	length of line from A to B
e	the base of natural logarithms, approx. 2.71828
π	pi; the ratio of the circumference of a circle to its diameter, approx. 3.14159
$n!$	factorial n, $n(n-1)(n-2)(n-3)\cdots 1$
$\lvert x \rvert$	the absolute value of x
x^2	x square; x squared; the square of x; the second power of x; x to the second power; x raised to the second power
x^3	x cube; x cubed; the cube of x; x to the third power; the third power of x; x raised to the third power
x^{-10}	x to the minus tenth (tenth power)
$\sqrt{x}$	the square root of x, root x

$\sqrt[3]{x}$	the cube root of x
x^n	the nth power of x, x to the power n, x raised to the nth power, x to the nth power
$\frac{1}{x^n}$	one over x to the n
$\frac{a^5}{\beta^2}$	a to the five over β squared
$x^{\frac{1}{n}}$ ($\sqrt[n]{x}$)	the nth root of x, x to the power one over n
$y=f(x)$	y is a function of x
$a+b$	a plus b; the sum of a and b; the total of a and b; a added to b; a increased by b; a more than b; a greater than b
$a-b$	a minus b; a less b the difference of a and b; from a subtract b; a takes away b; d decreased by b; a diminished by b; b is subtracted from a; b less than a
$a\times b$	(a) (b), $a \cdot b$, a multiplied by b; the product of a and b; a times b
$a\div b$	a divided by b; the quotient of a and b
$a:b$	the ratio of a to b
$a:b::c:d$	$a:b=c:d$; a is to b as c is to d; the ratio of a to b equals the ratio of c to d
$xX+yY=1$	little x times big X plus little y times big Y equals one
$\frac{x}{X}+\frac{y}{Y}=\frac{z}{Z}$	little x over big X plus little y over big Y equals little z over big Z
%	per cent
‰	per mille
$\frac{1}{2}$	a half; one half
$\frac{3}{4}$	three fourths; three quarters
$3\frac{1}{2}$	plus three and a half
0.035	decimal (point) naught three five
5.32	five point three two
$4.03\dot{2}\dot{5}$	four point naught three two five, two five recurring
100℃	100 hundred degrees Centigrade
50°F	fifty degrees Fahrenheit
$a\in A$	a is a member of set A
$a\notin A$	a is not a member in set A
$A\subset B$, $A\subseteq B$	set A is contained in set B
$A\not\subset B$	set A is not contained in set B
$A\cap B$, $A\cdot B$	intersection of sets A and B
$A\cup B$, $A+B$	union of sets A and B

GMAT常用数学公式

1. Permutation：$P_n^m = \frac{n!}{(n-m)!} = n(n-1)(n-2)\cdots(n-m+1)$

2. Combination：$C_n^m = \frac{n!}{m!\,(n-m)!} = \frac{n(n-1)(n-2)\cdots(n-m+1)}{1\times2\times3\cdots m}$

3. Discount＝Cost×rate of Discount

4. The number of factors of $Z = x^a \cdot y^b \cdot z^c$ (x, y, z is prime number) is $n = (a+1)(b+1)(c+1)$.

5. Quadratic formula $x = \frac{1}{2a}(-b \pm \sqrt{b^2-4ac})$

6. Arithmetic progression $a_n = a_1 + (n-1)d$，$S_n = \frac{n(a_1+a_n)}{2} = na_1 + \frac{n(n-1)}{2}d$

7. Geometric progression $a_n = a_1 q^{(n-1)}$，$S_n = \frac{a_1(1-q^n)}{1-q}(q \neq 1)$ and $S_n = na_1(q=1)$

8. Distance between points (x, y) and (a, b) is $\sqrt{(x-a)^2+(y-b)^2}$

9. Area of triangle$=\frac{1}{2}bh$

10. Special formula of area of triangle$=\sqrt{s(s-a)(s-b)(s-c)}$，$s=\frac{1}{2}(a+b+c)$

11. Area of rectangular$=lw$

12. Area of parallelogram$=bh$

13. Area of a rhombus＝$\frac{\text{Product of two diagonals}}{2}$

14. Area of a trapezoid$=\frac{(b_1+b_2)}{2}h$

15. Volume of cubic solid$=a^3$

16. Volume of rectangular solid$=l\times w\times h$

17. Volume of right circular cylinder$=\pi r^2 \cdot h$

18. Volume of right circular cone$=\frac{1}{3}\pi r^2 \cdot h$

19. Volume of sphere$=\frac{4}{3}\pi r^3$

Measurements

Length：1 mile(mi)＝1,760 yards＝5280 feet

1 yard(d)＝3 feet

1 foot(ft)＝12 inches(in)

Area： 1 square yard(Sq yd)＝9 square feet(Sq ft)

1 square foot(Sq ft)＝144 square inches(Sq in)

Time： 1 decade＝10 years

1 year＝52 weeks

1 year＝365 days

1 week＝7 days

1 days＝24 hours

1 hour＝60 minutes

1 minute＝60 seconds

Volume：1 quart(qt)（夸脱）＝ 2 pints(pt)(品脱)

1 gallon(gal)（加仑）＝4 quarts(qt)

1 bushel(bu)（蒲式耳）＝4 pecks(pk)(配克)

1 pint＝2 cups

Weight：1 ton(T)＝2,000 pounds

1 pound(lb)＝16 ounces(oz)

1 ounce＝16 drams(打兰)

NOTES

NOTES